Der Mann mit dem Schatten

George Manville Fenn

Writat

Diese Ausgabe erschien im Jahr 2024

ISBN: 9789359948416

Herausgegeben von
Writat
E-Mail: info@writat.com

Inhalt

Kapitel eins.

Der Pfarrer wird misstrauisch; und nimmt seinen Stock.

„Was tun, Fräulein?" sagte Dally Watlock. "Das! Da hast du es wieder getan."

„La, Fräulein; Ich dachte nur, mein Gesicht wäre vielleicht etwas schmutzig, und habe es abgewischt."

„Erzähl mir keine Unwahrheiten, Dally. Ich weiß was es bedeutet. Du hattest ein schlechtes Gewissen und dein Gesicht brannte."

„La, Fräulein; Ich weiß nicht, was du meinst."

„Dann werde ich es dir sagen, Dally. Sie werden zu leichtfertig und frei, und Ihr Verhalten entspricht bei weitem nicht dem, was es für eine Dienstmagd im Pfarrhaus sein sollte. Wenn Mädchen so dumm sind, dürfen sie sich nicht darüber wundern, dass junge Männer – Herren – sich solche Freiheiten nehmen. Jetzt geh. Und denken Sie daran: Sollte es jemals wieder vorkommen, werde ich meinen Bruder davon in Kenntnis setzen."

„Nun, ich konnte nicht anders, Miss. Ich habe Herrn Tom Candlish nicht gebeten, mich zu küssen."

"Schweigen! Wie kannst du es wagen? Verlasse den Raum."

„Das hatte ich vor, Miss. Er kam gerade hinter der Hecke hervor, als Billy Wilkins mir die Briefe gegeben hatte, und sagt: ‚Geben Sie diese Nachricht Miss Leo, Dally', sagt er, ‚und achten Sie darauf, dass es niemand sonst sieht.'"

„Ich habe dir gesagt, du sollst den Raum verlassen, Mädchen."

„Nun, Fräulein, ich gehe doch, nicht wahr? Und dann, bevor ich es verhindern konnte, legte er seinen Arm um mich und sagte, meine Wangen seien wie Äpfel."

„Wirst – du – das – Zimmer verlassen?"

„Ja, Fräulein, natürlich werde ich das tun; und dann hat er mich geküsst, gerade als Billy Wilkins zurückblickte, und jetzt wird er gehen und es Joe Chegg erzählen, und er wird mich auch ausschimpfen. Ich bin ein elendes Mädchen."

Die rotwangige, rotlippige Dally Watlock – als Kompromiss für Delilah Delia getauft – bedeckte ihr rundes Gesicht mit ihrer Schürze und begann zu schluchzen und versuchte, ein paar Tränen in ihre hellen, dunklen Augen zu pumpen, als ihre junge Geliebte sie packte Er packte sie an den Schultern und zwang sie buchstäblich aus dem Zimmer, als Dally schluchzend den Flur entlang und durch die Tür aus Gaze ging, bevor sie ihre Schürze fallen ließ und anfing zu lachen.

„Sie ist so eifersüchtig wie Jel!" rief das Mädchen. „Dadurch sah sie ziemlich gelb aus. Deal, über den sie auch reden muss. Sag es dem Meister! Sie wagt es nicht! Das Luder! Ich konnte es auch sagen. Wer kümmert sich um sie – Talggesicht? Findet, dass sie sehr gut aussieht; Aber sie ist schließlich nicht jedermanns Sache. Auch Meister Joe Chegg hatte einen besseren Verstand. Es ist mir egal, ob er es jetzt weiß."

Dann, als ob die Stelle brannte oder als ob ein natürlicher Instinkt sie lehrte, dass der Kuss auf ihrer Wange nicht so sauber war, wie er hätte sein sollen, oder als einer der ehrlichen Grüße des oben erwähnten Joe Chegg, hob Dally Watlock sie ordentlich hoch weiße Schürze und wischte die Stelle erneut ab.

„Wie konnte er es wagen, sie zu küssen?" sagte Leo Salis stirnrunzelnd, als sie die Postbriefe neben die Wohnung ihres Bruders am Frühstückstisch legte und dann mit dem Zettel in der Hand dastand. „Dafür werde ich ihn bestrafen!"

Sie riss hastig den Zettel auf, der in guter, männlicher Hand geschrieben war, aber in zehn Zeilen vier fehlerhafte Rechtschreibungen und ein „Du warst" enthielt, das so groß wie ein Fleck aussah.

Die Notiz war kurz und enthielt eine dringende Einladung, die Schriftstellerin an diesem Morgen so bald wie möglich nach dem Frühstück in Red Cliff Wood zu treffen.

„Ich werde nicht gehen", sagte sie leidenschaftlich. „Ich werde ihn bestrafen!"

Dann, als hätte sie das Gefühl, dass sie sich selbst bestrafen würde, stand das Mädchen nachdenklich da, zerdrückte dann hastig den Zettel in ihrer Hand und ging zum Fenster, um offenbar die hübsche Landschaft von Warwickshire zu studieren, als ihr Bruder und ihre Schwester den Raum betraten.

„Morgen, Leo, mein Lieber", sagte Mary Salis, die ältere der beiden; ein blondes englisches Mädchen, grauäugig, mit hoher Stirn und dunkelbraunem, welligem Haar, dessen Gesichtsausdruck weibliche Weichheit zuließ und wunderbar dem des kräftigen, männlich aussehenden Geistlichen ähnelte, der mit auf ihr ruhender Hand eintrat Schulter.

„Morgen, Mary", sagte Leo leise; und ihre hübschen dunklen, fast spanischen Gesichtszüge wirkten vollkommen ruhig und leblos, als sie den Gruß ihrer

Schwester erwiderte; und dann hielt sie halb müde ihre Wange hoch, damit ihr Bruder sie küssen konnte.

"Aussteigen!" sagte dieser lautstark, während er das hübsche Mädchen bei den Schultern packte und versuchte, in ihre Augen zu schauen, die seinen jedoch auswichen. „Kein Unsinn, Leo, mein Lieber. Kein Murren. Gib mir einen guten, ehrlichen Kuss. Lippen – Lippen – Lippen."

Sie hob ihr Gesicht, um der nachdrücklichen Aufforderung zu gehorchen, und befreite sich dann von den beiden starken Händen, um ihren Platz am Tisch einzunehmen; während ihre Schwester, die nervös und ängstlich wirkte und ständig von einem zum anderen blickte, zum Kopfende des Tisches ging und begann, den Tee zu kochen.

„Du und ich dürfen nicht auf zwei Seiten sein, Leo, mein Lieber", sagte der Bruder lächelnd, aber mit einem besorgten Gesichtsausdruck, der das in den Augen der älteren Schwester widerzuspiegeln schien. „Ich bin wie ein Großvater für dich, mein Schatz, und was ich sage und rate, ist das Beste."

„Willst du mich zurück in mein Zimmer schicken, Hartley?" sagte das Mädchen und erhob sich halb.

„Name eines kleinen Geigers in Frankreich, nein!" rief Hartley Salis. „Da – Mama! Ich habe es geschafft, Liebes. Frühstück! Ich bin heute Morgen so hungrig wie zwei Pfarrer. Was ist los, Dally?"

„Ammonegs, Sir", sagte die kleine Magd, die mit einer abgedeckten Schüssel hereinkam.

„Ich wusste nicht, dass Ammon sie jemals gelegt hat", murmelte der Pfarrer mit einem trockenen Blick auf seine Schwestern. „Na dann: Briefe. Lassen Sie mich sehen."

Er fuhr fort, seine Briefe zu öffnen, las und nahm gleichzeitig sein Frühstück ein, wobei er zwischendurch Bemerkungen zugunsten seiner Schwestern machte, wenn er glaubte, die Neuigkeiten würden ihm gefallen.

„Hmpf! Mai!" sagte er laut; und überflog dann schweigend die schlecht geschriebenen, mürrischen Zeilen.

"Hängen ihn!" er sagte zu sich selbst. „Welcher Unfug hat das inspiriert?" und er las den Brief noch einmal. „‚Es ist nicht so, dass man die Schwester eines Geistlichen so oft auf dem Jagdgebiet sieht – man sollte sich besser mit der Gemeindearbeit befassen –, das erregt viel Aufsehen – ich hoffe, dass wir diese schmerzhafte Anspielung nicht noch einmal machen müssen' – Humph!"

Das Gesicht des Pfarrers war von Falten der Verwirrung übersät, und als er den Brief schnell verdoppelte, trank er eine halbe Tasse Tee auf einmal, viel heißer, als ihm gut tat, und sogar so stark, dass er Schmerzen verursachte.

"Puh! Mehr Milch, Mary, Liebes.“

Eine lange weiße Hand hob schnell das Milchkännchen, und die ernsten grauen Augen, die dazu gehörten, suchten die des Pfarrers, als er ihm seine Tasse hinhielt.

„Irgendwelche schlechten Nachrichten, Hartley, Liebes?“

"Schlechte Nachrichten? Nein, nein, mein Lieber, nur eine von Mays alten Sorgen. Der alte Junge hat wieder Gicht.“

„Hat er, Liebes?“

„Nun, das sagt er nicht, aber es atmet diesen Stil. Er hält es für seine Pflicht, mich ab und zu aufzurütteln, und er tut es meist mit einem spitzen Stock.“

Während er mit Leo sprach, warf er einen Blick zu, der an ihrem Tee nippte und einen Roman las, ohne offenbar zu beachten, was vor sich ging.

„Es ist eine große Schande, Hartley, dass du so hart in der Gemeinde arbeitest wie du“, sagte Mary leise. "während er-"

„Oh, Stille! „Du Verleumder der hohen kirchlichen Ämter“, rief der Pfarrer fröhlich, während er sein Messer in die Umschlagfalte eines anderen Schreibens steckte und es aufschlitzte. „Hier ist ein Brief aus North.“

Das Gesicht von Mary Salis war vollkommen gefasst, aber als der Brief geöffnet wurde, blitzte es in ihren Augen auf und sie blickte gespannt und fragend.

"Ha! Fleissig wie eine Biene! Konferenzen; Vorträge. Ich werde bei einer tollen Operation dabei sein. Böser Kerl! Wie er sich mit großartigen Einsätzen rühmt!“

„Es ist seine Liebe zu seinem Beruf“, sagte Mary leise.

„Zu enthusiastisch“, sagte der Pfarrer. „Warum macht er, ein Mann mit seinem Einkommen, sich nicht glücklich, indem er seinen Patienten tut, was er kann, und spielt hier Schach, wenn er seine Arbeit getan hat?“

„Es ist sein Wunsch, seinen Patienten Gutes zu tun, der ihn in wissenschaftlichen Angelegenheiten so ernst nimmt, mein Lieber“, sagte Mary und lächelte ihren Bruder an.

„Sehr nett von dir, für ihn zu kämpfen, mein Kind; Aber Horace North arbeitet viel zu hart und wird am Ende verrückt.“

„Oder er wird zu einer Zierde seines Berufs", sagte Mary lächelnd.

„Ornamente werden aufgehängt! Eine der nützlichen Ecken, wenn Sie so wollen."

„Sagt er, wann er nach Hause kommt?" sagte Mary leise.

"Ja; übermorgen. Gute Nachrichten für Frau Berens."

Der Pfarrer brach in ein herzliches Lachen aus, und ein sehr, sehr schwacher Röteton huschte über Marys Wangen.

„Ich habe sie gestern gesehen und mit einem Gesicht, das so unschuldig wie nur möglich war, sagte sie mir, dass es ihr sehr schlecht gehe und sie sich nicht sicher fühlen dürfte, lange in einem Dorf zu leben, in dem es keinen Arzt gebe. Ich bin aber froh, dass der alte Horace zurückkommt. Was haben wir hier? Oh, ich verstehe. Brief über das Pferd – nein, es ist eine Stute."

Leo legte ihr Buch weg und hörte nun aufmerksam zu.

„Ha! Ja! North hatte recht. Der Kerl wird schließlich zehn Pfund weniger für sie nehmen."

"Ah!"

Es gab einen leisen Seufzer, der seine Befriedigung zum Ausdruck brachte, und der Pfarrer blickte auf.

„Bist du zufrieden, Leo?" sagte er ernst.

"Ja."

„Es geht gegen den Strich", sagte er und legte unwillkürlich die Hand auf den Brief, den er am Morgen vom Pfarrer erhalten hatte.

„Sag das nicht, Hartley", rief Leo, deren Gesicht jetzt voller Lebhaftigkeit war. „Wir können uns das Pferd leisten, und es war absolut eine Schande, auf dem armen alten Grey Joe zu erscheinen."

„Grey Joe war ein gutes, sicheres Pferd, und ich war nie nervös, als du auf dem Pferd warst. Auch im Pferdegeschirr ein toller Kerl."

„Ja, bewundernswert!" rief Leo. „Und jetzt kannst du ihn immer für die Kutsche behalten. Es wird so viel besser sein."

Der Pfarrer schüttelte den Kopf.

„Nein", sagte er; „Der arme alte Joe wird es tun müssen, und ich wünsche ihm einen Holzmeister."

„Armer alter Joe!" sagte Mary seufzend, als sie an viele schöne Fahrten dachte.

„Grauer Joe! Gehen!" sagte Leo mit geöffneten Lippen. „Was wirst du dann für die Chaiselongue tun?"

„Benutze die neue Stute."

Leo sah ihn sprachlos und empört an.

„Die neue Stute in die Kutsche setzen?" sie geriet ins Stocken.

"Ja, Schatz. Der Mann sagt, sie käme im Geschirr gut zurecht."

„Oh, Hartley", rief Leo und errötete nun vor Empörung, „das wäre zu absurd!"

"Warum mein Lieber?"

„Du besorgst mir ein Reittier, weil es so unangenehm ist, auf einem alten Kutschenpferd zum Treffen zu fahren und dann davon zu reden, meinen Jäger in die Kutsche zu setzen."

„Grey Joe war für diesen Zweck nicht gut genug", sagte der Pfarrer ernst, „und auf deinen ernsthaften Wunsch hin, mein lieber Leo, habe ich auf verschiedene Arten gekniffen, damit meine Schwester, die so gern jagt, sich nicht schon vorher schämt." ihre Freunde."

„Eingeklemmt!"

„Ja, meine Liebe, ich habe mich und Mary gekniffen. Unser Trostgeld gibt nur drei Prozent, und es ist harte Arbeit, beide Ziele zu erreichen. Du hast dein Reittier und ich kann es mir nicht leisten, zwei Pferde zu halten, also muss Grey Joe gehen. Wir brauchen ein Pferd in der Kutsche, daher muss die Stute manchmal im Geschirr laufen."

Leo erhob sich von ihrem Stuhl, ihre Augen blitzten und ihre Wange glühte.

„Ich erkläre es für unerträglich", rief sie und stampfte mit dem Fuß auf. „Oh, ich habe dieses Leben des Bettelns und Kneifens so satt! Die ganze Saison über habe ich Schande über dieses elende alte Pferd erlitten, und jetzt, wo Leute, die mich kennen – Oh, ich kann es nicht ertragen, darüber zu sprechen!"

"Meine geliebte Schwester!"

„Es ist grausam – es ist abscheulich. Wenn es Mary gewesen wäre, hätte sie bekommen können, was sie wollte."

„Mein lieber Leo", begann Mary und blickte besorgt zu ihr auf.

"Halt den Mund! Du machst ohnehin schon genug Unheil. Du bist immer auf der Seite von Hartley, der nicht mehr Gefühl hat als ein Stein."

„Aber, mein liebes Kind", begann der Pfarrer.

"Kind! Ja; So behandelst du mich – wie ein Kind. Du kontrollierst mich in jeder Hinsicht. Ich nehme an, du willst mich zur Nonne machen und mich für immer in diesem trostlosen Loch einsperren. Du überprüfst mich in allem und Mary hilft dir."

Mary sah jetzt zu ihrem Bruder auf, denn er hatte sich langsam von seinem Platz erhoben und sie wusste, was der strenge Ausdruck seines Gesichtsausdrucks bedeutete.

„Ich hatte gehofft, Leo", sagte er, „dass du meine Entscheidung über das, was du für klug gehalten hast anzuspielen, akzeptiert hättest."

„Ich werde dazu getrieben", rief das Mädchen leidenschaftlich.

„Nein, ich versuche zu führen", sagte der Pfarrer, „so wie ein Vater führen würde." Es wird mir leid tun, wenn die Zeit für Sie gekommen ist, unser schönes altes Zuhause zu verlassen, aber wenn ein guter und wahrhaftiger Mann kommt und sagt: „Ich liebe deine Schwester; gib ihr mich zur Frau' – "

„Wenn Sie kein einfaches Englisch sprechen können, halten Sie bitte den Mund", rief Leo verächtlich.

„Ich sollte ihm meine Hände entgegenstrecken und ihn als neuen Bruder begrüßen, Leo", sagte der Pfarrer feierlich; „Aber wenn ich merke, dass meine junge, unschuldige Schwester zum Spielzeug eines wertlosen, erniedrigten ..."

"Wie kannst du es wagen?" rief Leo und blitzte vor Wut auf, während Maria an ihre Seite trat und ihre Hand auf den zitternden, halb erhobenen Arm legte.

„Ich wage es", sagte der Pfarrer ernst, „weil ich das Recht auf meiner Seite habe. Ich denke – und Mary schließt sich meiner Meinung an –"

"Natürlich!" sagte Leo verächtlich. „Dieser Thomas Candlish ist kein geeigneter Begleiter für meine Schwester. Ich habe es Ihnen gesagt und jede weitere Kommunikation eingestellt. Ich habe es ihm gesagt; verbot ihm das Haus; und er hat mein Urteil akzeptiert."

„Herr Candlish ist ein Gentleman", rief Leo heftig.

„Die Leute nennen ihn so und seinen Bruder mit demselben Namen, wegen des alten Familienbesitzes; aber wenn es Herren sind, bin ich dem Himmel sei Dank ein armer Pfarrer!"

„Dein Verhalten –"

"Stille!" sagte der Pfarrer bestimmt. „Wir werden nichts mehr darüber sagen, Leo, mein Lieber. Du bist ohne Grund wütend. Ich bin Ihrer Bitte um ein frisches Pferd nachgekommen, um Sie Ihrer Liebe zur Jagd nachzugeben, und das zu einem höheren Preis, als Sie sich vorstellen können. Ich werde immer gerne alles tun, was ich kann, um meine Schwestern glücklich zu machen. aber ich muss hier Richter und Meister sein, obwohl ich fürchte, dass ich oft sehr schwach bin."

„Es ist unerträglich", rief Leo entrüstet; und sie löste einen ziemlichen Wirbelwind aus, als sie aus dem Zimmer rauschte.

Der Pfarrer seufzte und sank mit zusammengezogener Stirn in seinen Stuhl zurück, bis er spürte, wie sich ein weicher Arm um seinen Hals legte und eine runde Wange an seiner Schläfe ruhte.

"Ah!" er rief aus; "das ist besser;" und er legte seinen Arm um die anmutige Gestalt. „Das ist sehr traurig, Mary. Aber dort; wir werden nicht darüber grübeln; Schwierigkeiten lösen sich oft von selbst."

„Ja, Hartley."

„Aber das Candlish-Geschäft darf nicht weitergehen."

„Nein, Hartley. Es ist unmöglich."

Sie küsste ihn auf die Stirn, und das Frühstück wurde schweigend beendet — eigentlich sollte es beendet sein. Es war wirklich zu Ende, als Leo Salis den Raum verließ.

Ungefähr eine Stunde später, als Reverend Hartley Salis hart an seiner Predigt arbeitete und sein Bestes tat, um College-Überlieferungen fernzuhalten und in einer Sprache zu schreiben, die die Dorfbewohner des Duke's Hampton leicht verstehen konnten, kam er zu dem folgenden Satz —

„Jetzt ist es die Pflicht eines Mannes, meiner Freunde — und einer Frau", fügte er in Klammern hinzu.

„Was soll ich ihnen nun sagen, dass es die Pflicht eines Mannes ist — und die einer Frau?"

Das erforderte Nachdenken, und er legte seinen Stift nieder, stand auf und ging zum Fenster des Arbeitszimmers, um auf die angenehme Landschaft hinauszuschauen; Immer noch schön, wenn auch nicht in der schönsten Zeit des Jahres.

"Gehorsam!" Er weinte wütend, denn als er gerade durch das kleine rustikale Tor am Fuße des Pfarrhausgeländes ging, sah er seine Schwester Leo.

Sie trug Hut und Umhang. Ihre Bewegungen waren schnell und der verstohlene Blick, den sie erwiderte, erzählte Geschichten.

„Nein", sagte der Pfarrer; „Es wäre Spionage. Ich kann nicht."

„Es ist deine Pflicht", schien ihm etwas zu flüstern.

„Vielleicht bin ich erbärmlich gemein und misstrauisch", murmelte er. „Das hoffe ich. Wenn es so ist, werde ich – Nein, nein, nein, Hartley, mein Sohn! Erinnere dich daran, was du bist. So wie der Läufer sein sollte, so müssen auch Sie sein – kein Schläger, kein Stürmer. Nein, es muss eine günstige Gelegenheit für ein ruhiges Gespräch mit Leo sein, denn so können wir nicht weitermachen, armes Kind."

Er ging in die Halle, nahm seinen Hut ab, griff nach einem dicken, knüppelähnlichen Stock, den seine Hand fest umklammerte, während ihm die Nerven kribbelten, während seine linke Hand sich verkrampfte und ihm vorkam, als würde sie jemanden am Kragen packen.

„Ein Schurke!" er murmelte.

„Gehst du raus, Liebes?"

„Ah, Maria! Du da drüben! Du gehst herum wie eine Maus. Ja, ich bin in meiner Predigt gerade bei „Die Pflicht eines Mannes ist" angelangt und komme nicht weiter, also fahre ich für eine Auffrischung bis zum Red Cliff Wood und zurück."

Er nickte und ging hinaus.

„Arme Maria!" er murmelte; „Sie darf es nicht wissen; aber wenn ich noch eine Minute länger geblieben wäre, hätte sie mich entdeckt. Nun, Meister Tom Candlish, wenn Sie da sind, werde ich –"

Er gab sich selbst einen scharfen Schlag auf den Mund.

"Stetig! Mann, Mann, Mann! Wie vergisst du deinen Stoff! Aber wenn Tom Candlish – Pish! Bleib ruhig, Mann! Lass uns gehen und schauen."

Mary Salis stand in dem tiefen alten Sprossenfenster und blickte ihm nach.

„Hartley geht nie weg und redet so, es sei denn, es stimmt etwas nicht", sagte sie sich. „Wenn dieser elende Mann Leo überredet hat – sie ist gerade weggegangen – ohne ein Wort zu sagen. Oh nein nein! Sie würde so etwas nicht tun. Wie ich mir Probleme vorstelle, wo keine sind!"

Sie stand da und schaute zu, bis ihr Bruder verschwand, dann ging sie zurück ins Esszimmer und redete sich ein, dass es Torheit sei, aber ihr Herz ließ sich nicht überzeugen und begann leise, schwer und bedrohlich zu pochen.

Kapitel Zwei.

Dr. North gerät in heißes Wasser.

"Yah!"

Der Schlachtruf eines tugendhaften Mobs. Der Lieblingsausspruch der ungewaschenen Schurken, die immer bereit sind, Missstände zu beseitigen und ihre Mitgeschöpfe für die Verbrechen zu jagen, die sie sich rühmen – wenn sie sie sicher begehen können.

Für diese Aufgabe steht immer ein großes schwimmendes Kontingent bereit, und auch – um ihren eigenen Ausdruck zu verwenden – „um es mit jedem Gedanken zu versuchen"; und bei mehreren Gelegenheiten hatten sie „einen Versuch" im Hörsaal des St. Sector's Hospital in Florsbury unternommen, was zur Folge hatte, dass die benachbarten Glaser einen großen Job hatten; Doch die Behörden begnügten sich lieber damit, Wind und Wasser fernzuhalten, und ließen die Außenfassade unbemalt, so dass man die Steinbeulen, die abgeblätterte Farbe und die Schrammen der gefühllosen Besatzung tugendhafter Wesen sehen konnte, die bei jeder Gelegenheit in der Zerstörung schwelgen.

Die „Yahoos" hatten ihre eigene Theorie über St. Sector's und erlaubten sich eine Zeit lang zu schwelen, aber hin und wieder brachen sie in Eruptionen aus, und dann waren die Folgen nicht angenehm anzusehen.

Vortragsnacht im St. Sector's und ein schönes Mitbringsel, um einer Operation beizuwohnen, die von einem der größten chirurgischen *Gelehrten* seiner Zeit durchgeführt wurde. Es waren Medizinstudenten anwesend, aber einige der klügsten Chirurgen Londons und des Landes hatten es sich zur Aufgabe gemacht, bei der Operation dabei zu sein und zu lernen, wie man eine schreckliche Krankheit bekämpft, die bis dahin als sicherer Tod galt Unglückliches Wesen, das sich diese Krankheit zugezogen hat.

Der alte *Gelehrte* hatte nachgedacht, experimentiert und Jahre seines Lebens dem Studium dieses Übels gewidmet, und jetzt, nachdem er das Ergebnis seiner Entdeckungen verkündet hatte, kam die Ankündigung von einem Mann von so großer Bedeutung in seinem Beruf, einem starken Die Gruppe der Lichter der chirurgischen Wissenschaft hatte sich versammelt, um dem Experiment beizuwohnen; und hören Sie auch einen Artikel, der von einem jungen Chirurgen aus dem Land gelesen wird – Dr. Horace North.

Der Aufsatz hatte Vorrang, und ein eifriger, intelligenter, gutaussehender junger Mann von dreißig Jahren trat mit einer Rolle Aufsätzen in der Hand an den Tisch des Dozenten. Er sah ziemlich blass aus, und seine

Lippenwinkel zuckten leicht, als er sich nach ein paar einleitenden Worten des grauhaarigen Vorsitzenden des Abends vor seinem Publikum verneigte. Dann begann das lebhafte Gespräch, das für einige Augenblicke verstummt war, von neuem.

Er spürte, dass er eine Aufgabe vor sich hatte, nämlich eine Lücke zu schließen, vor der eine eifrige Menschenmenge bereit war, nach dem Leckerbissen zu schreien, das sie hören wollten. Dr. Horace North bedeutete ihnen nichts, und die jungen Studenten hielten seine Arbeit für langweilig.

Er begann mit ruhiger, klarer Stimme zu lesen und legte seine Ansichten dar, und das Stimmengewirr wurde lauter, als zuerst eine und dann eine weitere Seite gelesen und umgeblättert wurde, ohne dass man ein Wort hörte.

Er blieb stehen und schenkte ein Glas Wasser ein, und man hörte, wie die Karaffe gegen das Glas schlug, während die Hand des Dozenten zitterte.

Dies war das Signal für ein Kichern, das von einem gedankenlosen Schüler wiederholt wurde, als die Lesung fortgesetzt wurde, ohne das Wasser zu probieren.

Dann folgten fünf Minuten schmerzhafter Lektüre, wobei das Stimmengewirr immer lauter wurde.

Es gab eine plötzliche Unterbrechung und alle waren aufmerksam.

Denn mit einer zornigen Geste rollte der junge Arzt seine Papiere zusammen, warf sie beiseite und trat einen Schritt vor.

„Meine Herren", rief er mit einer Stimme, die durch das Theater hallte, „ich wende mich an Sie, die Sie in der Selbstgefälligkeit der Jugend glauben, dass es kaum mehr zu lernen gibt, und die meine Lektüre mit solcher Verachtung behandelt haben."

"Hört hört!" rief der alte Vorsitzende.

Diese beiden ermutigenden Worte berührten den Redner, und er rief mit dramatischer Ernsthaftigkeit aus:

„Ich habe nicht viel zu sagen, aber es ist das Ergebnis jahrelangen Studiums, und das werden Sie hören."

Dann brachte er eine halbe Stunde lang in fließender, kraftvoller Sprache das Ergebnis seiner Beobachtungen und seiner Überzeugung zum Ausdruck, dass sie, die Anhänger der edlen Wissenschaft der Chirurgie, eine große Entdeckung vor sich hatten, die nur darauf wartete, gemacht zu werden Es war die Pflicht aller, aus den dunklen Tiefen hervorzuholen, in denen die Natur ihre Schätze versteckte.

Er erklärte, dass der Tod erst im Alter folgen dürfe, wenn die Frucht ganz reif und bereit sei, vom Baum des Lebens zu fallen. Er überließ es den Anhängern der Medizin, Krankheiten zu bekämpfen und zu besiegen, damit Pest und Pestilenz nicht länger ihre Hekatomben an Opfern raffen, und wandte sich allein an den Chirurgen und sagte ihm, dass im Falle eines Unfalls oder nach einer Operation kein gesunder Mensch sei oder Kraft sollte sterben lassen.

Hier gab es ein halbes Lachen und ein oder zwei höhnische Grinsen.

„Ich wiederhole es", rief der Sprecher. „Keinem solchen Mann sollte gestattet werden, zu sterben." Vor seinem Unfall war er bei bester Gesundheit, und sein scheinbarer Tod war nur sozusagen eine Trance, in die er verfiel, während die Natur eifrig mit ihrer Wiederherstellungsarbeit, dem Wiederaufbau des verletzten Gewebes, begann. Es war die Pflicht von allen, herauszufinden, wie die Pflege des Patienten erfolgen sollte, während die Natur ihre Heilung bewirkte, und er schwor, dass er nicht ruhen würde, bis die Entdeckung gemacht sei.

Im Falle des Ertrinkens kam es häufig jedoch zu einer unterbrochenen Animation. Im Falle eines Unfalls und eines scheinbaren Todes wäre es dasselbe. Er behauptete, der Tod durch Schock sei ein Schandfleck für die heutige Wissenschaft. Diejenigen, die durch einen Schock starben, schliefen lediglich. Dieser Körper war in voller Gesundheit und Kraft, und die Natur würde alle Schäden mit Hilfe des Menschen reparieren; und er war überzeugt, dass die Zeit kommen würde, in der Chirurgen hundert Leben retten würden, wo sie jetzt eines gerettet hatten.

Der Redner setzte sich inmitten eines Wirbelsturms von Applaus nieder, denn seine Art, sein tiefgründiger Glaube und seine Ernsthaftigkeit rissen sein Publikum mit; und das Ergebnis wäre eine äußerst aufregende Diskussion gewesen, wenn nicht der Vorsitzende eingegriffen hätte, der auf die Uhr zeigte und sofort den großen Chirurgen vorstellte, während ein Murmeln durch den Saal ging, als ein großer Tisch in die Mitte geschoben wurde hinter einem Vorhang hervor, und die Anwesenden wussten, was die Drapierung des Tisches verbarg.

Ein Applaus begrüßte den ernsten, grauhaarigen Chirurgen; und als es aufhörte, drückte er in ein paar wohlgewählten Worten die Freude aus, die er empfunden hatte, als er Dr. Horace North zugehört hatte, an dessen Theorie er sich bereit erklärte, seinen Glauben zu knüpfen.

„Und ich sage das, meine Herren, weil ich heute Abend hier bin – um Ihnen zu zeigen, wie große Fortschritte in der Chirurgie gemacht werden können – wie viel wir noch lernen müssen."

Dann erklärte er im weiteren Verlauf mit ruhiger, klarer Stimme, schlug die Ärmel zurück und holte eine lange, scharfe Klinge aus einem samtgefütterten Etui, das er seinen Assistenten überschrieben hatte, und dort lag das Thema, an dem er operieren sollte düster, kalt und grässlich.

Nein: nicht schrecklich für die ernsthaften Männer, die darin den Märtyrer sahen, der zur Rettung Tausender geopfert wurde, als der große Chirurg mit geschickten Fingern und unfehlbarem Geschick seine Schnitte machte; und indem er Schritt für Schritt jede Handlung und ihre Gründe veranschaulichte, führte er sein wunderbares Experiment bis zum letzten Strich durch; Als er fertig war, wollte er sich gerade zurückziehen, als eine Steinsalve auf Tür und Fenster prasselte und inmitten des Knarrens der Holzarbeiten und des Klirrens fallenden Glases das Geschrei der tugendhaften Menge ertönte: „Yah!"

Und direkt danach: „Leichenräuber! Yah!" Für einen Moment herrschte Stille, als wäre das Publikum im Hörsaal wie gelähmt; Dann gab es einen allgemeinen Ansturm auf die Tür und einen Ausbruch von Wut, Aufregung und Angst, als eine Stimme laut verkündete, dass der Mob die Mauer erklommen habe und sich im Hof befinde – eine gewaltige Salve von Steinen und Ziegelsteinen, die die Ankündigung bestätigten.

Ein paar Minuten lang schien nur einer der Anwesenden seinen Kopf zu behalten, und das war der alte Bediener, der seinen Assistenten ein paar Befehle zuflüsterte, und mit schnellen Bewegungen wurde der Tisch mit seiner Last drapiert und hinter den mit Vorhängen versehenen Bogen gerollt, von dem aus er hervorkam es war gezogen worden, unmittelbar darauf folgte das Knallen einer schweren Tür und das Schießen von Riegeln.

Das Schlagen schwerer Stöcke auf die Türen, das Einschlagen der Fenster, Glas- und Drahtgeflechte, die bei jeder Salve nachgaben, und das Gebrüll des Pöbels verursachten einen ohrenbetäubenden Lärm, während dessen der alte Chirurg ruhig begann, seine Lieblingsoperation fortzusetzen Die Messer steckten in ihre mit lila Samt ausgekleideten Etuis und schlossen sie sorgfältig ab, während er sich an Horace North wandte, der neben ihm stand, und mit einem Lächeln sagte:

„Was haben wir nun getan, um eine solche Behandlung zu verdienen?"

"Yah! Leichenräuber!" kam mit lautem Geschrei von außen.

„Fertig, Sir?" sagte der junge Arzt und errötete. „Ich habe hart gearbeitet, um Wege zu finden, Schmerzen zu lindern und Leben zu retten. Das ist unsere Belohnung."

„Ja", sagte der alte Mann lächelnd, während er seine Koffer tätschelte. "Meine Haustiere; Ich möchte sie nicht verlieren. Ja, Sir, Unwissenheit im christlichen England im neunzehnten Jahrhundert!"

"Yah! Leichenräuber!" kam wieder; und die heulende und schreiende Menge drängte sich offenbar ins Innere.

„Kümmern Sie sich nicht darum, Mr. North", fuhr der alte Mann fort. „Lass mich dich sehen und hören. Ich glaube an Ihre Theorie. Sie sind zu weit gegangen, mein lieber Herr; Die Jugend ist zuversichtlich. Sie haben den Gipfel des Berges angestrebt. Du wirst nicht dorthin gelangen, aber auf eine gute, hohe Position, und ich bin stolz, einen so klugen, so talentierten jungen Mann getroffen zu haben."

"Danke mein Herr; „Danke", rief North, als der alte Mann seine Koffer in die Taschen steckte. „Aber sollten wir nicht besser versuchen, wegzukommen?"

"Versuchen?" sagte der alte Mann. „Ich sehe nicht, wie wir das können. Der Mob bereitet eine Festnahme per Eskalade vor."

"Yah! Leichenräuber!" kam mit einem heftigen Schrei, der noch lauter wurde, und es folgte ein gewaltiger Krach.

Der Einbruch der Londoner „Yahoos" hatte stattgefunden, und sie strömten herein, angeführt von einem grimmig aussehenden, spitzohrigen und kugelköpfigen Raufbold, und der Kampf begann.

Medizinstudenten können kämpfen; und bei dieser Gelegenheit setzten sie ihre Fäuste wissenschaftlich und gut ein; aber die Chancen standen gegen sie. Der Pöbel stürmte weiter, und der große Raufbold und ein Dutzend seiner Gefährten stürmten über die Sitze und behandelten sie wie diejenigen auf der Tribüne eines Theaters an einem Abend, an dem sie ihrem Unmut Ausdruck verleihen wollten.

Bevor Horace North die Tatsache bemerkte, befanden sie sich bei der Gruppe neben dem Operationstisch und in der Nähe eines anderen Tisches, auf dem Flaschen, Gläser, Schüsseln, Schwämme sowie ein Mörser und Stößel lagen.

Der junge Arzt wurde zurückgehalten, als der Schrei – der Kriegsschrei: „Yah! Leichenräuber!" – erhob sich erneut, und als er mit einem Schurken kämpfte, der sich an ihm rächen wollte, indem er seine Uhr stahl, sah er, wie der grauhaarige alte Chirurg von dem kugelköpfigen, schlachterähnlichen Raufbold niedergestreckt wurde führte die Bande an; und der Kerl wollte seinen Angriff fortsetzen, indem er einen Kriegstanz auf den wehrlosen alten Mann aufführte.

Er hatte keine Zeit, denn Horace North stürzte sich buchstäblich auf den Wilden und vertrieb ihn von seiner Beute, doch nur um seinerseits von jemandem gepackt zu werden, dessen größtes Vergnügen die Zerstörung war und dessen unangenehmer Mund sich zu einem zufriedenen Grinsen verzog, als er ihn erwiderte Körper seines schwächeren Gegners, und damit war ein großer Teil der Zukunft von Mary und Leo Salis mit der des halben Dorfes Duke's Hampton verbunden.

„Ah, würdest du! Jetzt bin ich an der Reihe."

Die Rache seiner Klasse gegen das, was er eine „Welle" nannte.

Kapitel drei.

Wissenschaft am Werk.

Horace North war eher ein Student als ein Athlet, und er spürte, wie ihm das Blut in den Kopf schoss – ein seltsames Schwindelgefühl, das er schriftlich treffend hätte beschreiben und die Aktion, die von ihm vor sich ging, ausführlich und mit aller gebotenen Genauigkeit zum Ausdruck bringen können Kompression bestimmter Venen und einer Arterie. Aber für ein paar Augenblicke konnte er im *Handgemenge* nichts tun, um sich aus dem brutalen Griff zu befreien, der ihn lebenslang zu verletzen drohte, wenn er ihn nicht ganz vernichtete.

Aber die Wissenschaft ist ein guter Unterstützer roher Gewalt. Ein Mann mit wenig Muskeln ist einem Riesen ebenbürtig, wenn beide mit Schwert oder Pistole bewaffnet sind; Und hätte Horace North seine Wissenschaft in Form von Galvanismus oder einem Betäubungsmittel einsetzen können, hätte er den stämmigen Riesen seiner Gnade ausgeliefert, anstatt schnell die Besinnung zu verlieren.

Der Galvanismus war jedoch nicht vorhanden, es fehlte auch die Gelegenheit, eine Dosis Äther oder Chloroform zu verabreichen, und als eine Hand des jungen Arztes vergeblich das sehnige Handgelenk des Raufbolds ergriff, fiel die andere fast kraftlos auf den Tisch, an dem er lag getragen.

Glücklicherweise fand er hier die dringend benötigte Hilfe der Wissenschaft in Form eines Stößels aus Marmor, der bequem in seinem ursprünglichen Mörser ruhte.

Horace North hatte im Frieden oft einen Stößel benutzt; Jetzt benutzte er es im Krieg, denn seine Finger schlossen sich um den Holzgriff, die schwere Waffe beschrieb den Bogen eines Kreises, es ertönte ein lautes Klopfen, ein halber Fluch – kaum das – und der große Schurke fiel in einem Haufen auf den Boden.

Für einige Augenblicke war Horace North benommen, aber nun war der Kampfinstinkt des Mannes geweckt, und als ein paar Freunde des Anführers auf ihn losgingen, um den Sturz ihres Kameraden zu rächen, stieß einer einen Schrei aus, als ihm der Stößel ins Gesicht geschleudert wurde. und der andere heulte auf, als er mit einem Knall auf sein Schlüsselbein niederschlug, beide waren *außer Gefecht gesetzt* , während der Arzt nun auf dem am Boden liegenden Körper des alten Chirurgen ritt und die anderen in Schach hielt.

Genau zu diesem Zeitpunkt brach Jubel aus, denn die Schüler waren auf den Kampf vorbereitet und kämpften Seite an Seite. Der durch den Sturz ihres

Anführers entmutigte Mob begann nachzugeben. Die Atmosphäre im Hörsaal war offensichtlich zu warm, und ihre rückläufige Bewegung wurde schnell zu einer Flucht, bei der sie körperlich durch Türen und Fenster aus dem Raum gefegt wurden, zu sehr von den Gesetzen der Selbsterhaltung beherrscht, als dass man es sich überhaupt vorstellen könnte diejenigen, die unten waren.

Dann, als der letzte Schurke vertrieben wurde und ein gewaltiger Jubel von den Siegern ausging, marschierte eine starke Polizeitruppe gut zugeknöpft und wunderbar cool in die Halle und stellte fest, dass die Arbeit erledigt war – bis auf den Abmarsch ein halbes Dutzend schwindliger, ungewaschener Wilder in die Kühlzelle.

„Besser, Sir?"

„Äh? Besser? Ja – ein wenig verwirrt. Wasser! Danke schön. Ja; besser jetzt. Eher grobes Verfahren."

Der alte Mann sah sich ziemlich mitleiderregend um, bis sein Blick auf den jungen Arzt fiel.

"Ah! Sie, Herr North. Ich erinnere mich jetzt. Danke schön. Würde es Ihnen etwas ausmachen, mir zu meiner Kutsche zu helfen? Mir ist ziemlich schwindelig."

Die Aufgabe war erledigt: Dem alten Mann wurde ins Krankenhaus und durch dieses zu einem privaten Eingang geholfen, wo seine Kutsche abseits der Menschenmenge wartete.

"Das ist richtig. Kommen Sie mit nach Hause, Herr North. Ich würde gerne ein paar Worte mit Ihnen sprechen, wenn es Ihnen nichts ausmacht."

Horace North stieg freudig in die Kutsche, denn er hielt den alten Mann für nicht in der Lage, allein zu fahren, und in der Aufregung im Krankenhaus schenkte ihm niemand die geringste Beachtung.

„Jetzt kommen Sie in mein Zimmer", sagte der alte Mann, als sie in seiner Wohnung in der Harley Street abgesetzt wurden. "Verletzt? Oh nein! – eine Kleinigkeit. Ich möchte mit Ihnen über Ihre Pläne sprechen. Wir werden eine Tasse Kaffee trinken, eine Zigarre trinken und uns unterhalten."

Das Gespräch im Arbeitszimmer des großen Chirurgen dauerte bis zum Tagesanbruch, und dann ging Horace North mit brennendem Gehirn in sein Hotel zurück. Denn da seine Ideen bis zu einem gewissen Grad von der großen Autorität unterstützt wurden, die er gerade verlassen hatte, sah er sich am Vorabend einer großen Entdeckung, die seinen Namen verewigen und seinen Mitgeschöpfen in großem Maße zugute kommen sollte.

„Es ist, als würde man einen Sprung ins Unbekannte wagen“, rief er, während er maßlos aufgeregt weiterging. Denn Horace North war wie der Rest der Welt – blind gegenüber dem, was passieren würde. Wäre er anders gewesen, hätte er seine geheimen Gedanken früher für immer begraben, als sich dem zu stellen, was kommen würde.

Kapitel Vier.

Pfarrer Salis zieht seinen Mantel aus.

Mary Salis hatte Unrecht, denn ihre eigensinnige, leidenschaftliche Schwester war bereit zu tun, was immer ihr gefiel, und was ihr damals gefiel, war, der Aufforderung zu gehorchen, die in der Notiz enthalten war, die Dally Watlock ihr am Morgen überbrachte.

Das Gesicht ihres Bruders wurde ernst und hart, als er weiterging, und von Zeit zu Zeit sah er kleine Fußspuren in der weichen Spur, denn ein Südwind und ein bewölkter Himmel verkündeten, dass es ein Jagdmorgen war. Kein trockener Wind hatte den Weg geebnet, und Hartley Salis war überzeugt, dass er das Ziel seiner Schwester kannte.

In einer halben Stunde erreichte er Red Cliff Wood, das große Stück alter Eichen auf dem Candlish-Anwesen, durch das der beste Forellenbach im Auenland fließt – derjenige, der durch die Wiesen des Pfarrhauses und bis zum Fuß des Herrenhauses floss Garten – mäandriert.

Sein Weg führte am Bach entlang, der hier und da an seinem Ufer die gleichen Spuren eines Paares kleiner Füße zeigte, deren hochhackige Stiefel tiefe Abdrücke hinterließen; und Hartley Salis wurde strenger, als er weiter in die Tiefen des Waldes ging, wo die große Masse rötlicher Steine hervortrat, die dem Ort seinen Namen gaben und, als sie über dem Bach hingen, ein herrliches Farnkraut bildeten, das immer feucht war das Wasser, das vom Fuß bis zur Spitze aus den Schichten sickerte.

Ein Dutzend Meter weiter erklang ein leises, wieherndes Geräusch, das von einem hübschen Sauerampferjäger kam, der mit dem Zaumzeug an einem zerlumpten alten Eichenzweig festgebunden war.

Kein unangenehmes Bild in diesem herrlichen alten, moosigen Wald, aber ausreichend, um Hartley Salis dazu zu bringen, die Zähne zusammenzubeißen, seinen Stock fest zu greifen und mit schnellen Schritten auf einen grünen Pfad etwas weiter entfernt zu schreiten, wo ein anderes Bild seinen Blick traf – nämlich seines Schwester Leo mit dem Rücken zu ihm, und dieser Rücken war von einem breiten scharlachroten Band umschlossen, das bei näherer Betrachtung die Form des Arms eines gut gebauten Mannes in Jagdmantel und Stiefeln annahm.

Hartley Salis ging schnell auf die Gruppe zu, der weiche, moosige Boden ließ ihn nicht näher kommen, bis er auf ein Stück morschen Asts trat, der mit einem lauten Knall brach.

Das Paar trennte sich und drehte sich zu dem Eindringling um, als Leo einen aus Scham und Wut gemischten Atem ausstieß, zurück gegen einen Baum taumelte und ihren Bruder Tom Candlish aus der Halle gegenüberstand.

Einen Moment lang sagte keiner etwas, und als der junge Mann in Scharlach seine Überraschung überwunden hatte, schloss er seine dunklen Augen halb und ein spöttisches Lächeln verzog sich um seine Lippen.

„So weit ist es also gekommen", sagte der Pfarrer schließlich mit leiser Stimme voller unterdrückter Wut.

„Hallo, Pfarrer! Sie hier? Kommst du zum Treffen?" sagte der junge Mann halb spöttisch.

„Nach dem, was zwischen uns passiert ist –"

„Ach komm, das reicht doch", rief der junge Mann unverschämt. „Glaubst du, dass du das Recht hast, jedes Mal, wenn du mich siehst, zu predigen?"

„Glauben Sie, Herr", rief der Pfarrer, der noch immer seinen Zorn unter Kontrolle hatte, „dass Sie, weil Ihr Vater der Großgrundbesitzer hier war, ein Recht haben, bei dem durchzuhalten, was ich ausdrücklich verboten habe?"

„Verfluchen Sie Ihre Unverschämtheit, Sir! Sprich nicht so mit mir. Was zum Teufel meinst du?"

„Was meine ich, Herr? Ich meine das so – und ich bitte Sie, mir gegenüber nicht diesen tyrannischen Ton anzunehmen."

„Mobbing-Ton! Sie werden etwas anderes als einen schikanierenden Ton finden, wenn Sie mich stören;" und während der junge Mann sprach, ließ er seine Jagdpeitsche schwingen.

Die Wangen des Pfarrers röteten sich, und seine Stirn zog sich vor Zorn zusammen; aber er behielt seine Ruhe, als er fortfuhr:

„Du hast mich gefragt, was ich meine. Ich meine Folgendes: Als ihr älterer Bruder und Geistlicher der Kirche von England übe ich das Amt des Vormunds meiner beiden Waisenschwestern aus. Sie sind glücklich in ihrem Leben mit mir im alten Pfarrhaus, und ich schaue natürlich mit ernsten Augen auf den Mann, der versucht, dieses Glück zu manipulieren. Es würde mich beunruhigen, wenn ein Herr in direkter und ehrenhafter Weise ins Haus käme und zu mir sagen würde: „Sir, ich liebe eine Ihrer Schwestern; Ich bitte um Ihre Erlaubnis, Ihr Haus besuchen zu dürfen; die Verlobung genehmigen:' aber wenn –"

„Oh, wenn du predigen willst, bin ich weg. Mach es am Sonntag fertig."

Die Röte des Pfarrers wurde dunkler, als er vor den jungen Mann trat und seinen Weggang stoppte.

„Ich werde nicht predigen, Herr; aber ich werde dafür sorgen, dass Sie hören, was ich zu sagen habe."

"Machen?"

„Ja, Sir, trotz Ihrer Beleidigungen. Du bist der Bruder des obersten Mannes in diesem Dorf, und ich bin nur der Pfarrer; aber du stehst gewissermaßen unter mir; Und jetzt, da Sie mich dazu getrieben haben, werde ich, ich wiederhole, dafür sorgen, dass Sie hören, was ich zu sagen habe."

"Oh bist du?" spöttisch.

"Ja. Ich sage, wenn ein Mann, der für sein rücksichtsloses Verhalten gegenüber mehr als einem armen Mädchen in diesem Dorf bekannt ist, statt auf ehrenhafte Weise auf meine Schwester zuzugehen …"

„Sehen Sie, Pfarrer, ist das als Beleidigung gemeint?"

„-Kommt zu mir nach Hause und wird gebeten, seine Besuche einzustellen, und belagert dann auf feige, verächtliche, heimliche Weise die Zuneigung einer meiner Schwestern. Ich sage, dass dieser Mann der Behandlung, die ich ihm zukommen lassen sollte, unwürdig ist ein Gentleman, und verlangt das, was ich einem minderwertigen Kerl geben würde."

„Hier, sage ich", rief Tom Candlish heftig; „Willst du mir sagen, dass ich deiner Schwester nicht ebenbürtig bin?"

„Ich sage Ihnen, Sir, dass niemand, der sich zum Partner von Wettmännern, Rennbahn-Werbetreibenden und niederträchtigen Jockeys macht, der von Ihnen genannten Dame ebenbürtig ist, während jemand, der im Gegensatz zu meinen Wünschen darauf besteht, zu schreiben gegenüber dem schwachen, törichten Mädchen und überredet sie, sich mit ihm zu treffen, wie Sie es getan haben, verdient eine vernünftige Züchtigung."

„Willst du mir noch einmal sagen, dass ich deiner Schwester nicht ebenbürtig bin?"

"Ich tue; und kein Maß an Reue, Herr, denn Ihre schlechten Taten würden Sie dazu bringen."

"Schau hier!" rief der junge Mann, „du hast manchmal wie ein Mann mit mir geredet, und dann bist du wieder in deinen klerikalen Jargon abgerutscht." Ich habe Ihnen ziemlich geduldig zugehört und von jedem anderen mehr ertragen, als ich sollte, weil Sie ein Pfarrer sind; Aber du bist zu weit gegangen, und jetzt bin ich an der Reihe. Wenn Leo —"

„Fräulein Leonora Salis, Sir."

„Wenn Leo mir sagt, dass sie mir nichts mehr zu sagen hat, werde ich gehen; aber was Sie betrifft – hören Sie hier. Ich werde ihr schreiben, ich werde sie treffen und ich werde sie bitten, mich so oft zu treffen, wie ich möchte. Nicht ihr ebenbürtig, ich! Warum, du elender, bettelnder, hundertjähriger, abgenutzter Pfarrer, wie kannst du es wagen, mich so anzureden? Weißt du wer ich bin?"

„Ja: Tom Candlish, Bruder von Sir Luke Candlish aus Candlish Hall."

„Ja, Sir, Nachkommen einer unserer besten englischen Familien."

„Nachkommen, Herr", erwiderte der Pfarrer, „eines geizigen, geldgierigen alten Schurken, der dem mittellosen Jakobus dem Ersten so viele hundert Pfund für eine verächtliche Baronetz gab, die zu einem der schändlichsten Paare überhaupt geworden ist." wie ein Schandfleck für ein hübsches englisches Dorf."

„Du unverschämter Hund!" brüllte Tom Candlelish; „Ich fahre rüber zu May und lasse dich aus deiner Pfarrei werfen."

„Tu es", sagte der Pfarrer.

„Nein, das werde ich nicht tun, um Leos willen. Aber sehen Sie, Herr Pfarrer, stören Sie mich nicht, oder, bei Gott, Herr! Ich gebe dir die verfluchteste Auspeitschung, die ich je einem Menschen in meinem Leben gegeben habe. Von George! Wenn da nicht dein weißes Halstuch und dein schwarzer Mantel wären, hänge mich auf. Ich würde es jetzt tun."

Er streckte eine Hand aus, als wollte er den Kragen des Pfarrers ergreifen, und hob drohend seine Jagdpeitsche; aber in einem Augenblick wurde es ihm aus der Hand gerissen und durch die Luft geschleudert.

„Du hast Einwände gegen meine weiße Krawatte und meinen schwarzen Mantel, nicht wahr, Tom Candlish?" sagte der Pfarrer und warf sie schnell über einen benachbarten Eichenzweig; „Dann werden sie vorerst deine Augen nicht belasten und mich nicht aus deiner Reichweite bringen. Nun denn, wir sind auf Augenhöhe. Zieh den scharlachroten Mantel aus, du elender Popinjay."

"Wie meinst du das?" rief Tom Candlish und wurde fleckig im Gesicht.

„Ich meine, Sir, dass Worte einem solchen Schurken wie Ihnen nichts nützen: dass ein Pfarrer auch ein Mann ist. In diesem Fall ist er der Bruder der Dame, und außerdem gibt es jede Menge Beleidigungen wegzuwischen. Ziehe deinen Mantel aus."

"Was!" rief Tom Candlish mit einem höhnischen Lachen. „Schau her – weißt du, dass ich kämpfen kann?"

„Ich weiß, dass Sie sich in einem schamlosen Preiskampf befanden, Sir, in einem Ring, in dem Ihr Gegner eine Art Champion der Bilston-Colliers war."

„Ja, also zieh deinen Mantel an und geh nach Hause, solange du in Sicherheit bist."

„Und ich weiß, dass ich meine Faust nicht vor Wut geballt habe, Sir, seit ich Oxford vor zwölf Jahren verlassen habe; aber wenn du Tom Sayers geschlagen hättest, würde mich das jetzt nicht bewegen. Einer von uns beiden verlässt diesen Wald nicht ohne laute Tracht Prügel, und das wirst du sein, Gott sei Dank."

Reverend Hartley Salis, MA, krempelte schnell seine Hemdsärmel über seine weißen Arme hoch; Dabei war zu beobachten, dass sich der fast neue scharlachrote Jagdmantel, den der hübsche Tom Candlish aus Candlish Hall trug, sehr langsam löste, möglicherweise aufgrund seiner hervorragenden Passform.

Kapitel fünf.

Die Patienten des Arztes wollen ihn zu Hause haben.

"Ah! Horace, alter Mann, wieder zurück?"

"Ja. Ich hätte früher kommen sollen, aber ich – Hallo! Handschuhe! Warum, was ist mit deinen Händen los?"

"Oh! Nichts. Reibe die Haut von meinen Knöcheln. Das ist alles."

„Hmpf!" sagte der Besucher des Pfarrers – Horace North; und da war ein seltsames Funkeln in seinen Augen. „Ich sage, ich hätte früher vorbeikommen sollen, aber ich habe einen Brief von Luke Candlish gefunden, in dem er mich bittet, in die Halle zu gehen, da es seinem Bruder nicht gut geht."

"Oh!" sagte der Pfarrer leise.

„Ich bin rübergegangen und habe den Knappen fast betrunken vorgefunden. Er bringt sich schnell um."

„Sie sind ein nettes Paar", sagte der Pfarrer grimmig.

„Umso mehr schäme ich mich, das zu sagen", rief North. „Sie sind Ihre moralischen Patienten. Du solltest sie verbessern."

„Ja", sagte der Pfarrer trocken.

„Der Knappe war jedoch nüchtern genug, um mir zu sagen, dass sein Bruder einen schlimmen Unfall hatte – er war gestern auf dem Weg zum Treffen, als sein Pferd mit ihm durchbrannte und irgendwie in den Red Cliff Wood davonraste, wo Tom nur noch in der Lage war Überprüfe ihn ganz oben dort, wo das Tier ihn warf und er von der Spitze der Klippe auf den Grund stürzte."

„In den Bach?" sagte der Pfarrer leise.

"NEIN; Von dem Bach habe ich nichts gehört", sagte der Arzt. „Ich ging hinauf und fand ihn dabei, wie er eine der Dienstmädchen beschimpfte, weil sie ihm einen zu heißen Umschlag auf das rechte Auge aufgetragen hatte. Dann fing er an, mich zu beschimpfen, weil ich nicht früher gekommen war. Das steigerte meine Hautausschläge, und ich sagte ihm, ich würde ihm eine Dosis geben, die ihn einen Monat lang im Bett halten würde, wenn er sich nicht höflich verhalten würde."

"Ja?"

„Na ja, dann hat er sich beruhigt und das Dienstmädchen weggeschickt."

"Ja?"

„Und ich ging zur Arbeit. Er hatte einen der seltsamsten Stürze, die ich je in der Praxis erlebt habe. Seine Augen sind geschlossen – ein wunderschönes schwarzes Augenpaar; Lippenschnitt; rechter Eckzahn im Oberkiefer kurz abgebrochen; mehrere Prellungen am Unterkiefer; Rippe gebrochen; und die Haut von seinen Knöcheln. – Haben Sie Ihren Bienen etwas angetan?"

„Bienen? Was, zu dieser Jahreszeit? Nein, warum?"

„Die Wange sieht ein wenig geschwollen aus. Kurioserweise fällt das von Tom Candlish auf. Es sah eher so aus, als wäre ich in einem weiteren Preiskampf gewesen. Lass mich deine Knöchel sehen."

"NEIN; Es geht ihnen gut. Mach keinen Humbug, Horace, alter Mann. Sie haben es erraten. Ich habe ihn fürchterlich verprügelt."

„Segne dich, mein Sohn!" rief der Arzt und klopfte ihm auf die Schulter.

„Und ich fühle mich elend, weil ich mich so blamiert habe."

"Unsinn! Kirche militant. Einen verwirrten Schurken verprügelt. Aber wofür? Er hatte nie die Unverschämtheit –?"

Er nickte kurz in Richtung Wohnzimmer.

„Ja, und – Da habe ich sie zusammen erwischt. Er hat ihr Notizen geschickt, um ihn zu treffen. Ich war in Leidenschaft und er beleidigte mich; und und-"

„Du hast den Schurken angegriffen und ihm die schönste Tracht Prügel verpasst, die ein Mann je verdient hat. Meine liebe Salis, du hast eine der großartigsten Taten deines Lebens vollbracht."

„Ich bin Geistlicher und habe mich wie ein Schuft benommen."

"Unsinn! Es gibt nur einen Nachteil an dem, was Sie getan haben."

"Was ist das?"

„Habe es gemacht, als ich nicht da war, um den Spaß zu sehen. Es ist herrlich."

„Ich werde es mir nie verzeihen."

„Dann werde ich dir vergeben. Nun, du weichherziger alter Pfarrer, du weißt, dass du ihn und seinen Schurkenbruder nicht mit Worten berühren kannst, und du weißt, dass sie der Fluch der Nachbarschaft sind."

„Für mich gibt es keinen Grund, der Wut nachzugeben und mich selbst zu erniedrigen."

„Erniedrigen Sie Ihre Großmutter, Herr! Sie haben sie so behandelt, wie die irischen Priester ihre Herden behandeln. Metaphorisch gesehen hat Tom Candlish den Stock gegeben. Es war Ihre Pflicht, Sir, und damit hat es ein Ende.“

"NEIN; Ich fürchte, es gibt kein Ende. Er droht, zu May zu gehen.“

„Bah!“

„Und mein Verhalten dem Bischof vorzulegen.“

„Und geht zu Bett und tut so, als hätte ihn sein Pferd abgeworfen. Verschwinde, du alter Humbug; Du wirst nie wieder ein Wort hören.“

„Ich, der ich mit allen Menschen in Frieden leben möchte, habe mir einen tödlichen Feind gemacht.“

„Puh! Er ist ein Windbeutel. Sie haben den richtigen Weg eingeschlagen und diese Angelegenheit im Keim erstickt. Weiß Leo davon?“

"Ja."

„Und Maria?“

„Kein Wort, also sei vorsichtig – hist! es kommt jemand.

"Darf ich rein kommen?" sagte eine süße, musikalische Stimme.

"Komm herein? „Ja“, sagte die junge Ärztin, sprang auf, öffnete die Tür und begrüßte Mary Salis mit einem offenen Lächeln und einem so herzlichen Handschlag, dass sie kaum zusammenzucken konnte. „So, kommen Sie nicht näher; Ich rieche nach Londoner Rauch und Schwarz. Gott sei Dank bin ich wieder zu Hause.“

„Ohne dich scheint der Ort nicht derselbe zu sein“, sagte Mary, indem sie sich hinter den Stuhl ihres Bruders stellte und ihre Hände auf seine Schultern legte.

„Ich weiß nichts über den Ort, aber ich weiß, dass ich dort nicht das Gleiche empfinde. Allerdings muss man manchmal hingehen, um ein paar Fakten zu erfahren, sonst würde man auf der Strecke bleiben. Bist du zum Haus gegangen?“

„Ja, und ich fand Frau Milt sehr beschäftigt.“

"Segne Sie! Schönes Spiel, das sie gemacht hat, Salis. General räumte auf, und mein Arbeitszimmer wurde auf den Kopf gestellt. Hast du den alten Moredock gesehen?“

„Ja, bin gestern gegangen“, sagte der Pfarrer. „Die alte Post lag da und machte sich Sorgen, weil du weg warst. Er sagte, er wüsste, dass er sterben sollte, bevor du zurückkommst.“

"Sachen. Er wird hundert Jahre alt; aber ich werde gehen und den alten Jungen sehen. So, jetzt lachst du“, sagte er und wandte sich an Mary. „Sagen Sie jetzt nicht, dass Frau Berens krank war und mich wollte.“

"Warum nicht?" sagte Mary, während ihr freundliches Gesicht aufleuchtete und eine leichte Röte in ihre weichen Wangen stieg. „Ich habe dir gesagt, dass der Ort ohne dich nicht mehr derselbe wäre.“

„Frau Berens traf mich zweimal und seufzte tief“, sagte der Pfarrer lachend. „Ha! Ich wünschte, sie wären alle genauso besorgt um ihre Seele wie um ihren Körper.“

„Und das sind sie nicht, alter Kerl?“ sagte der Arzt.

"NEIN. Ich fange an zu wünschen, du wärst raus, North, denn du bist mein verhasster Rivale.“

„Hartley!“ sagte Mary vorwurfsvoll.

"Hahaha!" lachte der Arzt. "Eifersüchtig. Macht nichts, alter Kerl. Am Ende wird alles gut werden. Da kann ich nicht aufhören. Ich habe kein Ende zu tun.“

„Aber wie ist es dir in London ergangen?“

"Herrlich. Entsetzlich. Abenteuer ohne Ende. Ich werde dir alles erzählen, wenn ich wiederkomme. Muss jetzt Patienten sehen. Ich muss den alten Moredock aufziehen und ihn wieder zum Laufen bringen, sonst gibt es keine Glocken, keine Uhr und kein ‚Amens‘ am Sonntag.“

„Na ja, auf das Letzte könnten wir verzichten“, sagte der Pfarrer lächelnd. „Gehen Sie zu Frau Berens?“

Der Arzt verzog das Gesicht komisch.

„Muss“, sagte er; „Aber ich schwöre, ich schäme mich immer, für meine Besuche Geld zu verlangen. Ihr geht es genauso gut wie Ihnen, Miss Salis.“

„Aber es geht ihr immer besser, wenn man ihren Puls gefühlt hat“, sagte der Pfarrer lachend.

"Aussteigen!" rief der Arzt fröhlich.

„Ich sage, North, sei nicht schäbig.“

"Wie meinst du das?"

„Lassen Sie sich das nicht entgehen und heiraten Sie in London. Bringen Sie es hierher und lassen Sie mich mein Honorar erhalten."

„Jetzt seien Sie vorsichtig", sagte der Arzt und schüttelte spielerisch die Faust. „Ich habe noch nie einen Mann vorsätzlich getötet; Aber wenn Sie mich in Versuchung führen, wissen Sie nicht, was ich tun kann, wenn Sie hilflos im Bett liegen.

„Ich trotze dir", rief der Pfarrer lachend. „Sehen Sie, wie schuldig er aussieht, Mary."

„Hartley!" sagte Mary vorwurfsvoll und drückte seine Schulter.

„Das beweist es", sagte der Arzt. „Geh zu, du elender Betrüger! Habe ich nicht die schöne, dicke, süße Witwe gesehen, die dich sanft anlächelt? Habe ich sie nicht über ihrer Suppe seufzen gehört, als Sie beim Abendessen das Gesetz festgelegt haben?"

„Unsinn, Unsinn!" sagte der Pfarrer stirnrunzelnd.

in Ihrer Sonntagspredigt *zum ersten Mal* zu sich kamen ? Als *zweites* holte sie ihr Duftflakon heraus ; lehne dich in gespannter Anbetung zurück zum *dritten Mal* ; und als es zum *neunten kam* , fing sie an zu weinen, schüttelte sanft den Kopf und sah aus, als würde sie im Geiste sagen: ‚Oh, was für eine Predigt wir hatten.'"

„Ich sage, North, scherze nicht", sagte der Pfarrer mit einem halb verärgerten Gesichtsausdruck.

„Warum, du hast mich zuerst geschlagen. Nicht wahr, Miss Salis?"

Mary nickte.

„Da, Herr. Gemessen an unserer schönen Portia selbst. Aber ich muss gehen. Auf Wiedersehen, alter Kerl. Schach heute Abend?"

„Auf jeden Fall", sagte der Pfarrer.

"Hier oder dort?"

„Oh, komm her", rief der Pfarrer; und mit einer freundlichen Nachricht für Leo und einem herzlichen Handschlag an jeden eilte der Arzt davon.

„Ich bin froh, dass er zurück ist", sagte der Pfarrer ernst. „Bist du das nicht, Mary?"

„Sehr", antwortete sie. „Wir vermissen unsere Freunde."

„Ja, und er ist ein guter alter Kerl wie immer; so offen, so männlich und direkt. Ich weiß nicht, was die armen Leute hier tun würden, wenn er gehen würde."

„Glaubst du nicht, dass er gehen wird?" sagte Mary besorgt.

"Verlassen? Nicht er. Ihm gefällt sein altes Zuhause zu gut. Aber im Ernst, mein Lieber, glauben Sie, dass er sich nicht um Mrs. Berens kümmert?"

„Oh nein, Hartley", sagte Mary mit einem selbstbewussten Lächeln. „Ich bin sicher, er denkt nur an seinen Beruf."

"Genau. Ich denke oft das Gleiche, aber ich wünsche mir oft etwas."

„Was, Liebling?" sagte Mary ernst.

„Dass er Gefallen an Leo gefunden hat. Es wäre ein glücklicher Tag für mich gewesen, sie mit solch einem Beschützer fürs Leben gesehen zu haben."

„Ja", sagte Mary leise. „Er ist im Herzen ein wahrer Gentleman."

„Warum, Mary", rief der Pfarrer enthusiastisch, „er nimmt von keinem der armen Leute einen Penny und arbeitet für sie wie ein Sklave." Die Nächte, in denen ich ihn kenne, verbringen wir am Krankenbett. Nun ja, Gott sei Dank, wir haben so einen Mann hier."

„Amen", sagte Mary leise.

„Da ist Leo", sagte der Pfarrer, als man sie einen der Wege des Gartens entlanggehen sah. „Maria, mein Kind, wenn das gelingen könnte, wäre es ihre Rettung und würde mich zu einem glücklichen Mann machen."

Mary legte ihre Hände fester auf die Schulter ihres Bruders und drehte sich um, um ihre Schwester zu beobachten. und während sie das tat, wurde ihr süßes, nachdenkliches Gesicht immer ernster und das Gesicht ihres Bruders wandte sich ab, so dass er das Geheimnis nicht erkennen konnte, noch hörte er den leisen Seufzer, der sich erhob, als ihre Augen von Tränen erfüllt waren.

Kapitel Sechs.

Dr. North besucht den Küster.

„Unsinn, Hartley, sie ist so still wie ein Lamm."

„Da bin ich mir nicht so sicher", sagte der Pfarrer, der ziemlich besorgt auf einen hübschen, unkrautigen grauen Maiskolben blickte, der gerade nach vorne geführt wurde.

Seine Schwestern standen bereit, um einen Anruf zu tätigen, und er runzelte ein wenig die Stirn, als er einen eigenartig zappeligen Ausdruck an den Ohren der Stute bemerkte.

„Warum, Hartley, wie dumm du bist!" rief Leo. „Du hörst drinnen auf zu lesen, bis du genauso nervös bist wie Mrs. Berens."

„Äh? Ja. Nun ja, das glaube ich", sagte der Pfarrer gut gelaunt. "Aber sei vorsichtig; Mir sind fremde Stuten immer etwas unangenehm. Wirst du einen zusätzlichen Zügel haben?"

"Absurd!" sagte Leo. „Da wirst du humorvoll sein. Sagen Sie ihm, er soll es tiefer anschnallen."

Das Mädchen sah sehr hübsch und lebhaft aus und war seit der Szene im Wald mit Tom Candlish so reumütig und geduldig gewesen, dass ihr Bruder davor zurückschreckte, sie in irgendeiner Weise zu belästigen.

Die Stute war pünktlich eingetroffen, und Leo hatte offenbar dem Willen ihres Bruders gehorcht und geduldig zugesehen, wie sie angeschnallt wurde – „degradiert", wie sie es nannte –, und da es sehr gut lief, machten sie sich auf den heutigen Morgenausflug.

Hartley Salis versuchte seine Besorgnis zu verbergen und drehte sich um, um mit Mary zu plaudern, die ziemlich blass aussah – die Folge von Kopfschmerzen, wie sie sagte; und während er redete, fühlte er sich immer mehr in einem Dilemma gefangen.

Mary wollte nicht gehen, das wusste er. Er wollte nicht, dass sie ging, aber so paradox es auch klingen mag, er wollte, dass sie ging. Für die Wahl wäre er selbst gegangen; aber er wusste, wenn er es täte, würde Leo es als Misstrauen auffassen – nicht gegenüber ihrer Macht, die neue Stute zu verwalten, sondern gegenüber ihrem Wort. Denn sie hatte ihm so gut wie versprochen, dass sie Tom Candlish nicht mehr sehen würde, und er fühlte, dass er auf jede erdenkliche Weise zeigen musste, dass er ein Vertrauen genoss, das er in Wirklichkeit nicht empfand. Da Mary Leo Gesellschaft leistete, wusste er, dass sie in Sicherheit war, und selbst das würde den Anschein von Spionage erwecken; Aber das Mädchen hatte die Stelle angenommen und sie waren bereit zu beginnen.

Das Trio war auf dem Weg zum Tor, als die neue Stute ein lautes Wiehern von sich gab, das aus der Ferne beantwortet wurde. Man hörte Hufgeräusche und direkt hinterher trottete North herbei.

Mary holte tief Luft und ihre Nervosität im Zusammenhang mit ihrer Fahrt wurde durch eine noch größere gemildert, die sie dazu zwang, alle Kräfte aufzubieten, um bei der bevorstehenden Begegnung ruhig zu bleiben.

„Morgen", rief der Arzt fröhlich, als er allen die Hand schüttelte. „Wirst du die neue Stute ausprobieren?"

„Ja", sagte der Pfarrer eifrig, während Leo ruhig und distanziert war und Mary ihr eigenes ruhiges Ich. "Was denkst Du über sie?"

Der Arzt, der sich wie die meisten Landherren, die einen Gaul halten, für eine Art Richter hielt, musterte die Stute und wurde kritisch.

„Gut erzogen", sagte er nach ein paar Augenblicken.

"Oh! Ich bin froh", sagte Mary und wollte unbedingt die kühle Stille brechen, die vorherrschte.

„Ich meinte mit Abstieg", sagte der Arzt fröhlich. „Ich weiß nicht, wie sie sich verhält."

"Oh!" rief Mary enttäuscht aus, während Leo verächtlich zusah.

„Aber sie scheint ruhig zu sein?" sagte der Pfarrer besorgt.

„Ja", antwortete der Arzt zweifelnd, während er seine Untersuchung fortsetzte. „Eher ein böser Blick auf einem Auge."

„Bitte nicht, Dr. North", sagte Leo gereizt. „Mein Bruder ist ziemlich zappelig, was die Stute angeht. Sie ist natürlich etwas mutiger als unser armes altes, schwerfälliges Pferd; aber ein Kind könnte sie fahren."

„Oh ja, natürlich", sagte der Arzt in einem Tonfall, der zu sagen schien: „Aber ich würde nicht für die Konsequenzen einstehen." Dann laut: „Etwas geschwollen am Sprunggelenk. Kann nichts bedeuten. Hübsch aussehendes kleines Ding, Salis."

„Ich freue mich, dass sie dir gefällt", sagte der Pfarrer eifrig.

„Ich habe nicht gesagt, dass ich sie mag, alter Kerl", antwortete North. „Ich sagte, sie sei gut erzogen."

„Aber Sie glauben nicht, dass sie für Damen gefährlich ist?"

„Oh, Hartley! Wie absurd!" rief Leo.

"Gefährlich? sicherlich nicht", sagte der Arzt. „Haben Sie sie natürlich selbst ausprobiert?"

„Nun, nein", antwortete der Pfarrer. „Ich war so beschäftigt, aber der Mann hat sie mehrmals gefahren."

„Und sagt, sie geht ganz leise", sagte Leo kleinlich. „Hartley hat nie Vertrauen in mein Fahrverhalten."

„In der Tat, ja", sagte der Pfarrer und lächelte seine Schwester liebevoll an. „Ich weiß, dass du gut fährst und eine kluge Reiterin bist. Ich mache mir nur Sorgen, dass Sie ein fremdes Pferd fahren.

„Aber Leo wird sehr vorsichtig sein", sagte Mary und beendete damit eine Szene, die für sie eine Qual war. „Ich bin ganz bereit, Leo."

„Ja, lass uns gehen", sagte dieser. „Hartley möchte Ihnen das Pferd mit Gewinn verkaufen, Dr. North", fügte sie scherzhaft hinzu. "Guten Morgen alle."

Der Pfarrer sagte nichts mehr, sondern übergab seine Schwestern in den leichten, niedrigen Phaeton, wobei Leo die Zügel auf die sachlichste Art ergriff, bevor er aufstieg, und dann aufrecht auf dem erhöhten Sitz saß, so dass selbst der anspruchsvollste Peitsche zufrieden gewesen wäre.

Die Stute sprang mit gebeugtem Hals und tief gesenktem Kopf los, die Räder drehten sich fröhlich im Einklang mit dem scharfen Trab der wohlgeformten Hufe.

„Ein ungewöhnlich hübscher kleiner Auftritt, alter Kerl", sagte der Arzt, während er im Sattel saß und kritisch zusah, bis die Kutsche um die Ecke bog; „Und deine Schwester fährt bewundernswert."

„Ja", sagte der Pfarrer ziemlich traurig; „Sie fährt, wie sie fährt."

„Und das ist besser als jede Dame, die unserem Rudel folgt", rief der Arzt. „Wenn ich nur ein guter Kerl gewesen wäre, wäre ich an ihrer Seite hergegaloppiert und hätte mich zur Schau gestellt."

„Das würden Sie", stimmte der Pfarrer zu; und sein Gesicht schien zu sagen: „Ich wünschte, du hättest es getan."

„Aber da bin ich nicht gerade der Typ, und ich habe Patienten, die warten, also los geht's."

Er drückte seinem Pferd die Flanken und lief im Trab in die andere Richtung, während der Pfarrer mit zunehmend besorgter Miene ins Haus ging.

„Ich nehme an, die Stute ist ziemlich sicher", sagte er; „Und es gefällt ihr. Könnte ihre Aufmerksamkeit von ihm ablenken. Armer Löwe! Es ist sehr traurig."

In der Zwischenzeit setzte der Arzt seinen Weg fort, bis er die Vorräte erreichte – eine heruntergekommene Anlage, die so alt aussah wie der Peitschenpfahl, der ihnen Gesellschaft leistete, und beide starben ihren wurmstichigen Tod, da der Brauch, sie zu benutzen, schon seit Generationen ausgestorben war.

Aber sie hatten immer noch ihren Nutzen: Das Pferd des Arztes blieb kurz vor ihnen stehen, als wüsste er sein Ziel, und sein Herr stieg ab und warf seine Zügel über den Pfosten, bevor er ein niedriges Häuschen mit roten Ziegelwänden und dickem Strohdach betrat. Die Tür war so niedrig, dass er den Kopf beugen musste, um in ein makellos sauberes Cottage-Zimmer zu gelangen, mit unebenem Boden aus roten Ziegelsteinen, einem glänzend polierten Ofen, einem selbstgemachten Kaminvorleger davor und einem gut geschrubbten Tisch aus Fichtenholz als Möbelstück , ein hoher Windsor-Stuhl, eine wunderschön geschnitzte alte Truhe oder Truhe aus Eichenholz und eine große, altmodische Acht-Tage-Uhr, deren schweres Pendel, sichtbar durch ein verglastes Loch in der Tür, schwerfällig nach rechts schwang und sagte: *Küken* ! und dann nach links und sagte „*chack* ! "

So leer das alte Zimmer in einer Hinsicht auch war, so voll war es in einer anderen Hinsicht, und das war ein schwacher, altertümlicher Geruch von unbeschreiblicher Natur. Es war nicht sehr unangenehm; es war nicht umgekehrt; aber es hatte eine große Besonderheit – nämlich, dass es bei einem Besucher den Wunsch erweckte, zu wissen, was es war, bis sein oder ihr Auge auf dem Besitzer des hohen Armlehnenstuhls von Windsor ruhte, in dem Jonadab Moredock, der Angestellte, saß und Küster von Duke's Hampton, als die Idee aufkam, dass der seltsame alte Geruch der von Verfall sein müsse.

„Na, alter Junge, wie geht es uns heute Morgen?" sagte der Arzt fröhlich.

Der rotäugige, gelbhäutige, verwelkte alte Mann legte seine Hände auf die Armlehnen seines Stuhls, richtete sich ein oder zwei Zoll auf, bewegte seinen Kopf und senkte sich wieder, indem er den Kopf schüttelte.

„Schlecht, Doktor – tödlich böse; und wenn du so wieder weggehst, wirst du mich tot und begraben vorfinden, wenn du zurückkommst.

„Unsinn, Moredock; Es liegen noch viele Jahre guten Lebens in dir."

„Nein, Doktor, nein", stöhnte der Alte.

„Aber ich sage ja. Du bist doch erst neunzig."

„Dreiundneunzig, Doktor – dreiundneunzig und am erschöpftsten."

"Unsinn; Es liegt noch viel Arbeit vor Ihnen. Hatte deine Pfeife?"

"Rohr? Nein. Wie kann ein Mann eine Pfeife haben, der keinen Tabak hat?"

„Na ja, egal", sagte der Arzt, „ich habe Ihnen Medikamente mitgebracht."

„Dann nehme ich es nicht an", rief der alte Mann wütend. „Ich werde es nicht annehmen und ich werde keinen Cent dafür bezahlen."

„Warten Sie, bis Sie gefragt werden", sagte der Arzt trocken und warf dem alten Kerl eine Packung Tabak in den Schoß. „Da ist deine Medizin. Sagen Sie jetzt, Sie werden es nicht annehmen, wenn Sie es wagen.

Die rotgeränderten Augen des alten Mannes funkelten beim Anblick des zerfetzten Unkrauts, um das sich seine Hand wie die Klauen eines Falken schloss. Dann erhob er sich langsam, nahm vom Kaminsims eine merkwürdig aussehende alte Tabakschachtel, die aussah, als wäre sie aus einem Stück Bleiblech gehämmert worden, und begann, den Tabak hineinzustopfen.

„Wo hast du diese bleierne Kiste her? Moredock?" sagte der Besucher.

„Ich – ich habe es geschafft", sagte der alte Mann mit einem verstohlenen Blick.

"Machte es! Das dachte ich mir auch. Sargblei, was?"

„Das macht Ihnen nichts aus, Doktor. Ich habe die Spur beim Graben gefunden."

„Und hast du diese Eichentruhe gefunden, als du gegraben hast, du alter Schlingel?"

„Nein, nein, nein, das gilt jetzt nicht für Sie, Doktor. Die Medizin ist Ihre Sache und nicht die Möbelstücke in den Häusern der Leute."

„Na ja, darüber werden wir uns nicht streiten, Moredock; Nur habe ich Gefallen an dieser alten Truhe gefunden. Ich werde es dir abkaufen."

„Nein, das werden Sie nicht, Doktor; es steht nicht zum Verkauf."

„Dann überlassen Sie es mir in Ihrem Testament."

„Nein, und das werde ich nicht tun. Es ist für meine Enkelin Dalily, die da oben im Pfarrhaus ist, wissen Sie – sie hatte die Masern, als sie siebzehn war."

„Ah ja, ich weiß – das dunkeläugige, rotwangige Flittchen. Glückliches Mädchen, diese Truhe zu erben."

„Ja, aber ich weiß nicht, wie sie es bekommen wird, Doktor. Flittchen! Ja das ist es. Das ist sie, und wenn ich sehe, wie sie wieder mit dem Bruder des jungen Squire Luke Candlish, Tom Candlish, spricht, wird sie nicht die Brust haben."

„Dann werde ich Tom Candlish dazu bringen, noch einmal mit ihr zu reden, und dann überlassen Sie es mir."

„Nein, das werden Sie nicht, Doktor. Ich kenne dich besser. Aber er ist ein schlechter Kerl. Das gilt auch für den Knappen. Sie sind beide böse. Ich weiß mehr über sie, als sie denken, und wenn Squire Luke kein Kirchenvorsteher ist, könnte ich einen Deal aushandeln."

„Und das wirst du nicht?" sagte der Arzt. „Nun, ich muss gehen. Aber ich sage: Hast du mir diesen Schädel besorgt?"

„Nein, nein, nein", sagte der alte Mann kopfschüttelnd, während er seine Pfeife anzündete und sehr zufrieden mit halb geschlossenen Augen zu rauchen begann. „Ich konnte keine Schädel bekommen, Doktor. Es wäre Sackerlidge und Verwüstung, und zwar so lange; Da ich Saxton bin, wird es in Duke's Hampton nichts dergleichen geben. Bowdles macht es in King's Hampton, aber hier gibt es nichts dergleichen."

„Aber ich möchte es aus anatomischen Gründen, mein guter Mann."

„Ich kann nicht anders, Sir. Ich konnte es nicht tun."

„Was für ein Unsinn; es leiht mir nur einen Knochen."

„Du hast gesagt, verkaufe es dir", sagte der alte Mann scharf.

„Nun, verkaufen Sie es. Ich werde es dir abkaufen."

„Nein, nein, nein. Was würde Pfarrer Salis sagen, wenn ich so etwas tun würde? Er würde aus mir einen Saxton machen, Hals und Nacken."

„Ah, nun ja, ich werde dir keine Sorgen machen, alter Kerl; und ich muss jetzt gehen."

„Nein, gehen Sie noch nicht, Doktor", rief der alte Mann mürrisch. „Du hast mich weder erhört noch gefühlt, noch nichts."

„Habe ich dir nicht eine beruhigende Medizin gegeben?"

„Ja, Doktor; ein bisschen Speck tut mir gut; aber fühle meinen Puls und schaue auf meine Zunge."

„Na ja, mal schauen", sagte der Arzt und untersuchte geduldig nach Routine. „Es ist Anno Domini, Moredock – Anno Domini."

„Ist es jetzt so, Doktor? Ah, Sie haben meine Beschwerde immer verstanden. Wenn Sie nicht gewesen wären, Herr Doktor –“

„Wir hätten schon früher einen neuen Küster in Duke's Hampton haben sollen, oder?“

„Ja, Doktor“, sagte der alte Mann schaudernd.

„Nun, ohne zu prahlen, alter Junge, ich glaube, ich habe dich durch die letzte Krankheit gebracht.“

„Ja, Doktor, das haben Sie, das haben Sie; und geh nicht wieder weg. Du warst sieben Tage weg – für mich sieben tödliche Tage voller Elend.“

„Oh, aber es geht dir gut“, sagte der Arzt und sah den alten Mann neugierig an.

„Nein, nein, nein. Ich dachte, ich hätte sterben sollen, bevor Sie zurückkommen, Doktor; Das habe ich getan."

„Aber dir geht es jetzt besser.“

„Ja, mir geht es jetzt besser, Doktor. Ich fühle mich sicherer und habe so viel zu tun, dass ich es mir nicht leisten kann, krank zu sein.“

"Und stirb?"

„Nein, nein, nein; Noch nicht, noch nicht, noch nicht, Herr Doktor!“

„Ah, nun ja, ich bin froh, dass ich dir Gutes tue, Moredock; aber ich glaube, du hättest mir vielleicht diesen Schädel geliehen.“

„Sie haben gesagt, verkaufen, Doktor“, rief der alte Mann.

„Natürlich hätte ich dich bezahlen sollen. Aber ich denke, ich muss Ihre Skrupel respektieren.“

„Ja, tun Sie es, Herr Doktor, und kommen Sie öfter. Anno Domini, nicht wahr?“

"Ja."

„‚Tain' ist doch keine tödliche Krankheit, oder, Doktor?“

„In der Tat, aber das ist es, alter Kerl. Aber da werde ich hin und wieder vorbeikommen und deine Werke ölen und dich so lange wie möglich am Laufen halten.“

„Tun Sie es, Doktor, tun Sie es bitte. Ich werde mich viel sicherer fühlen, wenn du dort warst.“

"In Ordnung. Guten Tag, Moredock."

„Guten Tag, Doktor", sagte der alte Mann und packte den Arm seines Besuchers fest mit einer hakenartigen Klaue.

"Guten Tag; Und wenn Sie Ihre Skrupel überwinden, würde mir dieser Schädel gefallen. Es würde mir jetzt nützlich sein."

Der alte Mann hielt den Arm seines Besuchers fest umklammert und humpelte zur Tür, um hinauszusehen, und dann, immer noch fest um den Arm gepackt, sagte er auf seltsame, kachinnierende Art, während er seine Pfeife hinlegte:

„He-he-he! Hi hi hi! Ich habe es für Sie, Doktor."

"Was? Der Schädel?"

"Stille! Natürlich habe ich; Nur muss man ein bisschen Aufhebens darum machen. Sackerlidge und Vernichtung, wissen Sie."

"Oh! Ich verstehe."

„Wissen Sie, ich würde so etwas nur für einen Arzt tun. Anno Domical-Zwecke, nicht wahr?"

„Sie verwechseln den Zweck mit Ihrer Krankheit, Moredock", sagte der Arzt, als der alte Mann einen Schlüssel aus der Tasche seines Mantels holte und ihn, nachdem er ihn hineingeblasen und auf den Tisch geklopft hatte, zuvor Er zog eine Nadel aus dem Saum seiner Weste, behandelte den Schlüssel wie ein Immergrün und ging zu der alten Eichentruhe.

„Schließen Sie einfach die Tür, Doktor", sagte er. "Das ist richtig. Schieben Sie nun den Bolzen. Es ist unwahrscheinlich, dass jemand kommt, es sei denn, Dally Watlock kommt, denn sie rennt immer rüber, wenn man sie nicht braucht, und bleibt stehen, wenn sie es will. Danke, Doktor."

Er bückte sich und sah aus wie ein neugieriger alter, halbkahlköpfiger Vogel, um die Truhe zu öffnen, und nachdem er den Deckel auf eine listig geheimnisvolle Weise ein kleines Stück angehoben hatte, schob er einen Arm hinein und holte einen dunkel aussehenden Menschen heraus Schädel.

"Ha! „Ja", rief der Arzt und nahm das grausige Relikt der Sterblichkeit in die Hand. „Ja, das ist ein sehr perfektes Exemplar; aber es ist offensichtlich eine Frau. Ich wollte einen Mann."

„Du hast gesagt, verkaufe dir einen Schädel", sagte der alte Mann wütend. „Du hast nie etwas über Mann oder Frau gesagt."

"NEIN. Es war ein Versehen. Da ist es egal."

„Ja, aber es macht mir etwas aus", grummelte der alte Mann. „Ich mag es, meine Kunden traurig zu machen. Gib es mir zurück."

„Aber das wird reichen."

„Nein, nein, nein; das geht nicht", rief der alte Mann verdrießlich. "Gib es mir."

Der Arzt gab den Schädel zurück, und der alte Mann legte ihn hastig in die Truhe zurück, zögerte ein paar Augenblicke und holte dann einen anderen Schädel hervor.

"Ah! das stimmt", rief der Arzt eifrig; „Genau das Richtige. Wie viel?"

„Nein, nein, nein; Ich werde keine Sackerlidge und Vernichtung begehen. Ich kann es nicht verkaufen."

„Aber du wirst es mir nicht geben?"

"Nein; Ich dachte nur, dass du auf den Kaminsims alles legen könntest, was du möchtest."

„Ich verstehe", sagte der Arzt lächelnd und legte eine kleine Goldmünze hinein, während der alte Mann dies aufmerksam beobachtete. „Aber ich sage, Moredock, wie viele hast du noch in dieser Truhe?"

"Angekommen?" sagte der alte Mann misstrauisch. "Oh! nur sie zwei. Nichts mehr – nichts mehr." Doch im nächsten Augenblick verzog er, als hätte er das Vertrauen zu seinem Besucher gewonnen oder fühlte sich verpflichtet, ihm zu vertrauen, auf seltsame, anzügliche Weise das Gesicht und öffnete die Truhe weit.

„Sie können mal reinschauen", sagte er. „Sie sind Arzt und werden es nicht verraten. Sie sind für die Ärzte."

„Ihre Kunden, was?"

"Kunden?" sagte der alte Mann scharf; „Wer hat ein Wort über Kunden gesagt?"

"Du machtest. Sie handeln also mit solchen Dingen?"

„Nein, nein; nicht mit ihnen handeln. Manchmal finde ich einen – sehr alt – sehr alt. Ich bin schon seit vielen Jahren auf der Erde.

Während er sprach, beobachtete er den Arzt neugierig, während er die Osteologieproben in der Eichentruhe untersuchte. Dann nahm er einen Blechkanister vom Boden, schüttelte ihn, der Inhalt klapperte laut, und als er ihn öffnete, zeigte er ihn halb voll mit weißen, gesunden Zähnen.

„Zahnärzte", sagte er mit einem Grinsen, das seine eigenen zwei oder drei geschwärzten Reißzähne zeigte. „Sie benutzen sie. Falsche Zähne. Die Leute denken, sie seien Elfenbein. Also sind sie."

„Warum, Moredock, was für ein böser alter Kerl Sie sind", sagte der Arzt. „Ich wundere mich nicht, dass du Angst vor dem Sterben hast."

"Böse? Nicht böser als meine Nachbarn, Doktor. Jeder hat Angst vor dem Sterben und möchte länger leben. Böse! Wie könnte ich zusammen ein paar Pfund sparen, um mich im Alter von der Arbeit fernzuhalten, wenn ich so etwas nicht getan hätte?"

„Ah, wie eigentlich?" sagte der Arzt und sah das seltsame alte Wesen halb verwundert an.

„Und meine Enkelin Dalily oben im Pfarrhaus. Der Mensch muss retten – muss retten. Außerdem tut es gut."

„Gut, was?"

„Ja", sagte der alte Kerl mit einem schrecklichen Grinsen. „Viele von ihnen haben in ihrem Leben nie etwas Gutes getan, und vielleicht sind sie nach ihrem Tod dankbar, dass sie ihren Mitgeschöpfen doch von Nutzen sind."

"Ah! Moredock, Menschen sind immer bereit, eine Entschuldigung für ihr Fehlverhalten zu finden. Mir scheint, ich sollte Sie im Pfarrhaus entlarven.

„Nein, Sie werden es dem Pfarrer nicht sagen, Doktor?" sagte der alte Mann lachend.

„Nein, ich werde nichts sagen, Moredock."

„Nein, Doktor, das können Sie nicht. Du bist drin. Du hast mich beauftragt, das für dich zu besorgen."

„So, hören Sie mit Ihrem verwirrten Lachen auf und bringen Sie dies heute Abend ruhig zum Manor House. Wird es dir gut genug gehen?"

„Haben – haben Sie noch mehr von diesem Hollands Gin, Doktor?" flüsterte der alte Mann mit einem anzüglichen Blick.

„Etwa noch ein Glas voll, wage ich zu behaupten."

„Dann werde ich wieder gesund genug sein, um zu kommen, Doktor. Niemand wird sehen, was es ist. Und sehen Sie: Sie halten mich am Leben und gesund, und Sie werden alles bekommen, was Sie wollen, Doktor. Parsons Herr in der Kirche, aber ich bin Herr draußen und in den Gräbern und im alten kerzenhaften Morslem. Möchten Sie es sehen, Doktor?"

„Pah! Ich nicht. Ich sehe genug von der elenden Rasse lebend, ohne sie tot zu sehen. Guten Morgen."

Er bestieg wieder sein Pferd und ritt über die Hauptstraße aus dem Dorf, um die Zügel zu einer hübschen, mit Efeu bewachsenen Villa zu ziehen, deren gepflegter Garten und allgemeines Erscheinungsbild Reichtum und eine gewisse Vornehmheit verrieten.

„Frau Berens zu Hause?" fragte er, als das Ziehen einer Glocke ein silbernes Klingeln durch das Haus schickte.

Das gepflegte Dienstmädchen zog sich lächelnd zurück, und der Arzt trat ein und wurde in ein hübsches Wohnzimmer geführt, wo er mit der Reitpeitsche auf seinen Stiefel schlug und verächtlich auf die Verzierungen, Spitzen und Zierratten blickte, die ihn umgaben .

Kapitel sieben.

Ein frischer Patient.

„Ich fühle mich immer wie eine Fliege", murmelte der Arzt – „wie eine Fliege, die sich auf einem Spinnennetz niedergelassen hat. Die Witwe will einen Ehemann. Ich wünschte, jemand würde sie schnappen.

"Ah! Doktor – endlich", sagte eine angenehme Stimme, die klang, als wäre sie durch Schwanenflaum gegangen, während ein starker Veilchenduft die Illusion unterstützte.

„Ja, endlich, Frau Berens", sagte der Arzt und ergriff die ausgestreckte, weiche, weiße Hand der angenehmen, rundlichen Dame von achtunddreißig oder vierzig Jahren, deren gesamtes Aussehen an eine sehr hübsche, zarthäutige Dame erinnerte Baby ist groß geworden. „Warum, wie gut du aussiehst."

„Oh, Doktor!"

„Das tust du tatsächlich. Aus Ihrer Notiz geht hervor, dass ich befürchtet habe, dass Sie ernsthaft krank wären."

„Und das war ich auch, Herr Doktor. In einem so niedergeschlagenen, nervösen Zustand. Einmal hatte ich das Gefühl, ich müsste untergehen. Aber" – mit einem Seufzer – „Mir geht es jetzt besser."

Die Dame winkte mit ihrem Kopftuch zu einem Stuhl und setzte sich auf eine Ottomane, wo sie, dem Vorschlag folgend, noch einmal ihre Hand in die feste weiße Handfläche des Arztes legte, in der Jonadab Moredocks knorrige, gelbe, hornige Pfote noch vor Kurzem gelegen hatte : Und als sich die starken Finger über das zarte weiße Fleisch schlossen und ein Paar zu dem weichen, runden Handgelenk glitten, seufzte der Patient.

„Oh, Doktor, ich fühle mich so sicher, wenn Sie hier sind. Es wäre zu schwer, so jung zu sterben."

Der Arzt blickte schnell auf. „Das ist ja böse", sagte die Dame vorwurfsvoll, „weil ich ,so jung' gesagt habe." Nun ja, ich bin noch nicht ganz vierzig, und das ist jung. Ist mein Puls sehr schnell?"

„Nein, nein. Vielleicht etwas beschleunigt. Du scheinst dir Sorgen gemacht zu haben."

„Ja, das ist es, Doktor. Das habe ich", sagte die Dame.

"Was für ein Idiot ich bin!" sagte er zu sich selbst, als er die Hand losließ. Dann laut: „Ich sehe, ich sehe. Wenig psychische Angst. Sie wollen Ton, Frau Berens."

„Ja, Doktor, das tue ich", seufzte sie.

„Was sollen Sie nun sagen, wenn ich Ihnen eine komplette Umstellung verordnet habe?"

„Eine völlige Veränderung, Doktor?" sagte die Dame, deren Puls jetzt sicherlich beschleunigt war.

"Ja. Das wird besser sein als alle meine Medikamente. Ein angenehmer kleiner zweimonatiger Ausflug nach Baden oder Homburg, wo man baden und die frische Luft genießen kann."

„Oh, Doktor, ich konnte nicht alleine gehen."

„Hmpf! Nein. Es wäre langweilig. Nehmen Sie einen Begleiter mit. Warum nicht eine der Schwestern des Pfarrers? „Mary Salis – oder nein", fügte er schnell hinzu, als ihm bestimmte familiäre Probleme einfielen, über die es Gerüchte gegeben hatte. „Warum nicht Leo Salis?"

„Oh nein, Doktor", sagte die Dame mit einem entschiedenen Kopfschütteln. „Ich glaube nicht, dass Miss Leo Salis und ich lange miteinander auskommen würden."

„Dann das andere", sagte der Arzt.

„Nein, nein. Verschreiben Sie mir ein Medikament."

„Aber du willst keine Medizin."

„In der Tat, Doktor, aber ich tue es. Ich nehme alles, was Sie mir verschreiben möchten."

"Aber-"

„Nun, Doktor, ich bin niedergeschlagen und nervös, und Sie müssen mich ein wenig belustigen. Ich konnte es nicht ertragen, weggeschickt zu werden. Ich sollte das Gefühl haben, als wäre ich dorthin gegangen, um zu sterben."

„Wenn ich dir garantiere, dass du stark und gesund zurückkommst?"

„Nein, Doktor, nein. Du darfst mich nicht wegschicken. Gehen Sie sanft mit mir um und lassen Sie mich in meinem eigenen Nest bleiben. Ach, wenn du nur meine Leiden wüsstest.

Dr. Horace North hatte das Gefühl, alles zu wissen, und begnügte sich damit, auf Distanz zu bleiben, denn obwohl alles äußerst damenhaft und kultiviert war und sich in ihren Worten ein Hauch von Zartheit mischte, konnte er nicht umhin, die Bedeutung des Wortes zu interpretieren Witwenseufzer und der zufriedene Ausdruck der Freude, der sich über ihr Gesicht legte, als er in der Nähe war, um ihren Puls zu fühlen.

„Ich kenne Ihre Leiden", sagte er ernst, „und Sie können sich darauf verlassen, dass ich mit jedem noch so kleinen Geschick, über das ich verfüge, Ihre Beschwerde bearbeiten kann. Denken Sie noch einmal über die Idee der Veränderung nach."

„Oh nein, Doktor", sagte die Dame schnell. "Ich konnte nicht gehen."

„Ah, nun ja, ich werde dich nicht drängen", sagte er und stand auf. „Ich werde versuchen, Ihnen etwas zu verschreiben, das Ihnen Ton verleiht."

„Sie gehen nicht, Doktor", sagte die Dame alarmiert. „Na, für dich ist nur dieser Moment gekommen."

„Patienten zu sehen, meine liebe Frau."

„Nein, das ist es nicht. Ich beunruhige Sie mit meinen Beschwerden. Ich bin sehr, sehr ermüdend, das gestehe ich."

„Unsinn, Unsinn", sagte der Arzt; „Aber ich muss mich wirklich beeilen."

„Ohne meine Zeichnungen und die Bücher gesehen zu haben, die ich aus der Stadt mitgenommen habe! Ah! Ich bin sicher, dass ich Sie mit meinem Gemurmel langweile. Eine kranke Frau ist eine Belastung für ihre Freunde."

„Wenn mich jemand schnell abholen würde, würde ich ihn segnen", dachte der Arzt.

„Es gibt Zeiten, Doktor, da würden mir ein paar Worte des Mitgefühls helfen, mein Los leichter zu ertragen, und —"

„Räder, bei George!" rief der Arzt aus.

"Wenn du nur wüsstest-"

„Da ist etwas verschraubt."

„Die tote Leere in meinem armen Herzen."

„Ein normaler Knaller, wenn sie nicht aufpassen. Wow, Tom! Bleib ruhig, mein Junge!" rief der Arzt, öffnete die Fenstertür und trat auf den Rasen hinaus.

„Herr Doktor, um Himmels willen", schluchzte Frau Berens in gequältem Tonfall.

Die Stimme des Patienten war so mitleiderregend, dass der Arzt dem Appell nicht widerstehen konnte, und obwohl er sozusagen von beiden Seiten angerufen wurde, trat er schnell in das kleine Wohnzimmer zurück, gerade rechtzeitig, um die ohnmächtige Witwe in seinen Armen aufzufangen.

Unglücklicherweise für die arme Frau Berens, die sich seit langem von dem jungen Arzt berührt gefühlt hatte, war eine Dame in seelischer oder körperlicher Not oder beidem immer eine Patientin von Dr. North, und er hielt sie nur gerade lange genug in seinen Armen, um sie herabzulassen Sie ließ sich in einer Ecke eines weichen Sofas nieder, bevor er aus dem Fenster und durch das Tor stürmte, wo sein angebundenes Pferd schnaubte und trat.

Das arme Tier hatte Grund, denn das schnelle Laufen der Räder und das Schlagen der Hufe wurden von Hartley Salis' Phaeton und der neuen Stute erzeugt, die in hektischem Galopp die Straße entlangkamen, während Mary sich blass vor Angst an der Seite des Fahrzeugs festklammerte , und Leo, der offenbar die Nerven behielt, saß vollkommen aufrecht an ihrem Platz, war aber nicht in der Lage, die Stute zu kontrollieren, da ein Zügel am Schnallenloch nachgegeben hatte und ein Ziehen am anderen so wahnsinnig war.

Sie waren eine ganze Meile in rasantem Tempo dahingerannt, bis Leo, als er sich dem Haus von Frau Berens näherte, den Kolben des Arztes erblickte, der die Ohren spitzte und anfing, sich aufzubäumen und zu stürzen.

Das Weiterfahren hätte einen Zusammenstoß bedeutet, und dem Fahrer blieb jetzt nichts anderes übrig, als sanft an den gesunden Zügeln zu ziehen.

Der Zug war vergeblich, und ein scharfer Zug folgte, gerade rechtzeitig, um die Mischlingsstute dazu zu bringen, auszuweichen und dem Kolben des Arztes auszuweichen; Die Folge war jedoch, dass das Vorderrad des Phaeton einen Pfosten auf der anderen Straßenseite erfasste. Es gab ein krachendes Geräusch, einen wilden Schrei, und die Unfallursache ereignete sich mit noch rasender Geschwindigkeit als je zuvor, während die Pfeile um ihre Beine baumelten und umherflogen.

"Verletzt? Nein, nicht viel", rief der Arzt und hob Leo halb aus dem Gras am Straßenrand. und eilte dorthin, wo Mary lag und wild starrte, verheddert zwischen den Fragmenten der Kutsche.

„Mein armes Kind!" er weinte. „Oh, das ist schlechte Arbeit. Versuchen Sie es und – hier! Miss Leo – Frau Berens. Wasser – Brandy – um Himmels willen, schnell!"

Kapitel Acht.

„Wie ich dieses Mädchen hasse!"

"Oh! mein armer Schatz!"

Es war Frau Berens, die sprach; Der Unfall und der daraus resultierende Hilferuf hatten in einem Augenblick alle Gedanken an sich selbst hinweggefegt und sie sofort in ihren besten Farben und voller wahrer weiblicher Anteilnahme gezeigt.

Leo stand benommen und völlig hilflos an der Hecke gelehnt, während Frau Berens herbeigelaufen kam, um zu helfen; aber nur um wieder hereinzustürmen und mit einer Karaffe und Wasser zurückzukommen.

„Ist sie – ist sie –"

"Stille!" flüsterte der Arzt streng; „Versuchen Sie, noch ein paar Tropfen zwischen ihre Lippen zu träufeln, und baden Sie weiterhin ihre Stirn, bis ich sie herausbekomme."

Mrs. Berens kniete neben Mary Salis, ihre Hände und ihr zartes Kleid waren voller Blut; Aber sie achtete nicht auf den Staub oder die abscheulichen Flecken, als sie ihren linken Arm unter den Hals des armen Mädchens schob und sie festhielt, während ihr verletztes und zerschundenes Gesicht auf ihrer Brust ruhte, während der Arzt hart an dem krummen Holzwerk und Eisen zerrte, das das arme Mädchen hielt Betroffener festgenagelt.

„Leo Salis", sagte der Arzt ungeduldig, „wenn du nicht verletzt bist, dann bleib nicht träumend stehen, sondern renne ins Dorf, um Hilfe zu holen."

Leo starrte ihn einen oder zwei Moment lang wild an und ging dann hastig davon, ihr linkes Handgelenk in der rechten Hand haltend, als hätte sie Schmerzen.

„Ha! Das ist besser", rief der Arzt, während er einen Fuß auf einen Teil des Eisenwerks stellte und mit aller Kraft zog, wobei seiner Anstrengung ein lautes Knacken folgte und das Eisen sich verbogen hatte. „Nun, Frau Berens, ich denke, wir können sie herausholen."

"Ja; „Lass mich helfen", rief die Witwe energisch und schien völlig verändert zu sein, als sie dabei half, das leblose Mädchen in den Salon zu tragen.

„Schnell, Mary, Kissen", rief sie; und ihre hilflose Magd mit den runden Augen rannte die Treppe hinauf, um mit den Kissen zurückzukehren, mit deren Hilfe Mary Salis in eine bequeme Position gebracht wurde.

Ohne dass es vorgeschlagen wird. Frau Berens selbst holte Becken, Schwamm und Handtücher, mit denen Blut und Staub entfernt wurden. Die Witwe errötete einmal hoch, als der Arzt ihr ein lobendes Wort zusprach.

„Schnitt in den Tempel. Haare werden es bedecken", sagte der Arzt, während er schnell die Verletzungen des gefühllosen Mädchens verband. „Hässliche Prellung dort an der Wange – leichte Abschürfung."

„Wird es sie entstellen, Doktor?" sagte Frau Berens besorgt.

"Oh! nein – bald verschwinden."

„Was für ein Trost", seufzte die Witwe, die offenbar glaubte, dass das Gesicht einer jungen Dame ihr Vermögen sei. „Ist sie sehr verletzt, Doktor?"

"NEIN; Ich hoffe, dass sie nur unter der Gehirnerschütterung leidet. Diese Blutung hat ihr gut getan. Sie kommt zu sich."

"Armer Liebling!" rief Frau Berens und küsste zärtlich Marys Hand.

„Sie sind eine ungewöhnlich gute und nützliche Frau, Frau Berens", sagte der Arzt unverblümt. „Ich hätte nicht gedacht, dass du es in dir hast."

„Oh, Doktor!" Sie weinte.

„Habe auch dein Kleid und deine Spitze ruiniert. Aber egal, es wird sie wieder zu sich bringen. Ah! das ist besser; sie kommt zu sich."

"Ist sie?"

Der Arzt zeigte auf die zitternden Lippen, als im nächsten Moment ein müder Seufzer zu hören war und Mary Salis die Augen öffnete, um sich wild umzusehen, und dann versuchte sie, aufzustehen, aber sie hob nur ihren Kopf und ließ ihn zurückfallen mit einem Stöhnen.

"Haben Sie Schmerzen?" sagte der Arzt, als er ihre Hand nahm.

Sie sah ihn wild an und eine leichte Röte stieg in ihre Wangen, als sie heiser flüsterte:

"Ja. Schicken Sie – für einen Arzt."

„Er ist hier, meine arme Taube", rief Frau Berens. „Kennen Sie ihn nicht – Dr. North?"

"Ja; aber schick – für jemanden – einen Arzt."

„Ein bisschen wandern", flüsterte North und beugte sich über Mary, die versuchte, vor ihm zurückzuschrecken. „Jetzt", sagte er sanft, „versuchen Sie mir zu sagen, wo Sie Schmerzen haben. Ich muss mich sofort darum kümmern."

„Nein, nein. Fass mich nicht an – einen Arzt – ruf einen Arzt“, antwortete Mary.

„Aber Herr North ist Arzt, mein armer Schatz“, rief Frau Berens.

„Schicken Sie – holen Sie einen Arzt“, flüsterte Mary erneut; Und dann stieß sie einen schwachen Aufschrei aus, in dem sich Empörung und Angst mischten, als der Arzt, an nichts anderes denkend als an den vor ihm liegenden Fall, begann, die notwendige Voruntersuchung durchzuführen, aber nach einer Minute innehielt und seine Hand auf die des Patienten legte Stirn, entsetzt über die Entdeckung, die er gemacht zu haben schien.

„Machen Sie sich das nicht übel“, sagte er freundlich. „Glauben Sie mir, es ist notwendig, und ich werde Ihnen nicht mehr Schmerzen bereiten, als ich helfen kann.“

„Frau Berens“, schluchzte das arme Mädchen, „Ihre Hand.“

"Mein Liebling!" rief die Witwe und nahm die ausgestreckte Hand, um sie an ihre Lippen zu drücken.

„Nun, Miss Salis“, sagte der Arzt, „ich möchte, dass Sie sich sanft bewegen – etwas gerader auf der Couch.“

Sie sah ihn seltsam an.

„Jetzt bitte“, sagte er. „Es wird eine einfachere Position sein.“

Aber sie rührte sich immer noch nicht.

"Hast du versucht?" sagte er ziemlich heiser.

„Ja – ich habe es versucht“, sagte sie schwach; und dann wurde die Röte in ihrem Gesicht wieder stärker, als der Arzt sich über die Couch beugte und die Position veränderte, in der sie lag.

"Habe ich dich verletzt?" er sagte.

"NEIN. Hast du mich bewegt?“ sie geriet ins Stocken; und Frau Berens sah ihn fragend an.

„Nur eine Kleinigkeit“, sagte er ernst. "Ah! Hier ist Salis.“

Es gab einen schnellen Schritt nach draußen, und der Pfarrer stürmte herein, langsamer gefolgt von Leo, der gespenstisch aussah.

„Maria, mein liebes Kind“, rief er und warf sich neben seiner Schwester auf die Knie, „bist du sehr verletzt?“

„Ich glaube nicht, Hartley, Liebes“, antwortete sie mit einem Lächeln. „Mein Kopf ist jetzt nicht mehr so schwindelig.“

"Oh! Was für ein Verrückter war ich, dich gehen zu lassen", rief er.

„Still, Schatz! „Es war ein Unfall", sagte das arme Mädchen zärtlich. „Mir wird es bald besser gehen. Du tust Leo weh. Sie leidet mehr als ich."

„Diese verfluchte Stute, North. Sie sah bösartig aus. Wie war es, Leo?"

„Sie hat gezogen und einer der Zügel ist gebrochen", sagte Leo heiser. „Bei jedem Pferd hätte es einen Unfall gegeben."

„Ja, ja, natürlich", sagte Mary schwach; „Und es tut mir sehr leid, Hartley. Die Chaiselongue – die Kosten. Vielen Dank, liebe Frau Berens, und jetzt möchte ich versuchen, nach Hause zu gehen."

„Nein, nein, meine Liebe", sagte Frau Berens, „Sie dürfen nicht daran denken, hinzugehen. Bleiben Sie hier und lassen Sie sich pflegen. Ich werde mich so sehr bemühen, dass es dir gut geht."

„Das weiß ich", sagte Mary sanft; „Aber zu Hause wird es mir besser gehen. Leo, mein Lieber, hilf mir hoch. Nein, nein, Hartley; Ich wollte dich nicht wegschicken. Mir geht es jetzt besser."

Sie bemühte sich, aufzustehen, während der Arzt mit gespannten Augen auf das Ergebnis wartete, bei dem sich seine Lippen zusammenzogen und er einen Blick auf Frau Berens warf.

Denn Mary Salis bewegte ihre Hände und Arme und hob leicht den Kopf, ließ ihn aber wieder sinken und blickte wild von einem zum anderen, als ob ihre Ratlosigkeit größer wäre, als sie ertragen könnte.

Hartley Salis packte seinen Freund am Handgelenk, gab dann nach und folgte dem Arzt, als dieser das Zimmer verließ.

„Norden, alter Kerl", sagte er eifrig flüsternd, „was bedeutet das? Ist sie sehr verletzt?"

„Versuche es wie ein Mann zu ertragen, Salis. Es ist vielleicht nicht so schlimm, wie ich befürchte, aber ich kann Ihnen die Wahrheit nicht verheimlichen."

"Die Wahrheit! Mein Gott, Mann, sag deine Stimme!"

"Stille! Sie ist zu schwach von dem Schock, um ihn jetzt zu ertragen. Lassen Sie sie es nach und nach lernen und denken Sie im Moment nur, dass sie nervös und fassungslos ist."

„Aber du meinst nicht – Oh, North!" rief der Pfarrer schmerzerfüllt.

„Salis, alter Freund, es wäre grausam, die Wahrheit zu verheimlichen", sagte der Arzt und nahm seine Hand. „Vielleicht ist es nicht so schlimm, aber ich fürchte, es liegt eine schreckliche Verletzung der Wirbelsäule vor."

"Du lieber Himmel!" schrie Salis wild; „Das bedeutet Lähmung und Tod."

„Das wollen wir hoffen, alter Freund."

"Hoffnung!" rief der Pfarrer wild. „Wie hat dieses arme Mädchen gesündigt, dass sie so etwas erleiden musste?"

In diesem Moment war Mary Salis die Wahrheit bewusst geworden, dass ihre Verletzung ein schreckliches Ausmaß hatte, und sie lag da und blickte wild auf ihre hübsche Schwester, sah aber hinter sich in der langen, müden Aussicht auf ihr eigenes Leben einen hilflosen Krüppel, der sie hinter sich herzog gegen Ende geht es langsam voran.

Dann ertönte ein leiser, mitleiderregender Seufzer, und Frau Berens kam schnell zur Tür.

„Doktor", flüsterte sie, „kommen Sie zurück. In Ohnmacht gefallen!"

North eilte zurück ins Zimmer und fand Mary Salis zurückliegend, weiß, als wäre sie in Marmor gemeißelt, während ihre Schwester dastand und sie schweigend anstarrte und keine Anstalten machte, ihr zu helfen.

„Wie ich dieses Mädchen hasse!" murmelte er, als er neben der Couch auf ein Knie sank.

Kapitel Neun.

Dr. North sieht einen weißen Fleck.

Der Patientin wurde noch nie so viel Aufmerksamkeit zuteil wie Mary Salis von Dr. North. Er hatte sich eine Meinung über ihren Fall gebildet, bestand jedoch auf weiteren Ratschlägen, und Mr. Delton – der alte *Gelehrte* der Vorlesung – wurde vorgeschlagen.

„Ich fürchte, er wird ein hohes Honorar verlangen, Salis", sagte North; „Aber Sie sollten in einer Zeit wie dieser ein Opfer bringen, und seine Meinung ist die beste."

„Jedes Opfer; jedes Opfer", sagte der Pfarrer. „Schicken Sie sofort nach ihm."

Herr Delton kam vorbei und beriet sich mit North.

Danach setzte er sich an Marys Couch, wo sie, das arme Mädchen, errötet lag und unter seelischen und körperlichen Qualen litt, die auf diesen Besuch zurückzuführen waren.

Aber als der grauhaarige alte Mann ihre Hand zwischen seine beiden nahm und ihr in die Augen blickte, waren diese Augen voller Tränen. Die väterliche Art überzeugte sie, und sie sagte leise, während sie sich an ihn klammerte:

„Erzähl mir das Schlimmste."

Er schwieg eine Zeit lang und blickte sie starr an, doch schließlich hob er ihre Hand und küsste sie.

„Ich werde mich zu Wort melden", sagte er sanft, „weil ich in deinem süßen jungen Gesicht Resignation und Geduld erkennen kann." Einem anderen hätte ich vielleicht Geduld und Hoffnung predigen sollen; Ich glaube, es wäre für Sie ein Hohn, und ich sage nur: Tragen Sie Ihr Unglück, indem Sie es mit der Arbeit Ihres Intellekts besänftigen.

„Immer ein Krüppel sein, Doktor – ein hilfloser Krüppel?" sie stöhnte.

„Mein Kind, dein Leben wurde verschont. Geduld. Was jetzt so schwarz erscheint, kann mit der Zeit heller erscheinen. Du hast diejenigen an dir, die du liebst, und es gibt die schwache Hoffnung, dass du eines Tages genesen wirst."

„Schwäche Hoffnung, Doktor?"

„Ich muss ohnmächtig sagen, mein Kind. Und jetzt auf Wiedersehen. Ich werde von unserem Freund North von dir hören. Ich gratuliere Ihnen, dass

Sie einen so fähigen Freund haben. Sie können ihm bedingungslos vertrauen. Auf Wiedersehen."

Er hob ihre Hand an seine Lippen – ein sehr unprofessionelles Vorgehen, aber Mary kam es nicht so vor, als sie dort lag und zusah, wie sich die Schlafzimmertür schloss.

"Vertraue ihm? Ja", seufzte Mary, während sie mit gefalteten Händen dalag und an Horace Norths viele freundliche Aufmerksamkeiten für seinen Patienten dachte. „Ja, zu seinem Patienten!" sagte sie bitter. „Ein hoffnungsloser Krüppel! Oh Gott, gib mir die Kraft, es zu ertragen, ohne zu jammern. Auf Wiedersehen, auf Wiedersehen, meine Liebe – meine Liebe!"

Im Speisesaal des Pfarrhauses ereignete sich eine kleine Szene, denn trotz der Proteste von Frau Berens war Mary Salis nach Hause getragen worden.

Der Pfarrer hatte dem alten Chirurgen dafür gedankt, dass er heruntergekommen war, und der alte Mann hatte genickt und stand nachdenklich da, den Hut in der Hand, und blickte mit Salis aus dem Fenster.

„Ein sehr trauriger Fall, Herr Salis – ein sehr trauriger Fall. So jung und unschuldig und süß."

„Dann gibt es keine Hoffnung, Sir?" sagte der Pfarrer heiser.

„Dass sie wieder zu Kräften kommt, Sir?"

"Sehr wenig. Aber dass sie sich ausreichend erholt hat, um ein sanftes, resigniertes und geduldiges Leben zu führen, ja. Sie sind Geistlicher, Herr. Ich brauche Ihnen keine Pflichtpredigten zu erteilen. Ah, Herr North, was ist mit dem Zug?"

„Einen Moment, Sir", sagte der Arzt und unterbrach das geflüsterte Gespräch, das er mit dem Pfarrer führte.

In der nächsten Minute hatte er dem großen Chirurgen eine Frage gestellt und eine kurze, entscheidende Antwort erhalten, die Salis mitgeteilt wurde.

„Aber, mein lieber Herr", sagte er protestierend, „ich habe Sie aus beruflichen Gründen hierher gebracht. Ich bin kein reicher Mann. aber immer noch nicht so arm, dass –"

„Mein lieber Herr Salis, ich bin ein reicher Mann", sagte der alte Chirurg lächelnd, „und teils aufgrund meiner Bekanntschaft mit Dr. North, teils aufgrund der Freude, die es mir bereitet hat, Ihre süße Schwester kennenzulernen, verspüre ich so großes Interesse Ihr Fall ist, dass ich Sie bitten muss, ein angenehmes freundschaftliches Treffen nicht durch das Einbringen von Geldangelegenheiten zu verderben. Nein, nein; Seien Sie nicht stolz, mein lieber Herr. Ich besitze bestimmte Kenntnisse. Berauben Sie mich nicht des Vergnügens, zu versuchen, Miss Salis zu helfen."

„Er ist ein guter alter Kerl wie immer", sagte North, als er ins Pfarrhaus zurückkehrte, nachdem er den großen Chirurgen auf dem Revier begleitet hatte.

„Ein wahrer Gentleman", sagte der Pfarrer traurig. „Wie kann ich es ihm jemals zurückzahlen?"

„Er hat es mir gesagt – indem er deiner armen Schwester geholfen hat, gesund zu werden."

"Ah!" seufzte der Pfarrer; „Es ist ein schrecklicher Schlag."

„Schrecklich", gab North zu. „Aber sie wird es zehnmal besser ertragen, Sir, als ihre Schwester Leo. Übrigens habe ich sie nicht gesehen."

"NEIN; Ich habe gerade nach ihr gefragt. Die Szene war zu schmerzhaft für sie, das arme Mädchen, und sie ging hinaus, um fort zu sein."

"Oh!" sagte North leise; und dann zu sich selbst: „Ich kann dieses Mädchen nicht ertragen!"

Gerade als er sprach, sah er, wie Leo Salis nach ihrem Spaziergang das Wiesentor betrat, und kurz darauf kam sie vollkommen ruhig und gelassen ins Zimmer.

„Was sagt der Londoner Arzt?" fragte sie, nachdem sie North die Hand geschüttelt hatte.

„Frag nicht, Leo", sagte der Pfarrer stöhnend.

„Arme Maria!" sagte Leo mit einem Seufzer, aber sie schien nicht gerührt zu sein. Sie hatte keine Tränen in den Augen, und es hätte sein können, dass sie sich nach dem Gesundheitszustand eines Gemeindemitglieds erkundigte.

So dachte North.

„Ich gehe jetzt hoch und setze mich zu ihr, Hartley", sagte sie schnell und drehte sich um, um den Raum zu verlassen, als Horace Norths Augen auf einen weißen Fleck auf der Rückseite des Ärmels des jungen Mädchens fixiert wurden – einen Fleck, der genau aussah als ob ihr Arm von jemandem gehalten worden wäre, der einen gut gefeilten Lehmhandschuh trug.

Im nächsten Moment waren das junge Mädchen, der dunkle Ärmel und der weiße Fleck aus Horace Norths Blickfeld und bald darauf auch aus seinem Gedächtnis verschwunden.

Kapitel Zehn.

Der Arzt verschreibt.

„So, meine Liebe, ich werde dich jetzt aufgeben", sagte North eines Tages, etwa drei Monate nach dem Unfall. "Ah! Du siehst schlecht aus!"

Mary war unten, lag zurückgelehnt in einem Sessel, und sie wurde leicht rot, und auf ihrer weißen Stirn bildeten sich leichte Falten, wegen seiner lockeren, väterlichen Art.

„Ja", sagte Mary. „Beraten Sie ihn, Doktor. Es geht ihm alles andere als gut."

"Ja; „Er hat eine schlechte Farbe", sagte North unverblümt.

„Würdest du nicht besser vorschlagen, dass ich bemalt werden sollte?" sagte der Pfarrer scharf.

„Noch ein schlechtes Zeichen", sagte North mit einem gutmütigen Blick auf Mary. „Auf diese Weise spricht er mit seinem alten Freund. Galle, Miss Salis – Galle."

„Es ist Ärger, keine Galle", rief der Pfarrer scharf. „Ich bitte um Verzeihung, alter Kerl."

"Gewährt. Aber was ist los?"

"Alles. Ich mache mir Sorgen wegen der Kirchenangelegenheiten. Der Squire ist der Kirchenvorsteher des Rektors, und irgendwie verstehen wir uns nicht."

„Das ist ein Wunder", sagte der Arzt trocken.

„Dann habe ich Ärger mit dem Rektor."

„Warum, was hat er über sich selbst zu sagen? Er ist fast immer in London, um für seinen Club erreichbar zu sein. Es ist nicht an der Zeit, dass er herunterkommt und uns eine weitere seiner Predigten hält, oder?"

"NEIN. Darum geht es nicht."

"Was dann?"

"Oh! Nichts."

„Komm, raus damit!"

Der Pfarrer warf Mary einen Blick zu, die leicht den Kopf schüttelte, aber er fuhr fort.

„Tatsache ist, alter Kerl, May nimmt es auf sich, mir die unangenehmsten, unverschämtesten Briefe zu schreiben. Er erfährt von irgendeiner Unfug treibenden Person, die Leo jagt, und ich höre nie das Letzte davon.“

„Hmpf! Warum dem nicht ein Ende setzen und die Stute verkaufen?“

Der Pfarrer schüttelte den Kopf.

„Ich mag sie nicht“, sagte der Arzt. „Sie wird deine Schwester in neue Schwierigkeiten bringen.“

„Sprich nicht so, Mann. Sie hat genug Unheil angerichtet. Was für ein Unsinn! Leo kann jetzt mit ihr machen, was sie will.“

"Froh das zu hören; und jetzt möchte ich mit dir machen, was ich will.“

„Das stimmt“, sagte der Pfarrer gut gelaunt.

"Nicht ganz. Du bist furchtbar bissig. Sicheres Zeichen dafür, dass es ein wenig außer Betrieb ist. Ich werde es Ihnen verschreiben.

„Tu es“, sagte Salis grimmig, „und ich werde die Medizin nehmen und jemand anderen damit vergiften.“

"Keine Notwendigkeit; Viele Leute machen das. Schauen Sie mal, Sie machen sich zu viele Sorgen um alltägliche Angelegenheiten.“

"Unsinn!"

„Es ist völlig wahr, Herr North“, sagte Mary lächelnd.

„Da, Sir, hören Sie. Dann treibt man zu wenig Bewegung.“

„In der Tat, aber ich tue es. Ich verbringe die Hälfte meiner Zeit damit.“

„Die Armen besuchen“, rief der Arzt. „Sich selbst mit den Problemen anderer Leute zu belästigen und sich endlose Sorgengeschichten anzuhören.“

„Ja, Herr North, ganz richtig.“

„Was für ein Unsinn, Mary!“ rief der Pfarrer mitleiderregend. „Ich muss meine Pflicht tun.“

„Natürlich, mein lieber Herr, tun Sie es; aber übertreibe es nicht. Rezept-"

„Ich werde es nicht annehmen“, sagte der Pfarrer.

„Miss Salis wird Sie hierher bringen, Sir. Rezept: „Eine gute Zigarre oder zwei Pfeifen Bird's Eye pro Tag und drei Stunden täglich für Gartenarbeit oder Angeln.“

Marys Augen leuchteten, weil sie ihre eigenen Sorgen vergaß, als sie sich über den Rat freute, den sie ihrem Bruder gegeben hatte.

„Das ist alles Quatsch, North. Ich habe keine Zeit für Angeln oder Gartenarbeit. Was die Zigarre angeht, könnte ich das schaffen."

„Ohne den Trank nützen Pillen nichts", sagte der Arzt.

„Aber Sie sind ein Arzt und verschreiben Tabak – ein Gift!"

„Tut es den Leuten gut, sie ein wenig zu vergiften, wenn sie außer Betrieb sind?"

„Aber May murrt ohnehin und ist nie zufrieden. Was wird er sagen, wenn er hört, dass ich rauche und mit der Angelrute herumlaufe?"

„Sag May, sie soll beim Whist auf seine Punkte achten und uns in Ruhe lassen. Da muss ich weg. Befolgen Sie auch meinen Rat bezüglich der Stute. Ich werde sie immer für die Verletzung hassen, die sie der armen Miss Salis hier zugefügt hat. Auf Wiedersehen, ihr beide."

„Halten Sie einen Moment inne", sagte der Pfarrer. "Wie sieht es mit dir selbst aus?"

„Nun, was ist mit mir selbst?"

„Die tolle Idee – der Takt – der Cr-"

„Nun, sagen Sie es – der Wahnsinn, Mann! Jeder Erfinder gilt als verrückt, bis seine Erfindung funktioniert. Warte, mein Lieber – warte. Vielleicht werde ich Sie noch in Erstaunen versetzen. Auf Wiedersehen, Miss Salis."

Er schüttelte ihm die Hand und verließ mit Salis das Pfarrzimmer. Der Sattel knarrte laut, als er aufstieg und dann davonritt.

„Guter Kerl, Horace", seufzte der Pfarrer, „aber nur für eine Praxis im West End geeignet, unter Leuten mit viel Zeit und Geld." Ich stelle mir vor, wie ich am Flussufer rauche, Fliegen werfe und Grundköder hineinwerfe. Es ist absurd!"

„Arme Miss Salis!" sagte Mary zu sich selbst, während sie die mitfühlenden, mitleidigen Worte des Arztes wiederholte; und es wurde ihr immer deutlicher aufgedrängt, in welchem Licht er sie betrachtete. Sie war seine Patientin – mehr nicht. NEIN; Das war ungerecht, denn er behandelte sie immer sehr herzlich – wie eine Freundin, fast wie eine Schwester.

Aber ihre alten Hoffnungen und Sehnsüchte schienen für immer tot zu sein, ohne Aussicht auf Wiederbelebung.

In diesem Moment kehrte der Pfarrer zurück.

„Armer Löwe!" er sagte. „Das konnte ich nicht", als er erneut daran dachte, wie sehr sie sich an die Stute gewöhnt hatte und wie das hübsche kleine Geschöpf ihre Aufmerksamkeit von der Vergangenheit abzulenken schien.

„Das würde nicht gehen, Mary", sagte er laut. "Armes Mädchen! Offenbar war ich wegen Tom Candlish sehr streng zu ihr, und es wäre zu schade, ihr die Stute zu entziehen."

„Sie scheint es sehr zu mögen", sagte Mary ernst.

„Und je mehr es ihr gefällt, desto weniger denkt sie an etwas anderes, oder?" Maria schwieg.

„Sie erwähnt ihn dir gegenüber jetzt nie mehr?"

„Nein, Hartley."

„Ha! Das ist eine gute Arbeit. Es war harte Arbeit und schmerzhaft; aber das habe ich im Keim erstickt."

Mary schwieg und sah ihren Bruder unruhig an.

„Nun, was ist los, Liebes? Nicht bequem?"

„Ja, Hartley, ich fühle mich ganz wohl", sagte Mary und lächelte traurig.

„Aber du hast mich auf eine seltsame Art angesehen. Glaubst du nicht, dass Leo jetzt an ihn denkt?"

„Ich weiß es nicht, Hartley. Ich bin nicht sicher."

"Oh! aber ich bin. Es ist alles in Ordnung, meine Liebe. Die Vorstellungen des Mädchens haben sich inzwischen ziemlich verändert, und ich fange an, zu hoffen, dass sie ein wenig an North denkt. Meine liebe Mary, wie furchtbar blass siehst du heute aus? Geht es dir schlechter?"

„Nein, nein, Liebes; tatsächlich nein. Ich – ich glaube, es geht mir besser."

"Das ist richtig; aber ich begehe dich, indem ich zu viel rede. Wie gedankenlos der Mensch sein kann!"

„Und wie nachdenklich", sagte Mary, als sie seine Hand in ihre nahm und sie an ihre Wange hielt. „Machen Sie sich keine Vorwürfe, Hartley; du machst mir Schmerzen."

Der Pfarrer beugte sich zu ihr herab und küsste sie, und sie lehnte sich zurück und schloss die Augen, damit ihr Bruder nicht sah, wie sie voller Tränen waren.

„Geduld", sagte sie leise; „Gib mir Geduld, selbstlos zu sein, und ertrage mein bitteres Los."

Kapitel Elf.

Jonadab Moredock sieht einen Geist.

Am nächsten Samstag ging es Moredock besser und er stand mit der Absicht auf, einen schönen langen Tag in der Kirche zu verbringen.

„Muss mit dem Arzt befreundet bleiben", murmelte er. „Ich kann es mir noch nicht leisten zu sterben. Zuerst gibt es so viel zu tun."

Er blickte zu seiner Uhr auf, und das blasse, runde Zifferblatt der Uhr blickte auf ihn herab, wies ihn darauf hin, wie die Zeit verging, und ließ sein monotones „ *Küken* " *weiterlaufen* , während das alte Pendel von einer Seite zur anderen schwang.

„Morgen, alter Moredock", rief eine fröhliche, ländliche Stimme, und ein rauer, blonder, lockiger Kopf wurde an der Tür hereingeschoben, während der Besitzer der Leiche sie vorsichtig draußen hielt, während er einen alten geflickten Stiefel auf Armeslänge zurückhielt , das offenbar in Wasser eingeweicht worden war, um eine Reihe toller Stiche in das Oberleder nähen zu können.

Im Moment schien es, als wäre Moredock ein grimmiges altes Idol, geschnitzt aus gelblich-braunem Holz, als er auf seinem Stuhl in der Mitte seines Heiligtums saß, und der Neuankömmling war ein Götzendiener, der ihm ein Friedensopfer brachte; aber der Gedanke verstummte, als der alte Mann knurrte:

„Morgen, junger Chegg. Du hast es also endlich geschafft."

"Zu guter Letzt! Nun ja, ich habe es noch nicht so lange. Sixpence."

„Sixpence! Was, um diesen Riss zuzunähen?"

„Ja, und auch günstig. Ich hätte Pfarrer einen Schilling verlangt. Wie geht es dir?"

"Wie bin Ich? Ah! das ist es, oder? Dafür sind Sie gekommen. Joe Chegg ist noch nicht tot, und sie wollen keinen weiteren Pfarrer und Saxton für die alte Kirche."

"Nein-"

„Halten Sie den Mund, wenn ich spreche. Ich glaube, ich kenne dich nicht. Willst du in meine Fußstapfen treten, oder? Willst du mein Enkelkind Dally heiraten, oder? Nun, das wirst du nicht tun, solange ich lebe, und ich werde noch zehn Jahre leben."

„Das ist in Ordnung", sagte der junge Mann und rieb sich mit der harten, stark gebräunten und mit Wachs bedeckten Hand das Gesicht. „Ich will nicht, dass du stirbst."

„Ja, das tust du", rief der alte Mann heftig. „Ich sehe, wie du mich von oben bis unten beobachtest und mein Maß nimmst. Glaubst du, du wirst mein Grab schaufeln, oder? Nun, in den nächsten zehn Jahren werden Sie das nicht tun; Und vielleicht werde ich deine zuerst ausgraben, Joe Chegg; Vielleicht werde ich deines ausgraben."

Es war ein kühler Morgen in der Jagdsaison, aber der junge Mann schwitzte und trat unruhig von einem Fuß auf den anderen.

"Oh! Ich weiß es nicht, Mr. Moredock, Sir", murmelte er verlegen.

„Dann tue ich es", rief der alte Küster und zog seine Hand aus der Hosentasche. „Da ist ein Viergroschenstück. Genug für deinen Job, und ich sage es dir jetzt, wie ich es dir auch in zehn Jahren sagen will: Solange Jonadab Moredock lebt, wirst du nicht in Dook's Hampton leben, also verschwinde.

„Ich will nichts anderes als Freundlichkeit, Mr. Moredock, Sir. Ich dachte, als du außer Gefecht warst, könnte ich eine Art Demut sein, der die Glocken für dich läutet und ein Grab für dich schaufelt."

"Ah!" rief der alte Mann, „das ist es — so nennt Pfarrer Salis das Zeigen des gespaltenen Hufes." Du hast es gesagt, und du kannst es nicht zurücknehmen. Du möchtest ein Grab für mich schaufeln."

„Ich wollte jemand anderen reinstecken", sagte der junge Mann und starrte ihn an.

„Nein, das hast du nicht; du wolltest mich reinstecken; aber ich werde leben, um dich zu ärgern. Ich werde meine eigenen Glocken läuten und meine eigenen Amen und Antworten sagen und meine eigenen Gräber schaufeln; Und wenn du Dally Watlock heiratest, hat sie keinen Penny von meinem Geld und ich werde das Cottage niederbrennen."

Der junge Mann wischte sich die Stirn und ging langsam zurück zur Tür, hinter der er während des letzten Teils des Interviews gestanden hatte, und sobald er draußen war, eilte er davon.

„Ich werde noch nicht sterben", murmelte der alte Mann. „Ich kann und werde noch nicht sterben. Ich werde sie sehen lassen. Der Arzt sagte, dass es einem Mann nicht zusteht, zu sterben, bis er völlig erschöpft ist, und ich bin noch nicht erschöpft — nichts dergleichen. Ich werde es ihnen zeigen. Ich wünschte nur, jemand würde sterben und ich würde es ihm zeigen. Gib wirklich auf!"

Ein scharfer Hustenanfall unterbrach den alten Mann und machte ihn so erschöpft, dass er seinen Platz einnahm und sich zurücklehnte, ins Feuer starrte und sich nur hin und wieder bewegte, um ein Stück Kohle aufzulegen, bis er gegen Abend aufstand und machte sich Tee. Dann steckte er ein Stück Kerze lose in seine Tasche, mit glücklicher Gleichgültigkeit gegenüber der Tatsache, dass es kein Wachs war, nahm eine Schachtel Streichhölzer vom Kaminsims und steckte sie mit der Kerze, wie er glaubte, in eine andere Tasche seinen Schlüssel und trottete zur Kirche, um die Dinge für den Gottesdienst am nächsten Tag in Ordnung zu bringen.

Moredock erreichte das alte Kirchentor am dunklen Herbstabend, ging hindurch und stieg den Weg hinauf, der wie ein Einschnitt in den Kirchhof aussah, nachdem sechshundert Jahre der Bestattung den Boden angehoben hatten, bis er eine Bank bildete, während die Kirche selbst dies zu tun schien sind versunken.

Auf halber Höhe ging er einen schmaleren Weg entlang, der sich zu der alten, mit Eisen beschlagenen Tür im Turm drehte, einer Tür, deren Scharniere nordischen Runen ähnelten, so verdreht und verschlungen war das Eisenwerk.

Der schwere alte Schlüssel wurde hineingesteckt, gedreht und herausgezogen, und als die Tür dem Druck nachgab, wurde der Schlüssel auf der anderen Seite eingesteckt. Im nächsten Moment wurde die Tür geschlossen und verriegelt, und Moredock stand im alten Turm und suchte in der Dunkelheit nach der Hornlaterne, die in einer Steinnische stand.

Die Laterne wurde gefunden, geöffnet und das Kerzenstück in die Fassung gesteckt. Als nächstes wurde nach den Streichhölzern gesucht, die jedoch nicht gefunden wurden, denn sie lagen auf dem Teppich in der Hütte des Küsters.

Und da stand er einige Minuten lang herumtastend und murmelnd in der völligen Dunkelheit, bis er, da er glaubte, dass die Streichhölzer zurückgelassen worden sein mussten, ein lautes Grunzen ausstieß und sich darauf vorbereitete, darauf zu verzichten.

Es war keine große Schwierigkeit; denn als er im Keller des alten quadratischen Turms stand, mit den fünf Glocken hoch über seinem Kopf und den daran hängenden Seilen, wusste er, dass zu seiner Rechten die klapprige alte Treppe verlief, die zu den verschiedenen Stockwerken und Zustiegen führte des Turms; Zu seiner Linken lehnten seine Werkzeuge an der Steinwand und der große Schrank, in dem sich zusammen mit Brettern und Seilen verschiedene gruselig aussehende Relikte befanden, die von Zeit zu Zeit ausgegraben, aber von niemandem außer ihm selbst gesehen wurden; Hinter ihm befand sich die Tür, durch die er eingetreten war, und ihm gegenüber befand sich die lanzettförmige kleine Öffnung in der Turmwand, die in das westliche Ende der Kirche führte.

Dort, wo er als nächstes stand, war es dunkel genug, denn er befand sich unter dem Dachboden, wo sonntags die Schulkinder und die Sänger saßen; Aber vor ihm, durch das dahinter liegende große Ostfenster nur schwach zu erkennen und wie ein unhöfliches, zwergartiges, einbeiniges Monster aussehend, befand sich das massive Steinbecken, an dem er langsam vorbeiging und dann geradeaus durch den Mittelgang ging in Richtung des mit Gräbern bedeckten Altarraums, der durch seinen antiken Eichenschirm abgeschnitten ist.

Seine Schritte wurden durch die Matten gedämpft, und trotz der Fenster auf beiden Seiten herrschte hinter ihm eine tiefe Dunkelheit, obwohl über den alten unbemalten Kirchenbänken ein trüber Dunst zu schweben schien, als käme er aus dem großen Ostfenster machte sich auf den Weg zur Tür an der Nordseite des Altarraums.

Moredock hätte im Dunkeln schnell an der Kirche entlanggehen können, und das hatte er in seiner Jugend oft getan. Er konnte sich auch an die Zeit erinnern, als er leise gepfiffen hatte, während er Kissen abstaubte und Kissen und Matten neu ordnete. Aber jetzt hatte er keine Luft mehr zum Pfeifen und ging – fast schlurfend – langsam auf die Sakristei zu, wo er nichts anderes zu tun hatte, als das Talar und den Chorrock auszuschütteln, sie wieder aufzuhängen und die große Wasserflasche aufzufüllen von Gumleys Pumpe, die Wasser aus einem Brunnen in bemerkenswerter Nähe zum Kirchhof bezog.

Die großen Kirchenbänke schlossen ihn rechts und links ein, so dass es, wenn er für irgendjemanden aus der Ferne sichtbar gewesen wäre, so ausgesehen hätte, als würde ein Kopf und Schultern durch die Kirche gleiten; aber es war niemand da, der ihn sehen konnte. Dennoch konnte Moredock etwas sehen, und so gut es eben ging, sah er etwas, das ihn auf halbem Weg zwischen dem Taufbecken und dem Adlerpult stehen ließ, um seine Augen zu beschatten und zum Altarraum zu blicken.

Er glaubte nicht an Geister. Er war Tag und Nacht zu viele hundert Mal in dieser alten Kirche gewesen, um vor irgendetwas Angst zu haben – zumindest dachte er das. Aber vielleicht lag es an der Tatsache, dass er krank gewesen war, dass er bereit war, schwach und nervös zu sein, und daher stand er wie an Ort und Stelle festgeklebt und starrte auf einen undeutlich erkennbaren Kopf, der in lange Falten gehüllt war, ähnlich dem des Dame auf der alten Wandtafel an der Südwand neben der Tür. Es war grau und düster, wie es immer in seiner Nische schien, und als es durch das Südschiff glitt, verschwand es hinter einer Säule, alles so undeutlich zu sehen, dass es fast unsichtbar war, und tauchte dann vor der Kanzel wieder auf, durch die

es ging Bildschirm in den Altarraum, wo es etwas deutlicher zu sehen war;
und dann, als der alte Mann hinsah, wurde der drapierte Kopf für einen
Moment deutlicher und schien sich dann in Luft aufzulösen.

Kapitel zwölf.

Der Abruf des Küsters.

„Warum, Moredock, wirst du mir nicht sagen, dass du an Geister glaubst?"

„Nein, Herr Doktor, das tue ich nicht; und ich war manchmal die ganze Nacht in dieser Kirche und den Gewölben."

„Die ganze Nacht, was? Wofür, was?"

„Das ist meine Sache, Doktor. Vielleicht war ich auf der Suche nach Leichenräubern; aber ich war die ganze Nacht dort, und nie haben mich Geister belästigt."

„Und doch seid ihr hier, alle zitternd und nervös – zu krank, um heute Morgen am Gottesdienst teilzunehmen; Und du sagst mir, dass du letzte Nacht etwas in der Kirche gesehen hast."

„Ja, das habe ich auch getan, Doktor. Ich schätze, ich habe geschworen, es hat mich so schlimm erwischt; und muss dort stundenlang gelegen haben, bevor ich aufstand und nach Hause kroch; und Pfarrer Salis muss heute Morgen in bester Verfassung sein, denn in der Kirche wird nichts getan."

"Oh! Aber egal, Moredock; Es tut Herrn Salis leid, dass Sie krank sind. Er ist ein guter Kerl und hat mich heute Morgen losgeschickt. Du bist etwas nervös und erschüttert über das, was du gesehen zu haben glaubtest. Komm, Moredock, alter Mann, ich bin Arzt, und du bist Küster, und wir sind zu sehr Weltmenschen – wir haben zu viel gesehen und gewusst –, um Angst vor Geistern zu haben, nicht wahr?"

„Geister! Geister! Ich habe keine Angst vor Geistern, Doktor; aber ich sehe das Ding vom Samstagabend.

„Ich dachte, du hättest es gesehen, alter Junge!"

„Nein, Doktor, ich habe es gesehen; und das ist es, was mir Angst macht."

„Puh! Du hast Angst vor etwas, das du gesehen hast – einer hohlen Rübe und einem Laken! Ein Streich, gespielt von einem Schurken im Dorf."

„Ein Streich gespielt? Nein, Doktor; Es gibt keinen Jungen im Dorf, der es wagt. Ich kenne sie. Ich habe keine Angst vor dem, was ich gesehen habe. Es ist genau das, was es bedeutet."

"Was es bedeutet! Was bedeutet es dann?"

„Beachten Sie, dass Sie diese irdische Behausung, wie Pfarrer es nennt, hier verlassen müssen, Doktor. Das ist was es bedeutet."

"Müll!"

"Ah! Sie sagen das, um Ihre schlechte Arbeit zu verbergen, Herr Doktor, und weil Sie wissen, dass Sie Ihre Pflicht mir gegenüber nicht erfüllt haben."

„Na, du undankbarer alter Humbug! Ich habe unendlich viel für dich getan. Habe ich nicht schon seit Jahren deine verdammten alten Scharniere geölt, damit du nicht herunterkommst und verrostet bist?"

"Ah! Das sage ich nicht noch einmal, Herr Doktor; aber du hast mich immer für einen armen Mann gehalten, und du hast mich wie einen armen Mann behandelt – genau so. Wenn du gedacht hättest, dass es mir gut geht, und du mir eine große Rechnung schicken könntest, hättest du mich in einem solchen Zustand gehabt, dass ich meine Abholung letzte Nacht nicht hätte sehen sollen."

„Ich habe deine Großmutter gesehen, Mann."

„Ja, Sie können lachen, Doktor; aber was hast du mir immer und immer wieder gesagt? „Moredock", sagen Sie, „ein gesunder Mann darf nicht sterben, bis er ganz erschöpft ist." Und „Wie alt wird das sein, Doktor?" sagt ich. „Oh! in jedem Alter", sagt Sie; Und hier bin ich, ein gesunder, herzhafter Mann, nur etwas über neunzig, und gestern Abend sehe ich meinen Abholer.

„Aber Sie sind kein gesunder, herzlicher Mann, Moredock."

„Tchah! Worüber redest du? Ich hätte mich fast dazu entschlossen, noch einmal zu heiraten."

"Du? Verheiratet? Selbst ich denke nicht an so etwas."

"Du? Nein", sagte der alte Mann verächtlich. „Du bist nicht einmal die Hälfte des Mannes, der ich einmal war. Die Freundin meines Sohnes – Dally Watlock – hat mich verteidigt, und wenn es ihr nichts ausmacht, wird sie meinen Teil des Geldes verlieren."

„Befolgen Sie meinen Rat, Moredock, und heiraten Sie nicht."

„Ich werde Ihnen nichts hinterlassen, wenn ich nicht heirate, Doktor", sagte der alte Mann mit einem listigen Blick. „Und Sie brauchen keine Rechnungen einzusenden, weil Sie herausgefunden haben, dass ich etwas gespart habe."

„Nun, du böser alter Kerl, ich nehme an, du hast durch den Handel mit alten Knochen ein paar Pfund zusammengekratzt, und von dem, was du der Kirche geraubt hast."

„Es ist Ihnen egal, Herr Doktor, wie ich es bekommen habe oder wie viel es kostet."

"Ich tu nicht; Aber seien Sie einfach weise, Sir. Du wirst nicht noch einmal heiraten und dein Geld deinem Enkelkind hinterlassen."

„Äh? Was was? Willst du sie heiraten?"

„Nein, das tue ich nicht, Moredock; aber wenn du dich nicht benimmst, dann häng mich auf, wenn ich noch weiterkomme und dich verarzte. Sie können Dr. Wellby nach King's Hampton schicken oder sterben, wenn Sie möchten: Ich werde nicht versuchen, Sie zu retten.

"Nein nein Nein; Reden Sie nicht so, Doktor – reden Sie nicht so", wimmerte der alte Mann; „Gerade jetzt auch, wo ich so erschüttert bin."

„Dann reden Sie doch nicht davon, Ihr armes Enkelkind zu enterben. Komm, warte, Moredock! Ich habe es nicht so gemeint. Es ist nicht viel los.

"Ah! Aber es gibt sie, Doktor. Gestern Abend habe ich meine Abholung gesehen."

"Nein hast du nicht. Du warst nicht stark genug, um zur Kirche hinaufzugehen, und du meintest, du hättest etwas gesehen."

"Ich sehe es."

„Nun, nehmen wir an, das wäre der Fall. Jemand war in die Kirche gegangen, um ein Gesangbuch zu holen oder ein neues Kissen hineinzulegen."

„Niemand konnte das nicht, außer mir und dem Pfarrer und dem Knappen und dir. Ich sehe es und es war meine Entscheidung."

„Nein, nein, alter Kerl; du liegst falsch. Du warst im Dunkeln und dein Kopf war schwach."

„Ich sehe es, und es war meine Entscheidung, Doktor."

„Na gut, Moredock, es war deine Entscheidung; Aber wir werden uns erst in einigen Jahren davon abhalten lassen. Was sagen Sie dazu?"

"Ah! „Jetzt reden Sie vernünftig, Herr Doktor", rief der alte Mann und sein Gesicht wurde heller. „Sehen Sie, Herr Doktor, Sie tun, was für mich richtig ist, und lassen Sie mich das Beste haben – gute Medizin, wissen Sie – und es gibt nichts, was ich nicht für Sie tun würde. Ein Schädel oder ein Knochen jeglicher Art oder ein ganzes Set oder …"

„Das reicht, Moredock. Ich werde meine Pflicht dir gegenüber erfüllen und will keine Belohnung."

„Nein, das tust du nicht. Sie sind ein guter Kerl, Doktor; Und Sie verstehen doch meine Beschwerde, nicht wahr?"

„Ja, gründlich. Lehnen Sie sich in Ihrem Stuhl zurück und bleiben Sie ruhig. Mr. Salis kommt bald vorbei.

„Nein, nein, nein! Ich will ihn nicht. Es gibt einem Mann das Gefühl, dass es ihm sehr schlecht geht, wenn Pfarrer ihn besucht.“

„Ich bin mir sicher, dass er ein durch und durch guter Freund für dich ist, alter Freund.“

"Oh! ja, er hat recht; aber sobald er in diesen Raum kommt, wird er anfangen, mit mir darüber zu reden, was für ein Sünder ich gewesen bin.“

„Na ja, auch ganz richtig.“

„Vielleicht, Doktor, vielleicht“, sagte der alte Mann und brach in ein lautes Kachinnieren aus; „Aber er weiß doch nicht alles, Doktor, oder? Wenn er es täte, würde er es dicker auftragen; und er wäre nicht ganz so freundlich zu dir.“

„Komm, komm, Moredock“, sagte der Arzt lachend. „Angenommen, wir lassen Berufsgeheimnisse in Ruhe, was?“

„Ja, ja, Doktor, das werden wir. Ich vergesse nicht, was du mir gesagt hast; Aber gehen Sie doch und sagen Sie Pfarrer, dass es mir um einiges besser geht und dass er nicht kommen muss.

"Warum? Ein Besuch wird Ihnen nicht schaden.“

„Vielleicht nicht, Doktor – vielleicht nicht; aber sobald er kommt, wird er mir ein Kapitel vorlesen und dann für mich beten wollen; und ich bin nach all den Jahren so durchnässt, dass ich keinen Platz mehr habe.“

„Aber, Moredock –“

„Da nützt es dir nichts zu reden. Ich glaube, ich weiß es nicht! Ich kenne mehr Kapitel und Teile des Sarvice auswendig als ein halbes Dutzend Pfarrer.

"Ah, gut! Sobald ich nach Hause komme, schicke ich dir eine Flasche mit der Mischung, also setz dich auf und mach es dir bequem.“

„Darf ich meine Pfeife rauchen, Doktor?“

„Oh ja, solange du willst, Mann. Du bist nicht schlecht; und beherzigen Sie meinen Rat: Vergessen Sie einfach alles, was Sie holen, wie Sie es nennen, und gehen Sie nicht mehr im Dunkeln in die Kirche.“

Kapitel Dreizehn.

Nach der Kirche.

Der Arzt verließ die Küsterhütte und dachte tief darüber nach, wie die Schwäche des Körpers das Gehirn beeinflusst.

„Armer alter Kerl!" er murmelte; „Fast hundert Jahre alt und fester denn je am Leben hängend. Glaubt natürlich, dass er etwas gesehen hat. Nicht geeignet, alleine auszugehen. Aber er wird sich durchsetzen und vielleicht jahrelang durchhalten. Wundervolle Konstitution, aber auch ein Beispiel für meine Lieblingstheorie. Humph! aus der Kirche kommen. Nun ja, ich muss sie wohl kennenlernen. Hallo! was wird passieren? Hat Salis das Paar Verdammter bekehrt? Guten Morgen, Knappe; Morgen, Mr. Candlish."

Er schüttelte dem jungen Gutsbesitzer und seinem Bruder, die gerade aus der Kirche gekommen waren, die Hand – professionell, wie er es nannte – und ging langsam mit ihnen weiter, während er über die Jagd, Wahlangelegenheiten und die Lage im Land sprach.

„Warum jagen Sie nicht mehr, Doktor?" sagte der Knappe, ein kräftiger, gutaussehender Mann, der seinem Bruder auffallend ähnelte, aber athletischer gebaut war.

„Zeitmangel", sagte der Arzt gut gelaunt. „Zu viele Eisen im Feuer."

"Du arbeitest zu hart. Aber schauen Sie mal – seien Sie nicht beleidigt; Ich habe immer ein oder zwei Ersatzreittiere dabei, wenn du Lust auf einen Galopp hast."

"Danke; „Eines Tages werde ich darum bitten – und das wird nie kommen", fügte der Arzt hinzu. „Und nun, guten Tag."

„Nein, nein; Kommen Sie und essen Sie etwas mit uns zu Abend – heute frühes Abendessen.

„Danke – nein; Ich muss ein oder zwei Patienten sehen und möchte mit dem Pfarrer reden."

„Das tun wir nicht", sagte der Gutsbesitzer; „Häh, Tom? Wir hatten unsere."

Tom Candlesh runzelte die Stirn.

„Nun, ich freue mich immer, Sie zu sehen, Doktor – nicht beruflich", sagte der Gutsbesitzer. und sie gingen weiter, während North sich umdrehte, um Salis zu treffen, und sich fragte, warum Tom Candlish sich herabgelassen hatte, in die Kirche zu kommen.

„Ich würde es schwören, Leo anzustarren, und Salis muss es gespürt haben.
Ich muss sagen, dass er heute Morgen im Gottesdienst ein Dutzend Fehler
gemacht hat, weil dieser Kerl gekommen ist. Und was den Squire betrifft –
dieser junge Mann trinkt, und er sollte besser aufpassen, sonst muss
Moredock einer großen Beerdigung beiwohnen."

"Guten Morgen Doktor. Wolltest du mich besuchen?"

„Ah, Frau Berens! Wie bitte; Ich habe dich nicht gesehen."

„Nein, Doktor, Sie scheinen mich nie zu sehen. „Sie vergessen Ihre
ängstlichsten Patienten", sagte die Dame mitleiderregend.

„Aber im Grunde hast du mir keine Nachricht geschickt."

„Nein, ich habe dir keine Nachricht geschickt. Ich habe in der Hoffnung
gelebt, dass du kommst."

"Gott sei Dank!" dachte der Arzt. „Diese Frau wird immer gefährlicher."

Sein frommer Ausruf war eine Folge der Tatsache, dass sein Freund, der
Pfarrer, in Begleitung Leos näherkam.

Frau Berens wurde sich dieser Tatsache gleichzeitig bewusst, und obwohl sie
keinen frommen Ausruf ausstieß, war sie aus zwei Gründen gleichermaßen
erfreut.

Das erste war, dass sie in den letzten zwei Stunden mit Leo Salis im selben
Gebäude gesessen hatte; Die Bänke waren hoch, und Leo konnte nur den
oberen Teil ihres Hutes sehen, während die hübsche Witwe nicht umsonst
große Kosten für die modischsten *Modes et Robes*, wie die Schneiderinnen es
nennen, auf sich nahm. Auch wenn die eleganteste Kopfbedeckung dem
Träger eine gewisse Befriedigung verschafft, lohnt es sich kaum, sie zu tragen,
es sei denn, sie wird von den Angehörigen des einen Geschlechts beneidet
und vom anderen bewundert. Diese Begegnung mit dem Arzt würde dem
hübschen Leo eine gute Gelegenheit für neidische Blicke geben, und da Frau
Berens ihrer Nachbarin an Körperform nicht Konkurrenz machen konnte,
hätte sie eine gewisse Chance, auf Augenhöhe zu stehen.

Der andere Grund war, dass sie wünschte, dass der Pfarrer gleichzeitig mit
dem Arzt zu ihr käme und mit ihr sprach. Denn Frau Berens war nicht tief
verliebt; sie wollte nur sein. Der Arzt und der Pfarrer waren beide gute,
männliche Kerle, jedem von ihnen wäre sie bereit gewesen, sich selbst und
ihr Vermögen zu geben; Aber irgendwie waren sie beide furchtbar
unbeeindruckt gewesen, und obwohl sie im letzten Jahr zu jeder Zeit so
deutlich gezeigt hatte, wie sie es wagte, die Zärtlichkeit zum Ausdruck zu
bringen, war sie immer noch Mrs. Berens und zwölf Monate älter.

Hier bot sich die Gelegenheit, das Eine gegen das Andere auszuspielen; Sie wusste, dass Männer oft dazu gebracht werden könnten, den Wert einer Sache zu erkennen, wenn sie sahen, dass sie ihnen entgleitete.

Das Ehepaar vom Pfarrhaus kam herbei, und Frau Berens verspürte einen Stich, als sie nach ihren herzlichen Begrüßungen, bei denen ihre Hand einige Augenblicke lang in der des Pfarrers gelegen hatte, nichts weiter als einen offenen, freundlichen Druck empfing, wie sie sah dass Leo Salis länger beim Arzt ruhte, als sie für ratsam hielt. Auch Leo schien an diesem Morgen ungewöhnlich gutaussehend zu sein. Ihre Wangen waren hellrot ; Ihre Augen funkelten und sie sah aus wie zwanzig, während Frau Berens das Gefühl hatte, fast vierzig zu sein.

Salis war froh über die Begegnung, denn es stimmte, dass er an diesem Morgen Fehler gemacht hatte. Allein die Tatsache, dass Tom Candlish in der Kirche war, war beunruhigend, und als er wusste, dass er unbedingt gekommen sein musste – er konnte es nicht glauben –, um Leo anzustarren, wirkte die Anwesenheit des Mannes, den er auf so unklerikale Weise verprügelt hatte über seine Gedanken, wie ein Weichensteller an einer stark befahrenen Kreuzung Züge überfährt und sie in verschiedene Richtungen fliegen lässt, ohne dass der Lokführer sie kontrollieren kann.

Die Miene des Pfarrers nahm zu, denn er wusste, dass er vor den Nachdenklicheren seiner Gemeinde im Nachteil gestanden hatte. Er machte sich auch Sorgen um Leo, der aufgeregt aussah, und er fürchtete sich davor, dass die vergangenen Probleme wieder aufflammen würden; so dass die Begegnung zufriedenstellend war, schon allein deshalb, weil sie vorübergehend Erleichterung von beunruhigenden Gedanken und Sorgen verschaffte.

Frau Berens war für alle eine Wohltat an sich, und Leo schien sich aufzuraffen, um dem Arzt gegenüber freundlich zu sein, was zur Folge hatte, dass Frau Berens nach Hause gebracht wurde – um sich sehr liebevoll von Leo zu trennen und die Herren mit den zärtlichsten, freundlichen Händen zu drücken ; Danach eilte sie in ihr Zimmer, um ihre neue Haube abzureißen und sich einem leidenschaftlichen Schluchzen hinzugeben.

„Sie ist ebenso betrügerisch wie jung", rief sie. „Sie hat Tom Candlish über Bord geworfen, und jetzt gewinnt sie diesen dummen Arzt für sich; während Hartley Salis so unbeweglich wie ein Stein ist.

„Ich werde mit ihr rechnen", rief sie. „Entweder Tom Candlish oder der Squire würden mich gerne heiraten. Ich werde eine davon haben, und ich werde sie halb vor Neid sterben lassen, indem ich sie zu mir nach Hause einlade, und – ja, da sind sie, und Horace North geht mit ihnen ins Haus. Pfui! das Monster! Er hat es verdient, dass die Türschwelle unter seinen

Füßen versinkt. Aber ich werde gerächt werden. Nein nein Nein! Sie sind zu schade", schluchzte sie. „Aber dazu konnte ich mich nicht beugen."

Frau Berens ließ sich in einem Sessel nieder und rötete weiterhin ihre Augen; während der Arzt seine Freunde zum Pfarrhaus begleitete und für ein paar Minuten aufhörte zu plaudern, lehnte aber eine weitere Einladung zum Essen ab, selbst als Mary Salis und Leo beide ihre Überzeugungen hinzufügten.

„Nein", sagte er, „ich habe dem alten Moredock seine Dosis versprochen, und ich werde dafür sorgen, dass er sie bekommt." Und dann, nach ein paar freundlichen Worten an Mary über ihren Gesundheitszustand – Worte, die fast zärtlich waren, die das arme Mädchen aber zu brennen und zu versengen schienen, als sie sie richtig las –, ging er weg, um zu seiner Praxis im Manor House zu eilen .

„Um des armen alten Hartley willen bin ich sehr froh, dass die Angelegenheit geklärt ist. Es ist offensichtlich; denn Madam Leo schien so cool wie nur möglich zu sein, und sie ist ein so hübsches und damenhaftes Mädchen, wie ein Mann es nur als Ehefrau bezeichnen möchte. Humph! Ich werde ihm ein wenig Chloral geben – nur zur Vermutung –, um ihn zu beruhigen. Armer alter Junge! und er glaubt, dass er sterben wird. Nun ja, das ist meine Theorie", fuhr er fort, während er die Mischung des Küsters anrührte und sorgfältig verkorkte; „Und wenn ich von jedem Punkt aus darüber nachdenke, scheint es völlig richtig zu sein. Da, Meister Moredock, da ist Ihre Dosis. Das wird jeden Geist im Vereinigten Königreich auslöschen, sofern er stark genug ist!"

Kapitel vierzehn.

Wie Horace North nicht zum Treffen ging.

„Was für ein Morgen für einen Lauf mit den Hunden!" sagte Horace North, als er an der Tür des schönen alten Herrenhauses stand, wohin er gekommen war, um sich abzukühlen, nach einer Szene mit Mrs. Milt, seiner Haushälterin, aufgrund eines Komitees über Mittel und Wege.

Mrs. Milt hatte alles so haben wollen, wie sie wollte. Der Arzt hatte den Wunsch gezeigt, alles nach seinen Wünschen zu gestalten, und die Annäherung der beiden Kräfte hatte zu einer Explosion geführt.

„Candlish hat mir ein Reittier angeboten, und ich bin bereit, das Angebot einmal anzunehmen. Ein guter Galopp würde mir sehr gut tun. NEIN; Ich werde mich mit dem alten Moredock unterhalten, Mrs. Berens, Biddy Tallis und Browns Baby sehen und mich dann einem guten, ruhigen Studium widmen. Hah!"

Horace North war zweifelhaft. Ein leichter Luftstoß an seinem Flügel hätte ihn in beide Richtungen geschickt, und es schien, als käme der entscheidende Luftstoß gerade in der Form von etwas so Leichtem wie Luft. Denn da war das Geräusch von Hufen; Und gleich darauf gab Leo Salis, die in ihrem eng anliegenden Reitkleid und dem schicken Hut überaus hübsch aussah, ihre hübsche Stute weiter.

Sie erblickte ihn und erwiderte ein kokettes Nicken und Lächeln auf seine tiefe Verbeugung, zog aber nicht die Zügel, obwohl sie gesehen haben musste, dass er die Absicht hatte, zum Tor hinunterzueilen; Sanft galoppierend ritt ein so bezauberndes Exemplar früher Weiblichkeit wie nie zuvor anmutig auf einer wohlerzogenen Stute.

„Bei George! „Das ist die Sache", sagte der Arzt. „Wo ist das Treffen?"

Er eilte hinein, schnappte sich die Kreiszeitung und stellte fest, dass sie sich in Fir Tree Hill befand, vier Meilen hinter der Halle.

„Genau das", rief er. „Ich ziehe einfach meine Stiefel an, gehe zur Halle, hole mein Reittier und gehe weiter. Nein, das werde ich nicht; Ich werde fahren."

Er klingelte, und Mrs. Milt – eine sehr streng aussehende, gutaussehende ältere Dame – in den weißesten Mützen, Latzhosen und Hosentaschen schien die Stirn zu runzeln, als wäre sie immer noch von den verbleibenden Wolken des späten Sturms beladen.

„Sag Dick, er soll das Pferd in die Kutsche setzen."

Mrs. Milt presste die Lippen zusammen und zog parallele Linien auf ihre Stirn, rührte sich aber nicht.

"Also?" sagte der Arzt.

"Also?" sagte Frau Milt.

"Hast du gehört was ich sagte?"

„Perfekt", sagte Frau Milt.

„Warum tust du es dann nicht? Und um Himmels willen, meine liebe Frau Milt, lasst uns dieses kleinliche Gezänk nicht mehr haben. Entladungskoch; ein frisches Hausmädchen haben; Papier machen und aufräumen und tun, was immer du willst, aber störe mich nicht."

„Es ist nicht mein Wunsch, Sie zu belästigen, Dr. North", sagte die Dame streng und mit deutlichem Nachdruck auf das Wort „belästigen".

„Na gut, dann lasst uns Frieden haben. Eine solche Szene wie heute Morgen stört mein Lernen. Jetzt geh und sag ihm, er soll das Pferd angreifen."

„Wären Sie so freundlich, mir zu sagen, wie es geht, Dr. North?"

"Wie meinst du das?"

„Sie haben Ihren Mann in dieser Kutsche geschickt, um ein paar Medikamente aus King's Hampton zu holen."

„Ha! so tat ich. Er sollte inzwischen zurück sein. Ja; es gibt Räder."

„Der Träger", sagte Frau Milt.

„Pisch! Natürlich. Egal, ich gehe zu Fuß. Da kommt noch etwas", sagte er und lauschte. "Ja; Das ist die Chaiselongue. Geh und sag Dick, er soll das Pferd nicht rausholen, sondern hier vorbeikommen."

„Er kommt zu sich", sagte Frau Milt und ging zum Fenster; „Und da ist ein Herr bei ihm."

Der Arzt blickte hastig auf und runzelte die Stirn, als er eine dunkle, schlank aussehende Person erblickte, die im Begriff war, aus der Kutsche zu steigen; Während Mrs. Milt die Tür öffnen wollte, rief Horace North zu sich selbst:

„Warum in aller Welt hetzt die Natur einen gegen seine Verwandten und vor allem gegen Cousin Thompson, denn —"

"Ah! „Mein lieber Horace, das war sehr gut und aufmerksam von dir", rief der Gegenstand seiner Gedanken aus und betrat mit ausgestreckten Händen den Raum.

"Ah! Thompson, ich freue mich, Sie zu sehen", sagte der Arzt unschuldig – denn die Lüge war aus Gewohnheit und nicht absichtlich – „aber Sie sind kein Kaliumcyanid!"

„Natürlich bin ich das nicht. aber ich möchte Sie um Rat fragen."

„Ich habe meinen Mann geschickt, um eine Portion dieser unangenehmen Chemikalie zu holen; dich nicht zu treffen."

„Nun, das spielt keine Rolle, mein lieber Junge. Ich kam gerade herunter und sah deine Kutsche. und ich weiß, du möchtest, dass ich es mir gemütlich mache, also gib mir etwas Frühstück."

"Ja natürlich. Heute Morgen heruntergekommen?"

„Ja, um halb sieben ab Paddington. Frühbucher bekommen die erste Wahl, wissen Sie."

„Da geht mein Galopp", stöhnte der Arzt, als eine geistige Vision von Leo Salis vor ihm erschien, während er die Glocke läutete.

„Nicht krank, oder? Kommen Sie, um mich zu konsultieren?"

„Nein, ich bin nicht krank; aber ich bin gekommen, um dich zu konsultieren, mein lieber Horace."

„Haben Sie geklingelt, Sir?"

„Ja, Frau Milt; Mein Cousin möchte etwas Frühstück."

„Ich bereite es vor, Sir; Aber das geht nicht in zweieinhalb Minuten."

„Nein, nein, natürlich nicht, Frau Milt. Danke schön. Benachrichtigen Sie uns, wenn es fertig ist."

„Ich werde es selbst melden, Sir", sagte Frau Milt streng.

„Nein, machen Sie sich keine Sorgen, meine liebe Frau Milt", sagte Cousin Thompson, der in seiner Haut und seinem schwarzen Stoff so glatt aussah, dass er glänzte; „Eine Tasse Kaffee und eine Seezunge, Schnitzel – alles."

"Sohle, einzig, alleinig! Kotelett! Mein lieber Freund, das ist nicht London. Geben Sie ihm etwas Schinken und Eier, Frau Milt", sagte der Arzt. „Nun, alter Junge", fuhr er fort, als sich die Tür hinter der Haushälterin etwas lauter als nötig schloss, „Geschäftsgeheimnis: Was ist los? Leber?"

„Nein, nein, mein lieber Horace. Mir geht es ganz gut. Um Sie wegen Frau Berens zu befragen.

Der Arzt schob seinen Stuhl zurück.

„Na, wie überrascht siehst du aus! Sie haben ihr empfohlen, wegen ihrer Geldangelegenheiten zu mir zu kommen."

"Oh! Ah! Ja natürlich; so tat ich. Sie bat mich, ihr den Namen eines Londoner Anwalts zu nennen, und so nannte ich ihr Ihren – den meiner Cousine."

„Das war sehr nett von dir, Horace, denn ich bin ein armer Mann", sagte der Besucher elegant. „Es liegt mir fern, mit Onkel Richards Aufteilung seines Geldes zu streiten, aber –"

„Um Himmels willen, bringen Sie das nicht noch einmal zur Sprache! Du weißt, warum der alte Mann dich ausgeschlossen hat."

"Ja. Ich hatte das Pech, ihn zu beleidigen, Horace", sagte der Besucher mit einem Seufzer.

„Und was ist jetzt mit Frau Berens?"

"Ah ja; eine ganz einfache Sache. Du bist ein toller Freund von ihr?"

„Ich bin ihr Arzt."

„Ja, ja", sagte der andere mit einem unangenehmen Lachen, das in North das Verlangen weckte, ihn zu treten; „Aber wenn der Bericht wahr ist, wirst du die hübsche Witwe heiraten."

„Dann ist der Bericht nicht wahr", sagte North wütend. „Jetzt zum Geschäftlichen."

„Nun, Tatsache ist dies", sagte der Besucher; „In meiner Eigenschaft als vertraulicher Anwalt mehrerer Personen muss ich oft Ratschläge erteilen und Geld sammeln."

„Kein Zweifel", sagte der Arzt trocken.

„Ich habe jetzt einen Kunden, der eine ziemlich hohe Summe für die Sicherheit einiger Miethäuser verlangt. Frau Berens hat ein Vermögen von drei Prozent, und ich dachte, Sie als ihre Freundin könnten ihr einen Rat geben. Sie würde sechs statt drei Prozent bekommen, und ein Wort von Ihnen …"

„Ich werde niemals eine meiner Patientinnen dazu verleiten, irgendwelche Risiken einzugehen", sagte der Arzt knapp.

„Risiken?"

„Das Frühstück ist fertig", sagte der Arzt plötzlich und ging voran in das andere Zimmer. Da er klug genug war, den Angriff nicht noch einmal zu beginnen, begnügte sich Cousin Thompson damit, ausgiebig zu frühstücken, war aber mit der Fütterung nicht zufrieden; und darüber hinaus hatte er die

Fähigkeit, in jedes Zimmer, das er betrat, einen Geruch von schimmeligem Pergament zu verbreiten.

Nach dem Frühstück hatte Cousin Thompson ein Interview mit Frau Berens; und danach ging er, ohne seinen Cousin zu konsultieren, in die Halle, um mit Tom Candlish ein Treffen abzuhalten, das nicht ohne Geldangelegenheiten zu tun hatte. Hätte er seinen Cousin konsultiert, hätte er gewusst, dass Tom Candlish höchstwahrscheinlich zum Treffen gegangen war, zumal er selten einen Lauf verpasste.

Daraufhin kehrte Cousin Thompson zum Arzt zurück und stellte fest, dass dieser sich über seine Enttäuschung ärgerte. Nicht, dass er ein Jäger war; Aber die Laune hatte ihn gepackt und das Erscheinen von Leo Salis hatte dazu beigetragen, die Fahrt attraktiver zu machen, als sie zu einem anderen Zeitpunkt vielleicht gewirkt hätte.

„Ah, Horace, mein lieber Freund“, sagte er, „ich werde deine Gastfreundschaft zum Abendessen missachten und dich dann bitten müssen, mir ein Bett zu geben.“

„In Ordnung“, sagte der Arzt schroff. „Geben Sie auch Ihnen eine Dosis, wenn Sie möchten.“

„Danke, nein, es sei denn, du meinst Wein.“

„Oh ja, ich gebe Ihnen ein Glas Portwein“, sagte der Arzt. „Ich hoffe, Sie haben diese arme Frau nicht überredet, in etwas Riskantes zu investieren.“

„Nun, mein lieber Horace, wofür hältst du mich?“ rief Cousin Thompson.

"Ein Anwalt."

„Aber es gibt gute und schlechte Anwälte.“

„Nun, aus rechtlicher Sicht sind Sie ein schlechter Anwalt. Ich habe Ihnen nie nur einen Fall gegeben, den Sie für mich führen sollten, und den haben Sie verloren.“

„Der Anwalt hat es verloren, mein lieber Horace. Hab keine Angst. Ich bin kein legaler Taschendieb. Ich könnte mich revanchieren und sagen, dass Sie ein schlechter Arzt sind.“

„Nun ja, mir geht es schrecklich schlecht. Das Ausmaß an Unwissenheit, das in meinem Gehirn herrscht, ist wirklich schrecklich.“

„Aber du heilst weiterhin Menschen.“

„Der Versuch, Menschen zu heilen, meinst du? Im tiefen Wasser waten; tappen in der Dunkelheit. Dem Himmel sei Dank, mein Herr, dass Sie nicht zum Arzt ernannt wurden. Äh, was ist denn – jemand ist krank?" „, schrie er, als Mrs. Milt mit einer Notiz den Raum betrat.

„Armer Mensch!" sagte Cousin Thompson zu sich selbst.

„Mitteilung des Pfarrhauses, Sir."

"Oh!" rief der Arzt; „Ich werde nicht gehen können, so wie du hier bist. Möchte, dass ich eine Partie Schach spiele. Salis, wissen Sie."

Während er sprach, öffnete er gemächlich den Umschlag und begann zu lesen.

"Du lieber Himmel!" er rief aus. „Frau Milt, kümmern Sie sich um meine Cousine, als ob ich hier wäre. Entschuldige vielmals. „Schwerer Fall", fuhr er fort und wandte sich an seinen Gast. und im nächsten Moment war er aus dem Haus geeilt, um fast im Laufschritt zum Pfarrhaus zu rennen.

Die Notiz von Hartley Salis war zwar sehr kurz, aber nichtsdestotrotz eindringlich und enthielt folgende Worte:

„Um Himmels willen, komm schon! Leo ist schwer gestürzt."

Kapitel fünfzehn.

Ein refraktärer Patient.

Leo nahm ihren Unfall nicht ernst, obwohl ihre Schulter schwer verletzt war, und sie ertrug den Verband, der einen schweren Schlag erlitten hatte, mit größter Tapferkeit. Wie North nach und nach erfuhr, war es ein großartiger Lauf gewesen, aber gegen Ende, als Leo fast an der Spitze des Feldes lag, wurde die Stute unkontrollierbar und machte einen gefährlichen Sprung, was zur Folge hatte, dass sie stürzte und ihren Reiter warf Sie landete am Ufer des tiefen kleinen Flusses und verhedderte sich bei ihrem Versuch aufzustehen in Leos Kutte und rollte mit ihr direkt ins Wasser.

„Eine äußerst glückliche Flucht", sagte Salis, die vor Angst blass aussah.

„Was für ein Unsinn, Hartley!" sagte das Mädchen; „Ein kleiner blauer Fleck an der Schulter und ein Einnässen."

„Ja, aber du wärst ertrunken, wenn die Herren der Jagd dir nicht zu Hilfe galoppiert wären."

„Aber sie galoppieren immer einer Dame zu Hilfe, wenn ihr Pferd fällt", sagte Leo aufgeregt. „So, machen Sie nicht so viel daraus; und es war völlig absurd, Hartley, dass Sie wegen einer solchen Kleinigkeit einen Arzt rufen ließen."

„Kleinigkeit hin oder her, Miss Salis", sagte der Arzt, „ich sollte Ihnen raten, sofort Ihr Bett aufzusuchen."

„Unsinn, Dr. North!"

„Nun, dann muss ich darauf bestehen", sagte er bestimmt.

„Oh, sehr gut", sagte Leo; „Ich nehme an, du bist der Meister, also habe ich nichts mehr zu sagen. Ein kleines Mädchen hatte einen Unfall und wurde deshalb ins Bett gebracht. Fudge!"

„Leo, mein Lieber", sagte Mary von ihrer Couch aus, „lass dich bitte beraten. Dr. North würde es nicht wünschen, wenn es nicht notwendig wäre."

„Auf jeden Fall nicht", sagte North knapp, denn er ärgerte sich über Leos leichtfertiges Verhalten und fragte sich fast, warum er sich an diesem Morgen angezogen gefühlt hatte.

„Was für ein Unsinn, Mary!" rief Leo. „Beten Sie, dass Sie sich nicht einmischen."

Mary seufzte und schwieg.

„Nun, wie es Ihnen gefällt", sagte North. „Ich habe Ihnen einen guten Rat gegeben: Handeln Sie so, wie Sie es für richtig halten."

Er wollte gehen, doch der Pfarrer folgte ihm in die Halle.

„Komm in mein Zimmer", sagte dieser mit einem schmerzerfüllten und verwirrten Gesichtsausdruck. „Das ist sehr traurig, alter Kerl."

"Was? Vormund für ein paar ausgelassene Mädchen sein?" sagte der Arzt gereizt. „Nein, nein, ich bitte um Verzeihung; Kümmere dich nicht um meine bittere Art; Aber wirklich, Salis, alter Junge, du solltest diese Stute besser loswerden."

„Ja, ich wünschte, ich hätte es getan", sagte der Pfarrer traurig; „Aber Leo scheint so viel Freude daran zu haben – und wer hätte ein solches Missgeschick vorhersehen können?"

„Das könnte ich", sagte der Arzt knapp. „Gut, dass sie nicht getötet wurde."

„Glauben Sie nicht, dass der Schmerz ernst ist?"

"Ernst? Nein. Geben Sie ihr natürlich viel Schmerz."

„Und die Kälte?"

„Welche Kälte?"

„Der Sprung in den Fluss nach einer hitzigen Fahrt."

„Sie hat natürlich sofort ihre Sachen gewechselt?"

„Nein", sagte der Pfarrer. „Es scheint, dass sie aus Mut darauf bestand, wieder aufzusteigen und dann langsam nach Hause ritt. Sie zitterte, als sie hereinkam."

„Warum wurde mir das alles nicht schon früher erzählt?" sagte North scharf. „Schau her, Salis, alter Kerl; Sie muss sofort zu Bett gehen und nehmen, was ich ihr schicke. Üben Sie Ihre Autorität aus, sonst bekommt sie eine schwere Erkältung."

Er eilte davon und schickte die versprochene Medizin nicht, sondern nahm sie selbst und ließ sie mit nachdrücklichen Anweisungen für die Einnahme zurück. und das Ergebnis war, dass Leo Salis über die vermeintliche Notwendigkeit, wie sie es nannte, lachte und es ruhig ablehnte, den Ansichten des Arztes zu folgen.

Kapitel Sechzehn.

„Ich bin nicht krank."

Hartley Salis erzählte dem Arzt nicht alles über seine Probleme, noch sagte er zu Mary ein Wort zu diesem Thema; Doch während sie hilflos dalag, ahnte sie die Ursache seiner Schnecke und seufzte, weil sie sich wünschte, sie könnte die Sache in Ordnung bringen.

Denn Tom Candlish war mit Leo nach Hause geritten und hatte sich am Tor verabschiedet.

„Ich hätte wissen können, dass sie sich treffen würden", sagte Salis, während er nachdachte; „Aber ich hätte nie gedacht, dass er jemals wieder ins Haus kommen würde."

Aber Tom Candlish hatte Leo geholfen, als sie in großer Gefahr war, zu ertrinken; und als der Pfarrer dies erfuhr, spürte er seine Ohnmacht und zeigte sich kalt und höflich, während Tom Candlish seinerseits trotzig war, fast bis zur Unverschämtheit; und sein Verhalten Leo gegenüber schien vertraulich genug, um Salis zu erschrecken und ihn fragen zu lassen, ob sie sich seit der Szene am Flussufer begegnet waren.

Hartley Salis hatte bald etwas, was seine Aufmerksamkeit von diesem Punkt ablenken konnte, denn am nächsten Tag ging es Leo nicht sehr gut. Sie sei müde, sagte sie. Es war eine sehr lange Zeit gewesen, aber dennoch herrlich; und sie gab jetzt zu, dass es vielleicht besser gewesen wäre, wenn sie auf den Rat des Arztes gehört hätte.

„Mir geht es morgen ganz gut", rief sie. „Warum, Hartley, wie ernst siehst du aus!"

„Tue ich das?" sagte er lächelnd, denn er hatte mit sich selbst darüber gesprochen, ob er Leo deutlich fragen sollte, ob sie ihr Wort gehalten hatte.

"Tust du? Ja!" sie weinte wütend; und ohne ersichtlichen Grund geriet sie in einen heftigen Anfall von Leidenschaft. „Ich erkläre, dass es jetzt schrecklich ist, zu Hause zu sein. Es ist, als würde man zwischen zwei Spionen leben."

„Mein lieber Löwe!" begann Salis.

„Es ist mir egal: Es ist so. Mary hier beobachtet mich wie eine Katze eine Maus. Du folgst mir immer, wenn ich von zu Hause wegkomme; und dann vergleicht ihr beide eure Notizen und plant gemeinsam, wie ihr mir das Leben zur Last machen könnt."

„Leo, Liebes", sagte Mary sanft, „du bist gereizt und unwohl, sonst würdest du nicht so sprechen."

"Ich würde. Dazu treibt mich mein elendes Leben zu Hause. Ich werde wie ein Gefangener behandelt."

„Leo, mein Kind", begann Salis.

„Ja, das ist es – Kind! Du behandelst mich wie ein Kind, und ich werde es nicht ertragen. Etwas Grausameres kann man sich nicht vorstellen."

„Unsinn, Liebes", sagte Salis mit ernstem Lächeln, als er die Hand seiner Schwester nahm.

Sie schnappte es sich; Allerdings nicht so schnell, aber er hatte Zeit zu spüren, dass es brennend heiß war, so wie ihre scharlachroten Wangen zu sein schienen, während ihre Augen ungewöhnlich strahlend waren.

Es war keine Zeit für Fragen oder Vorwürfe, und der Pfarrer machte sich daran, ihn zu beruhigen.

„Warum, Leo, mein Lieber", sagte er lächelnd. „Ich werde langsam denken, dass du böse bist."

„Wenn Sie empört meinen", erwiderte sie, „das bin ich. Meine Seele scheint sich gegen das erbärmliche Spionagesystem aufzulehnen, das Sie beide gegen mich aufgebaut haben."

„Nein, nein, Leo, Liebes!" sagte Maria. „Wie kannst du so etwas über Hartley sagen, dessen jeder Gedanke zu deinem Besten ist?"

"Gut gut gut!" rief Leo; „Ich habe das bloße Wort satt! Gut sein! Sei ein gutes Mädchen! Oh! es ist widerlich!"

Salis gab Mary ein Zeichen, still zu sein, aber Leo bemerkte es.

"Dort!" sie weinte mit blitzenden Augen. "Was habe ich gesagt? Ihr beide plant immer eine Verschwörung gegen mich. Ah!"

Sie zitterte wie vor einer plötzlichen Kälte und rückte ihren Stuhl näher an das Feuer.

„Fühlst du dich unwohl, Liebes?" sagte Salis besorgt.

"Nein *nein* Nein! Ich habe euch beiden schon ein Dutzend Mal gesagt, dass es mir ganz gut geht. Es ist ein kalter Morgen und ich zitterte ein wenig. Ist daran etwas Außergewöhnliches?"

„Ich hatte nur Angst um dich, Liebes."

„Dann beten Sie, machen Sie sich keine Sorgen, sondern lassen Sie mich in Frieden sein."

Sie holte ein Buch und versuchte zu lesen; während Salis und Mary, um sie nicht zu irritieren, ihre Aufgaben wieder aufnahm – die eine schrieb, die andere beschäftigte sich mit ihrer Nadel; und beiden schien es, als würden sie Buße tun, so stark war der Wunsch, Leo immer wieder anzusehen, während sie das Bedürfnis verspürten, jeden Anschein zu vermeiden, sie zu bemerken.

Sie hielt ihr Buch vor sich und schien zu lesen, aber sie folgte keiner Zeile; denn die Buchstaben waren verschwommen, und ein seltsames, dumpfes, schmerzendes Gefühl quälte sie von Kopf bis Fuß, stieg gleichsam in Wellen auf, strömte durch ihr Gehirn und ließ es pochen.

Dies verging mit der damit einhergehenden Schwindelgefühle, und mit hartnäckiger Entschlossenheit behielt sie ihren Platz, und sie tat so, als würde sie lesen, bis zum Abend.

Sie hatten zu Abend gegessen – eine erschöpfende, trostlose Mahlzeit –, bei der Leo ihren Platz eingenommen hatte und versuchte zu essen; Aber den anderen war klar, dass ihr das Essen zuwider war, und fast alles wurde ungeschmeckt weggeschickt.

Die Gereiztheit schien verflogen zu sein, aber jeder Versuch, sie in ein Gespräch einzubeziehen, schlug fehl; und nach einer Weile ging das Essen schweigend weiter, bis sie sich am Ende um das Feuer versammelten, um fast wortlos ihre Arbeit fortzusetzen.

Salis war mit einem formellen Bericht über den Zustand der Gemeinde für den Rektor beschäftigt. Mary arbeitete fleißig am Nähen, um einer armen Witwe zu helfen, die durch Handarbeiten einen prekären Lebensunterhalt verdiente, und Leo hatte ihr Buch immer noch vor Augen.

Marys Schmerzen schmerzten, und sie wollte gerade nach der Lampe klingeln, denn der kurze Dezembernachmittag neigte sich dem Ende zu, und Salis war gerade dabei, seinen Stift abzuwischen, als Leo plötzlich ihr Buch fallen ließ, sich steif aufsetzte und wild darauf starrte ihnen.

„Leo, mein Kind!"

"Also was ist es?" Sie sagte; und ihre Stimme klang hart und seltsam. "Warum hast du das gesagt? Du wusstest, dass ich ja sagen sollte."

„Ja, ja, natürlich, meine Liebe; aber ich habe nicht gesprochen.

"Du machtest. Du hast ganz laut gesagt, ich hätte dich angelogen, und" – sie kehrte auf ihre gereizte Art zurück – „Werden wir nie zu Abend essen?"

Salis erhob sich von dem Tisch, an dem er geschrieben hatte, und legte seine Hand auf den Arm seiner Schwester.

„Leo, Liebling", sagte er besorgt; und er blickte in ihre wilden Augen, die sanfter und liebevoller in seine blickten.

„Nein", sagte sie, während sie sich an ihn schmiegte und ihre Wange an seinen Arm legte; „Ein bisschen mühsam. Meine Schulter tut weh, aber es wird bald wieder gut, mein Lieber."

„Lehnen Sie sich in Ihrem Stuhl zurück", sagte Salis, als er seine Hand auf ihre pochende Stirn legte.

„Ja, das ist schön", sagte sie und gehorchte lächelnd. „So cool und erfrischend – so cool."

„Fühlst du dich schläfrig? Möchten Sie ein Nickerchen machen?"

„Ja, wenn Sie es wünschen", sagte sie. "Ich bin schläfrig. Sag es ihnen nicht zu Hause, Liebes."

Salis zuckte zusammen, und sein Gesicht verkrampfte sich, als er Blicke mit Mary austauschte, die seinen Wunsch las, ein paar Zeilen mit Bleistift schrieb und leise die Glocke läutete.

„Nimm das sofort", flüsterte sie Dally Watlock zu, der mit großen Augen eintrat und starrte.

„An Mr. Tom Candlish, Miss?"

„Nein, nein, Mädchen; an Herrn North."

Mary holte schwer den Atem, als sich die Tür hinter dem Mädchen schloss, denn sie las in ihren Worten eine Geschichte über Betrug und auch darüber, wer vielleicht der Überbringer in so manchen Liebesbriefen gewesen war, die von beiden Seiten verschickt wurden.

Sie versuchte aufzustehen, da sie das Gefühl hatte, dass dies eine Zeit dringender Not sei; Doch ihre Augen füllten sich mit Tränen, als sie hilflos in ihren Sitz zurücksank.

„Nimm meinen Arm, Leo, Liebes", sagte Salis. „Es wäre besser, wenn du in dein Zimmer gehst und dich hinlegst."

"Ja, Liebes; wenn Sie es wünschen", sagte sie leise; Sie sprang auf, packte aber ihren Bruder und klammerte sich an ihn, als hätte sie ein plötzlicher Schwindel gepackt, und starrte dann wild umher.

Salis nickte Mary zu und führte sie dann, indem sie Leos Arm um seinen nahm, zur Tür ihres Zimmers, die sie betrat, während er schnell nach unten rannte.

„Ganz wahnsinnig", sagte er schnell. „Ich hoffe, dass North nicht lange auf sich warten lässt. Ich dachte, er wäre heute Morgen hier gewesen.

Während er sprach, bereitete er sich auf eine Aufgabe vor, die er seit Marys Genesung zweimal täglich erledigt hatte. Denn er nahm sie so leicht in die Arme, als wäre sie ein Kind, und trug sie aus dem Zimmer und hinauf zu Leos Tür.

Als Mary vor Angst zitternd die Tür aufdrückte, stieß Leo einen wütenden Schrei aus, rannte vorwärts und schlug ihr die Tür wieder vor die Nase.

„Nein, nein!" sagte sie heiser; "nicht du. Lass mich sein. Lass mich in Frieden ruhen."

„Aber Leo, Liebling, du bist krank."

„Ich bin nicht krank", rief sie heftig. "Geh weg!"

„Reizen Sie sie nicht", flüsterte Salis sanft. „Leo, Liebes, Mary wird in ihrem eigenen Zimmer sein. Leg dich jetzt hin."

Die Phase der Sanftmut war vorüber, und Leo wandte sich in ihrer wütenden Verachtung fast brutal gegen ihn.

"Hinlegen! Hinlegen! als wäre ich ein Hund! Oh! Damit muss Schluss sein. Damit muss Schluss sein."

Sie hatte die Tür teilweise geöffnet, um mit ihrem Bruder zu sprechen, aber jetzt schloss sie sie laut, und sie hörten sie aufgeregt auf und ab gehen.

Kapitel siebzehn.

Was Dally tat.

„Ich hatte Angst davor", sagte North, als er aus dem Schlafzimmer zurückkehrte, wo er Leo mit den Dienern zurückgelassen hatte, die hilflos dastanden und sie anstarrten und ihren Schwärmereien über die Stute, den Sprung in den kalten Fluss und so weiter lauschten verletzte Schulter. „Heftiges Fieber und Delirium. Armes Mädchen! Was können wir erwarten? Erhitzt von ihrer Fahrt, dem Sturz, dem plötzlichen Sprung ins Wasser und dann einer langen, langsamen Fahrt in den durchnässten Kleidungsstücken."

„Glauben Sie, dass sie sehr krank ist?" sagte Mary besorgt.

"Sehr; aber nicht gefährlich, hoffe ich. Vertrauen Sie mir, und ich werde alles tun, was ich kann. Sie müssen sofort eine gute Krankenschwester haben. Diese Frauen sind schlimmer als nutzlos. Ich werde meine Haushälterin schicken."

„Aber du gehst nicht?" rief Salis mit dem alarmierten Blick, der so oft auf einen Arzt gerichtet ist.

„Mein lieber Junge – nur um Medikamente zu holen. Es dauert nicht lange; Und denken Sie daran: Sie darf ihr Zimmer jetzt nicht verlassen. Sie muss um jeden Preis dort bleiben."

„Und ich bin so hilflos, Hartley", flüsterte Mary mitleiderregend. „Es ist so schwer zu ertragen."

Der Pfarrer bückte sich und küsste sie, dann nahm er seinen Platz an der Schlafzimmertür ein und blieb, um die Anweisungen auszuführen, die er erhalten hatte.

Sie waren notwendig, denn er war noch keine fünf Minuten da, als das wahnsinnige Mädchen von ihrem Sofa aufstand und die Frauen einen wütenden Aufschrei auslösten. Sie bestand darauf, in den Stall zu gehen, um sich um ihre Stute zu kümmern. Es wurde vernachlässigt; und nur durch die Ausübung von Gewalt konnte sie im Zimmer festgehalten werden.

Noch bevor eine halbe Stunde vergangen war, war der Arzt zurück, und die ruhige, entschlossene Frau Milt, die sich angesichts dieses Ärgernisses von ihrem verschrobenen Benehmen abwandte, nahm mit gutem Erfolg ihren Platz am Bett ein; Denn teils beruhigt durch die strenge Führung der alten Frau, teils durch das starke Opiat, das der Arzt ihr verabreicht hatte, versank Leo in einen unruhigen Schlaf, in dem sie ununterbrochen unzusammenhängend murmelte, wobei die einzigen Teile ihrer Rede, die überhaupt zusammenhingen, die waren, mit denen sie sich beschäftigte ihr Unfall, der sich immer wieder zu wiederholen schien.

Es war gegen zehn Uhr, als der Arzt, nachdem er eine kurze Zeit zu Hause gewesen war, über die Abkürzung über die Felder zum Pfarrhaus zurückkehrte, als er in kurzer Entfernung über dem Zaun, der nach unten führte, ein paar Gestalten erblickte zu den Wiesen, durch die der kleine Fluss floss.

„Hmpf!" murmelte er, als er trotz der Dunkelheit die Gestalten erkannte, seine eigenen Schritte wurden von der feuchten Weide gedämpft und das Paar war zu sehr auf seine Unterhaltung konzentriert, um ihn vorbeigehen zu hören.

„Hmpf!" er sagte; „Der arme alte Moredock hat vielleicht recht, was das Mädchen betrifft. Es ist eine große Schande für das Volk, solch einen Schurken unter sich zu haben."

Er zögerte halb, als hielte er es für seine Pflicht, sich einzumischen, aber im Pfarrhaus gab es zu viel ernsthafte Arbeit, als dass er in einer Zeit wie dieser sprechen könnte. Und außerdem hätte er nicht erklären können, warum, aber der Gedanke schien ihm so etwas wie Befriedigung zu verschaffen, denn es war offensichtlich, dass alles längst zu Ende gewesen sein musste, wenn Tom Candlish sich herabgelassen hätte, um die hübsche Dally Watlock, die Dienerin des Pfarrhauses, zu umwerben zwischen Leo und dem Bruder des Gutsherrn, die Prügelstrafe von Herrn Salis war auf ihre Art wirkungsvoll.

Auch um Leo machte er sich große Sorgen; denn unbewusst erwachte in ihm ein neues Interesse, und er hatte das Gefühl, dass ihm kein Fall, mit dem er beschäftigt war, jemals mehr Sorgen bereitet hatte als dieser. Also eilte er weiter in das Zimmer seines Patienten, wo das Fieber immer stärker wurde und das gerötete Gesicht auf dem weißen Kissen hin und her rollte.

„Trotzdem, Sir", sagte Frau Milt, als er ein paar eifrige Fragen stellte. „Seit du gegangen bist, macht sie so weiter. Ist sie nicht sehr schlimm? Lausche ihrem Atem."

„Sehr schlimm, Milt", sagte der Arzt ernst; „Und wenn die Dinge so weitergehen, werde ich nach King's Hampton schicken, um ..."

„Nein, nein; Tun Sie das nicht, Herr", sagte die alte Haushälterin scharf. „Wenn du sie nicht retten kannst, kann es niemand."

„Warum, Milt!" rief der Arzt verwundert aus.

"Oh! Sie müssen nicht so aussehen, Sir. Ich kenne Sie. Es ist eine Menge wert, dass du mir mit deinem unbeholfenen Verhalten und deinen unregelmäßigen Arbeitszeiten gibst; Aber ich sage Ihnen eines: Es gibt keinen klügeren Arzt.

„Und trotzdem sind Sie, als Sie krank waren, zu dem anderen Arzt nach King's Hampton gegangen.“

„Nun, du hast mich gerade so verärgert, und ich hatte das Gefühl, ich wäre lieber gestorben, als zu dir gekommen zu sein.“

"Pfui! „Du störrisches altes Ding“, sagte North. „Da gehe ich runter, um eine Weile mit Herrn Salis zu reden; dann werde ich kommen und sechs Stunden lang deinen Platz einnehmen, während du dich hinlegst.“

"Oh!" rief Frau Milt aus; und sie presste ihre Lippen zusammen und schwieg einige Augenblicke, während ihr Herr seinen Patienten noch einmal untersuchte. Dann richtete sie sich auf: „Ich bin vielleicht hartnäckig, Sir, aber ich glaube, ich kenne meine Pflicht im Krankheitsfall. Ich bin hier, um am Bett von Miss Leo Salis zuzusehen, und hier werde ich bleiben.“

„Frau Milt“, sagte der Arzt streng, „wie Sie wissen, besteht die erste Pflicht einer Krankenschwester darin, Anweisungen zu befolgen.“ Jetzt reden Sie nicht mehr, sondern setzen Sie sich, bis ich zurückkomme.“

Mrs. Milt sah angespannter aus als je zuvor, und ihr starrer Stützknochen gab einen Knacks von sich, aber sie gehorchte; während der Arzt hinunterging, wo Salis und Mary sehnsüchtig auf seinen Bericht warteten.

„Ich wollte etwas Tee für dich bereithalten“, sagte Mary, nachdem sie gehört hatte, was er zu sagen hatte; „Aber Dally fehlt. Sie muss zum Cottage ihres Großvaters gegangen sein.“

Der Arzt stieß ein lautes „Humph!“ aus. und bemerkte dann, dass er warten könne.

Er musste einige Zeit warten, da Dally zu einer Verabredung auf die Wiesen gegangen war und dort am Ufer des Flusses auf eine Gestalt gestoßen war, die an einem großen Weidenköpfchen lehnte.

Die Gestalt trat aus der Dunkelheit hervor und packte sie am Arm, was zur Folge hatte, dass Dally ein leicht affektiertes Quieken ausstieß.

„La, Mr. Candlish! wie du mich zum Springen gebracht hast!“

„Warum, was führt dich hierher?“ „, schrie er und legte seinen Arm um die Taille des Mädchens.

„Jetzt machen Sie Schluss, Sir; Du hast nicht das Recht, mich so anzufassen. Was würde Joe Chegg sagen?“

„Dass ich ein weiser Mann war und dass es die hübscheste kleine Taille in Duke's Hampton war."

„Bitte behalten Sie Ihre schönen Reden für Miss Leo und sprechen Sie über ihre Taille, Sir, und lassen Sie mich gehen. Ich komme nur zum Spazierengehen."

"Unsinn! Sag mir. Sie haben eine Nachricht bekommen?"

„Nein, das habe ich nicht."

„Du – du hast einen Brief?"

„Nein", sagte Dally, schüttelte den Kopf und kämpfte nur ein wenig, um den Schein zu wahren.

„Kommt sie denn?"

„Nein, das ist sie nicht; denn sie ist zu krank."

„Äh? Unsinn!"

„Aber tatsächlich ist sie es, Sir, und sie ist an ihr Bett gefesselt."

„Und sie hat dich geschickt, Dally. Oh! wie gut von ihr."

„Nein, sie hat mich auch nicht geschickt, Mr. Candlish; und lass los. Das solltest du nicht."

„Hat sie sich eine Erkältung eingefangen, Dally?"

„Schrecklich schlimm; und sie ist völlig aus dem Häuschen."

"Schinken!"

„Das hat sie tatsächlich, Sir; und ich und die Köchin mussten sie festhalten: Sie war so schlimm."

„Halten Sie sie fest?"

"Ja; und sie redete weiter in Eile, alles über die Jagd und den Sturz ins Wasser."

„Hat sie etwas über mich gesagt?" sagte Tom Candlesh eifrig.

"Über dich? Das glaube ich tatsächlich nicht. Ihr Männer scheint zu glauben, dass Damen immer an euch denken. So ein Zeug!"

Dann wurde lange geflüstert, Tom Candlish sei einer dieser Herren, die sich nie über die Abwesenheit ärgern, sondern über die Fähigkeit eines Seemanns verfügen, das Gute anzunehmen, das die Götter schenken.

Nach fünf Minuten ertönte ein kräftiger Schlag – kein Kuss, sondern der Kontakt einer Handfläche auf einer Wange.

Dann kam aus der Dunkelheit der Ausdruck: „Du frecher Kerl!" dem Rauschen der Füße im Flug folgend.

Eine Minute später hörte man, wie das Flügeltor, das zum Gelände des Pfarrhauses führte, zugeschlagen wurde, und Tom Candlish stoppte seine Verfolgung und ging über die Felder nach Hause.

Kapitel Achtzehn.

Leo legt ein Geständnis ab.

„Ja, Doktor, mir geht es besser, und Sie brauchen nicht noch einmal zu kommen."

„Ja, es geht dir besser, Moredock. Noch mehr Geister gesehen?"

"Nein; Ich sehe nie keine Geister. Ich sehe nur, was ich gesehen habe; aber wie geht es der jungen Frau da drüben?"

Horace North runzelte die Stirn und seine Stimme klang streng.

„Krank, Moredock – schwer krank. Heftiges Fieber."

„Fieber – Fieber!" sagte der alte Mann und wich mit ungewohnter Aufregung zurück.

„Ja, Fieber, du selbstsüchtiger alter Schlingel!" rief der Arzt jähzornig. „Sie sollten keine Angst davor haben, im Laufe Ihres Lebens Fieber zu bekommen."

„Aber das bin ich, Doktor – das bin ich", sagte der alte Mann mit einer seltsamen Veränderung in seiner Stimme. „Sehen Sie, ich war gerade krank und es wäre sehr schwer, wieder krank zu sein. Ist es Ketching?"

"NEIN!" brüllte der Arzt wütend; "gar nicht. Passen Sie auf sich auf und gehen Sie nicht noch einmal im Dunkeln in die Kirche."

„Ich werde in die Kirche gehen, so oft ich will und wann ich will", grummelte der alte Mann. „Es ist meine Kirche; Aber, sage ich, Herr Doktor, ist das wahrscheinlich – äh? – Sie wissen schon – ein Job für mich?"

North sah ihn mit einem Ausdruck des Entsetzens und des Abscheus an, der den alten Mann zum Starren brachte.

„Na, du abscheulicher alter Ghul!" er weinte; „Soll ich dich erwürgen? Pfui!"

Er eilte aus der Hütte, und Moredock erhob sich langsam und folgte ihm bis zur Tür.

„Was meint er damit? Toll? Was ist ein Gool? Er hat getrunken. Ich sehe, wie seine Hand zittert; das ist es, was mit ihm los ist; und ich bin froh, dass er heute Morgen keine Medikamente für mich mischen muss. Jetzt frage ich mich, was er nimmt. Die Ärzte gehen in ihre Sudden und mischen sich Tropfen, die ihnen den Garaus machen. Der alte Borton hat das früher getan, und ich habe ihn begraben. Er macht seine Sache im Pfarrhaus schlecht und trinkt, aber ich habe ihn verärgert, indem ich darüber gesprochen habe. Ja, da geht er durch das Pfarrtor hinein. Ich frage mich, ob sie ein Grab für sie haben werden oder ein einfaches Grab."

Leo Salis hatte einige Stunden lang so ausgesehen, als ob das eine oder das andere nötig wäre, und Moredocks Worte waren North so vorgekommen, als hätten beide einen Stachel.

Dem Patienten ging es so schlecht, dass er beschloss, zu bleiben, als er an diesem Tag im Pfarrhaus ankam.

„Ich würde sagen, lass uns direkt weitere Ratschläge einholen, Salis", sagte er düster; „Aber wenn die Spitzen der Branche hier wären, könnten sie nichts anderes tun, als zu warten. Das Fieber wird seinen Lauf nehmen. Wir können nichts anderes tun, als zuzusehen."

„Und beten", sagte Salis streng.

„Und beten", sagte der Arzt und wiederholte seine Worte. „Wirst du in die Stadt schicken und telegraphieren?"

„Nein", antwortete der Pfarrer. „Ich habe Vertrauen in dich, North."

Er sagte nichts mehr, sondern ging in sein Arbeitszimmer, um seine Gefühle zu verbergen, während North zu der armen, hilflosen Mary ging, die bleich und zehn Jahre älter in ihrem Stuhl zurücklehnte, während ihre Augen seine suchten und stumm um Trost baten.

Er nahm ihre Hand, küsste sie und behielt sie ein paar Minuten lang in seiner Hand, während er dastand und mit ihr sprach, versuchte, ihr Hoffnung einzuflößen, ohne an die Qualen zu denken, die er verursachte.

„Ich gehe jetzt zu ihr", sagte er. „Seien Sie hoffnungsvoll und helfen Sie mir, den armen Hartley aufzumuntern. Er sehnt sich unbedingt nach Trost. Ich werde kommen und es Ihnen selbst sagen, wenn sich etwas ändert."

„Die Wahrheit", sagte Mary schwach.

"Die Wahrheit? „Ja, für dich", sagte er bedeutungsvoll; und seine Worte schienen zu vermitteln, dass ihr Leid so alt war, dass sie es ertragen konnte, wenn man ihr etwas erzählte, auch wenn es ihrem Bruder vielleicht vorenthalten werden würde.

Mrs. Milt, die eine unermüdliche Wächterin am Krankenbett gewesen war, berichtete – einen Bericht, den sie immer wieder wiederholen musste – von unruhigem Gemurmel und Delirium: ansonsten keine Veränderung.

„Nein, Frau Milt, wir haben den Höhepunkt noch nicht erreicht", sagte North seufzend.

„Da, geh und leg dich hin, meine gute Seele", fügte er nach einer kurzen Prüfung hinzu; „Du musst müde sein."

„Müde, aber nicht müde, Sir", sagte die alte Dame. "Armes Kind! Sie hat auch etwas im Kopf, das sie beunruhigt."

"In der Tat!" sagte North. „Ja", fuhr Frau Milt flüsternd fort. „Sie murmelt dauernd darüber, *ihm* etwas zu sagen — manchmal nennt sie es ein Geständnis."

„Irgendwelche alten Probleme kommen in ihrem Gehirn hoch", sagte der Arzt; und er setzte sich neben das Bett, um Leos gerötetes Gesicht zu betrachten, während sie mit halb geschlossenen Augen dalag und offenbar jetzt tief und fest schlief.

„Noch nicht, noch nicht", seufzte North, als er die heiße, trockene Hand in seine nahm, und ein Schauer durchlief ihn, als er an die Worte des alten Küsters dachte und sich fragte, ob er sie retten könnte — so jung und schön — von einem so traurigen Schicksal.

"Armes Kind!" sagte er halb laut; und dann saß er Stunde für Stunde da und fragte sich, ob es möglich wäre, mehr zu tun; ob er alles getan hatte, was die medizinischen Fähigkeiten zuließen; und als er schließlich zu dem Schluss kam, dass er seine Pflicht gegenüber seinem Patienten gründlich erfüllt hatte, sank sein Mut und er gestand sich ein, dass er und der Rest der Schüler des großen Berufsstandes in manchen Fällen außerordentlich machtlos und bloß waren Begleiter des Willens der Natur.

Von Zeit zu Zeit kam Salis herauf, um leise das Zimmer zu betreten und seinen Freund stumm zu befragen, und ging dann traurig in sein Arbeitszimmer zurück — wo Mary bei ihm saß —, um ihr die Neuigkeiten zu überbringen, die er zu ertragen hatte, und sich ihr anzuschließen im Wachen und Beten für die eigenwillige Schwester, die sie beide so sehr liebten.

Es ging auf neun Uhr zu, in der düsteren, stürmischen Winternacht, als North, nachdem er das Feuer sanft wieder angezündet hatte, während er zu seinem Platz neben dem Bett zurückkehrte, ein leises Seufzen hörte, und als er sich über seinen Patienten beugte, stellte er fest, dass dies der Fall war Ihre Augen waren weit geöffnet — nicht in einem starren, wahnsinnigen Blick, voller Aufregung, sondern ruhig und gedämpft, während ein süßes Lächeln in ihren Ausdruck überging, als sein Gesicht sich ihrem näherte.

„Ist da diese schreckliche alte Frau?" Sie flüsterte.

„Nein", sagte er und legte seine Hand auf ihre Stirn. "Ich bin alleine."

„Dann werde ich sprechen", sagte sie mit leiser, leidenschaftlicher Stimme. „Sie haben es nicht gewusst – Sie haben es nicht für möglich gehalten – aber sagen Sie mir, ich war sehr krank?"

„Ja", sagte er sanft, „du warst krank; aber rede nicht – versuche dich auszuruhen."

„Ich war sehr krank und es könnte sein, dass ich sterbe, und dann würdest du es nie erfahren", flüsterte sie schnell. „Es ist also keine Zeit für eine dumme, mädchenhafte Zurückhaltung. Ich war vielleicht leichtfertig und leichtsinnig – auch kokett –, aber im Grunde habe ich dich geliebt, und dich allein. Ich liebe dich von ganzem Herzen.

Zwei weiche, weiße Arme wurden um Horace Norths Hals gelegt, um ihn näher an die sanft wogende Brust seiner Patientin zu ziehen.

Kapitel Neunzehn.

War es Delirium?

„Leo, mein Kind, denk nach, was du sagst", rief North.

"Ich denke. Ich habe hier gelegen und stundenlang nachgedacht. Ich schäme mich nicht, es zu gestehen. Warum sollte ich?"

Sie blickte fragend zu ihm auf; Während ihm für einen Moment schwindelig vor Gefühlen war, erholte er sich aber sofort wieder.

„Sie ist im Delirium, armes Kind", sagte er sich; und er versuchte, die Umschlingungsarme von seinem Hals zu entfernen.

„Nein, nein; „Verlass mich nicht", sagte sie leise. „Sei mir nicht böse, wenn ich das sage."

„Ich bin nicht wütend, aber du bist schwach. Du warst sehr krank und darfst jetzt nicht aufgeregt sein."

„Nein, ich bin nicht aufgeregt. Ich fühle mich nur glücklich – so glücklich. Du bist nicht wütend?"

"Wütend? Nein", sagte er zärtlich. „So, lass mich dich wieder auf dein Kissen legen. Versuchen Sie zu schlafen."

"NEIN. Ich möchte nicht schlafen. Sag mir nur noch einmal, dass du nicht böse bist, und dann setz dich zu mir und lass mich deine Hand halten."

"Armes Mädchen!" murmelte North, als er spürte, wie die Hände, die seinen Hals umklammert hatten, sanft und beharrlich seinen Arm hinunterglitten, als würden sie sich an seiner Stärke und Muskulatur erfreuen, für ein paar Augenblicke auf seinem Handgelenk ruhen und dann seine Hand fest umklammern, während sie ihr Besitzer waren stieß einen tiefen, zufriedenen Seufzer aus.

Er setzte sich ans Bett, und Leo sagte leise, während sie dalag und ihm in die Augen blickte:

„Ich fühle mich jetzt so glücklich und erholsam."

„Und als ob du schlafen könntest?"

"Schlafen? Nein. Lass mich liegen und dich ansehen. Sprich nicht. Ich möchte nachdenken. Soll ich sterben?"

"Sterben? NEIN; Du musst jetzt gesund werden und stark werden, um Marys und Hartleys willen."

„Und für deine“, sagte Leo sanft, während sie ihm liebevoll ins Gesicht lächelte. „Ich werde deine Frau sein, wenn ich lebe.“

„Du sollst leben und glücklich werden mit allen, die dich lieben.“

„Ja“, sagte sie leise, „mit allen, die mich lieben.“ und sie schloss ihre Augen.

„Es *ist* Delirium, armes Kind“, sagte North bei sich. "Du lieber Himmel! Bin ich so ein Schurke, dass ich anders denke?“

Er lehnte sich in seinem Stuhl zurück, erschrocken über die Gedanken, die ihm in den Sinn gekommen waren. Er war entsetzt. Denn trotz seiner medizinischen Ausbildung, seiner gründlichen Selbstbeherrschung und der Tatsache, dass er immer jemand gewesen war, dessen Liebe sein Beruf war, hatte er festgestellt, dass ihn die Worte und Taten des schönen Mädchens, das es getan hatte, stark bewegten schien die Geheimnisse ihres Herzens offenzulegen.

„Delirium – Delirium! die Funktionsweise eines geplagten Gehirns“, sagte er sich grimmig. "Du lieber Himmel! Werde ich auch im Delirium sein?“

In diesem Moment öffnete Leo ihre Augen wieder, und ein ruhiges, sanftes Licht schien darin zu brennen, als sie ihm ins Gesicht lächelte und seine Hand mehr an ihr Kissen zog, damit sie ihre Wange darauf legen und ihre Augen wieder halbieren konnte geschlossen; aber er wusste, dass sie ihn immer noch mit demselben sanften, liebevollen Blick ansah, der trotz seiner Selbstbeherrschung sein Herz mit einem dumpfen, schweren Pochen schlagen ließ.

„Ich habe mich so sehr danach gesehnt, dir das alles zu erzählen“, flüsterte sie; „Aber ich habe es bis jetzt nie gewagt. Es hat mich verbittert, distanziert und fremd für dich gemacht. Ich war wütend auf mich selbst, weil ich dich liebte; und doch konnte ich nichts dagegen tun. Du bringst mich, dich zu lieben. Das habe ich immer getan – das werde ich auch immer tun.“

„Es ist Delirium“, keuchte North. „Ich werde nicht auf sie hören. Pah! es ist absurd. Wo ist meine Männlichkeit – wo sind all meine ehrenhaften Gefühle? Ich kann solche Torheit meistern, und das werde ich auch.“

Er biss die Zähne zusammen und sein Gesicht wurde hart und kalt; aber trotzdem beschleunigte sich sein Puls, und als er dort gefangen saß und seine sanften, glänzenden Augen in die seinen blickten, stellte er fest, dass er von einem anderen Leben träumte, in dem seine wissenschaftlichen Forschungen in der süßen, verträumten, sinnlichen Existenz vergessen würden das würde ihm gehören – umhüllt von dieser liebevollen Umarmung, während diese Augen in die seinen blickten, wie sie jetzt blickten, und diese geschwungenen Lippen seine Küsse erwiderten oder zärtlich murmelten, während sie noch einmal die Geheimnisse ihrer Brust flüsterten.

"Es ist so lange her. Ich war so krank, aber ich beschwere mich nicht, denn es hat mir die Freiheit gegeben, zu Ihnen zu sprechen, wie ich jetzt spreche. Nein, nein; nimm deine Hand nicht weg. Lass mich so ausruhen."

Er entzog sich sanft seiner Hand, aber sie klammerte sich umso fester daran, und ihre weißen Zähne glitzerten zwischen ihren rubinroten Lippen in einem halb spöttischen Lächeln.

Er stieß einen tiefen Seufzer aus und gab sich mit seiner Position zufrieden, während die neuen Gedanken, die in einer Flut über ihn hereinbrachen, alles vor sich zu erobern begannen. Sie war im Delirium gewesen, aber hier lag kein Delirium vor. Sie liebte ihn. Dieses junge und schöne Mädchen, an das er jahrelang nur als Schwester seines alten Freundes gedacht hatte, liebte ihn leidenschaftlich, und er wusste jetzt, was die Ideen bedeuteten, die ihn tagelang beschäftigt hatten – er musste – er liebte wirklich sie im Gegenzug.

Aber er war noch nicht geschlagen. Eine Röte stieg ihm in die Stirn und er biss die Zähne fest zusammen, als er sich an seine Position erinnerte – das Vertrauen, das ihm als Mediziner entgegengebracht wurde – ein Vertrauen, das er zu missbrauchen schien; und er holte tief Luft und beschloss, dass er Manns genug sein würde, dieser Versuchung zu widerstehen, jetzt, wo Leo schwach und aufgeregt war. Sie gab ihrem Impuls nach, wie sie es nicht getan hätte, wenn sie stark und gesund gewesen wäre; daher würde er sich einen unmännlichen Vorteil verschaffen, wenn er jetzt ihre Schwäche ausnutzen würde.

Sein Kurs war offen; sein Geist ist klar. Er würde jetzt zärtlich und freundlich zu ihr sein. Als es ihr wieder gut ging, konnte er sich ihre Liebesgeständnisse anhören, wie es sich für einen Liebhaber gehörte; Und als in seinem Gehirn der Gedanke wuchs, dass er dieses liebevolle Mädchen Frau nennen würde, fragte er sich, wie es kam, dass er vorher so stumpfsinnig und kalt gewesen sein konnte – wie es kam, dass die Liebe wie durch einen Schleier aus seiner geistigen Sicht verschlossen sein konnte ? Und er saß da und blickte seinen Patienten an, fast geblendet von dem hellen Licht, das auf seine Zukunft zu fallen schien, bis Hartley leise den Raum betrat.

"Jede Änderung?" er flüsterte.

North warf einen Blick auf das Bett und sein Herz schlug schnell. Leo schlief wieder unruhig und murmelte leise. Für einen gewöhnlichen Beobachter schien es keine zu geben, aber für Horace North gab es eine enorme Veränderung, und er fragte sich, ob er jetzt sprechen oder warten sollte.

Er konnte dann nicht über das Thema sprechen, das ihm am Herzen lag. Er und Salis waren schon immer die engsten Freunde gewesen – fast Brüder – und sie würden auch in Zukunft echte Brüder sein; aber er konnte es ihm damals nicht sagen.

„Sie scheint ruhiger zu sein", flüsterte er. „Sie war vor einiger Zeit wach und hat geredet."

„Was – klar – vernünftig?"

Trotz seines Willens konnte North nicht anders, als er sich umdrehte und dem Blick seines Freundes begegnete, während seine Worte langsam und zurückhaltend waren, als er zögernd sagte:

"Ja; Ich glaube schon. Aber sie ist sehr schwach." Und die mentale Frage bestand darauf, gehört zu werden: Sprach sie vernünftig und im vollen Besitz ihrer Sinne?

„North, alter Freund, das sind großartige Neuigkeiten", rief der Pfarrer. „Gott sei Dank! Ich muss gehen und es Mary sagen."

Er eilte aus dem Zimmer, aber sein Freund packte ihn am Arm.

„Nein, nein; „Noch nicht", sagte er hastig. „Ich würde ihr nicht zu viele Hoffnungen machen."

„Nicht, wenn sie nach dem kleinsten Krümel Trost hungert? Ich muss es ihr sagen."

„Dann begnüge dich damit, zu sagen, dass ich denke, dass sie etwas besser ist", flüsterte North.

„Aber der Höhepunkt muss gekommen und gegangen sein?"

„Ich – ich bin mir nicht sicher. Der Fall ist eigenartig. Tun Sie, was ich sage, und geben Sie ihr den Krümel Trost, von dem Sie gesprochen haben. Morgen kann ich vielleicht deutlicher sprechen."

Hartley Salis verließ das Zimmer und North beugte sich noch einmal über das Bett. Sein Herz schlug, sein Puls pochte und die Nerven in seinen Schläfen schienen zu kribbeln, als er seine Hand auf die brennende Stirn legte, einen Finger auf das Handgelenk legte, wo der Puls so hart und mitleiderregend schlug, während er sich sanft erhob Als er eines der blaugeäderten Augenlider öffnete und auf die Pupille blickte, zog er sich langsam zurück und beschattete das Gesicht des kranken Mädchens vor dem Licht.

Es wurde schon spät, der Wind heulte traurig um das Haus, und von Zeit zu Zeit war ein leises, klopfendes Geräusch am Fenster zu hören, als würde jemand mit den Fingerspitzen gegen die Scheiben klopfen. Der Wind wehte so stark, dass die Kerzenflammen zeitweise hin und her wehten.

Horace North hatte das Bett verlassen und stand mit dem Fuß auf dem Kaminsims und blickte hinab in die winzigen glühenden Höhlen im Feuer, wo die Asche von Zeit zu Zeit mit einem eigentümlichen musikalischen

Klang zusammenfiel – dem Klang, der dem Ohr eines Beobachters innewohnt so seltsam in den langen Stunden der Nacht.

Seine Gedanken waren wild, und in seiner Brust tobte ein Sturm, der ebenso wütend war wie draußen. Die Liebe hatte zum ersten Mal einen starken Mann angegriffen, und die Wunde schmerzte. Sein Gehirn war verwirrt. Er war fast schwindelig angesichts seiner neuen Empfindungen und erstaunt über die Lage, in der er sich befand.

Er war ein kluger Mann von Welt gewesen, der die zärtlichen, zurückhaltenden Annäherungsversuche von Frau Berens verstanden hatte, und sie hatten ihm abwechselnd Anlass zur Verärgerung und Heiterkeit gegeben. Aber das war ein Roman und eine große Freude. Er hätte nicht glauben können, dass er so bewegt sein konnte.

Es war ein harter Kampf, aber der Ehrenmann gewann.

„Ich bin der Freund ihres Bruders; Ich bin ihr Arzthelfer", sinnierte er. „Und weder durch Worte noch durch Blicke werde ich verraten, was in meinem Herzen vorgeht, bis es ihr wieder gut geht. Dann werde auch ich das Geheimnis enthüllen, das ich verbergen werde."

„Und wenn sie wieder mit dir spricht, wie sie vor einiger Zeit gesprochen hat – was dann?"

Es war, als hätte ihm eine sanfte Stimme diese Worte ins Ohr geflüstert, und er schauderte, als er sich fragte: „Was soll ich sagen?"

„Es ist alles Wahnsinn", schrie er heftig – „völliger Wahnsinn." Es waren die Ausflüsse ihres kranken Gehirns. Werde ich zum Idioten? Hat das Studium der okkulten Wunder unseres Lebens mein Gehirn halb verändert?"

Er ging schnell zum Bett, nahm die Kerze und ließ ihr Licht für einige Momente auf das gerötete Gesicht fallen, ein Gesicht, das so wunderschön attraktiv aussah, mit seiner Fülle an üppigem Haar, das über das weiße Kissen geworfen war.

Er stellte die Kerze ab und drückte seine Hand noch einmal sanft auf ihre brennende Stirn, während er dem dumpfen Pochen seines Herzens lauschte.

„Ja, Horace North", sagte er schließlich, „du, der vielgepriesene Möchtegern-Gelehrte , bist so schwach wie der Schwächste deines Geschlechts, bereit, dich von den ersten süßen Worten, die einem kommen, in Leidenschaft versetzen zu lassen." Die Lippen einer Frau. Du bist stark im Wissen, du hast endlose Schwierigkeiten gemeistert, aber du hast Horace North nicht gemeistert."

„Dummkopf – Narr – Narr!" flüsterte er nach einer Pause vor sich hin; „Bei all deiner Mühe bist du so bereit, zu einem solchen Glauben zu eilen – bereit, das Vertrauen zu vergessen, das ein wahrer Mann, seine gutherzige Schwester und sozusagen auch du, mein armes, hilfloses Mädchen, in dich gesetzt haben. Gesprochen in deinem wilden Delirium, mein Kind – die Ausstrahlungen des Gehirns eines jungen Mädchens, von jemandem, dessen wache Gedanken, wie die Natur lehrte, fast immer darauf gerichtet sein müssen, wer dein Lebensgefährte sein wird. Du hast die geheime Schatulle deines Herzens geöffnet, mein Kind, als du hilflos und ohne Kontrolle warst, und ich habe mit neugierigen Augen hineingeschaut. Aber schlafe in Frieden; Sie werden immer noch Geheimnisse bleiben. Ja", fügte er noch einmal hinzu, während er sich stetig zurückzog, „Delirium: Sie weiß nicht, was sie sagt."

Ein Seufzer des Schläfers ließ ihn innehalten, und dann ertönte ein leises, musikalisches Lachen, gefolgt von einem kurzen Murmeln.

Dann war noch einmal das leise Lachen zu hören, und das Gemurmel wurde lauter – dann war es deutlich zu hören, als wäre der Sprecher in fröhlicher, protestierender Stimmung.

„Du verlangst so viel. Wieder? Nun, ich werde gestehen. Ja, ich liebe dich – von ganzem Herzen!"

Kapitel zwanzig.

Ein ehrwürdiger alter Mann.

„Nein, Moredock, ich werde keinen weiteren Vorwurf machen, und ich werde mich nicht beim Rektor beschweren. Wären Sie ein junger Mann gewesen, der Chancen gehabt hätte, woanders Arbeit zu finden, hätte ich Sie sofort entlassen lassen.“

„Ja, sofort entlassen“, sagte der alte Mann und versuchte, sich mit einem sehr gelben alten Zahn auf seine blasse Lippe zu beißen, während er in der Tür der Sakristei stand und auf den Pfarrer herabblickte.

„Aber da Sie ein ehrwürdiger alter Mann sind –“

„Sanft, Pfarrer Salis; „etwas alt, aber nicht ehrwürdig“, murrte der Küster.

„Ich werde darüber nachdenken und dich für die kurze Zeit, die du auf dieser Erde leben musst, nicht stören. Aber-"

„Nun, machen Sie nicht so weiter, Sir, und reden Sie nicht über die knappe Zeit auf Erden. Ich lebe vielleicht noch viele Jahre.“

„Das hoffe ich, Moredock“, sagte der Pfarrer, holte das Zigarrenetui heraus, das er auf Norths Empfehlung hin begonnen hatte, und wählte sorgfältig eine Zigarre aus, bevor er sie wieder zurücklegte; „Und ich hoffe, dass du es bitter bereuen wirst. Wenn Sie zu mir gekommen wären und mich darum gebeten hätten, hätte ich Ihnen eine Flasche Wein gegeben, wenn nicht ein vertrauenswürdiger Diener der Kirche seine Position ausgenutzt hätte und gestohlen hätte …“

„Ich habe es vermisst, Sir.“

„Ich sage stehlen, Moredock. „Es war ein grausamer Diebstahl“, sagte Salis streng. „Der Wein, der hier für sakramentale Zwecke aufbewahrt wird –“

„Aber es war nur im Schrank.“

„Es war ein böser Diebstahl, Sir.“

„Und es ist schlechtes süßes Zeug; nicht mehr wie der Tropfen Portwein, den mir Squire Candlish gibt, als Melassesirup und Wasser wie Gin.“

„Du bist ein alter Schurke, Moredock.“

„Nein, das bin ich nicht, Pfarrer. Ich bin ein guter alter Kirchendiener. Ich war krank, wie Ihnen der Arzt sagen wird, und am Samstag wurde ich in der Kirche krank, und Sie hätten das Gleiche getan und einen Tropfen Wein getrunken.“

„Und Sie wurden in den vergangenen Monaten Samstag für Samstag schlecht behandelt, nicht wahr, Sir?" sagte der Pfarrer streng.

„War schon lange außer Betrieb, Sir", grummelte Moredock und schlurfte von einem Fuß auf den anderen wie ein gescholtener Schuljunge.

„Du alter Schurke!" sagte der Pfarrer und erhob sich halb von seinem Platz in der düsteren Sakristei, wo die Chorröcke und Talare, die an den alten Eichenvertäfelungen hingen, wie eine Jury wirkten, die der Amtsenthebung des Küsters zuhörte. „Du alter Schurke!" sagte er noch einmal und schüttelte die Zigarre, als wäre es ein kleiner Stab. „Es ist schon ein ganzes Jahr her, dass mir der Wein fehlte, und ich würde – ich konnte nicht – dich verdächtigen. Ich hätte lieber gedacht, dass du die Almosenbüchse ausrauben würdest.

Der alte Mann zuckte zusammen, als bräuchte sein schlechtes Gewissen keinen Ankläger, denn er hatte sich mehr als einmal eine Silbermünze aus der Kiste an der Südtür genommen und sich gesagt, dass die Almosen für die Armen seien und dass er einer von ihnen sei dieser extrem große Lumpenrand der Zivilisation.

„Nun", fuhr der Pfarrer fort, „ich werde dieses sehr schwere Vergehen einigermaßen gutheißen, Moredock, denn ich kann es nicht übers Herz bringen, einen alten Mann von über neunzig Jahren strafrechtlich zu verfolgen; Also geh jetzt, und ich hoffe aufrichtig, dass du Buße tun wirst."

„Ja, ich werde Buße tun, Pfarrer; Aber es wäre kein großer Verlust gewesen, wenn sich herausgestellt hätte, dass es sich um Saxton handelte. Niemand stirbt jetzt und niemand heiratet. Wie geht es Fräulein Leo?"

„Wird wieder ganz stark."

„Das ist ein Segen, Sir", grummelte der alte Mann, der im Geiste das junge Mädchen beschimpfte, weil es ihm bestimmte Gebühren entzogen hatte. „Gesundheit ist ein Segen, Sir."

„Ja, Moredock, das ist es", sagte der Pfarrer und erhob sich.

„Und ich danke Ihnen herzlich, Sir, dass Sie sich den Wein angesehen haben, das tue ich. Du musst es nicht abschließen. Ich werde es nicht noch einmal anfassen."

„Ich werde es nicht abschließen, Moredock. Meine Vergebung ist voll. Ich werde Ihnen vertrauen, als wäre das nie passiert."

„Danke, Pfarrer. Das ist großartig."

„Aber lassen Sie mich keine Beschwerden mehr haben. Du musst deine Pflicht tun, so wie ich versuche, meine zu tun."

„Ja, Pfarrer, und das werde ich", sagte der alte Küster und folgte seinem Vorgesetzten zur Tür, die zum Kirchhof führte, wo Salis stehen blieb und eine Schachtel Vestas aus seiner Tasche holte, als er direkt vor der alten Steintür stand. wo eine steinerne Konsole mit dämonischem Gesichtsausdruck an seiner Schulter zu grinsen schien, als würde sie sich über das Geschehene freuen.

Es war eine geschützte Ecke zum Anzünden einer Zigarre, und der Pfarrer zündete ohne nachzudenken ein Streichholz an und begann, den Rauch auszustoßen.

„Nun, ich habe kein Recht, zwischen Pfarrer und Saxon zu sprechen, Sir; Aber ich sage mal, alter Mann und junger Mann – was hättest du zu mir gesagt, wenn du mich beim Pfeifen auf dem Kirchhof erwischt hättest?"

„Na, du alter Schlingel, ich habe dich oft rauchen sehen, wenn du ein Grab geschaufelt hast."

„Nicht oft, Pfarrer; denn man bekommt kaum ein Grab auszuheben. Ich hatte manchmal eine Pfeife, wenn sich mein Brustkorb etwas schwach anfühlte."

„Ich verdiene deinen Tadel, Moredock", sagte der Pfarrer und streckte seine Zigarre aus. „Ich habe mich so sehr mit dem Rauchen angefreundet, dass ich zu jeder Zeit und Jahreszeit Zigarren anzünde, und das ist meine große Schuld."

„Nein, nein, ich werde nicht mehr sagen", sagte der alte Mann und nahm ruhig den Platz des Tadels ein, anstatt getadelt zu werden; „Aber versuchen Sie es mit einer Pfeife, Pfarrer. Ein Dutzend Zigarren wert. Halten Sie einen Moment inne, Sir, ich möchte noch ein Wort mit Ihnen sprechen."

"Ja. Wie wäre es mit?"

„Meine Großmutter, Dally, Pfarrer. Da bin ich nicht traurig."

„Warum, Moredock?"

„Weil ich nicht glaube, dass du in Bezug auf ihre Moral so aussiehst, wie du solltest. „Schick sie zu mir, Moredock", sagst du, „und ich und die jungen Damen werden uns mit aller Sorgfalt um sie kümmern."

„Das habe ich, Moredock; und wir haben."

„Nein, das haben Sie nicht, Sir; sonst würde sie nicht so weitermachen wie bisher."

„Was meinst du, Mann?"

„Gemeinsam mit dem jungen Tom Candlish, dem Bruder des Squires, Sir."

"Ist das wahr?"

„Stimmt, Sir? Natürlich ist es so. Sag ich das nicht? Ich habe sie immer wieder zusammengestellt.“

„Tut-tut-tut! Das muss gestoppt werden“, rief Salis wütend. „Hast du mit ihm gesprochen?“

„Ja, ich habe mit ihm gesprochen.“

"Was hat er gesagt?"

„Habe mich einen alten Idioten genannt.“

„Aber dein Enkelkind. Hast du mit ihr gesprochen?“

„Ja, natürlich habe ich das getan; aber du könntest genauso gut mit deinem Kopfsteinpflaster reden. Sie lachte nur und warf ihren hübschen Kopf hin und her. Sie ist ein hübsches Mädchen, Pfarrer.

„Viel zu hübsch, Moredock.“

"Oh! Das weiß ich nicht, Sir. Glaubst du, der junge Tom will sie heiraten? Ich werde an dem Tag, an dem sie heiratet, hundert Pfund hinlegen.“

„Das wirst du, Moredock? Ich dachte, du wärst sehr arm.“

„So bin ich, Pfarrer, so bin ich; aber ich habe für das Mädchen gespart. Aber du hältst sie länger im Haus; es wird ihn noch hungriger machen als sie, und ich würde ihre Herrin gerne oben im Herrenhaus sehen.“

„Moredock!“ rief der Pfarrer in schrecklicher Verwirrung.

„Nun, das sollte ich“, sagte der alte Mann grinsend. „Squire trinkt sich so schnell er kann zu Tode und wird nicht heiraten; Der junge Tom wird also sicher den Platz bekommen. Aber du hältst sie drin.“

„Das werde ich, Moredock“, sagte der Pfarrer streng, und in großer Verwirrung über die lockeren moralischen Vorstellungen, die in Duke's Hampton herrschten, ging er direkt nach Hause, wo er den Arzt an Marys Couch sitzend vorfand.

Kapitel einundzwanzig.

„Etwas Besonderes zu sagen.“

Horace North hatte sich strikt zur Selbstunterdrückung entschlossen, und von dem Moment an, als Leos Fieberkrise sie völlig erschöpft hatte, hatte er sich die fast übermenschliche Aufgabe gestellt, sie aus dem Grab zu retten.

Er hatte seine Patientin mit einer Sanftmut und Fürsorge behandelt, die sie nach und nach überzeugte, obwohl sie von Natur aus hart und distanziert war; so dass sie ihn schließlich, nachdem die ersten Anfälle von Unruhe vorüber waren, mit einem einladenden Lächeln begrüßte und glücklicher schien, als er sich setzte und mit ihr an ihrem Bett plauderte.

In jener Nacht, als die leidenschaftlichen Bekenntnisse ausgesprochen worden waren, war sie wieder in einen heftigen Anfall von Delirium versunken; und seitdem, in all den langen Stunden, in denen er ihn beobachtete, war kein Wort der Liebe über ihre Lippen gekommen, kein freundlicher Blick in ihren Augen.

North war enttäuscht und zutiefst berührt, denn er wartete auf ihre liebevollen Blicke und lauschte auf ihre zärtlichen Worte.

In den ruhigeren Momenten hingegen war er zufrieden, denn dadurch wurde seine Aufgabe umso leichter. Er konnte sich unterdrücken, bis es seiner Patientin gut ging und er sich ehrenhaft an sie wenden konnte, um sie zu bitten, seine Frau zu werden.

Er war weder über ihre Gereiztheit noch über ihre Gereiztheit überrascht; und selbst in ihrer schlimmsten Stimmung lächelte er nur, als er an ihre vergangenen Leiden und gegenwärtigen Schwächen dachte. Dieses kindliche Temperament war die natürliche Folge eines solchen Fiebers und würde bald verschwinden.

„Es ist besser, so wie es ist“, sagte er und schuftete, vernachlässigte sein Studium, seine große Entdeckung, alles um Leos willen, damit sie wieder leben und stark werden konnte.

"Wie schön!" er dachte; Und während sie seine Aufmerksamkeiten unbewusst ertrug und sie als ihr Recht empfing, als wäre sie eine Königin, saugte Maria alles in sich auf und las dem Arzt bis in die tiefsten Tiefen seines Herzens.

Aber sie machte kein Zeichen. Es war ihr Schicksal, zu leiden, und sie würde alles in stiller Geduld bis zum Ende ertragen und daran arbeiten, andere glücklich zu machen, wenn sie konnte, aber sie war umso trauriger, als sie

North alles Gute wünschte und versuchte, das schließlich zu glauben, Löwe könnte sich ändern und seine Liebe würdig erwidern.

Denn nachdem er sie zu Hause gesehen hatte, schickte Tom Candlish zweimal, um zu erfahren, wie es Leo ginge. Danach schien er sich nicht weiter darum zu kümmern, obwohl er wirklich seine Zeit damit verbrachte, Dally Watlock nach ihrer Geliebten, wie er sie nannte, zu befragen – Fragen, deren Beantwortung lange dauerte.

Leo erwähnte nie seinen Namen, sondern legte sich zurück und las, legte das Buch müde beiseite, wenn jemand bereit schien, sich zu unterhalten, und nahm das Buch wieder zur Hand, sobald derjenige, der es war, es getan hatte.

Salis betrat den Raum, in dem North saß und sich mit Mary unterhielt, deren verkniffenes Gesicht leicht rot wurde, als sie seinen Worten lauschte, was durch den Auftritt des Bruders unterbrochen wurde.

„Ah, hier bist du!" rief North herzlich. „Ich bin geblieben, um Sie zu besuchen, denn ich habe Ihnen etwas Besonderes zu sagen."

"Das ist richtig. Zumindest sind es keine schlechten Nachrichten, hoffe ich."

„Ich hoffe, es geht gut", sagte der Arzt herzlich und hielt dann verlegen inne.

In seinem eigenen Zimmer schien es so einfach gewesen zu sein, alles zu sagen. Hier war es schrecklich.

Marias Herz begann zu flattern und ein mitleiderregender Ausdruck trat in ihre Augen; aber sie schloss sie sanft, und aus jedem strömte langsam eine Träne hervor.

"Also was ist es? Ich hoffe, nichts Neues an Tom Candlish?"

"Über ihn? NEIN; Unsinn! Ich wollte Ihnen sagen, dass ich Ihre Schwester nicht mehr weiter betreuen muss", sagte der Arzt unbeholfen. „Jetzt geht es ihr fast wieder gut und –"

„Mein lieber Horace, du hast ihr das Leben gerettet!"

„Nein, nein; Unsinn! Habe nur getan, was jeder andere Mediziner getan hätte."

„Ich sage, sie schuldet dir ihr Leben, und es wird Leos Pflicht sein, sich daran zu erinnern und von nun an danach zu streben, es dir zurückzugeben ..."

„Wenn sie nur will!" rief North aufgeregt, als er aufsprang und die Hand seines alten Freundes ergriff.

Denn das Eis war gebrochen. Er konnte jetzt sprechen, und als Mary durch einen Nebel blendender Tränen aufblickte, kam er ihr vor wie der Held, den sie immer dargestellt hatte – wie der Mann, den sie eines Tages vielleicht lieben würde. Aber für sie war die Liebe tot.

„Warum, Horace, alter Mann, was meinst du?" schrie Salis, während Mary einen qualvollen Schrei unterdrückte, der ihren Lippen entkommen wollte.

„Was meine ich, Salis?" rief der Arzt leidenschaftlich; „Warum, dass ich Leo sehr liebe, und ich bitte Sie, mich an sie herantreten zu lassen und sie anzuflehen, meine Frau zu sein."

Der Pfarrer ließ sich auf den nächsten Stuhl sinken und blickte zu seinem Freund auf.

„Aber du scheinst nicht – ich hatte gehofft – Hartley, alter Kerl, sieh mich nicht so an."

"Es tut mir sehr leid."

„Nein, nein; Sprich nicht so – so kalt und bitter."

„Hast du mit Leo von deiner Liebe gesprochen?"

"Kein Wort. Bei meiner Ehre."

Ein Seufzer entfuhr Mary.

„Du brauchst dich nicht zu ehren, Horace, alter Kerl", sagte der Pfarrer traurig. „Das habe ich einmal gehofft, aber diese Zeit ist vergangen, und ich kann nur noch einmal sagen, dass es mir sehr leid tut."

„Aber warum? – warum?"

„Weil", sagte der Pfarrer langsam, „Leo nicht die Frau ist, die Sie zu einem glücklichen Ehemann machen kann."

„Unsinn, mein lieber Junge. Ich – ich glaube, sie liebt mich."

Der Pfarrer schüttelte den Kopf.

"Ah! „Na ja", rief der junge Arzt freudig; "wir werden sehen. Sag mir Folgendes: Würdest du mich als deinen Bruder akzeptieren?"

„Ich betrachte dich bereits als einen Bruder."

„Dann lässt du mich dann mit Leo sprechen?"

Der Pfarrer hielt einen Moment inne und sagte dann mit ernstem Ton:

"Ja."

"Jetzt? Auf einmal?"

„Wenn Sie es wünschen", sagte Salis nach einer weiteren Pause.

„Dann werde ich es tun", sagte North. „Ich habe Monate gewartet und während ihrer gesamten Krankheit Qualen ertragen. Jetzt werde ich in Ruhe sein."

"Aber-"

Salis kam zu spät, denn heiß, aufgeregt und bis zur höchsten Erregung erregt schritt North aus dem Zimmer, während Salis sich über Mary beugte und sie küsste.

„Es tut mir sehr leid", wiederholte er, und ein paar liebevolle Arme schlossen sich um seinen Hals, während Maria sanft an seiner Brust schluchzte.

Dann saßen Bruder und Schwester da und unterhielten sich, denn die Tür zum Salon war geschlossen, und sie konnten das leise, dumpfe Gemurmel der Stimme des Arztes hören.

Er hatte das Wohnzimmer betreten, wo Leo, der in ihrem *Negligée*- Gewand äußerst schön aussah und von der Krankheit geläutert war, auf ihrer Couch am Feuer lag, denn der Frühling war kalt, und als er eintrat, ließ sie ihr Buch sinken und lächelte.

Es war ein gutes Vorzeichen, und mit klopfendem Herzen trat Horace North vor und nahm ihre Hand – um diese Frau zu bitten, seine Frau zu sein.

Kapitel zweiundzwanzig.

Dr. North schlägt vor.

Als Horace North die Hand von Leo Salis in seine nahm, war sie weich, kühl und feucht – ganz anders als die brennende Hand, die er seit ein paar Monaten so oft gehalten hatte. Es war kein Zittern, aber es löste einen Schauer in ihm aus; und mit blitzenden Augen und schwelgend in seiner neuen Freude wollte er gerade sprechen, als sie sich mit einer resignierten Bewegung, die ihn wie eine *Dusche* überkam, halb in ihren Stuhl zurückwarf.

Er wusste es so gut. Er las es und verstand es so deutlich, als hätte sie gesprochen. Es war die Patientin, die darauf wartete, dass er ihren Puls spürte.

„Ich dachte, du hättest mich aufgegeben", sagte sie leichthin.

„Ich habe dich aufgegeben – dich, den ich liebe!"

Das waren die Worte, die er sagen wollte, aber nach der Dämpfung, die er erhalten hatte, wollten sie jetzt nicht kommen, und unwillkürlich glitten seine Finger langsam zu ihrem Handgelenk, und er drückte sie gegen den ruhig schlagenden Puls und blickte auf sie herab – währenddessen wandte er den Blick ab.

Es gab keine Koketterie, keine verspielte Art; Sie war so ruhig und resigniert wie jeder Patient, den er jemals besucht hatte, und doch hatte sie sich vor langer Zeit an ihn geklammert, ihm leidenschaftlich in die Augen geblickt und von ihrer Liebe geflüstert.

War es Delirium?

Er konnte sich nicht dazu durchringen zu sagen; aber selbst wenn es so wäre, muss sie ihn im Herzen geliebt haben und in ihrem abnormalen Zustand gestanden haben, was sie lieber gestorben wäre, als gesagt zu haben, wenn es ihr gut ging.

Die Momente vergingen wie im Flug, und er hielt immer noch auf die professionellste Weise ihr Handgelenk, bis sie offenbar überrascht die Augenbrauen hob, ihre trägen Augen öffnete und zu ihm aufblickte.

„Nun, Herr Doktor", sagte sie halb lachend, „möchten Sie sich nicht von Ihrem Patienten trennen? Mir geht es ganz gut."

Er war dumm. Ein Wirbelsturm von Emotionen fegte durch ihn hindurch, während er vergeblich versuchte, seinen Kurs zu bestimmen. Konnte er ihr von ihrem leidenschaftlichen Bekenntnis erzählen, oder wäre es zu feige, ihre vergangene Schwäche auszunutzen?

Daran konnte er sich nicht erinnern – nicht jetzt. Eines Tages vielleicht, vielleicht; aber jetzt hatte er das Gefühl, dass er sich ihr unbewaffnet nähern musste. Sie war im Delirium, und in ihrem Gehirn musste alles, was geschehen war, völlig leer sein, und er würde klar und deutlich sprechen – konventionell.

„Warum, Herr Doktor", sagte sie schließlich halb verwundert, „woran denken Sie?"

"Denken?" sagte er heiser.

"Ja; Du siehst so ernst aus. Sicherlich werde ich keinen Rückfall erleiden?"

"Ach nein!" er weinte.

„Warum siehst du mich dann so an?"

Sie stellte ihm die Frage so naiv, während sie sich halb auf ihrem Platz zurücklehnte, dass ihn erneut ein kalter Schauer überkam und er ihre Hand losließ und sich zum Fenster und wieder zurück drehte, halb bereit, dann nichts zu sagen; aber er wurde wieder nervös, nahm einen Stuhl, zog ihn ins Wohnzimmer, setzte sich wieder hin und nahm ihre Hand.

„Noch eine Untersuchung, Doktor?" sagte sie halb lachend; Und dann, als sie ihm in die Augen sah, schien sie zu verstehen, was er meinte, und versuchte, ihre Hand zurückzuziehen, aber er hielt sie fest.

„Weißt du, was ich dir sagen möchte?" sagte er ernst.

„Was möchtest du sagen?"

"Ja. Dort! Ich kann nicht mit festen Worten zu Ihnen sprechen, aber glauben Sie, dass ich Sie so kennen könnte, wie ich Sie gekannt habe, wie ich Sie beobachtet habe und Sie durch all diese schreckliche Krankheit hindurch gepflegt habe, mit irgendeinem anderen Ergebnis? Leo, ich liebe dich! Wirst du meine Frau sein?"

„Dr. North!"

Ja; Ihr Kopf muss leer sein. In ihrem Ton lag so viel echte Überraschung, in ihren Augen lag so viel Erstaunen, dass er es jetzt ohne Zweifel wusste, und seine Emotionen würgten ihn für einen Moment, so groß war die Enttäuschung und Verzweiflung, die ihr Ton hervorrief.

„Man wundert sich darüber, aber warum sollte man das tun? Hör mir zu, Leo –"

„Nein, nein; Halt halt! Du bist zu voreilig. Lass mich nachdenken."

Sie legte ihre Hände an ihre Schläfen und sah ihn halb verwundert, halb amüsiert an, aber es schien ihm, als ob sie versuchte, sich an etwas zu erinnern, und er ergriff noch einmal ihre Hand.

„Du wirst mir zuhören. Du wirst mir dein Versprechen geben, Leo – lieber Leo! Du scheinst mir zu gehören, denn ich habe dich sozusagen von den Toten zurückgeholt. Sag mir, dass du meine Frau sein wirst.“

Sie warf ihm einen schnellen, scharfen Blick zu, der voller Entsetzen und Empörung war, aber er konnte ihn nicht deuten, und zog ihre Hand an seine Brust. Dann, mit einer schnellen Bewegung und einem mitleidigen Blick auf den Mann, für den sie so etwas wie Dankbarkeit empfand:

„Nein, nein“, rief sie; "es ist unmöglich."

„Ich habe hastig gesprochen. „Ich habe dich überrascht“, rief er. „Sag mir nur eines: Du hasst mich nicht, Leo?“

"Hasse dich? „Oh nein, Dr. North“, rief sie. „Waren wir nicht schon immer gute Freunde? Hast du mir nicht das Leben gerettet?“

„Lass mich mehr als nur ein Freund sein“, rief er aus; und ein neugieriger Ausdruck trat in ihre Augen, als er in fast unzusammenhängenden Worten seine Liebe zu ihr, die intensive Sehnsucht, die sie geweckt hatte, zum Ausdruck brachte. Er konnte es nicht interpretieren – dass es voller Spott und unterdrückter Heiterkeit, vermischt mit Verachtung, war.

„Du sprichst nicht“, sagte er schließlich. „Gib mir etwas Hoffnung.“

"Was soll ich sagen?" Sie weinte. „Es ist zu viel verlangt von mir. Du willst, dass ich es verspreche.“

„Ja“, sagte er; „Und ich werde geduldig auf die Erfüllung dieses Versprechens warten.“

„Aber ich habe so wenig darüber nachgedacht“, sagte sie ruhig. „Du hast mich so überrascht. Ich kann nicht – oh, ich kann es nicht versprechen.“

„Aber ich darf hoffen?“ er sagte.

„Ich kann und werde es nicht versprechen“, sagte sie bestimmt. „Wenn ich heirate, muss es jemand sein, der sich hervorgetan hat, der sich unter den großen Menschen der Welt einen Namen gemacht hat. Ich hasse dieses eintönige Leben und dieses langweilige Dasein auf dem Land. Der Mann, den ich liebte, sollte einer sein, von dem seine Mitmenschen sprachen, weil er großartig geworden war und etwas getan hatte, auf das ich stolz sein konnte. Nein, nein, Dr. North; Du darfst mich nicht bitten, dies zu versprechen.“

Er saß da und blickte ihr in die Augen, denn ihre Worte hatten eine Saite in seiner Brust berührt. Sie schienen in ihm die Gedanken und Theorien zu erwecken, die er in den Monaten ihrer Krankheit, in denen er sich nur um sie gekümmert hatte, beiseite geschoben hatte; und mit einem eifrigen Ausbruch glühender Leidenschaft in seiner Stimme rief er aus:

„Wenn ich mich in irgendeiner Weise auszeichnen würde – wenn ich Männer dazu bringen würde, über meine Entdeckungen zu sprechen, und meinen Namen berühmt machen würde, würden Sie mir dann zuhören?“

Derselbe spöttische Glanz war in ihren Augen, dasselbe halbverächtliche Lächeln spielte einen Moment lang um ihre Lippenwinkel, als sie mit leiser Stimme sagte:

"Warten wir es ab."

"Warten? Ich werde warten“, rief er eifrig; „Und du wirst an meinem Triumph teilhaben. Leo, du weißt nicht, du kannst nicht sagen, welche Gedanken ich habe – welche Untersuchungen ich in einer Wissenschaft anstelle, die voller Wunder steckt, die darauf warten, entdeckt zu werden. Sie haben in mir erneut den großen Wunsch geweckt, Ruhm zu erlangen: Forschungen durchzuführen, die der Menschheit für immer zugute kommen. Ich kann und werde der Natur diese Geheimnisse entlocken, und wir werden gemeinsam Hand in Hand gehen und immer mehr lernen. Ich werde Erfolg haben!" er weinte aufgeregt. "Ah! du lächelst. Du gibst mir Hoffnung.“

Sie sprach nicht, sondern verhüllte ihre Augen, um das spöttische Licht darin zu verbergen.

„Mein Liebling – meine Liebe!“ er rief aus.

Sie entzog sich seiner Umarmung.

„Nein, nein“, sagte sie. "Wir sind nur Freunde."

„Ja, Freunde“, rief er – „jetzt Freunde.“

„Sag nichts mehr“, fuhr sie fort. „Ich bin immer noch schwach und das macht mir Sorgen. Bitte geh jetzt.“

„Ja, ich werde einen harten Kampf führen“, sagte er eifrig. Früher dachte ich, es ginge nur um Ruhm. Jetzt geht es um die Liebe – deine Liebe – die Liebe der Frau, die mir als erste beigebracht hat, dass ich ein Herz habe.“

Er hob die Hand, die sie hingab, küsste sie zärtlich und wollte gerade noch einmal sprechen, aber er konnte sich selbst nicht trauen; Er warf ihr einen Blick voller Liebe, Vertrauen und Hingabe zu und eilte zurück ins Arbeitszimmer, wo Salis bei Mary saß und auf seine Rückkehr wartete.

"Also?" sagte Salis, als Mary mit zusammengekniffenen Lippen und vor Emotionen wilden Augen dasaß.

„Gratuliere mir, mein lieber Junge!" rief North aufgeregt.

„Sie hat versprochen, deine Frau zu sein?"

„Nein, nein; Ich soll warten und arbeiten. Sie hat völlig recht. Es war eine Annahme meinerseits."

„Dann hat sie dich abgelehnt?"

"Ach nein! Sie hat völlig recht. Sie fordert mich auf, etwas zu tun, um mich ihrer Liebe würdig zu machen, und – ah! Hartley, alter Kerl, ich wusste nicht, wie das Leben vorher war. Dort! Ich bin der glücklichste Narr auf Erden."

Er wandte sich an Maria, die ihn mit einem so schmerzerfüllten Blick ansah, dass er zu einem anderen Zeitpunkt ihr Geheimnis verraten hätte. Aber in diesem Moment war der Liebeswahnsinn stark und seine Wirkung reichte aus, um North zu blenden, der in seiner Freude Marias Hand hob und sie küsste, so wie er die ihrer Schwester geküsst hatte.

Mary zuckte zusammen, als seine Lippen ihre weiche, weiße Hand berührten; und ein Ausdruck der Verzweiflung, den sie nicht unterdrücken konnte, schoss aus ihren glänzenden Augen.

North sah es nicht, aber Hartley Salis merkte es sich im Kopf, als der Arzt lachend ausrief:

„So, gute Leute, lasst mich gehen. Lache mich nicht aus und sei nicht zu hart, wenn ich weg bin."

"Hart!" sagte der Pfarrer traurig.

„Nun, ich weiß, dass ich mich wie ein Verrückter benehme. Ich werde weggehen, um fleißig zu lernen und mich wieder in einen Zustand der Vernunft zu versetzen – wenn ich kann."

Er nickte und verließ das Haus; und als sich die Tür schloss, schloss Mary die Augen und sank hilflos an ihren Platz zurück.

„Schläfst du, Liebes?" sagte Hartley ein paar Minuten später zärtlich und war mit einem niedergeschlagenen Gesichtsausdruck von seinem Platz aufgestanden.

„Nein, Hartley; „Ich denke nur nach", sagte sie und lächelte ihm süß ins Gesicht.

"Denken?"

„Von Leo."

„Und ich auch", sagte er traurig.

Aber Leo Salis dachte nicht an Bruder oder Schwester. Sie schrieb schnell, hielt das Löschbuch halb aufgeschlagen und hielt das Buch, das sie gelesen hatte, in derselben Hand, so dass sie das Löschbuch sofort schließen konnte und den Eindruck machte, als würde sie lesen, wenn jemand käme.

Leos Lippen formten die Worte, die sie schrieb:

„Es ist lächerlich von dir, so eifersüchtige Gedanken zu haben. Er hat mich geduldig behandelt, wie es jeder andere Arzt tun würde. Ich werde Ihnen morgen Abend mehr erzählen, aber heute sage ich Ihnen Folgendes: Ich halte ihn als Arzt für sehr klug; Als gewöhnliches Wesen halte ich ihn für einen Idioten. Zur alten Zeit, so gut ich kann. Seien Sie dieses Mal pünktlich, beten Sie."

Es war ungefähr fünf Uhr am nächsten Morgen, als North, nachdem er fleißig gelesen und versucht hatte, die verlorene Zeit wieder aufzuholen, bis halb drei in einen tiefen Schlaf versunken war, in dem er träumte, dass Leo in seinen Augen lächelte und wiederholte die Worte, die sie in ihrem Delirium gesagt hatte, als die Nachtglocke heftig geläutet wurde.

"Was ist es?" rief der Arzt von seinem Fenster aus.

„Mein junger Herr, Sir", rief die Stimme des Butlers aus der Halle.

"Erkrankt?"

„Krank, Sir? Oh, der Himmel hilf uns! es ist schlimmer als das!"

Kapitel dreiundzwanzig.

Tom Candlelish spielt schlecht.

Squire Luke Candlish sah rot und wütend aus, als er seinem Bruder im Billardzimmer über dem Esszimmer im Herrenhaus gegenüberstand. Das Abendessen war vor einer Stunde zu Ende, und zusammen mit seinem Bruder hatte er genug Wein für drei gewöhnliche Männer getrunken, danach waren sie nach oben gegangen, um zu rauchen und zwei oder drei Spiele zu spielen.

Tom Candlish spielte an diesem Abend schrecklich. Die Schläge, die er machte, waren abscheulich; und einige seiner Fehler waren so durchsichtig, dass jeder außer Squire Luke es gesehen und gefragt hätte, was das zu bedeuten hätte.

Squire Luke lachte nur und rauchte, schüttete die Zigarrenasche über das grüne Tuch und spielte; aber er spielte gemeiner als sein Bruder, mit dem Ergebnis, dass Tom trotz all seiner Bemühungen ein Spiel nach dem anderen gewann.

Es war sehr unangenehm, denn Tom hatte eine Bitte vorzubringen, und wenn es ihm nicht gelang, seinen Bruder in gute Laune zu bringen, wäre die Bitte mit Sicherheit vergebens.

Er machte Fehler und sein Bruder erzielte jedes Mal einen Treffer. Dann ging er direkt in die Tasche, ohne einen Ball zu berühren; und sein Gegner erzielte drei; Aber gleich danach, als er an der Reihe war, schienen die Kugeln Kanonen und Gewinn- und Verlustchancen zu schaffen, so dass seine Punktzahl immer weiter stieg und Squire Luke tobte.

Tom gewann jedes Spiel, und sein Bruder wurde immer stiller, bis Tom völlig verzweifelt darüber, dass sein Plan, den Knappen in gute Laune zu bringen, gescheitert war, mit seinem Geschäft herausplatzte. Er wollte hundert Pfund.

„Ich glaube, du willst hundert Pfund!" sagte der Gutsbesitzer kühl; „Sag zwei."

"Zwei!" rief Tom fröhlich.

„Zwei Pence!" rief sein Bruder und warf seinen Ball mit lautem Klappern vom Tisch. "Wozu?"

„Treffen Sie ein paar Scheine", sagte Tom und hob den Ball auf. "NEIN! Wieder dein Stück.

„Es ist kein Geschäft, sie zu akzeptieren."

„Konnte nicht anders, alter Kerl. Komm, lass uns hundert haben."

„Kein Stiver."

"Warum?"

„Weil Sie Ihr Taschengeld für das Jahr und über fünfzig bekommen haben."

„Unsinn, alter Mann; Ich werde hart bedrängt, und wenn ich die Rechnungen nicht bezahle, werden sie entehrt."

„Nun, was ist damit?" sagte Squire Luke kühl, als er einen Schlag machte.

"Was davon! eh? Der glorreiche Name von Candlish wird in den Schmutz gezogen werden."

„Bah!" rief der Knappe und spielte wieder.

„Warum, Luke, war dieser Schlag kein Sinnbild dafür, dass du dich in eine Schraube verwandelt hast?"

„Keiner deiner Hinweise. Ich ziehe keine Schraube an, und ich bin keine Schraube. Du hast deine fünfhundert im Jahr zur Verfügung, und ich behalte dich außerdem."

„Oh ja: und sorge dafür, dass es mir gut geht; aber ein Mann kann nicht immer genau innerhalb einer bestimmten Grenze bleiben."

„Man hält sich immer außerhalb einer bestimmten Grenze", erwiderte der Gutsbesitzer. „Du hast regelmäßig deine fünfhundert."

„Und du hast regelmäßig deine fünftausend", sagte Tom, der langsam rot wurde.

„Nun, was ist damit?"

„Nun, es ist nicht fair, dass du so viel Platz und ein großes Einkommen hast und ich fast nichts."

„Das stimmt", sagte der Gutsbesitzer; „Beschimpfe deinen Vater."

„Ich misshandele meinen Vater nicht!" erwiderte Tom hitzig; „Aber ich sage, es war eine höllische Schande!"

„Er wusste, was für ein Schurke du bist, Tommy. Ah! das ist ein guter Schlag: sechs!"

„Schwarzwächter, was? Komm, das gefällt mir. Weil ich offen und ehrlich bin und Sie so ziemlich der hinterlistigste Schurke sind, der je gelebt hat, bin ich ein Schurke und Sie sind nur Squire Luke. Warum, du Schleicher —"

„Nenne keine Namen, Tom", sagte der Gutsbesitzer heiser lachend, sein schweres Gesicht aufgedunsen und rot vom Wein, den er getrunken hatte.

„Kleiner Junge, jüngerer Bruder, wenn du unhöflich bist, kann ich den Stock in Form eines Billardqueues verwenden."

„Ich wünschte nur, du würdest es tun", sagte Tom und knirschte beim Spielen mit den Zähnen, schlug heftig auf die Bälle ein und erzielte jetzt jedes Mal ein Tor.

„Oh, das ist es, oder?" schrie der Knappe; „Wirst du gewinnen, oder? Wir werden sehen."

"Gewinnen? Verfluche das Spiel! Ich könnte dir fünfzig von hundert geben und dich leicht schlagen. Schau mal, gibst du mir das Geld?"

"Nein, bin ich nicht; Pass auf dein Spiel auf."

„Dann werde ich es irgendwie haben."

"Einbruch?"

"NEIN; Ich werde es einem bestimmten Menschen wegen einiger Dinge, die ich weiß, so unangenehm machen, dass er gerne die Hundert hinlegen wird, anstatt sie zu leihen, wie es ein Bruder dem anderen tun sollte."

Das Gesicht des Knappen verfinsterte sich, und das Stichwort zitterte in seinem Griff, als er Tom Candlish voll ansah, während die Brüder sich in ihrer Wut auffallend ähnlich sahen. Aber der Älteste schaltete es mit einem neugierigen, unangenehmen Lachen aus und beugte sich über den Tisch, um zu streicheln.

„Sei kein Narr, Tom", sagte er spielend. „Du hattest schon immer zu viel Zunge."

„Zu viel oder zu wenig, ich möchte es mehr nutzen, anstatt mich der Tyrannei eines so gemeinen Hundes wie dir zu unterwerfen. Was hätte sich der alte Mann vorstellen können, das Anwesen einem so geizigen Kerl zu überlassen –"

„Böser Hund! Geizhals, eh!" bezahlte den Knappen zwischen den Zähnen.

"Ja; und ich wiederhole es", rief Tom Candlish, der vor Enttäuschung wütend war. Er stellte fest, dass Demut nutzlos war und dass er jetzt, da sie angefangen hatten zu streiten, nur durch Schikanen und Drohungen an Geld kommen konnte; Also setzte er seinen Angriff fort, ohne auf die wachsende Wut in den Augen seines Bruders zu achten, während dieser schnell abwechselnd und abwechselnd spielte. „Woran der Gouverneur gedacht haben könnte, sage ich …"

„Lass den Gouverneur in Ruhe, Tom", knurrte der Gutsbesitzer. „Er wusste, dass, wenn er mir das Geld zusammen mit dem Titel vermachte, der Nachlass den Anwälten entzogen würde und das Geld nicht in den Schoß hübscher Frauen gelangen würde."

„Aber in die Kehle, du Idiot!" Der Squire blickte wieder zu ihm auf, und er wollte gerade eine wütende Erwiderung machen, als man die Schritte des alten Butlers die Treppe hinaufsteigen hörte und er das Zimmer betrat.

„Kann ich noch etwas mitbringen, Sir Luke, bevor ich zu Bett gehe?"

„Nein, Smith", sagte der Gutsbesitzer; "wie spät ist es?"

„Halb zehn, Sir."

„Alles eingesperrt? Diener sind zu Bett gegangen?"

„Ja, Sir Luke."

„Das reicht dann, ohne dass Herr Tom noch etwas heißes Wasser möchte."

"NEIN; „Ich bin in heißem Wasser genug", knurrte Tom, zündete sich eine Zigarre an und der Butler zog sich zurück.

Ein paar Minuten lang war außer dem Klicken der Billardkugeln kein Laut zu hören, während der Knappe, völlig vergessend über das Spiel, immer wieder hier auf die Rote, dort auf die Weiße schlug, während Tom Candlish mit dem Queue in der Hand auf und ab ging und abfeuerte Regelmäßige Rauchwolken, als wäre er eine wütende Maschine, die von einem inneren Feuer angetrieben wird.

Hier und da hörte man, wie sich Türen schlossen, und dann war alles still im alten Ort, bis auf das regelmäßige Auf und Ab von Tom, den hastigen Schritt des Gutsbesitzers und das Klicken der Billardkugeln.

"Nun dann!" rief Tom endlich; „Gibst du mir das Geld?"

„Nein", sagte der Gutsbesitzer ganz kühl. „Ich würde es dir jetzt wegen deines Mobbings nicht überlassen. Ich bin ein Hund und ein Hund, nicht wahr, mein Junge?"

„Ja, du bist ein verabscheuungswürdiger Hund und ein elender Köter, und wenn der alte Mann das gewusst hätte –"

„Lass den alten Mann ruhen", sagte der Gutsbesitzer mit einem grellen Blick.

„Ich sage, wenn der alte Mann gewusst hätte, wofür du sein Geld ausgeben würdest, von morgens bis abends bescheuert …"

„Er hätte es dir überlassen, es auf freiem Fuß auszugeben, oder?"

"Lose? Du bist zehnmal so locker wie ich; Aber Sie sind so stolz auf Ihren guten Namen, dass Sie im Dunkeln herumschleichen, um Ihre Zerstreuung zu betreiben. Ich bin männlich und unkompliziert."

„Ja, du bist eine Schönheit", sagte der Gutsbesitzer spöttisch. „Welches dieser Mädchen wirst du heiraten – Leo Salis oder Dally Watlock?"

„Du kümmerst dich um deine eigenen Angelegenheiten und überlässt mir die Verwaltung meiner!" sagte Tom Candlesh grimmig.

„Aber ich würde es gern wissen", sagte der Gutsherr, „denn dann könnte ich mich um die Papiere und Möbel für die Zimmer kümmern."

„Willst du streiten, Luke?"

"Streit?" kicherte der Knappe; „Ich nicht. Ich versuche brüderlich zu sein und die Dinge angenehm zu gestalten. Wenn es Löwe sein soll, müssen wir natürlich Grautöne, Salbeigrün und Terrakotta haben. Wenn es Dally Watlock sein soll, müssen wir uns für Rot, Gelb und Lila entscheiden. Wie schön, die Enkelin des Küsters zur Schwester zu haben! Ich sage, Tom, wie glücklich werden wir sein!"

Tom Candlish drehte sich wütend zu seinem Bruder um, als wollte er zuschlagen; und der Gutsherr blieb auf der Hut, obwohl er offensichtlich über sein Geplänkel lachte und bereit war zu spielen.

Aber es kam zu keinem Schlag. Tom stieß einen leisen Laut aus, der an das murmelnde Knurren eines wütenden Hundes erinnerte, und rauchte schnell, wobei er beim Gehen von Zeit zu Zeit mit dem Schaft seines Queues auf den Boden knallte.

„Es macht mir nichts aus, dass du heiratest, Tom; und es gibt jede Menge Platz, zu dem Sie eine Frau mitbringen können. Ich werde nicht heiraten, also bekommt dein Junge den Titel – und die Münze."

"Münze?" schrie Tom wütend; „Es wird keines mehr übrig sein. Glaubst du, ich weiß nicht, wofür du es ausgibst?"

„Egal, wofür ich es ausgebe, mein Junge. Ich gebe nur das aus, was mir gehört; und wenn ich alles ausgegeben hätte, würde ich nicht zu dir betteln kommen.

„Glück gehabt", rief Tom Candlish spöttisch. „Schau mal, Luke, wie viele Jahre braucht ein Mann, um sich zu Tode zu trinken?"

„Ich weiß es nicht", sagte der Gutsbesitzer und zuckte zusammen.

„Nun, Sie arbeiten hart und ich werde das Experiment mit einiger Neugier verfolgen. Ich habe gute Chancen."

„Gesünderer Mann als du, Tom; Und ich werde länger brauchen, um mich umzubringen, als du. Ich werde ein gesunder Mann sein, lange nachdem du dir bei der Jagd das Genick gebrochen hast."

"Schau hier!" rief Tom wütend, „noch einmal: Willst du streiten?"

„Ich nicht", sagte der Gutsbesitzer; „Und ich will nicht kämpfen. Kain könnte Abel durch einen unglücklichen Schlag noch einmal töten."

„Bei meiner Seele, Luke, wenn ich sicher sein könnte, dass Kain dafür gehängt würde, hätte ich nichts dagegen, Abel zu spielen."

"Sieh dir das an!" schrie der Knappe, als nach einem zufälligen Schuss die rote Kugel in eine Tasche wanderte, die weiße in eine andere. „Es gibt einen Schuss!"

„Ja – ein Zufall", spottete Tom. „Dein Leben war eine Reihe von Zufällen. Es war eine Sache, dass du zuerst geboren wurdest, und eine andere, dass du jemals gelebt hast; im Ernst wie im Spiel heißt es aber immer: Fluke, Zufall, Zufall!"

„Ankerflosse halten sich schnell am Boden fest, Tom", sagte der Gutsbesitzer mit einem spöttischen Lachen.

„Ja, und auch vom Geld", rief Tom. „Komm, ich gebe dir noch eine Chance. Gibst du mir das Geld?"

"NEIN."

„Um mich nicht vor einem Gerichtsurteil zu retten?"

„Wer hält die Rechnungen?"

„Dieser Schurke Thompson. Norths Cousin."

„Dann wird er dir gute Sorgen bereiten", sagte der Gutsbesitzer. "Lassen Sie ihn. Es wird eine Lektion für Sie sein und Sie zur Besinnung bringen. Du wirst vorsichtiger sein."

"Unsinn! Gib mir das Geld."

„Vielleicht hätte ich es dir überlassen, und wäre es auch unfreiwillig gewesen", sagte der Gutsherr. „Ich hätte dir vielleicht, sage ich, das Geld überlassen, um dich ein letztes Mal zu retten, aber dein tyrannischer Tonfall und die Art, wie du heute Abend mit mir gesprochen hast, haben die Sache völlig geklärt. Vielleicht haben Sie Gerichtsbescheide und er wird verhaftet, und wenn Sie so wollen, geht er bankrott: Für mich macht das keinen Unterschied. Ja es würde; denn vielleicht sollte ich dich eine Zeit lang loswerden."

„Du verfluchter, gemeiner, unbrüderlicher Hund!" schrie Tom wütend; und als sein Bruder gerade spielen wollte, warf er das Queue auf den Tisch, verließ das Zimmer, stieg die Treppe hinunter und ging hinauf in sein Schlafzimmer.

"Hängen ihn!" murmelte der Gutsbesitzer, ging zu einem Beistelltisch und schenkte sich ein halbes Glas starken Brandy ein, den er ein wenig verdünnte und dann die Hälfte in einem Zug austrank.

„Ich wünschte, er würde ganz gehen. Ich werde seine Schulden nicht mehr bezahlen. Das ist kein schlechter Schlaganfall. Wie ein Tropfen Brandy die Hand eines Mannes stabilisiert! Lass ihn fluchen und knurren. Fünfhundert reichten ihm für ein Jahr, und der alte Mann hatte völlig recht.“

Er spielte noch eine halbe Stunde weiter und übte Schläge mit sehr geringem Erfolg, bis er mit einem Blick auf die Uhr feststellte, dass es kurz vor Mitternacht war. Er legte sein Queue in den Ständer, schenkte sich noch etwas Brandy ein und trank es , drehte die Lampe herunter und ging auf die Schwingtür aus Stoff zu, als diese sich öffnete und Tom Candlish in der Öffnung stand.

"Hallo!" sagte der Knappe; „Ich dachte, du wärst zu Bett gegangen.“

„Was nützt es, wenn ich mit dem Gedanken an die Geldsorgen ins Bett gehe?“

„Haben Sie etwas Brandy? Lass es dich vergessen. Ich habe etwas auf dem Tisch liegen lassen.“

„Kein Narr, Luke. Ich war außer Laune. Ich habe mir Sorgen gemacht und Dinge gesagt, die ich nicht so gemeint habe.“

"Immer tun. Hier, lass mich vorbeikommen. Ich will ins Bett gehen."

„In Ordnung, das sollst du sofort tun, alter Kerl; aber du gibst mir das Geld?“

„Kein Sou.“

„Ich will es schrecklich; und es wird mir jede Menge Sorgen ersparen. Du lässt es mich haben?“

„Kein Sou, das sage ich dir.“

„Komm, Luke, alter Junge, sei nicht hart zu mir. Ich habe geduldig gewartet, bis ich mich beruhigt hatte und du mit dem Spielen fertig warst, bevor ich kam und noch einmal mit dir sprach. Nun sind es also nur noch hundert.“

„Und nächste Woche werden es hundert sein und nächsten Monat hundert. Ich werde dir keinen Cent leihen.“

„Dann gib es mir. Ich habe ein Anrecht auf einen Teil der Münze des alten Mannes.“

„Kein Sou, sage ich dir, und geh mir aus dem Weg. Ich will ins Bett gehen."

„Du wirst mir helfen, Luke?“

"NEIN! Treten Sie beiseite!"

„Komm, sei nicht zu hart. Ich bin dein Bruder."

"Pech!" sagte der Gutsbesitzer, dessen Gesicht von dem Brandy, den er getrunken hatte, gerötet war.

„Das ist egal. Gib mir die Hundert."

„Ich sage es dir noch einmal, kein Sou. Verfluche dich! Lässt du mich vorbeikommen?" schrie der Knappe wütend; denn der Geist hatte eine unangenehme Wendung genommen und sein Gesicht wurde lila.

"Einmal mehr; überlässt du mir das Geld?"

"NEIN!" brüllte der Knappe. „Geh aus dem Weg – Hund!"

„Hund, du selbst! Verfluche dich für einen gemeinen Hund!" rief Tom Candlish mit einem wilden Blick. „Du gehst hier nicht vorbei, bis du mir einen Scheck gegeben hast."

Die Laune des Gutsbesitzers war nun völlig aufgeheizt. Er hatte es zuvor zurückgehalten; Doch als er mehrere Male leise lachte und sein Stichwort weiter in die Hand nahm, brodelte sein Zorn und war kurz davor, überzukochen.

Auf die Drohung seines Bruders hin, er solle nicht passieren, bis er einen Scheck unterschrieben habe, packte er Tom an der Schulter, während er ihm den Weg versperrte, und warf ihn beiseite.

Luke Candlish machte den Durchgang für seinen Abstieg frei; aber er erweckte das Böse in seinem Bruder, so dass Tom ihn mit grimmigem Griff umklammerte.

Der Kampf war fast nur vorübergehend. Hier und da gab es einen Ringkampf, und dann setzte Luke Candlish seine ganze Kraft ein, als er einen gewöhnlichen Trick aus Cornwall übte, und Tom wurde schwer auf den Treppenabsatz geschleudert.

"Dort!" schrie der Knappe; „Lieg da, du Idiot! Von mir bekommst du keinen Scheck."

Der Knappe musste über den Körper seines Bruders hinweggehen, um die Treppe zu erreichen, und er war gerade dabei, ihn schnell zu überqueren, als Tom mit einer verzweifelten Anstrengung einen heftigen Griff nach seinem Bein ausführte.

Das Ergebnis war das, was man hätte erwarten können: Der plötzliche Rückschlag führte dazu, dass der Knappe das Gleichgewicht verlor, und er stürzte buchstäblich mit dem Kopf voran die Treppe hinunter, um mit einem heftigen Krachen am Fuß zu stürzen.

Tom Candlish erhob sich auf Hände und Knie und starrte auf die Stelle, an der sein Bruder direkt unter der Lampe in der Lobby lag, mit dem Kopf nach unten und in einer für einen lebenden Mann merkwürdig unangenehmen Position.

Kapitel vierundzwanzig.

Eine schreckliche Stille.

„Geben Sie ihm Recht", murmelte Tom. Dann erhob er sich, drückte die Tür auf, die zugeschwungen war, und betrat das dunkle Billardzimmer, wo er sich bis zur Geisterbank vortastete und einen kräftigen Schluck nahm. „Verfluche ihn! er ist so stark wie ein Pferd. Ich wünschte, er hätte sich das Genick gebrochen."

Der Brandy gab ihm Mut, und er kehrte durch die Gazetür ins Licht zurück.

„Ich denke, ich muss ihm helfen", murmelte er, als er die Treppe hinabstieg, wo der Squire auf einem Haufen lag, den Kopf auf der Matte, ein Bein unter sich gebeugt und das andere durch die Balustrade, die es hielt schnell.

Tom Candlish stand einige Augenblicke da und starrte auf ihn herab, und dann, als sein Bruder sich nicht rührte, beugte er sich zu ihm herab.

„Hier", sagte er grob, während er sein Handgelenk ergriff; „Lüge nicht so; Sie werden einen Blutgefäßplatz erleiden."

Da war keine Antwort; und als das Handgelenk gelöst wurde, fiel der Arm völlig kraftlos herab.

„Hier, Luke!" er weinte; "aufstehen. Lass dich nicht täuschen. Steh auf, Mann!"

Immer noch keine Antwort, und Tom Candlish begann zu erschrecken, kniete nieder und versuchte, den Kopf seines Bruders in eine bequemere Position zu bringen.

Dabei fiel das Licht auf ein so gespenstisches und seltsames Gesicht, aus dessen Lippen langsam das Blut tropfte, dass er den Kopf von seinen Händen gleiten ließ, so dass er plötzlich mit einem dumpfen Schlag auf die Treppe sank.

"Guter Gott!" rief der junge Mann mit leiser, aufgeregter Stimme. „Hier, Lukas! Luke, alter Mann: Warte!"

Es gab keine Bewegung – nicht einmal einen Seufzer; und Tom Candlesh lief, um das Haus zu beunruhigen; Doch als er die Schwingtür am Ende des Flurs erreichte und in die Halle blickte, blieb er stehen und rannte zurück, um seinem Bruder die Hand aufs Herz zu legen. dann packte er ihn am Handgelenk und stieß ihm anschließend eine Hand direkt in die Brust, zog sie aber nur entsetzt zurück.

"Hier! ein Arzt!" Er schnappte nach Luft, seine Stimme war wie ein heiseres Flüstern. "Schmied! Jemand! Hier!"

Er stand auf und eilte noch einmal zur Tür, die in die Eingangshalle führte, blieb aber erneut stehen, als er sie erreichte, und blickte zurück auf die verzerrte Gestalt am Fuß der Treppe.

Dann drehte er sich um und schaute die schwach beleuchtete Treppe hinauf, aber alles war vollkommen still. Niemand schien die Auseinandersetzung oder den Sturz gehört zu haben. Alle schienen zu schlafen; und schwer keuchend, während wilde Gedanken voller Staunen und Schrecken sein Gehirn durchströmten, schloss Tom Candlish leise die Tür, rannte durch den Flur zurück, stieg die Treppe hinauf und erreichte das Billardzimmer, wo er sich noch einmal den Weg zum Billardzimmer bahnte Ich stellte den Spirituosenständer auf, entfernte den Stopfen und trank kräftig aus der Brandykaraffe.

„Hah!" stieß er aus, während er tief Luft holte, und als er sich umdrehte, sah er, dass die ovale Scheibe in der Gazetür das Aussehen eines riesigen, stumpfen Auges angenommen zu haben schien, das ihn anstarrte.

„Werde ich verrückt?" murmelte er, als er zur Tür stolperte. „Ich muss Hilfe rufen; vielleicht – vielleicht – ist er ernsthaft verletzt."

Er schlich leise die Treppe hinunter und blieb bei der am Boden liegenden Gestalt stehen, die immer noch vollkommen regungslos und in ihrer schrecklich verzerrten Position dalag.

„Ich muss Hilfe rufen – Hilfe rufen!" flüsterte der junge Mann, dessen Gesicht jetzt gespenstisch war; aber obwohl es Glocken gab, die man hätte läuten können, und Leute in Rufweite waren, schlich er nur den Gang entlang, ohne den Versuch zu machen, den gefallenen Mann zu berühren, stieß die Federtür sanft auf, damit sie keinen Lärm machte, schloss sie wieder, Er stand da und lauschte, und dann, mitten in der Totenstille, schlich er auf Zehenspitzen die große Treppe hinauf zu seinem Schlafzimmer, wo er noch einmal stehen blieb, um zu lauschen, dann schlich er sich leise hinein und schloss die Tür.

Die Stille in der alten Halle war für einige Momente wie die des Todes, bevor sie von einem leisen Klicken unterbrochen wurde, als würde der Riegel eines Schlosses gerade geschossen.

Noch einmal Stille, und dann ertönte auf der düsteren Treppe ein musikalisches Schnurren, gefolgt vom angenehmen Glockenspiel einer Uhr, die die halbe Stunde nach Mitternacht läutete.

Dann wieder die Stille des Todes.

Kapitel fünfundzwanzig.

Smith stellt fest, dass etwas nicht stimmt.

„Du hast nichts gehört?“ sagte der Arzt.

"Gar nichts. Ich bin zur gewohnten Zeit zu Bett gegangen, Sir“, sagte der Butler, „halb zehn – ja, Sir, die Chaiselongue wartet schon; Willst du da nicht reinkommen, und ich kann es dir sagen, wenn wir rüberfahren?“

"Ja; „Alles klar“, sagte der Arzt, und fünf Minuten später ratterten sie die Straße entlang in Richtung Halle.

„Jetzt mach weiter“, sagte North. "Jawohl; Ich ging wie immer zu Bett und schlief bis vor etwa einer Stunde sehr tief, dann wachte ich plötzlich auf. Ich weiß nicht, was mich wach gemacht hat; aber ich tat es und begann irgendwie, wie ich es schon oft gedacht hatte, über den Teller in der Speisekammer nachzudenken und darüber, ob er sicher war.“

„Schläfst du nicht in der Speisekammer?“

"Nein Sir; es ist so feucht. Also lag ich da und sagte mir, es sei alles Unsinn und Einbildung; aber je mehr ich darüber nachdachte, desto unbehaglicher wurde es mir, bis ich es nicht mehr aushielt, und ich stand auf, schlüpfte in meine Hose und meinen Mantel und ging zum oberen Ende der Treppe, wo mir ganz kalt wurde , da ich wusste, dass etwas nicht so war, wie es sein sollte, denn die Lampe auf dem Flurtisch war nicht ausgeschaltet.“

„Welche Lampe?“

„Die Flurlampe, die Sir Luke immer selbst ausschaltet, wenn er zu Bett geht.“

„Wo haben Sie ihn Ihrer Meinung nach letzte Nacht gelassen?“

„Im Billardzimmer, Sir, ich spiele mit Mr. Tom, Sir.“

"Ja; mach weiter."

„Also bin ich hinuntergegangen, Sir; und dort sah man durch die Gazetür, dass die Lampe am Ende des Ganges am Fuße der Treppe zum Billardzimmer brannte.“

"Ja."

„Und sobald ich durch die Gazetür kam, lag mein armer Herr unter der Lampe, ganz wie ein Haufen.“

"Was hast du gemacht?"

„Ich bin zu ihm gelaufen und habe versucht, ihn in eine bequemere Position zu bringen, Sir; Aber-"

"Ja; Ich verstehe."

„Dann stürmte ich herbei und rief Herrn Tom an, Sir; und wir gingen zusammen zum Gutsherrn, läuteten die Glocken und alarmierten das Haus. Dann, sobald der Junge das Pferd in die Kutsche gesetzt hatte, fuhr ich hin, um Sie zu holen.“

„Aber haben Sie nichts unternommen, um ihn wiederzubeleben?“

"Oh! Jawohl; Aber-"

„Ich verstehe“, sagte der Arzt. „Und Herr Tom?“

„Er konnte es nicht glauben, Sir. Er sagte, er habe eine Zeit lang mit dem Gutsbesitzer Billard gespielt, sei dann müde geworden und zu Bett gegangen, so dass er nur noch mit den Bällen spielen musste, und das ist alles ganz klar, Sir. Ich sage Ihnen natürlich, obwohl ich das niemandem sagen würde, dass der arme Sir Luke früher viel zu viel genommen hat. Ich habe den Spirituosenstand erst heute Morgen gefüllt und die Brandykaraffe war ziemlich leer. Er hatte vorhin auch einen Deal, beim Abendessen.“

„Und du glaubst, er hat die Treppe runtergeworfen, Smith?“

"Jawohl; das ist meine Überzeugung“, sagte der Butler; „Und Mr. Tom schien das auch zu denken.“

Als sie die Halle erreichten, fanden sie alle in einem Zustand größter Aufregung vor, doch im Ort herrschte eine bedrohliche Stille.

„Gott sei Dank, dass du endlich gekommen bist“, rief eine vertraute Stimme und Tom eilte North entgegen. „Bitte seid schnell; er ist immer noch gefühllos.

Der Arzt sah den jungen Mann neugierig an.

"Wo ist er?"

„Wir trugen ihn ins Esszimmer und legten ihn auf ein Sofa; aber er hat sich seitdem nicht mehr gerührt. Ich habe Angst, dass etwas kaputt ist.“

Während er sprach, führte er nach Norden ins Esszimmer, wo die Kerzen brannten, die Fensterläden geschlossen und die Vorhänge zugezogen waren; und dort, auf einem Sofa in der Mitte des Zimmers, lag Sir Luke Candlish, wie sein Bruder gesagt hatte, ohne sich zu bewegen, seit er vorsichtig hineingetragen worden war.

Die ärztliche Untersuchung war kurz, und Tom Candlish stand da und schaute zu, offensichtlich zu überwältigt, um zu sprechen.

„Nun", sagte er schließlich, „ist er sehr schlecht? Ist etwas kaputt?"

Der Arzt zog die Augenbrauen hoch und hätte antworten können: „Sein Hals", aber er sagte einfach: „Schlecht, Sir? Kannst du nicht sehen, dass er tot ist?"

"Tot?" ejakulierte Tom; und ihm fiel die Kinnlade herunter, während sein Gesicht einen Ausdruck intensiven Entsetzens annahm.

"Jawohl. Die Theorie des Butlers scheint völlig richtig zu sein. Sir Luke muss kopfüber vom oberen Ende der Treppe nach unten gestürzt sein."

„Und es gibt keine Hoffnung?"

Der Arzt schüttelte den Kopf, legte seine Hand auf den Arm des jungen Mannes und bedeutete ihm, das Zimmer zu verlassen.

Tom folgte mechanisch.

"So schrecklich!" sagte er, sobald sie im Wohnzimmer waren. „Wir haben bis spät in die Nacht zusammen Billard gespielt, während jetzt – Ja, was ist los?"

„Ich bitte um Verzeihung. *Sir Thomas* ", sagte der alte Butler leise, „die Haushälterin fragte, ob Sie und Dr. North eine Tasse Tee hätten?"

„Sir Thomas!" Der Titel versetzte Tom Candlish in Aufregung, als er den Redner anstarrte. So früh! *Le Roi est mort! Vive le Roi* !

Er war Sir Thomas Candlesh. Das Anwesen gehörte ihm und die Miete betrug mindestens fünftausend pro Jahr. Letzte Nacht war er wütend über die Möglichkeit, dass Thompson Ärger bekommen könnte. Jetzt war er ein freier Mann: er war reich.

Und sein Bruder?

Es war sein Geheimnis. Und warum sollte er sich über den plötzlichen Tod Sorgen machen? Es war ein Unfall, und sein eigener Rat konnte leicht eingehalten werden. Es gab niemanden, der die Wahrheit enthüllte. Die Toten konnten nie sprechen.

Als er so nachdachte und der Butler den Tee hereinbrachte, geriet Dr. North in einen Anfall von Grübeleien, denn wie ein Blitz überkam ihn die wissenschaftliche Fantasie, über die er so lange nachgedacht hatte, so dass er für einen Moment stand atemlos da und starrte wild auf die Tür, die sich vor ihm zu öffnen schien.

Die Vorstellung war verwirrend. Leo hatte ihrem Verehrer geboten, sich als der Preis hervorzuheben, zu dem ihre Liebe gewonnen werden sollte; und je mehr er nachdachte, desto mehr leuchtete die Idee auf und blendete ihn mit ihrem intensiven Licht, das bis in die dunklen Bereiche seiner Seele schien.

Was war seine Theorie? Wenn ein gesunder, kräftiger Mann plötzlich durch einen Unfall abgeschnitten würde und scheinbar tot wäre, könnte er den Verfall aufhalten, die Natur selbst würde die verursachte Verletzung reparieren, so wie ein gebrochener Knochen sich schnell zusammenfügt und stärker wird als zuvor.

Hier war also ein gesunder, kräftiger Mann, der plötzlich niedergeschlagen wurde; Er war der anwesende Arzt, und die Gelegenheit diente dazu, diesen Mann wieder zum Leben zu erwecken. Warum sollte er nicht jetzt seinen ersten Aufsatz schreiben?

Der Gedanke wurde von Stunde zu Stunde schrecklicher. Es war seine Chance, wenn er sie nutzen würde. Gottlos? Nein, nicht mehr als die Durchführung einer Operation oder der Versuch, einen Betroffenen vor dem Tod zu retten. Aber er war tot.

„Was wir tot nennen", murmelte North; „Aber warum nicht die Animation unterbrechen? Ihr zuliebe, für meinen eigenen Ruhm, um einen Erfolg zu erzielen, von dem die Welt noch nie zuvor gehört hat, muss – ich werde den Aufsatz schreiben."

"Aber wie?"

„Und angenommen, ich lasse ihn noch einmal leben – was dann?"

Der Gedanke machte ihn blind und er hielt sich die Augen zu, um nachzudenken.

Kapitel sechsundzwanzig.

"Ah!"

"Wie schrecklich!" sagte der Pfarrer, als er die Nachricht von North hörte, der zur Frühstückszeit hereinkam.

Während er diese Worte sprach, betrat Leo das Zimmer, blieb stehen und blickte von einem zum anderen.

Sie war glücklich und zufrieden heruntergekommen, mit einem zufriedenen Lächeln auf ihren geschwungenen Lippen, verstärkt durch ein eher spöttisches Licht, das in ihren Augen tanzte, als sie denen des Arztes begegneten. Es herrschte ein Triumphgefühl, die Befriedigung einer eitlen, schwachen Frau beim Anblick des Sklaven, der bereit war, sich ihr zu Füßen zu werfen, und ihr Verhalten war kokett, als sie ihre Hand ausstreckte.

Doch der Ausruf ihres Bruders und der strenge Gesichtsausdruck des Arztes ließen sie erschauern, und sie blieb stehen, schaute von einem zum anderen und öffnete ihre Lippen, als wollte sie Worte sagen, die nicht kommen wollten.

"Was ist es?" sagte sie schließlich wild. „Was ist schrecklich?"

„Still, Leo!" sagte der Pfarrer und nahm ihre Hand; „Sei nicht beunruhigt."

"Aber du hast gesagt-"

"Ja; North hat schreckliche Neuigkeiten aus der Halle überbracht."

Leos Gesicht wurde gespenstisch, und sie klammerte sich an ihren Bruder, während North hastig einen Stuhl hinstellte, in den sie sank, aber nur, um sich steif aufzusetzen, während sie mit weit geöffneten Augen den Arzt anstarrte.

„Sei ruhig", sagte er zärtlich. „Du bist immer noch schwach."

"Was ist es?" sagte sie mit einer Stimme, die nicht wie ihre eigene klang.

„Es wäre besser, wenn Sie es nicht wüssten", sagte North. „In der Halle hat es einen traurigen Unfall gegeben."

„Jetzt muss ich es wissen", keuchte Leo, als sie vor Aufregung ihre Hände öffnete und schloss.

„Es wäre besser zu sprechen", sagte der Pfarrer. „Meine Schwestern wurden dazu erzogen, Ärger zu machen, North. In der Halle hat es eine furchtbar plötzliche Katastrophe gegeben, Leo, mein Lieber. North wurde in der Nacht einberufen und –"

"Ist er tot?" sie flüsterte heiser; und als sie dann ihre Antwort in den Augen beider las, stieß sie ein langes, leises „Ah!" aus. Sie saß da, ihre Hand fester um die ihres Bruders gelegt, während sie die Augen schloss und ein qualvoller Krampf ihr schönes Gesicht zu verengen schien.

„Ein Schwindelanfall schien Sir Luke erfasst zu haben, und er stürzte kopfüber vom oberen Ende der Treppe nach unten."

"Ah!"

Noch einmal dieses seltsame Ausatmen, das für die Zuhörer genau gleich klang, denn ihre Sinne waren nicht scharf genug eingestellt, um den Unterschied zu erkennen.

„Es tut mir leid, dir diesen schrecklichen Schock versetzt zu haben, Leo", sagte North zärtlich; „Aber ich fühlte mich verpflichtet, zu kommen und Salis Bescheid zu sagen."

Sie antwortete nicht direkt, sondern saß da und klammerte sich krampfhaft mit feuchten, kalten Fingern an die Hand ihres Bruders.

„Mir geht es jetzt besser", sagte sie schließlich leise flüsternd. „Es ist sehr schrecklich. Weiß Mary es?"

„Noch nicht", sagte Salis. „Ich werde sie runterholen. Ist die Ohnmacht verschwunden?"

"Ja ja!" sagte sie hastig. „Es war die Plötzlichkeit der Nachricht. Versuchen Sie, Mary, Hartley, nicht zu erschrecken. aber sie ist nicht so feige wie ich."

„Du warst so krank", sagte North zärtlich. „Deine Nerven sind entspannt. Außerdem ist es ein großer Schock, von einem so schrecklich plötzlichen Tod zu hören."

„Geh und sag es Mary", sagte Leo und stand auf. „Mittlerweile geht es mir ganz gut. Sprich sanft."

„Ja", sagte der Pfarrer; und er verließ das Zimmer.

„Erzähl es mir", sagte Leo, sobald sich die Tür schloss. "Wie war es? Gab es Streit? Es war ein Unfall?"

Sie sprach hastig und aufgeregt, und in ihren Augen lag ein wild besorgter Ausdruck.

„Du bist aufgeregt", sagte North und ergriff ihre Hand, halb professionell, halb mit der ängstlichen Berührung eines Liebhabers; aber sie riss es ihm mit einem wütenden Blitz aus ihren Augen weg.

Sie sah seinen gequälten Blick und streckte im nächsten Moment ihre Hand aus.

„Wenn der Puls schnell schlägt", sagte sie lächelnd, „ist das kein Wunder."

„Nein, nein, natürlich nicht", rief er, nahm ihre Hand und hielt sie in seiner.

"Sag es mir jetzt."

„Oh, es war ein Unfall", sagte er, „zweifellos. Ich fürchte, es gab einen Grund dafür."

Leo schwieg und blickte North forschend an.

„Oh ja, jetzt verstehe ich", sagte sie schnell. „Er hat sehr viel getrunken, nicht wahr?"

„Ich fürchte schon", antwortete North und war halb beunruhigt über das intime Wissen, das die Frau, die er liebte, an den Tag legte.

„Es ist sehr schrecklich", sagte Leo und schloss die Augen. "Stille! sie kommen herunter. Sagen Sie so wenig wie möglich. Mary ist sehr schwach."

Denn auf der Treppe war der schwere Schritt des Pfarrers zu hören, und gleich danach, als North sich beeilte, die Tür zu öffnen, trat Salis ein. Er trug Mary auf seinen Armen, sie sah weiß und ängstlich aus und blickte schnell von ihrer Schwester nach Norden und zurück.

Überall wechselten sich die Blicke ab, und dann wurde, wie im gegenseitigen Einvernehmen, das Thema der vergangenen Nacht eine Zeit lang gemieden, und North wandte sich zum Gehen.

„Aber du bleibst beim Frühstück?" sagte Maria. „Du siehst müde und erschöpft aus."

Sie errötete leicht, denn die Worte voller Sorge um Norths Wohlergehen waren ihr versehentlich entgangen; und die Farbe wurde intensiver, als er ihr auf seine angenehm offene Art ins Gesicht lächelte.

„Das ist sehr nett von dir", sagte er. „Du bist immer so nachdenklich. Wenn Leo der Einladung nur zustimmt, werde ich gerne bleiben."

„Ich bin sicher, wir werden sehr zufrieden sein", sagte Leo ruhig; und er trat an ihre Seite, bückte sich und sagte mit leiser Stimme:

"Ich mag es."

"Du magst was?" sagte sie kühl genug.

„Die mutige Art und Weise, wie Sie Ihre Schwäche gemeistert haben."

Sie lächelte und sah ihre Schwester verstohlen an, die ihre Gefühle weniger gut unter Kontrolle bringen konnte.

Das Frühstück verlief ohne weitere Anspielung auf die Katastrophe in der Halle, bis Salis gegen Ende plötzlich sagte:

„Ich habe eine sehr unangenehme Pflicht zu erfüllen."

Mary blickte besorgt auf.

"Ja, Liebes; Ich muss rübergehen und Thomas Candlish sehen."

Leo beugte sich über ihre Tasse.

„Es ist eine Pflicht, die ich erfüllen muss, North."

„Ja", sagte der Arzt ernst; „Besonders in einer Zeit wie dieser."

"Wie schrecklich!"

Und als der Arzt bald darauf ging und seinem Freund noch einmal die Hand schüttelte, rief dieser noch einmal aus:

"Wie schrecklich!"

Aber es handelte sich um eine Anspielung auf das plötzliche Ende der Karriere eines Mannes, der viel trank, und man konnte sich nicht *vorstellen* , dass es zu einem Streit zwischen den beiden jungen Männern kommen könnte.

Kapitel siebenundzwanzig.

Die Chance des Arztes.

Gegen Mittag, als er von seinem Patientenbesuch zurückkam, sah North ziemlich schwarz aus.

Vielleicht war es das Spiegelbild der glatten, superfeinen Kleidung seines Cousins, denn dieser Herr ging langsam auf dem Rasen vor dem alten Herrenhaus auf und ab und trug in keiner Weise zu den Reizen des malerisch geschnittenen Hauses bei -gehaltener Platz. „Du bist hier, Thompson!"

„Ja, mein lieber Horace; Ich musste heute geschäftlich vorbeikommen und dachte, du gibst mir etwas zu Mittag, bevor ich weitermache."

„Um Frau Berens zu sehen?"

„Nun – ähm – vielleicht rufe ich sie mal an; aber mein Geschäft war – mein Lieber, wie seltsam, dass du dich für soziale Angelegenheiten interessierst, die nichts mit dem Körper zu tun haben!"

„Bin ich also ein so exzentrischer Mann, dass ich meinen Beruf intensiv studieren sollte?"

„Überhaupt nicht, mein Lieber – überhaupt nicht. Ich studiere meins intensiv, mein lieber Horace. Da ich fast mittellos blieb, war es eine Notwendigkeit, und ich bin stolz, sagen zu können, dass ich sehr erfolgreich war und praktisch unabhängig bin. Aber mein heutiger Besuch hier war nicht dazu gedacht, die hübsche Witwe zu sehen – da, erröte nicht, alter Junge."

„Sei kein Dummkopf, Thompson", sagte der Arzt gereizt. „Was wolltest du denn sagen?"

„Ich wollte Ihnen sagen, dass mein Besuch in der Halle stattfinden würde."

„Zur Halle?" rief North aufgeregt. "Ja. Hier, was ist los?" sagte Cousin Thompson aufgeregt. „Er hat mich nicht entwischt?"

„Wenn Sie Sir Luke Candlish meinen –"

„Nein", sagte Thompson barsch; „Ich meine nicht Luke Candlesh. Warum sprichst du nicht, Mann? Ist Tom Candlish weg?"

"NEIN; er ist in der Halle; Aber-"

„Das ist dann in Ordnung", sagte Cousin Thompson und atmete erleichtert auf. „Oh, ich verstehe, du warst vorbei."

„Ja, ich war vorbei."

„Und er täuscht wieder eine Krankheit vor, weil er mich heute erwartet hat. Aber das geht nicht, Horace – das geht nicht. Kommen Sie, ihm geht es doch ganz gut, nicht wahr? Wenden Sie sich nicht gegen Ihren eigenen Cousin und unterstützen Sie ihn."

„Tom Candlish ist so gut, wie ein Mann unter solch schrecklichen Umständen sein kann. Sein Bruder ist tot."

"Puh!" pfiff der Anwalt – ein langer, tiefer, tiefer Pfiff. „Dann ist er jetzt Sir Thomas Candlish."

„Ja, und wenn du ihm Geld zum Wucher geliehen hast, ist es in Ordnung."

„Beim Wucher!" knurrte der Anwalt; „Benutzen Sie dieses Wort nicht so gerne? Ich muss Geld verdienen, und die Kreditvergabe zu Zinsen ist fair genug."

"Wo gehst du hin?"

„Ich gehe sofort in die Halle."

„Du hast gesagt, du wärst zum Mittagessen gekommen."

„Häng dein Mittagessen auf! Ich muss Tom Candlesh sehen."

"Unmöglich. Es wäre nicht anständig, jetzt Geschäfte zu machen."

„Anständig oder unanständig, ich muss ihn sofort sehen."

"Mein Cousin; und wie sehr ich ihn hasse!" murmelte der Arzt, während er den glatten, schwarzen Rücken seines Besuchers beobachtete, als dieser zum Tor hinunterging. „In einer Zeit wie dieser zu gehen! Nun ja, Gott sei Dank bin ich kein Geldgier."

Er setzte sich in sein Arbeitszimmer und holte ein Manuskriptbuch aus seiner Schublade. Er fing an, über diesem Buch zu grübeln, aber die Worte tanzten vor seinen Augen, und er konnte an nichts anderes denken als an Luke Candlish, den gesunden, starken Mann, der plötzlich durch Zufall unterbrochen wurde, und an Leos Worte, die ihn aufforderten, sich hervorzuheben.

„Keine Ruhe letzte Nacht", sagte er und warf das Buch zurück in die Schublade; „Ich kann weder lesen noch denken oder irgendetwas tun."

„Sind Sie bereit für Ihr Mittagessen, Sir?" sagte Frau Milt. „Mr. Thompson wird sich Ihnen anschließen, nehme ich an?"

"NEIN; aber ich wage zu behaupten, dass er zum Abendessen kommen wird."

„Ho! Das Mittagessen ist fertig, Sir", sagte die alte Dame in einem unangebrachten Ton, als der Arzt auf die Tür zuging.

"Egal; Ich kann heute nicht essen. „Ausgehen", sagte North hastig; und er verließ eilig das Haus und ging durch das Dorf, wo alle über den Unfall in der Halle diskutierten und ihn gern befragen wollten, ob so etwas hätte gewagt werden können.

Er hatte Moredock zwei oder drei Tage lang nicht gesehen, und um der Folter seiner Gedanken und dem, was sich rasch dem Stadium einer großen Versuchung näherte, zu entgehen, ging er fast sofort zum Cottage des alten Küsters.

Die Tür stand offen, und er klopfte, aber es kam keine Antwort, und das einzige Geräusch im Inneren war das gleichmäßige Schlagen der großen Uhr, als das schwere Pendel hin und her schwang.

„Vielleicht schläft er", sagte er sich, drückte die Tür auf und ging hinein; aber der große Sessel war leer, und nach einem Blick umher, bei dem sein Blick für einen Moment auf der alten geschnitzten Eichentruhe ruhte, ging der Arzt langsam hinaus und ging, ohne zu überlegen, in welche Richtung er gehen sollte, geradewegs darauf zu die Kirche.

Ein Geräusch, als würde etwas fallen, veranlasste ihn, den Blick zu heben, und er sah, dass die Tür zum Altarraum offen stand.

„Was macht Salis da?" er sagte zu sich selbst; und als er das Tor betrat, stieg er die Stufen hinauf zur offenen Tür.

„Bist du hier, Salis?" er sagte.

„Nein, Sir", kam in einem harten, vertrauten Ton zurück; „Parson war und ist gegangen. Es geht wieder gut, Herr Doktor."

"Hoch schauen?"

„Ja. In letzter Zeit war es dreifach ruhig: Ich bin nur ein kleines Kind, da ich diesen Monat noch nicht getauft wurde. Ein schrecklich gesunder Ort, Dook's Hampton."

"Was machst du hier?"

"Tun? Hier? Warum haben Sie als junger Knappe nichts davon gehört — natürlich haben Sie es gehört; Du wurdest heute Morgen angerufen. Nun, er muss begraben werden, nicht wahr?"

"Begraben? Ja, natürlich", sagte der Arzt nachdenklich.

"Ja; Er muss begraben werden", sagte Moredock. „Manche sagen, es sei nicht anständig und wie Christen, da sie fest in der braunen Erde vergraben sein sollten. Aber sie wissen es nicht, Doktor. Sie können nicht sagen, wie viel Wasser sich im Winter im Boden befindet. Ich weiß es, und ich weiß, was „Matics" ist. Niemand weiß besser als ich, wie feucht dieser Friedhof ist, Doktor."

North stand da und blickte den Küster an, aber seine Gedanken waren weit weg.

„Ja, Squire Luke wird im Morslem begraben – er wird bei seinen Vätern liegen, wie Scripter sagt; Und wenn ich sterbe, was nicht in diesen zwanzig Jahren der Fall sein wird, möchte ich so bei meinen Vätern liegen. Schön warm ausgestreckt in seinem Bleisarg, so wird er sein, und auf ein schönes, trockenes Regal gestellt. Ja, es ist ein eklig feuchter alter Kirchhof, Herr Doktor, und die Leute in Church Row wissen das ja. Er, er, er! Ihre Brunnen sind voll von schönem, sauberem Wasser, aber ich gehe immer zur Pelzpumpe."

North schien kein Wort zu hören, sondern stand am Geländer des Candlish-Grabes fest und dachte nach. In seinem Kopf schwamm das blendende Licht, das in sein Verständnis eindrang. Er war verwirrt und voller Staunen, Zögern und Zweifel.

Luke Candlish – tot – das Mausoleum – der gesunde, herzhafte junge Mann – niedergeschlagen.

"Du lieber Himmel!" er ejakulierte; „Ist meine Gelegenheit endlich gekommen?"

Ende von Band Eins.

Band Zwei – Kapitel Eins.

Das Grab des Ersten Baronets.

Während Horace North mit seinen Gedanken kämpfte, kicherte Moredock und fuhr fort:

„Sie trinken es, Doktor, die Idioten, und die ganze Zeit sagen sie, es sei schrecklich, ein bisschen Hammelfleisch vom Kirchhof zu essen. Squire Luke war das jedoch egal. Zu einem Stück Hammelfleisch hätte er nicht nein gesagt, weil es auf dem Kirchhof weidete. Aber er muss die Schafe direkt auf die andere Seite des Landkreises schicken, um sie zu verkaufen. Die Leute hier würden kein bisschen vom Kirchhofhammel anrühren. So ein Zeug! Hält die abgeknabberten Gräber sauber und ordentlich. Tu ihnen nicht weh. Hammelfleisch ist süß genug, und so trinken sie weiterhin das Wasser rund um den Hof, das sich mit toten Leuten auftürmt, die ich begraben habe, und vor mir mein Vater und mein Großvater. Ja, sie trinken das Wasser, rühren aber das Hammelfleisch nicht an; sie würden lieber verhungern. Feuchter Kirchhof; und der Knappe wird gemütlich auf seinem trockenen Regal liegen, und ich – eines Tages – im kalten, nassen Boden.“

„Alles läuft auf dasselbe hinaus, Moredock“, sagte der Arzt und raffte sich auf.

„Vielleicht, Doktor. Vielleicht haben Sie Recht“, sagte der alte Mann und schüttelte feierlich den Kopf – „‚Asche zu Asche, Staub zu Staub‘;“ Aber da gibt es einen Unterschied, und es dauert viel länger, bis man dazu kommt. Ich sage: „Doktor, wissen Sie noch, was ich Ihnen gesagt habe, dass sich der Knappe zu Tode getrunken hat?“ sagte der alte Mann und bückte sich, um ein Brecheisen aufzuheben, das er vor ein paar Minuten fallen ließ.

„Ja“, sagte North, blickte den alten Mann nachdenklich an und verstand kaum, was er sagte.

„Es passieren noch seltsamere Dinge als das, was ich dir erzählt habe. Ich wusste, dass es nicht mehr lange dauern würde, bis er sich zu Tode trank.“

„Der Squire ist bei einem Unfall gestorben, Moredock“, sagte der Arzt streng.

„Ja, aber was hat den Unfall verursacht?“ sagte der alte Mann lachend. „Waren es Stufen, waren es Flaschen, waren es Korken? Nein, es war etwas in der Flasche. Ein Tropfen Brandy ist gut, aber wenn man zu viel bekommt, ist er Gift.“

Der Arzt sagte kein Wort, sondern stand nur direkt hinter der Tür zum Altarraum und starrte den alten Mann fest an, während seine Gedanken vom

Mausoleum, das in der Sakristei errichtet wurde, zu den Überresten des Gutsherrn wanderten, die oben im Saal lagen, und zu seinen seltsamen Plänen, die er durchführte Der Menschheit könnten vielleicht viele Schmerzen und Sorgen erspart bleiben.

„Ich habe die letzten Medikamente genommen, Doktor."

„Vielleicht von unschätzbarem Nutzen für kommende Generationen", überlegte der Arzt, während er weiter träumte, während er mit einer Hand auf der Grabschiene stand und in der Gestalt des mürrischen und knorrigen alten Küsters durch die Gegenwart zu blicken schien eine Zukunft, in der Gesundheit und Stärke alles waren.

„Es war seltenes Zeug, Doktor", fuhr der alte Moredock lachend fort, während er den träumenden Mann von der Seite ansah. „Mussy, ich! Ein Tropfen dieser Allus schien meine Zehen zum Kribbeln zu bringen, und er drang direkt in die Haarwurzeln ein."

„Warum nicht – warum nicht versuchen?" Es schien ein großartiges Experiment zu sein, aber wie wenig im Vergleich zu dem, was früher gemacht wurde! „Warum nicht – warum nicht versuchen?"

„Sie geben mir noch eine Flasche, Doktor. Es tut mir wirklich gut."

"Ich muss. Es scheint, als ob das Schicksal mich weitertreibt. Es liegt an ihr, etwas zu tun, um mich von anderen abzuheben. Hier ist die Gelegenheit, und ich zögere."

„Eines Tages habe ich eine Dosis genommen, Herr Doktor, und ich dachte, es wäre ein schlimmer Trobble, aber fünf Minuten später sagte ich mir: Das ist besser als der Brandy aus dem Gasthaus. Sie verursachen kein Kribbeln in den Fingern und kein Kribbeln in den Zehen. Seltenes Zeug, Doktor. Warum ist er eingeschlafen?"

"Ja, ich werde es tun; aber wie? NEIN; es ist unmöglich."

„Sie geben mir doch noch eine Flasche von diesem Medikament, Doktor, nicht wahr?"

„Physik, Moredock? Physik?" sagte der Arzt und erschrak. „Mehr brauchen Sie jetzt nicht."

"Ah! aber ich tue. Sehen Sie, was das letzte Los für mich getan hat. Ich bin viel stärker als früher. Geben Sie mir noch eine Flasche, Doktor?"

„Na gut, ich werde sehen. Das ist eine schreckliche Arbeit, Moredock."

„Ja, es ist ein Ärgernis, Doktor. Ich werde das Morslem öffnen. Sagen Sie, Herr Doktor, denken Sie daran, was ich über meinen Dally gesagt habe. Es wäre seltsam, wenn sie jetzt oben in Hall die Frau sein würde. „Er träumt schon wieder", fügte er hinzu.

„Erinnerst du dich an was?" sagte der Arzt. „Deine Dally – das Dienstmädchen im Pfarrhaus?"

„Ja, Doktor; Es scheint, als ob es sich bei den Dienstmädchen um Missbräuche handeln könnte. Wer weiß, was?"

„Wer weiß, du alter Kerl!" rief der Arzt wütend. „Du kümmerst dich gut um dein Enkelkind, aus Angst, es könnte Ärger geben."

„In Ordnung, Doktor, das werde ich tun. Ich werde aufpassen und nicht mit dir streiten. Ich habe nicht vergessen, was du getan hast, als ich mir mit dem Spaten in die Hand geschnitten habe."

„Und an einer Blutvergiftung gelitten, was? Ah! Ich habe dir damals das Leben gerettet, Moredock."

„Und das werden Sie wieder tun, nicht wahr, Doktor?" sagte der alte Mann ruhig; „Denn ich habe noch einen Deal zu erledigen. Seien Sie nicht eifersüchtig, Doktor. Wenn mein Mädchen meine Dame sein darf, sollst du sie pflegen. Sie sind ein kluger Kerl, Doktor; aber da muss ich weitermachen, denn ich habe ein Geschäft zu erledigen."

Der alte Mann schenkte dem Arzt ein gruseliges Lächeln und ging los, um sich zu beschäftigen, tat offenbar nichts, obwohl er beschäftigter war, als man hätte annehmen können; während Horace North, als wäre er nicht in der Lage, sich loszureißen, am Geländer des Grabes im Altarraum festhielt – dem Grab, in dem der Gründer der Familie lag –, der nächste in der Linie der Baronette, der es vorgezogen hatte, den Adel zu errichten Mausoleum auf der gegenüberliegenden Seite, wo es wie eine hübsche Kapelle des schönen alten Kirchengebäudes aussah; und dort würde in ein paar Tagen der letzte tote Baronet liegen.

North blickte direkt vor sich hin, während er sich an der Metallschiene des Grabes von Candlish festhielt, mit einem dunklen Abgrund vor sich und dahinter, nachdem er mit den Wassern der Entdeckung gekämpft hatte, ein Wunderland, das sich öffnete, das er erkunden wollte. um Ruhm zu erlangen und die Frau zu gewinnen, von der er sagte, dass sie sie liebte, und die ihn, wie er glaubte, im Gegenzug ebenso sehr liebte. Und doch schien der Arzt die ganze Zeit, während Moredock von Zeit zu Zeit mit einem Lächeln hereinschaute, nachdem er sich am Eingang des Mausoleums umgesehen hatte, dessen Schlüssel er in der Hand hielt, auf das Grab von Candlish zu starren, das so viel in Anspruch nahm des Altarraums, so wie sein Bewohner zu seinen Lebzeiten Platz eingenommen hatte.

Es war ein merkwürdiges Bauwerk, dieses Grab, merkwürdig wie das Geländer, das der Arzt hielt. Das Gebäude ähnelte nichts weiter als einem dekorativen, äußerst engen Vierpfosten-Bettgestell aus Marmor, mit einer Palisade, die verhindern sollte, dass der Vulgäre dem steinernen Bildnis des großen Sir Wyckeley Candlish, Baronet, aus der Zeit von guter König James; umso mehr, als er offenbar in Begleitung seiner Frau, Dame Candlesh, vollständig bekleidet zu Bett gegangen war. Er war, sofern der Meißel des Bildhauers nicht gelogen hatte, ein Mann wie ein stierköpfiger Metzger gewesen, der eine Köchin geheiratet hatte, und sie war in ihren Puffs und Furbelows dargestellt, und er in seinen ausgestopften Kniehosen und Rosettenschuhen, der Federmütze und der kurzen Hose Kap. Seine Füße sahen wie Schmuck aus, nicht wie Glieder zum Gebrauch; und die Hände seiner Frau, zum Gebet verbunden, waren wie kleine Handschuhe, als sie nebeneinander lagen. Ein Paar Schmuckstücke, auf die ihre Nachkommen blicken konnten, wann sie kamen, um die Laudatio in lateinischer Sprache zu lesen, die in eine Tafel des steinernen Bettgestells eingraviert war, mit Wappen und Wappen sowie Mottos und Puffs, die nicht wahr waren, ganz nach der Mode der Zeit.

Es war ein merkwürdiges Exemplar altmodischer Eitelkeit, so groß, dass es schien, als wäre es der Hauptgegenstand des Ortes – ein Götzenaltar mit seinen Göttern, um den herum der Altarraum zum Schutz errichtet worden war.

„Was für ein Müll!" rief North aus, als er plötzlich zu dem Objekt aufzuwachen schien, auf das er blickte, „als ob ein Kerzenhalter jemals von Wert auf dieser Welt wäre – als ob er jemals eine gute oder tugendhafte Tat vollbracht hätte."

„Gibt es etwas Gutes auf dieser Welt? Warum nicht endlich. Alles scheint darauf hinzudeuten. Selbst das Schlimmste im Rennen könnte etwas Gutes bewirken. Ich werde nicht länger zögern. Er kann mich nicht ablehnen."

"Arzt! Hast du geschlafen?"

„Schläfst du, Mann? Nein. Nie mehr wach.

„Ich habe dich gebeten, mir noch eine Flasche davon zu geben – das kribbelnde Zeug. Es hat mir sehr gut getan."

„Ja, ja", sagte North heiser. „Du sollst noch mehr haben, alter Mann!"

„Ja; Das stimmt", sagte der alte Mann und rieb sich die Hände. „Kannst du mir doch nicht sagen, was es ist, damit ich selbst etwas davon bekomme, ohne dich zu belästigen?"

"Was ist es? Eines meiner Geheimnisse, Moredock, genau wie du deines hast. Vertrau mir, und du wirst so viel haben, wie zu deinem Besten ist."

„Ha! das ist richtig, Doktor; das ist richtig", kicherte der alte Kerl schrecklich. „Ich habe vor, noch lange zu leben, und das kann ich mir auch bequem leisten. Ich komme heute Abend in Ihre Praxis und – hist!" er flüsterte; „Kann ich irgendetwas mitbringen?"

„Nein – nein", sagte der Arzt hastig; „Aber, Moredock, ich möchte, dass du etwas für mich tust."

„Äh? Ich tue etwas für Sie, Doktor? Es ist doch kein Geld, oder?"

„Geld, Mann? NEIN; Ich sage dir, was ich will."

„Hist! Pfarrer!" sagte der alte Mann und gab ihm einen Stoß, als auf dem Kiesweg des Kirchhofs ein vertrauter Schritt zu hören war; und gleich danach verdunkelte die große Gestalt des Pfarrers die Tür.

"Ah! Norden; Sie hier? Schauen Sie sich um?"

„Ja", sagte der Arzt; „Und ein Gespräch mit meinem alten Patienten."

"Ah!" sagte der Pfarrer und schüttelte den Kopf über den Küster.

„Der Arzt wird mir noch eine Flasche von dem Zeug geben, wie ich es Ihnen gesagt habe, Sir."

"In der Tat!" sagte Salis ziemlich schroff. „Ich wünschte, du könntest auf so viele Flaschen verzichten, Moredock. Aber dort wollte ich Sie wegen der Vorbereitungen sehen."

„Machen Sie sich darüber keine Sorgen, Sir", grummelte der alte Kerl. „Es ist nicht das erste Mal, dass ein Candlish gestorben ist, und ich habe alles vorbereitet. Das wird schon gut gehen, Sir. Das ist mein Geschäft. Sie werden keinen Grund haben, sich zu beschweren.

„Seien Sie etwas genauer mit der Kirche und dem Hof, Moredock; und vor allem die Schafe rauslassen. Mr. May teilt mir mit, dass er absichtlich aus der Stadt kommen wird, um den Gottesdienst für Sir Luke zu lesen, und er hasst es, Schafe auf dem Kirchhof zu sehen."

„„Mitglied, was ich gesagt habe, Doktor?" kicherte der alte Mann. „Aber was soll ich tun, Herr? Kirchenvorsteher Sir Luke ließ sie dort hinbringen; Wer soll befehlen, sie wegzubringen?"

"Ich werde!" sagte der Pfarrer scharf. „So, das reicht."

Moredock trottete davon.

„Ich fürchte, ich habe eine krankhafte Abneigung gegen diesen alten Mann", sagte der Pfarrer.

„Ah, er ist ein Charakter."

„Ja, und auch ein schlechtes: Ich bin froh, dass wir sein Enkelkind von ihm getrennt haben."

„Das bin ich auch, und wenn ich du wäre, Salis, würde ich ein wachsames Auge auf das Mädchen haben."

"Ja natürlich!" sagte der Pfarrer ungeduldig. „Aber hast du gehört, was ich über Mays Ankunft gesagt habe?"

"Ja; aber was macht das schon?"

„Nur eine lange Vortragsreihe für mich, die mein Blut zum Kochen bringt. Ich hatte auch schon wieder ein unangenehmes Erlebnis. Ich ging in die Halle, um zu sehen – Sir Thomas – ich muss ihn wohl jetzt anrufen, und er schickte mir eine unverschämte Nachricht; zumindest dachte ich es."

„Macht nichts, alter Kerl; wir alle haben unsere Probleme."

„Ich werde keinen Ärger machen", sagte der Pfarrer ruhig. „Kommst du auf mich zu?"

"NEIN. Ich möchte noch ein Wort mit Moredock und dann gehe ich nach Hause."

„Ah, er ist ein seltsamer alter Kerl", sagte der Pfarrer und warf einen Blick auf den Küster, der mit einem Brecheisen über der Schulter um den Altarraum ging. Der alte Mann drehte sich um und warf den beiden beim Hinausgehen einen listigen, elsterartigen Blick zu des Sehens.

Die beiden Freunde trennten sich, und dann folgte North dem Küster.

„Das gefällt mir nicht", murmelte er. „Salis wäre entsetzt; er würde mir nie vergeben; Und doch riskiere ich die Liebe des Bruders, um die Liebe meiner Schwester zu gewinnen. „Oh, aber es ist mehr als das", sagte er aufgeregt; „Viel mehr als das. Es steht im Dienste der Wissenschaft und der gesamten Menschheit. Ich kann nicht anders. Ich muss – ich werde!"

Es wurde enormer Nachdruck auf das „Das werde ich!" gelegt. und als wäre er nun völlig entschlossen, ging er dorthin, wo der alte Küster am Eingang des Mausoleums herumkratzte und hackte und sich manchmal bückte, um ein üppiges Unkraut herauszuholen.

„Ah, Doktor", sagte er; "wieder zurück? Parson ist ein bisschen hart zu mir. Ich hoffe, er hat mich nicht über den Haufen geworfen."

"Unsinn! Nein. Hören Sie, Moredock, Sie haben immer den Wunsch geäußert, mir zu dienen?"

„Ja, Doktor; Natürlich."

„Dann schauen Sie hier“, sagte North und beugte sich zu dem alten Mann hinunter. "Ich möchte, dass-"

Er beendete seine Rede mit leiser Stimme am Ohr des alten Mannes.

"Du willst was?" war die Antwort.

Der Arzt flüsterte ihm noch einmal ernster zu als zuvor.

Der alte Mann ließ das Brecheisen auf die Seite fallen, seine Kinnlade klappte herunter, und er stand in gebeugter Haltung da und starrte.

„Soll ich das tun, Doktor?“ flüsterte er mit einem Zittern in seiner Stimme.

„Ja, ich möchte dabei deine Hilfe.“

„Nein, nein, Doktor; Ich konnte es tatsächlich nicht!“

„Das könntest du, Moredock; und du wirst!"

Der alte Mann zitterte.

„Ich habe einen Deal gemacht“, flüsterte er; „Und ich habe einen Deal gesehen; aber oh, Doktor! Bitten Sie mich nicht, das zu tun.“

„Das frage ich Sie nicht“, sagte der Arzt streng. „Ich sage nur, du musst – du sollst!“

Band zwei – Kapitel zwei.

„Eine feine Beere.“

Boom!

Die große Tenorglocke ließ die Lamellen in den Turmfenstern klappern, während sie ihren sonoren Ton erklang, um weit und breit zu verkünden, dass das Candlish-Mausoleum geöffnet und bereit sei, die Überreste des letzten Besitzers des von König James verliehenen Titels aufzunehmen.

Boom ! Wieder: ein so schweres und tiefes Geräusch, dass es schien, als würde es gegen die Fenster der Hütte schlagen und wie eine Welle zurückprallen, um zitternd vom Wind davongetragen zu werden und die Menschen von nah und fern einzusammeln.

Es war noch früh, aber ein kleiner, gepflegt aussehender Körper war in Bewegung, in der Person von Dally Watlock, die sich aus der Hintertür des Pfarrhauses schlich, auf die Wiesen ging, zum Fluss hinunter und hinterher eilte Manor House und erreichte so den Kirchhof auf der Rückseite, wo die Sakristeitür in der nordöstlichen Ecke leicht zugänglich war.

Dally ging und rannte, schaute scharf von einer Seite zur anderen, um zu sehen, ob sie bemerkt wurde, warf einen kurzen Blick auf die Stufen, die zum Mausoleum führten, und sehnte sich danach, einen Blick hineinzuwerfen, verzichtete aber darauf und stürzte zur Tür der Sakristei.

Sie wusste, dass die Sakristei leer sein würde, denn sie hatte den Pfarrer zu Hause gelassen, und sie hatte gehört, dass Reverend Maurice May erst in fast einer Stunde vorbeikommen würde, also bestand für sie eine ausgezeichnete Chance, den Sitz zu bekommen, den sie sich gewünscht hatte. und die Beerdigung sehen, und zu diesem Zweck war sie gekommen.

„Wie ermüdend!“ „„ schrie sie und schlug wütend gegen die Eichentür in der Ecke der Sakristei. "Gesperrt!"

Boom ! ertönte die große Glocke.

„Und Oma hat den Schlüssel“, rief sie. „Ich werde ihn dazu bringen, es mir zu geben.“

Dally sah ein wenig aus wie ein großes schwarzes Kaninchen, das von einer Fee in ein Mädchen verwandelt wurde, als sie aus der Sakristei huschte und auf ihrem Weg zur großen Westtür im Turm zwischen den Grabsteinen und alten Gewölben hin und her schlüpfte. aus dem ein weiterer lauter Knall erklang, der zitternd durch die Luft davonflog.

Die große Tür war offen und gab ihrer Berührung bereitwillig nach, als sie hineinstieß, und im nächsten Moment war sie eingetreten und schob sie zu, um dem alten Moredock gegenüberzustehen, der das Seil wegzog und aus dem großen Tenor ein anderes hervorholte schwerer Boom.

Der alte Mann war in Hemdsärmeln gekleidet und hatte seinen Mantel hinter der Tür aufgehängt, mit der Mütze darüber, so dass er eine starke Ähnlichkeit mit dem alten Küster aufwies, der offenbar seiner Existenz damit ein Ende bereitet hatte ein Stück Seil, das zu einer Glocke gehört.

„Hallo, Dally!" sagte der alte Mann und schenkte ihr ein gruseliges Grinsen, als wäre er stolz auf den gelben Zahn, der noch übrig war; „Warum bist du gekommen?"

„Ich möchte die Beerdigung des Knappen sehen, Oma. Um einen guten Platz zu bekommen."

„Ah, ich wusste, dass du kommst", sagte der alte Mann. „Ich sage, Dally; Sir Tom Candlish, nicht wahr? Haben Sie versucht, wie es klingt?"

„Was für ein Unsinn, Oma! und fertig. Jemand wird Sie hören."

„Er – er – er! „Lasst sie", kicherte der alte Mann; "Lass sie. Sir Thomas Candlish, nicht wahr?"

„Ich weiß nicht, was du meinst", sagte das Mädchen und warf vergeblich den Kopf hin und her.

Boom ! ertönte die Glocke, nachdem das Seil gerasselt hatte; und der alte Mann stöhnte vor Anstrengung.

„Er – er – er! Nein, nein, das weißt du nicht", kicherte er, bewegte sich seitwärts und gab dem Mädchen einen scharfen Stoß mit dem Ellbogen. „Aber mein Wort, Dally, du siehst heute Morgen wirklich hübsch aus."

„Tu es nicht, Oma. Was für Zeug!"

„Oh, aber das tust du", sagte der alte Mann und sah sie kritisch an; „Und auch gut und klug, um zu einer Beerdigung zu kommen."

„Warum, du hättest doch nicht gewollt, dass ich Schwarz trage, Oma, oder?"

Sie waren ganz allein im Glockenturm, und während der alte Mann redete, zog er von Zeit zu Zeit gleichmäßig am Seil, und das Ergebnis war ein schwerer, dröhnender *Knall* .

„Ah, und ich hätte vielleicht gesagt, trage Schwarz, wenn ich darüber nachgedacht hätte", sagte der alte Mann und musterte das Mädchen von Kopf bis Fuß.

„Dann hatte ich kein Schwarz, und wenn ich es gehabt hätte, hätte ich es nicht getragen, weil es einen so hässlich aussehen lässt", sagte das Mädchen und warf den Kopf noch einmal hin und her. „Jetzt sag mir, wohin ich gehen soll. Ich möchte gut sehen. Kannst du mich nicht auf dem Dachboden über der Sakristei unterbringen?"

"Was! von wo aus man in die Bank des Knappen sehen konnte?" sagte der alte Mann und zog noch einmal am Seil.

„Ja, Oma; Es ist ein schöner, gemütlicher Ort, wo mich niemand sehen kann."

„Oh ja, das könnten sie", sagte der alte Mann lachend. „Jeder, der von der Bank des Knappen aufsah, konnte Ihr hübsches Gesicht sehen."

„Ich bin sicher, ich wusste es nicht", sagte das Mädchen; „Und du nennst es auf einmal ganz gern ein hübsches Gesicht. Du hast eines Tages gesagt, ich sei eine hässliche kleine Hexe."

"Habe ich?" sagte der alte Mann, dessen Stimme von dem Knall der Glocke fast übertönt wurde. „Ich glaube, ich war an diesem Tag sauer. Aber, Dally, warum bist du nicht gekommen und hast deinen alten Großvater um etwas Geld gebeten, um Schwarz zu kaufen?"

„Weil er mich ein faules Luder genannt und mir gesagt hätte, ich solle meinen Geschäften nachgehen", sagte das Mädchen schelmisch.

„Nein, das würde er nicht, meine Liebe", sagte der alte Mann und zog am Seil. „Er hätte dir genug gegeben, um ein neues Seidenkleid sowie eine Haube und eine Feder zu kaufen – schwarze Uns, damit du genauso gut aussehend zum Berrin gekommen wärst wie die Besten von ihnen."

„Würdest du, Oma?" rief das Mädchen mit funkelnden Augen.

„Ja, das würde ich, mein Chuck, und der Noo-Squire hätte dich sehen können, und – hist!" – *Bumm*! – „er hätte mehr an dich gedacht als je zuvor."

„Oh, schade, Oma", sagte Dally. „Das solltest du nicht. Aber gibst du mir jetzt das Geld?"

„Es ist zu spät, mein Kleiner."

„Nein, nein, das ist es nicht, Oma."

„Aber du musst aufpassen, was du tust, Dally."

Noch ein Zug am Glockenseil und ein lauter *Knall*! brachte den Ort zum Beben.

„Ich verstehe dich nicht, Opa."

„Oh ja, das tust du. So, Sie kommen mich heute Abend besuchen – nein, morgen früh, und ich werde sehen, was ich tun kann."

„Du liebe alte Oma!" rief das Mädchen. „Aber beeilt euch; Ich möchte auf diesen Dachboden gehen. Du hast den Schlüssel."

"Habe ich?"

„Ja, und wenn Sie sich nicht beeilen, werden Mr. Salis und Mr. May hier sein, und ich komme nicht durch die Sakristei."

„Na ja, du fühlst dort in meiner Tasche – im Mantel hinter der Tür. Es ist der kleinste Schlüssel."

Das Mädchen stürzte sich auf den alten Mantel und hatte in der nächsten Minute vier Schlüssel herausgezogen, die durch langen Gebrauch alle poliert waren, wobei der kleinste ein großes Gerät war, groß genug, um als Kriegswaffe verwendet zu werden.

„Da", sagte der alte Moredock kichernd; „Bring es mir zurück, wenn du fertig bist."

„Ja, Oma."

„Und pass auf, dass der junge Knappe dich nicht sieht."

„Oh, Oma, natürlich werde ich das tun."

Seilrasseln, Boom und ein lautes Kichern.

„Ah, das wirst du, Dally. Dann machen Sie sich auf den Weg und vergessen Sie nicht, morgen früh zu mir zu kommen.

„Das werde ich nicht vergessen, Oma", rief das Mädchen, eilte hinaus und ging an der Rückseite der Kirche vorbei zur Tür der Sakristei, als ein weiterer lauter Knall vom Kirchturm ertönte.

Die Leute versammelten sich, aber Dally war nicht zu sehen, und als sie in die Sakristei ging, öffnete sie die alte Eichentür in der Ecke, zog den Schlüssel heraus, um ihn auf der anderen Seite einzuführen, zog ihn hinter sich her, schloss sich ein und stand auf Sie keuchte einige Augenblicke lang, bevor sie die schmale Wendeltreppe hinaufstieg, die zu der mit Maßwerk verzierten Öffnung an der Seite des Altarraums führte, von der aus sie einen hervorragenden Blick auf alles hatte, was gleich geschehen würde.

Denn es sollte „ein schöner Berg" werden.

Dies war der übliche Begriff für die Beerdigung von Luke Candlesh.

Sein Bruder Tom, Erbe des Titels und des Nachlasses, hatte infolge von Lukes Single-Leben dem Londoner Leichenbestatter Befehle erteilt – sehr zum Ekel des Zimmermanns und Polsterers von King's Hampton, wie auf seinem Schild verkündete, dass diese Person gesucht wurde zu wissen, warum er den Gutsherrn nicht so gut begraben konnte wie ein Londoner – dass alles der Familie würdig sein sollte. Also hatte der Londoner seine drittbeste Suite an Bestattungsutensilien mitgebracht. Das erste wurde für Magnaten beibehalten, das zweite für hochrangige Londoner; der dritte für die führenden Landfamilien, die immer bestellten und glaubten, den Takt zu haben.

Aber es war fast dasselbe. Die Straußenfedern in Zobelfarbe waren allen Rängen gemeinsam, und die Samt- und Seidentragetücher und Kutschen, die ein Jahr lang für die höheren Magnaten verwendet wurden, stiegen etwa ein Jahr später auf den zweiten Platz ab und kamen dann auf dem Land zum Einsatz. Es war nur eine Frage der Frische, und was konnte das schon ausmachen, wenn die Augen der Trauernden so mit Tränen verschleiert waren, dass sie das Neue nicht vom Alten unterscheiden konnten?

Es war also eine schöne Feier, mit den Kutschen aller benachbarten Adligen, die herabgesandt wurden, um ihnen zu folgen, und einem äußerst eindrucksvollen Gottesdienst, der, eindrucksvoll vorgetragen vom Rektor, der von King's Hampton herübergefahren war, für Hartley Salis fast blasphemisch klang. der das Unglück hatte, den Charakter des Verstorbenen auswendig zu kennen. Der Sarg aus poliertem Mahagoni mit vergoldeten Griffen war sehr bewundert worden; die wenigen Begünstigten hatten die Inschrift gelesen; und als es von der Halle zur Kirche getragen wurde, war das Gebäude ziemlich gut gefüllt, und die Kutschen reichten vom Kirchentor bis hinunter zu Moredocks Cottage – dreihundert Meter.

Es war eine Beerdigung, aber für die wenigsten war es eine Szene der Traurigkeit, da sie als ein ebenso interessanter Anblick wie eine Hochzeit angesehen wurden, und die Zuschauer hatten ordnungsgemäß bemerkt, wer aus den verschiedenen Kutschen stieg, um die Kirche zu betreten Zu seinen Anhängern gehörte Cousin Thompson, der es für notwendig erachtet hatte, mit Horace North im Haus seines Cousins zu bleiben, um für den neuen Baron ein bestimmtes Geschäft abzuwickeln.

Der Arzt war nicht sehr erfreut, denn die Gesellschaft seines Cousins langweilte ihn gerade zu einer Zeit, als sein Geist voller großer Ideen war, die er unbedingt verwirklichen wollte; aber er unterwarf sich mit größtmöglicher Anmut, und bei der Beerdigung saßen sie Seite an Seite in einem der Wagen und nahmen dann dieselbe Position in einer Bank ein. Und während Reverend Maurice May mit Tränen in der Kehle von dem verstorbenen Bruder sprach, dachte der Arzt an die Wissenschaft und an seinen Cousin an das Geld und an den Bruder, der nicht gegangen war.

Während des Gottesdienstes stieß Frau Berens einmal ein lautes, hysterisches Schluchzen aus, denn sie war einmal so weit gegangen, zu hoffen, dass sie die Herrin im Saal werden würde.

Dieses Schluchzen kam aus einem Teil der Kirche, während ein zweites Schluchzen aus der Pfarrstuhlbank kam, wo Leo saß – ein anderer, der es einst für möglich gehalten hatte, dass sie durch den Verstorbenen die Dame des Saales werden könnte; und als sie dort saß, erinnerte sie sich an bestimmte Liebesbeziehungen, die zwischen ihnen stattgefunden hatten, bevor Luke Candlish eine größere Vorliebe für eine Liebe spirituellerer Natur zeigte, als sein Bruder an seine Stelle trat, und an die heftigen Streitigkeiten, die dazu geführt hatten üblich gewesen, fast aufgehört.

In allen Teilen der Kirche befanden sich Zuschauer, wobei Dally Watlock am besten platziert war und außerhalb der Sichtweite der Gemeinde lag. Sie saß hoch oben, die Ellbogen auf den Knien und das Kinn in den Händen, und beobachtete zwei Menschen – Leo Salis und Sir Thomas Candlish.

Die Augen des Mädchens blitzten und zeigten ihre nervöse Erregung, während sie mit völlig regungslosem Kopf zusah, mit ihrem Blick bald in einer Bank, bald in der anderen, bereit, den ersten Blick einzufangen. Denn für sie war es keine feierliche Szene, sondern nur ein weltlicher Kampf, aus dem sie sich entschlossen hatte, als Siegerin hervorzugehen.

Der Gottesdienst ging weiter, und Tom Candlish saß halb, halb kniete auf seinem selten eingenommenen Platz, nahe dem grotesken Bildnis seiner Vorfahren. Er kniete nicht nieder, denn er hatte eine Abneigung dagegen, die Knie seiner neuen schwarzen Hose staubig zu machen; aber seine Miene widersprach völlig der gängigen Sitte. Als er die Duke's Hampton-Kirche besuchte, verbrachte er so viel Zeit wie möglich im Stehen, die Hände über die Seite der Bank gestützt, und starrte jede Frau im Ort an. Zu Dallys großer Befriedigung blickte er sich nun kein einziges Mal um, sondern hielt das Kinn auf die Brust – seine Art, seinen Kummer zu zeigen.

Leo achtete an ihrem Platz in der Pfarrhausbank ebenso auf ihre Miene, und ein gewöhnlicher Beobachter wäre damit zufrieden gewesen. Aber Dally Watlock war keine gewöhnliche Beobachterin, und sie hatte sich eingebildet, dass Tom Candlish und Leo sich früher oder später ansehen würden, wenn auch nur für einen Moment, und sie wartete darauf, diesen Blick zu erhaschen.

Dally hatte recht, und der Blick war so scharf und schnell, dass sie die Einzige war, die ihn bemerkte. Aber da war es tatsächlich, genau in dem Moment, als der Pfarrer vom Lesepult heruntertrat, und im Mittelgang, wo die Männer des Leichenbestatters beschäftigt waren, ein schlurfendes Geräusch zu hören war. Ein kurzer Austausch in einem Moment, als wüssten die beiden instinktiv, dass die Zeit gekommen war, und Dally Watlock holte tief Luft zwischen ihren zusammengebissenen Zähnen, während ihre kleinen Augen glitzerten und wieder zu blitzen schienen.

Dann leerte sich die Kirche langsam, der Kirchhof füllte sich, und die Menschen bildeten einen Halbkreis um das Mausoleum, dessen Gittertore offen standen und dessen Tür am Fuße der Steinstufen offen stand, während von innen ein schwacher Glanz drang scheine auf ein Ende des Sarges, wie die Sonne auf das andere schien.

Die klägliche Stimme von Reverend Maurice May hob und senkte sich während des restlichen Gottesdienstes bis zu dem Zeitpunkt, als der Sarg die Stufen hinunter getragen wurde und dort erneut ruhte; und seine Worte klangen noch tränenreicher, als er fertig war, das Buch zuschlug und mit gesenktem Kopf vier Schritte in die Sakristei ging, sich hinsetzte und seufzte, bevor er sein Gewand auszog und sich vor seinem Pfarrer verneigte, als wäre er zu überwältigt, um zu sprechen. und kehrte zu seinem Wagen zurück, um den anderen in die Halle zu folgen.

In der Zwischenzeit half Moredock den Männern des Leichenbestatters mit großer Wichtigkeit dabei, die gähnende Tür des Tresorraums zu schließen, anschließend die Eisentore mit einem seltsamen, widerhallenden Klirren zu schließen und den Schlüssel zu drehen. während North, der in Gedanken versunken zu sein schien, dastand und ihn beobachtete.

In diesem Moment kam Salis mit seiner Schwester aus der Sakristei und wollte gerade nach Norden gehen und sprechen; aber er wich zurück, als Cousin Thompson am Ende des Altarraums vorbeikam.

„Warum, hier sind Sie!“ rief dieser aus. „Die Kutsche wartet, und alle anderen sind weg.“

"Gegangen?" sagte der Arzt verträumt. „Wohin gegangen?“

"Wo? Natürlich bis zur Halle. Wir müssen den Willen hören.“

„Nein“, sagte North kalt; „Das Testament geht mich nichts an. Ich komme nicht."

„Kommen Sie nicht?“ rief Cousin Thompson. „Na ja, der Mann muss verrückt sein.“

Er eilte den Weg entlang, um in die Kutsche zu springen, die am Tor wartete, während North, nachdem er einen Blick auf die Menschenmengen geworfen hatte, die auf dem Kirchhof warteten, langsam zum alten Moredock hinaufging.

Der alte Mann sah ihn kommen und wandte sich halb ab, als wollte er mit seinem Enkel sprechen, aber North hielt ihn zurück.

„Moredock“, sagte er leise, „Sie werden diese Medizin heute Abend brauchen.“

„Nein, nein, Doktor“, sagte der alte Mann unruhig, „nicht mehr – nicht mehr.“

„Ja, Sie werden noch mehr wollen“, sagte der Arzt bedeutungsvoll; und der alte Mann erwiderte seinen starren Blick und rieb sich dann mit dem Schlüssel zum Tresor die verwelkte gelbe Wange, während der Arzt wegging.

„Das gefällt mir nicht“, murmelte er. „Es gefällt mir nicht. Nicht auf meine Art. Ah, Dally, mein Mädchen, gehst du nach Hause?“

„Ich gehe zurück ins Pfarrhaus, wenn Sie das meinen“, sagte das Mädchen knapp und wandte sich ab.

„Ah, da ist sie“, murmelte der alte Mann, „und warum nicht? Sie ist hübsch genug. Aber der Arzt – der Arzt, der heute Abend vorbeikommt. Nun, ich muss es tun; Ich muss es wohl tun, denn ohne ihn komme ich nicht weiter, und zum Sterben ist es noch zu früh. Auch ein bisschen Geld – ein bisschen Geld. Der Mensch muss sparen, um nicht ins Arbeitshaus zu gehen. Dally auch. Feine Kleider und Federn, und mach eine Dame daraus. Warum nicht, oder? Woher weiß ich, dass er mich das nächste Mal nicht vergiften würde, wenn es mir nichts ausmachen würde, was er sagte?“

Band zwei – Kapitel drei.

Aus einem besonderen Grund.

Jonadab Moredock saß am Abend der Beerdigung da und rauchte seine Pfeife, nachdem Luke Candlish seine letzte Ruhe gefunden hatte. Der alte Mann saß aus wirtschaftlichen Gründen im Dunkeln, und wann immer er kräftig an seiner Pfeife zog, erhellte das Leuchten in der Pfeife schwach sein seltsames altes Gesicht.

Er kommunizierte mit sich selbst, denn offenbar quälte ihn sein Gewissen mit Erinnerungen an die Vergangenheit.

„Nun", murmelte er, „es war nur Blei, und Zinkstückchen taten es genauso gut." Wenn ich könnte, hätte ich eine der Glocken verkauft? Nun, das würde ich auch tun, wenn sie nicht so schwer gewesen wären. Viel meins wie das von allen anderen. Ich bin so ungefähr der älteste Mann in Hampton!"

Er rauchte heftig weiter und rutschte auf seinem Stuhl hin und her.

„Was sollte ein Mann tun? Ins Arbeitshaus gehen, wenn er alt ist? Nein, das würde ich nicht tun. Nur ein paar Knochen, wie die Ärzte es wollten und die im Boden verrottet wären, wenn sie übrig geblieben wären. Tue auch Gutes. Ich weiß, dass sie, so wie sie es wollten, froh sind, mit ihnen Gutes tun zu können.

„Ich wünschte, ich würde jetzt einen Tropfen von diesem Medikament nehmen. Scheint einen Mann aufzurütteln und ihm Kraft zu geben. Böse Arbeit, aber ich bin nicht verärgert! Es war schick an diesem Abend. Wenn ich einen Tropfen Arztkram gehabt hätte, hätte ich diesen Kopf nicht über den Kirchenbänken entlanggehen sehen. Nein, ich bin nicht verärgert; aber wird er sehen – wird er sehen?"

Der alte Mann rutschte unruhig auf seinem Stuhl hin und her und musste seine Pfeife nachfüllen und wieder anzünden.

„Tchah! Was würde er über sie wissen? Wie konnte er das sagen? Niemand außer mir war jemals dort unten, außer bei Beerdigungen, und sie wollen sie nicht haben; Sie gehören zu den Toten. Die Toten wollen sie nicht, also gehören sie mir. Ah!"

„Warum, Moredock, habe ich dir Angst gemacht?"

"Erschrecke mich! Nein. Nichts macht mir Angst; aber du solltest nicht so plötzlich wie ein Mann kommen.

„Du hast geschrien, als ob du verletzt worden wärest. Warum sitzen Sie im Dunkeln?"

„Weil ich keine Angst vor der Dunkelheit habe", grummelte der alte Mann. „Kerzen sind Kerzen und kosten Geld; nicht wahr? Niemand gibt mir Kerzen."

„Na, bist du bereit?"

"Bereit? Wozu?"

„Kein Unsinn, Mann. Mit mir ist nicht zu spaßen."

„Hmpf!" knurrte Moredock. „Hast du die ärztliche Untersuchung mitgebracht?"

"Ja natürlich."

„Gib mir jetzt einen Tropfen. Ich bin kurz davor, ausgeknockt zu werden. Harte Arbeit heute."

North holte eine Flasche aus seiner Tasche und stellte sie auf den Tisch.

„Machen Sie Feuer, dann nehmen Sie eine Dosis", sagte er.

"Nein; Ich will kein Licht. Ich kann sehen, was ich will, ohne Licht."

Moredock stand auf, ging zu einem Regal und nahm eine Tasse heraus; Auf das Quietschen des Korkens folgte das Gurgeln einer Flüssigkeit, und dann ertönte ein Geräusch, das durch das Wort „glucken" dargestellt wurde, und der Küster holte tief Luft.

„Ha! Das gibt einem Mann Leben", sagte er. „Achten Sie darauf, nicht zu viel zu nehmen."

„Ja! Lassen Sie sich nicht verunsichern, Herr Doktor; Ich weiß", sagte der alte Mann. „Einen Daumen tief. Ich habe es oft genug gemessen. Ich habe kein Licht hinterlassen. Könnte Aufmerksamkeit erregen. Der junge Joe Chegg macht sich auf den Weg. Glaubt, er will meine Polly, aber er bekommt sie nicht. Kommt manchmal und schaut durch dieses Fenster, um zu sehen, ob sie hier ist. Jetzt bin ich bereit."

„Hast du alles, was du willst?" sagte North. „Schlüssel – Laterne?"

„Ja! Habe alles, was ich will; aber hast du alles, was du willst?"

„Ja, Mann, ja."

„Und schauen Sie hier, Doktor; Bedenken Sie Folgendes: Es ist Ihr Job, und Sie zwingen mich dazu.

"Was meinen Sie?"

„Ich meine, ich werde es nicht ertragen, wenn es herauskommt. Angenommen, Pfarrer Salis macht mich deswegen fertig?"

„Ich verstehe Sie jetzt", sagte der Arzt streng; „Und ich verspreche, dich freizuhalten."

„Aber es *geht* um Geld, nicht wahr, Doktor?" sagte Moredock unterschmeichelnd.

"Geld!" rief der Arzt verächtlich. „Glaubst du, ich würde das für Geld tun?"

Der alte Mann machte einen merkwürdigen Laut in seiner Kehle, der hätte lachen können, aber das war unmöglich zu sagen, dann ging er voran aus der Hütte, schloss lediglich die Tür hinter sich und ging weiter in Richtung der Kirche.

Es war eine ungewöhnlich dunkle Nacht, in der kein Hauch von Wind wehte. Links von ihnen lag der Hauptteil des Dorfes; aber es war kein Licht zu sehen; und bis auf das unruhige Bellen eines Hundes in der Ferne war kein Laut zu hören.

„Nicht so am Morgen, Doktor", flüsterte Moredock. „Der Ort war wie eine Messe."

„Sprich nicht", sagte der Arzt streng; und nachdem er ein Grunzen von sich gegeben hatte, stapfte der alte Küster stetig zum Kirchentor, das er öffnete, wobei der Schlüssel ein wenig klickte und das Schloss scharf zuschnappte.

„Soll ich es abschließen oder lassen?"

"Lass es. Niemand wird hierher kommen."

„Nein, ich werde dafür sorgen", sagte der alte Mann; und er steckte seine Hand durch das offene Holzwerk, schloss das Tor ab und zog den Schlüssel heraus.

Die beiden Männer stiegen den steilen Weg zur Vorderseite der Kirchenvorhalle hinauf und setzten ihren Weg bis zum Ende des Altarraums im Norden fort, wo das große Mausoleum und die Sakristei nebeneinander standen.

Als sie das Ende des Weges erreichten, wo er an der Tür der Sakristei endete, blieb Moredock einige Augenblicke stehen und lauschte aufmerksam.

„In Ordnung", sagte er; „nicht so sehr wie eine Katze;" und indem er sich bückte, schloss er die Eisentore oben an der Treppe auf, und sie schwangen sanft zurück. „Hat ihnen gut getan", flüsterte der Küster, „und der Tür unten auch."

„Jetzt schauen Sie her, mein Mann", flüsterte North, „Sie können mich in das Grab lassen und dann nach mir Ausschau halten; oder ich öffne das Haus selbst und bringe dir die Schlüssel zurück."

„Nein, Doktor, ich bin nicht beleidigt. Ich mag den Job nicht, aber jetzt, wo ich damit anfangen kann, mache ich bis zum Ende weiter."

„Das stimmt, Moredock; und du wirst es nicht bereuen, Mann. Wie ich Ihnen bereits sagte, hat es einen besonderen wissenschaftlichen Grund."

„Ich weiß nichts über wissenschaftliche Vernunft, Doktor", flüsterte der alte Mann; „Aber Sie sagten, es ginge darum, den Menschen ein längeres Leben zu ermöglichen."

„Ja, und das ist es."

„Und dass Sie an meiner Seite bleiben würden, Doktor, und dass ich so lange wie Mephooslum leben würde, wenn Sie könnten."

„Ja, Moredock, das habe ich."

„Und du hältst dich an die Abmachung?"

„Das werde ich, bei meiner Ehre als Mann."

„Shak'han ist wieder einmal dabei, Doktor. Das ist genug für mich. Ich mag ein bisschen Geld, und ich will es unbedingt; Aber kein Geld hätte mich dazu bringen sollen, das zu tun. Ich mache es, weil es den Männern ein längeres Leben ermöglichen soll."

„Ja, mein Mann, das ist es."

„Dann gehen wir rein. Stoppen!"

"Was jetzt?"

„Sie werden ihn – Squire Luke – nicht wieder zum Leben erwecken, oder? Denn das wird mein Buch nicht beantworten."

„Schweige, Mann, und halte dich an deine Abmachung, so wie ich mich an meine halten werde."

Moredock holte tief Luft, steckte den Schlüssel ein, öffnete die schwere Tür der großen Gruft, und auch sie schwang leicht in ihren gut geölten Angeln, die der Küster sorgfältig für die Beerdigung vorbereitet hatte.

„Die Dunkelheit macht Ihnen keine Minute etwas aus, Doktor?" flüsterte der alte Mann.

„Nein", sagte der Arzt und trat ein, gefolgt vom Küster, der sorgfältig das düstere Portal schloss, und sie standen zusammen in völliger Dunkelheit in Gegenwart von Generationen von Toten.

Band zwei – Kapitel vier.

Marienglocke.

Es war ein düsterer Abend im Pfarrhaus gewesen. Leo war ungewöhnlich still gewesen, und Salis war durch einen Brief, den er vom Rektor erhalten hatte, sehr beunruhigt.

Dieser Herr hatte nur so weit mit ihm gesprochen, wie es das traurige Geschäft, mit dem sie verlobt waren, erforderte, und war auf dem Weg in die Stadt nach King's Hampton zurückgekehrt, wahrscheinlich um seinen dortigen Pfarrer auf die gleiche Weise zu behandeln, und hatte einen verlassen Umfangreicher Brief, ähnlich einer Predigt, geschrieben über den Text „Vernachlässigung“, damit Salis ihn lesen kann.

Er hatte den Brief gelesen und ihn seinen Schwestern noch einmal vorgelesen, mit dem Ergebnis, dass Leo seufzte, mitfühlend dreinschaute und dann mit ihrem Buch fortfuhr; während Mary sich in ihrem Sessel zurückgelehnt hatte und zugehört und Ratschläge gegeben hatte.

„Ich weiß nicht, was ich noch tun könnte“, sagte Salis und runzelte die Stirn. „Ich vermute, dass ich die Pfarrei, die mir mein Pfarrer anvertraut hat, vernachlässige, aber das geschieht aus Unwissenheit. Ich möchte tun, was richtig ist.“

Er sah verwirrt auf seine Schwester herab, die ihre Arbeit auf ihr Knie fallen ließ und ihr mit einem zärtlichen Lächeln die Hand entgegenstreckte.

„Komm her“, sagte sie. "Niederknien."

Salis gehorchte und warf einen Blick auf Leo, dessen Gesicht von ihrem Buch verdeckt war, bevor sie sich tiefer beugte, um den angebotenen Kuss anzunehmen.

„Mein lieber alter Bruder“, flüsterte Mary und legte ihren weichen, weißen Arm um seinen Hals, „rede nicht so. Vernachlässigung! Meine Erinnerung an deine Taten ist zu gut gespeichert, um dieses Wort zu akzeptieren. Ihr Leben hier war eine lange Karriere der Selbstverleugnung.“

„Oh, Unsinn!“

„Von wohltätigen Taten, von Nächten im Krankenbett, im Angesicht des Todes und der ansteckendsten Krankheiten. Wie viel von Ihrem Stipendium geben Sie jemals für sich selbst oder für uns aus?“

„Nun, nicht viel, Mary“, sagte er und sein verwirrter Blick vertiefte sich. „Sehen Sie, es gibt so viele Arme.“

„Wer würde sich auflehnen, wenn du gehen würdest?"

„Ja, das denke ich, mein Lieber; aber ich war in letzter Zeit sehr nachlässig und verschwenderisch."

„Hartley!" – vorwurfsvoll.

„Nun ja, das habe ich, Liebes. Ich habe viel geraucht – und gefischt."

„Auf Wunsch Ihres Arztes; um dir Kraft zu geben; um Sie für Ihre Arbeit zu erfrischen."

„Aber diese Dinge wachsen einem auf", sagte Salis düster.

„Unsinn, Liebes; Du musst etwas Entspannung haben. Sehen Sie, was für ein Sklave Sie für die Gemeinde sind – und für mich."

„Na ja, das ist meine Entspannung", sagte er zärtlich. „Aber wirklich, mein Lieber, es scheint fast so, als ob er mich zum Rücktritt drängen will."

„Nun, Hartley", sagte Mary traurig, „wenn es so sein muss, werden wir gehen. Sicherlich gibt es Hunderte von Gemeinden, in denen mein Bruder willkommen wäre."

„Aber wie könnte ich meine Leute hier zurücklassen? Meine liebe Mary, ich habe mich so an Duke's Hampton gewöhnt, dass ich glaube, es würde mir das Herz brechen, dorthin zu gehen."

„Und meins", sagte Mary zu sich selbst, „wenn es nicht schon kaputt ist."

„Ich muss wohl den Brief beantworten", sagte Salis traurig, „und versprechen, mein Verhalten zu ändern."

„Ist es nicht Schlafenszeit, Hartley?" sagte Leo und gähnte.

„Gott segne meine Seele, ja", rief der Pfarrer und warf einen Blick auf seine Uhr. „Die Zeit vergeht so, wenn man redet."

„Ich bin sehr müde", sagte Leo. „Es war ein ängstlicher Tag."

„Ich werde wohl gezwungen sein, mich eine Stunde lang hinzusetzen und die Köpfe meines Briefes niederzulegen", sagte Salis.

„Heute Abend, Hartley?" rief Leo und zeigte plötzlich großes Interesse am Wohlergehen ihres Bruders. „Nein, nein; Tu das nicht. Du scheinst so erschöpft zu sein."

„Ja, du scheinst müde zu sein, Liebes", sagte Mary.

„Geh und ruh dich gut aus", sagte Leo lächelnd und stand auf, um ihn zu küssen. "Gute Nacht Schatz. Gute Nacht, Mary. Aber du gehst zu Bett, Hartley?"

„Nun", sagte er, „wenn ihr beide es bestellt, muss ich es wohl tun."

„Und wir bestellen es", sagte Leo spielerisch; „Häh, Mary?"

„Ja, stehen Sie früh auf und machen Sie einen schönen Morgenspaziergang", sagte Mary, was zur Folge hatte, dass die Lampe gelöscht wurde, nachdem Kerzen angezündet worden waren. Leo ging in ihr Zimmer und Hartley Salis erledigte seine übliche Aufgabe, seine Schwester zur Tür zu tragen; Danach gelang es ihr mit Hilfe einiger Krückenstöcke, sich fortzubewegen.

Eine Stunde später herrschte Stille im Pfarrhaus, und eine weitere Stunde verging, in der Hartley Salis unruhig davon geträumt hatte, einem Vortrag des Rektors über seine Vernachlässigung der Gemeinde zu lauschen, wobei der Rektor hart gegen das Prinzip des Groben vorging, der gegen einen stolpert Person und ruft aus:

„Wohin schiebst du?" Die Vorlesung hatte einen imaginären Punkt erreicht, an dem der Rektor mit der Hand auf der Glocke ausgerufen hatte:

„Und jetzt verstehen wir uns, Herr Salis. Guten Morgen."

Die Glocke läutete direkt über dem Kopf des Pfarrers, und er sprang aus dem Bett und zog eilig seinen Schlafrock an, denn diese Glocke hatte Verbindung zu Marias Zimmer und war dort, seit ihre Krankheit einen so ernsten Verlauf angenommen hatte.

„Was ist, Maria? sind Sie krank?"

„Nein, nein, Liebling", kam durch die leicht geöffnete Tür zurück; „Aber da stimmt etwas nicht."

"Falsch?"

"Ja. Ich habe auf jeden Fall gehört, wie sich unten eine Tür öffnete und schloss."

Band Zwei – Kapitel Fünf.

Der Küster hat ein Glas.

Das Candlish-Mausoleum war von einem Architekten erbaut worden, der eine ausgezeichnete Vorstellung von den Schönheiten des jakobinischen Stils hatte, und er hatte das Problem der vielen Fenster überwunden, indem er diese Fenster leer machte. Die steinernen Pfosten mit ihrem Maßwerk waren hübsch, und die Art und Weise, wie die Wappen der Familie Candlish dort angebracht worden waren, wo Platz war, zeugte von großer Ehre für ihn. An Stellen, an denen das Wappen nicht stand, war immer Platz für ein Wappen oder einen Schild, so dass der kapellenartige Bau eine Verbesserung gegenüber der alten Kirche darstellte.

Aber nachdem das Äußere mit seinem großen Dach, der massiven Tür und dem fein geschmiedeten Tor und Geländer benannt worden war, war es umso besser, je weniger über das Design gesprochen wurde. Mausoleen waren offensichtlich nicht die Stärke des Architekten; und als er ins Landesinnere kam, war er am schlimmsten.

Dabei sollte es sich um ein teilweise unterirdisches Bauwerk handeln, und die Vorstellung des Architekten von unterirdischen Bauwerken teilte sich in Kohlekeller und Weinkeller auf.

Ersteres, so meinte er, wäre antiseptisch und eine große Verbesserung gegenüber der ungesunden Erfindung der Bildhauer einer früheren Generation, die darauf abzielte, dem ersten Baronet auf Kosten seiner Mitgeschöpfe Ehre zu erweisen, die ihn in schrecklichem Maße verunglimpft haben die Vorgehensweise unserer Vorfahren im Hinblick auf die Entsorgung ihrer sterblichen Überreste; aber dieser Architekt entschied klugerweise, dass die Idee eines Kohlekellers dem Bauherrn zuwider sein würde; also fiel er auf den anderen zurück.

Daher wurden die Kerzen seit Generationen regelmäßig in vielen Steinbehältern verstaut, mit Etiketten an den Enden der Särge, aus denen hervorging, wer und was sie waren.

Aber die große Familie hatte nichts mit Wein zu tun, denn sie brachten durch Weinbewahrung keine Besserung; und als Moredock ein Streichholz anzündete und seine Laterne anzündete, um sie über seinen Kopf zu halten, waren auf allen Seiten Spuren der Berührung der Zeit zu sehen.

Die Idee eines Weinkellers war vorhanden, denn der Boden war tief mit Terpentin-Sägemehl bedeckt; Spinnweben hingen in Falten; hier und da waren abscheulich aussehende, schleimige Pilze entstanden; Vermoderte

Zerstörung fast überall; und Moredock beobachtete den Arzt gespannt, während er sich umsah, und sah vieles, aber nicht das, was der Küster verbergen wollte, denn wenn das Licht einer sorgfältigen Untersuchung hier zum Vorschein gekommen wäre, wären traurige Erinnerungen an kostspielige Griffe und Teller ans Licht gekommen Wäre die Inspektion jedoch von den modernen Vertretern der Familie weiter durchgeführt worden, wäre die Zahl der ganz oder teilweise vermissten Onkel, Tanten und Großeltern sowie ihrer bleiernen Häuser erschreckend gewesen, und über alle von ihnen Jonadab Moredock hätte eine Geschichte erzählen können.

Aber der Arzt warf nur einen flüchtigen Blick auf die Nischen, in denen sich die Toten befanden, denn er wandte sich sofort dem Sarg zu, der auf einem Steintisch in der Mitte des Gewölbes lag und diesen Platz einnehmen würde, bis die Türen für einen weiteren Sarg gähnten Kerzen, wenn der verstorbene Sir Luke irgendwo auf einer Seite verstaut würde.

Es war eine seltsame Szene, als der Arzt eine kleine Ledertasche auf dem Steintisch neben dem Sarg abstellte und eine Lampe mit Kamin und Schirm hervorholte. Wenn diese Lampe angezündet wurde, warf sie überall einen gelben Schein, und angelaufene Platten und vergoldete Nagelköpfe erzeugten Reflexionen aus den dunkleren Teilen des Gewölbes.

Der Küster schaute neugierig zu, nachdem er seine Laterne mit offener Tür direkt in eine der leeren Nischen gestellt hatte, und seine gelben Gesichtszüge verliehen ihm das Aussehen eines grässlichen alten Dämons, der hierhergekommen war, um abscheuliche Riten durchzuführen.

„Ich habe ein paar Werkzeuge mitgebracht, Doktor", flüsterte er und holte einen großen Schraubenzieher aus seiner Tasche.

„Auch ich bin versorgt gekommen", sagte der Arzt und holte verschiedene Utensilien aus seiner schwarzen Tasche. „Nun, Moredock, ich möchte, dass alles Nacht für Nacht hier bleibt, so wie ich es verlasse, bereit für mich, wenn ich wiederkomme."

"Komm wieder?" knurrte der Küster.

„Was, willst du heute Abend nicht fertig werden?"

„Diesen Monat vielleicht nicht", war die strenge Antwort.

Moredock starrte. "Warum du-"

"Stille!" sagte der Arzt streng. „Was wirst du nun tun – bleiben und mir helfen oder gehen? Wenn Sie auch nur die geringste Angst verspüren, bitten wir Sie, mich sofort zu verlassen."

„Nein, ich bin nicht beleidigt, Doktor", sagte der alte Mann grimmig. „Ich habe zu viel davon gesehen. Ich hatte ein bisschen Angst, als ich sah, wie dieser Kopf ohne Körper durch die Kirche ging, aber davor habe ich keine Angst."

„Dann hören Sie auf und helfen Sie", sagte der Arzt. „Ich werde dich gut bezahlen. Können Sie einen Schraubenzieher benutzen?"

Moredock lachte und zog seinen Mantel aus, den er an einen der Ziergriffe eines alten Sargfußes hängte. Dann krempelte er die Hemdsärmel über seine dünnen, sehnigen Arme, nahm einen Schraubenzieher – einen, den er mitgebracht hatte – und begann mit der Geschicklichkeit eines Zimmermanns, die Schrauben vom schönen Sargdeckel zu entfernen.

Als Moredock den Kopf angriff, beschäftigte sich der Arzt mit dem Fuß, mit dem Ergebnis, dass in wenigen Minuten alle Schrauben auf dem Steinsims an der Seite des Gewölbes zusammengefügt waren und der Sargdeckel mit seiner eingravierten Brust- Das Schild, auf dem der Name, das Alter und das Datum standen, wurde hochgehoben und hochkant aufgestellt, damit es nicht im Weg war.

„Wie öffnet man das am besten?" sagte der Arzt, während er die Lampe über den glänzenden inneren Sarg aus Blei hielt, mit seinem Rautenmuster und den silbrig aussehenden Lötstellen an den Seiten. „Sollten wir das Lot besser schmelzen?"

„Das Sägegerät schmelzen?" sagte Moredock lachend. „Ich zeige dir einen Trick, der doppelt so viel wert ist."

Er ging dorthin, wo sein Mantel hing, und holte aus einer der Taschen ein kurzes, gebogenes, meißelartiges Werkzeug mit scharfer Spitze und kräftigem Griff.

„So, Doktor, das ist der Jockey für diesen Job. Möchten Sie, dass es direkt geöffnet ist?"

"Ja; Ich möchte den Deckel sofort abnehmen. Schaffst du es?"

„Schaffe ich das!" kicherte der alte Mann spöttisch. "Sehen!"

Seltsame Gedanken schossen in den Geist des Arztes darüber, was zu verschiedenen Zeiten die Beschäftigungen des alten Küsters gewesen waren, als er sah, wie er das seltsam aussehende Werkzeug nahm, seine Spitze an der äußersten rechten Ecke des bleiernen Sarges platzierte und seine Schulter darauf platzierte gegen das Ende des Griffs und drücken Sie nach unten, wenn die Spitze sofort in die dünne Mine eindringt, direkt über die Oberseite der gebogenen Klinge. Der Rest war einfach, denn der alte Mann bewegte den Griff nur nahe der Seite auf und ab, wo der gebogene Stahl als Hebel mit größter Leichtigkeit durch das Metall schnitt, einen Zentimeter Schlitz nach dem anderen, so dass in einem In wenigen Minuten war die obere Ecke erreicht. Dann wurde der Kopf durchgeschnitten, und der alte Mann hielt inne, um zum Fuß zurückzukehren und dort durchzuschneiden.

„Warum hast du nicht weiter herumgeschnitten?" sagte der Arzt mit leiser, gedämpfter Stimme.

„Sie lassen mich in Ruhe, Doktor", sagte Moredock mit einem unangenehmen Lachen. „Wenn es ein Bein wäre, würde ich nicht nichts sagen, aber lass es dich machen. Das liegt eher in meiner Art. Schau hier."

Er beendete das Abschneiden der Leine, während er sprach, steckte dann mit einem grimmigen Lachen seine Finger in den Schlitz, hob ihn ein wenig an, ging dann zur ungeschnittenen Seite, hakte seine Finger wieder hinein, legte sein Knie gegen den Sarg und so weiter Mit etwas Kraft zog er das lange Bleiblatt zu sich herüber, wobei die ungeschnittene Seite wie die Scharniere eines Deckels wirkte, und legte den Inhalt des grässlichen Kastens frei.

„Da", sagte der alte Küster; „Das bedeutet weniger Ärger, wenn wir ihn wieder zum Schweigen bringen."

„Sie scheinen es zu wissen", sagte der Arzt schnell.

„Der Mann in meiner Reihe schnappt sich ein paar Dinge, Doktor", antwortete der Küster. „Aber da bist du doch. Was als nächstes?"

Der Arzt nahm die Lampe noch einmal und hielt sie über den Kopf des Sarges, um mit tiefstem Interesse den Kopf und das Gesicht zu scannen, die sich offenbarten.

„Geschert!" sagte Moredock grimmig; „Was gibt es da, worauf man sich stürzen kann? Scheint nur zu schlafen."

„Ja", sagte der Arzt, blickte nach unten und wiederholte nachdenklich die Worte des Küsters; „scheint zu schlafen. Angenommen, er ist es?"

Der alte Mann starrte mit heruntergeklappter Kinnlade und verwundertem Gesichtsausdruck.

"Schlafend? Nein, Sie sagten, er hätte sich das Genick gebrochen. Schlaf nicht, armer Kerl."

"Stille!" sagte der Arzt.

Moredock sah ihn neugierig an, als er sich tiefer über den Sarginsassen beugte.

„Eine Spielerei für uns, wenn er nur schlafen würde", murmelte der Küster unruhig. „Das würde Dally nicht gefallen, und mir sollte es auch nicht gefallen. Das würde nicht gehen."

„Gesund, stark – dieser plötzliche Unfall hat mein Leben gestoppt", sagte der Arzt, während er seine Hand auf die kalte Stirn legte. „Es muss möglich sein. Ich bin jetzt zufrieden, und das werde ich auch tun."

„Haben Sie gesprochen, Doktor?" sagte Moredock.

"NEIN. „Ja", sagte North und stellte die Lampe schnell ab. „Hier, hilf mir."

Moredock näherte sich, fragte sich, was als nächstes zu tun sei, und hatte die vage Vorstellung im Kopf, dass der Arzt gleich testen würde, ob der Körper vor ihnen irgendwelche Überreste von Leben enthielt, bevor er eine Untersuchung durchführte, um sein anatomisches Wissen zu erweitern.

„Jetzt schnell. Aufzug."

„Wir beide können das nicht heben, Doktor. Es braucht vier Männer. Es waren acht, um es zu Fall zu bringen."

„Können wir es an den Rand dieser Platte verschieben?"

„Ja, das könnten wir machen." Und sie hoben den Sarg zuerst am Kopf und dann am Fuß an und bewegten ihn an die äußerste Kante des Steintisches, so dass auf einer Seite genügend Platz blieb.

„Dann heben Sie sich noch einmal hoch. Ich werde den Kopf nehmen; du die Füße."

"Was! Heben Sie ihn heraus, Doktor?"

„Ja, Mann, ja. Verschwenden Sie keine Zeit."

Moredock zögerte einen Moment und holte tief Luft. Dann gehorchte er den erhaltenen Befehlen und half dabei, die Leiche auf den Tisch zu heben, wo sie weiß und seltsam aussehend im gelben Licht lag.

„Jetzt können wir den Sarg leicht heben", sagte North. „Dort drüben – aus dem Weg."

Der Küster stieß einen leisen Pfiff aus, als er erneut gehorchte, den unteren Griff des massiven Sarges ergriff und ihn auf eine Seite stellte, nahe der Stelle, an der ein oder zwei Generationen der verstorbenen Kerzen in ihren behälterähnlichen Nischen lagen.

Nachdem dies geschehen war, fuhr der alte Mann mit dem Arm über seine feuchte Stirn.

„Stört es Sie, wenn ich eine Pfeife habe, Doktor?" sagte er unbehaglich. „Das ist ein bisschen extern. Ich wusste nicht –"

„Nein, nein; Sie dürfen hier nicht rauchen", sagte der Arzt hastig. „Einen Moment – hier in die Mitte des Tisches."

Moredock gehorchte erneut und die liegende Gestalt des toten Knappen wurde genau dort platziert, wo der Sarg gestanden hatte.

„Das reicht", sagte North. „Nun, Moredock, was sagst du zu einem Glas?"

"Glas? Ja, Doktor. „Ich will es unbedingt", rief der alte Mann eifrig, als der Arzt eine silberne Flasche hervorholte, die Tasse vom Boden nahm und sie dem Küster reichte.

Zuvor schüttelte North jedoch die Flasche kräftig, und die Augen des alten Mannes funkelten, als sein Gesicht bei dieser Bewegung einen misstrauischen Ausdruck annahm, der so an Medizin erinnerte.

„Ich sage, was ist das?" er sagte.

"Was ist es? Herzlich."

"Brandy?"

"NEIN."

„Sehen Sie her, Doktor", sagte der alte Küster heiser; "keine Spiele."

North hielt inne.

„Soll ich dir sagen, was du denkst, Moredock?" er sagte.

„Nein, das kannst du nicht machen, so schlau du auch bist", rief der alte Mann lachend.

"Ich kann. Du denkst, dass ich hier Gift habe und bereit bin, dir eine Dosis zu verabreichen, damit du aus dem Weg sterbst und mich niemals bloßstellen kannst, indem du verrätst, was du gesehen hast."

Der Kiefer des alten Mannes klappte wieder herunter, und sein Gesicht wurde, wenn möglich, noch faltiger und runzliger, während er sich mit einer gelben Kralle am Kopf kratzte.

„Na ja, es waren so etwas in der Art", sagte er mit einem grimmigen Lachen.

„Du alter Idiot!" rief der Arzt aus; „Weiß ich nicht, dass du mich nicht bloßstellen konntest, ohne dich selbst bloßzustellen? Glaubst du, ich sei blind?"

„Nein, Doktor, nein; Du bist ein Scharfsinniger. Man sieht zu viel."

„Habe ich nicht gesehen, wie geschickt Sie bei dieser Art von Arbeit sind? Glaubst du, ich kann nicht lesen, was das alles bedeutet? Moredock, ich muss sagen, dass Sie sich auf die eine oder andere Weise zu einem reichen Mann gemacht haben."

„Nein, nein, Doktor; nein, nein!" rief der Küster. „Ein paar Pfunde haben sich zusammengesammelt, um mich eines Tages, wenn ich älter werde, von der Arbeit fernzuhalten."

„Du denkst also, dass ich dich vergiften und deinen Körper hier verstecken möchte?"

„Nein, nein, Doktor, das tue ich nicht. Du hast doch kein Bedürfnis, oder? Gib uns einen Tropfen von dem Zeug."

„Ja, wir verschwenden Zeit", sagte North, schüttete einen Teil des Inhalts seiner Flasche aus und reichte sie dem alten Mann, der sie nahm und trotz allem misstrauisch daran roch.

„‚Tarn' ist doch kein Gift, oder, Doktor?" sagte er mitleiderregend.

„Ja, wenn du genug davon genommen hast. Aber dieser Tropfen wird dir nicht schaden. Habt keine Angst. Wirf es weg. Es ist ein Likör."

Der alte Mann zögerte einen Moment, starrte den Arzt wild an und warf es dann in einem Zug weg.

"Dort! Fühlst du dich, als würdest du tot umfallen, alter Mann, und fragst du dich, in welche dieser alten Nischen ich dich stecken soll?"

„Tchah! „Reden Sie nichts, Doktor", sagte der alte Mann und legte die Hand an die Kehle. „So etwas würdest du nicht tun. Das ist gut! Das ist erstklassiges Zeug. So etwas habe ich noch nie probiert. Es wärmt Sie und gibt Ihnen das Gefühl, zu allem bereit zu sein. Verarscht! Wer ist verärgert? Tschah! Was gibt es zu bedenken? Ich bin bereit, Doktor. Ich werde dir helfen. Was soll ich als nächstes tun?"

„Setz dich eine Weile auf diesen Sims, bis ich dich will."

„Ja, natürlich", kicherte der alte Küster, als er sich auf einen niedrigen Vorsprung am anderen Ende des Gewölbes setzte. „Das ist erstklassiges Zeug. Davon könnte ich noch einen Tropfen trinken, Doktor. Aber du machst weiter. Niemand kann es von außen sehen, denn ich habe hier schon früher Lichter angebracht, nachts die Türen geschlossen und es versucht. Es ist kein Riss zu sehen; Also mach weiter."

Der Arzt beobachtete den seltsam aussehenden alten Mann, wie er es sich mit dem Rücken in der Ecke bequem machte, und murmelte und kicherte weiter.

„Brandy ist nichts dagegen", fuhr er fort, „habe in meiner Zeit so manchen guten Tropfen geschmeckt. Äh? Was sagen Sie, Doktor?"

„Du bekommst ein andermal noch etwas mehr."

„Kann nicht nach draußen sehen. Geschert? Tschah! Es würde einem Kind keine Angst machen.“

Der Arzt kam auf ihn zu, aber der alte Mann achtete nicht darauf und murmelte weiter:

"Er! Er! Er! Ich könnte dir etwas sagen. Ich werde eines Tages. Ein Kind erschrecken. Alter Mann? Tschah! Ich werde leben – lange – Ah!“

Die letzte Ejakulation wurde zu einem langen Seufzer, dem ein schweres, gleichmäßiges Atmen folgte.

North legte seine Finger in das Halstuch des Küsters, um sicherzustellen, dass keine Gefahr einer Strangulation bestand, und wandte sich dann ab.

„Gut für vier oder fünf Stunden, Master Moredock“, sagte er; und dann, mit seltsam aufleuchtendem Gesicht – „im Dienste der Wissenschaft – Ehrgeiz – ja, und um der Liebe willen.“ Werde ich Erfolg haben?“

Er hielt ein paar Minuten inne und beugte sich über den Körper auf dem Tisch.

„Es scheint sehr schrecklich, aber es ist nur die Angst eines Mannes, der sich ins Unbekannte wagt. Der erste Arzt, der eine schwere Operation durchführte, muss sich so gefühlt haben wie ich jetzt, und – Was ist das?“

Er richtete sich auf, warf den Kopf zurück und schüttelte ihn schnell, als hätte er plötzlich unter Schwindel gelitten.

„Puh! Nichts; ein wenig Aufregung. Nun zu meiner großen Entdeckung, denn ich muss – ich werde Erfolg haben.“

Er bückte sich schnell und holte eine Flasche und einen Koffer mit Instrumenten aus seiner schwarzen Tasche, als ihn erneut das seltsame Gefühl überkam und er erneut den Kopf schüttelte.

„Die Luft ist stickig und stickig“, sagte er, als er sich erholte. „Ich hätte mir vorstellen können, dass etwas mein Gesicht streift.“

Dann beugte er sich über die niedergestreckte Gestalt, die er schnell wieder entblößte, und vergingen schnell vier Stunden in dem düsteren Gewölbe, wo die gelblichen Strahlen der abgeschirmten Lampe direkt auf seine geschäftigen Finger und das steinerne Gesicht dessen fielen, der regungslos in seinem lag Tiefschlaf.

Vier Stunden, und dann legte er seine Hand auf den alten Küster, der wild aufsprang und seine klauenartigen Hände ausstreckte, als wollte er ihn an der Kehle packen.

Band Zwei – Kapitel Sechs.

Der Arzt ist nervös.

„Es ist alles in Ordnung, Meister North, dass Sie hierher kommen, mich wegen meiner Gesundheit schikanieren und mir befehlen, angeln zu gehen, und mich mit Zigarren halb ruinieren", sagte der Pfarrer; „Aber ich fühle mich geneigt zu erwidern: ‚Arzt, heilen Sie sich selbst.' Du bist so weiß wie so viel Teig."

"Unsinn!" rief der Arzt hastig.

„Der Gefangene bestreitet die Amtsenthebung", sagte Salis. „Erste Zeugin – Mary Salis – was sagen Sie?"

Mary lächelte North an, als sie leise sagte:

„Ich finde, Doktor North sieht abgenutzt und blass aus."

„Da, hörst du", rief Salis triumphierend.

„Ich bin nicht überzeugt", sagte North. „Ich werde einen Zeugen auf meiner Seite rufen. Leo, sprichst du für mich?"

„Auf jeden Fall werde ich das tun", sagte Leo leise, als sie von ihrem unvermeidlichen Buch aufblickte. „Sehe ich blass und erschöpft aus?" Leo schüttelte den Kopf.

„Nein", sagte sie leise. „Ich finde, du siehst sehr gut aus. Nur vielleicht etwas ernster als früher."

„Danke – danke", rief der Arzt eifrig.

„Er sieht schlecht aus", sagte Salis; „Und es ist eine schreckliche Betrügerei, dass er hierherkommt, mich schikaniert und mir abscheuliche Abkochungen verabreichen will, außerdem führt er mich in Faulheit und Ausschweifung, während er sich die ganze Zeit nicht recht halten kann."

"Unsinn!" rief der Arzt kleinlich. „Ich war nie besser, nie beschäftigter."

„Der Kerl ist ein Humbug", sagte Salis und ließ seine Hand klopfend auf den Tisch fallen. „Ich sage dir, was los ist."

North warf ihm einen Blick zu, der so voller Bitten und Verärgerung war, dass er sich zurückhielt.

„Nein", sagte er lachend, „ich bin so schlimm wie Horace North. Ich kann Ihnen nicht sagen, was los ist, es sei denn, er arbeitet zu sehr an seiner Verrücktheit."

North sah ihn scharf an und seine Blässe nahm zu.

„Nun, ich muss zur Kirche gehen. Ich möchte meinen Freund Moredock sehen.“

„Um Moredock zu sehen?“ sagte der Arzt mit einem schnellen, unruhigen Blick auf den Sprecher.

"Ja. Ich bin mit dem Vorgehen des alten Mannes nicht zufrieden.“

„Was hat er gemacht?“ sagte der Arzt, der auf seinem Stuhl herumrutschte und alles andere als er selbst schien.

„Oh, ich werde keine besonderen Vorwürfe gegen ihn erheben“, sagte der Pfarrer. „Kommst du auf mich zu?“

„N-nein, ja“, sagte North, erhob sich und ging zu Marys Couch, um ihm die Hand zu schütteln. Ihre Augen blickten in seine mit einem ruhigen, geduldigen Lächeln voller Resignation und Sehnsucht nach seinem Glück, das er nicht deuten konnte.

Dann wandte er sich an Leo, der las und offensichtlich tief in ihr Buch vertieft war.

"Gehen?" sagte sie, ließ es fallen und blickte mit einem ruhigen Lächeln auf. „Was für ein schönes Wetter, nicht wahr?“

North sagte, es sei entzückend, als er sich eindrucksvoll über die ausgestreckte Hand beugte und mit etwas von der Verzückung eines Liebhabers in die wunderschönen Augen blickte, die in seine aufblickten; aber es gab keinen Gegendruck der Hand; Der Blick war lediglich angenehm und freundlich, und erschöpft von Angst, Schlaflosigkeit und Beobachtung verspürte er unweigerlich ein Verlangen nach etwas mehr, wenn es nur Mitgefühl wäre, anstelle dieses ruhigen, milden Lächelns und der sanft toleranten Aufnahme seiner Annäherungsversuche .

„Warum, Horace, alter Mann, ich habe dich mit meinem Geplänkel nicht verletzt?“ sagte Salis, als sie zur Kirche gingen.

"TU mir weh? Nein. Ich bin etwas verärgert. das ist alles. Salis, alter Kerl, ich bin nicht ganz glücklich.“

"NEIN?" sagte der Pfarrer fragend, während er von der Seite auf das faltige Gesicht seines Freundes blickte.

„Ich scheine bei Leo keine Fortschritte zu machen.“

„Ist das so, oder ist es deine Einbildung?“ sagte der Pfarrer vorsichtig.

"Es ist so. Sie scheint mich zu tolerieren. Du merkst es.“

„Mir fällt auf, dass sie dir gegenüber sehr ruhig und nachdenklich ist, aber das ist eigentlich ein gutes Zeichen.“

„Möchtest du sie, meine Frau, sehen, Salis?“

„Wenn es um Ihr und ihr Glück ginge, würde ich Sie gerne als Mann und Frau sehen“, sagte der Pfarrer herzlich; „Aber seien Sie nicht voreilig, mein lieber Freund. Es ist fürs Leben, denken Sie daran.“

"Erinnern? „Oh ja, das weiß ich alles“, sagte North hastig.

Salis streckte seine Hand aus, die der andere ergriff.

„Sei mir nicht böse, Horace, alter Freund. Ich möchte euch beide glücklich sehen.“

„Ich weiß es, ich weiß es“, sagte der Arzt; und dann fangen; Als er Moredock auf dem Kirchhof sah, zögerte er, halb nervös, was Salis dem alten Mann sagen würde, war aber im nächsten Moment überzeugt, dass seine Befürchtungen unbegründet waren, sagte hastig ein paar Worte und ging weg.

„Ich kann es nicht sehen“, sagte Salis bitter. „Sie scheinen so völlig ungeeignet für das andere zu sein. Ich wünschte, es hätte so sein können, um Leos willen. Na ja“, fügte er hinzu, als er durch das alte Tor ging, „die Zeit regelt diese Dinge besser als wir. Guten Morgen, Moredock.“

„Guten Morgen, Sir – guten Morgen.“

„Ist die Sakristei geöffnet?“

"Jawohl; Die Tür ist offen, Sir. Sie können durch die Kirche gehen oder auf der Rückseite herumgehen. Durch die Kirche geht es am besten.“

„Ich gehe lieber herum“, sagte der Pfarrer ernst; und er ging weiter um den Chor herum, gefolgt von dem grimmigen alten Küster, der ihn verstohlen beobachtete, und kam mit zuckenden großen gelben Ohren ganz nah heran, als Salis an dem kleinen Pfad stehen blieb, der zu den Stufen des Candlesh-Gewölbes führte.

"Was ist das?" er sagte. „Äh? Wie bitte?" sagte Moredock und trat hastig vor ihn, um ein Taschentuch zu schnappen und es in seinen Händen zu zerknüllen. „Nur ein Stück weißer Lappen, Sir. Dahingeweht, weil die Wäsche von jemandem zum Trocknen aufgehängt wurde.“

"Unsinn!" sagte der Pfarrer streng. "Gib es mir."

„Doktor“, sagte Moredock zu sich selbst. "Der Dummkopf!"

Widerwillig reichte er das Stück Leinen, und der Pfarrer nahm es, hielt es hin und drehte sich in die Ecken, während sich das Gesicht des Küsters aufhellte.

„Hmpf! 'T. „Candlish, 24“, sagte Salis und las laut vor. „Dann wird der neue Baronet mit seiner Anwesenheit wahrscheinlich die Kirche begünstigen“, fügte er sarkastisch hinzu, während Moredock erleichtert aufatmete, aber erneut zitterte, als er sah, wie der Pfarrer das Mausoleum betrachtete.

„Nein, der des Knappen, nicht wahr, Sir?“

„Ja, und ich bitte um Verzeihung“, sagte der Pfarrer ernst, als er daran dachte, wie kürzlich der Bruder des jungen Mannes dort zur Ruhe gelegt worden war. „Moredock, bitten Sie Mrs. Page, das Taschentuch sorgfältig zu waschen und zu bügeln, und dann können Sie eines der Schulkinder damit in die Halle schicken.“

„Ja, Sir“, sagte der Küster mit einem Gefühl der Erleichterung.

„Jetzt kommen Sie in die Sakristei. Ich möchte mit dir reden."

„Noch einmal murren – schon wieder murren“, murmelte der alte Mann, während er seinem Vorgesetzten folgte und vor ihm stand, demütig auf den Vortrag wartend, den er erwartete, aber sein Gewissen war in Bezug auf die Gruft völlig beruhigt.

„Nun, Moredock“, sagte Salis, „ich habe einen Brief von Herrn May erhalten, in dem er sich sehr streng über den Zustand des Kirchhofs äußert.“

„Als er hier war, hat er nie etwas gesagt.“

"NEIN; es scheint, als hätte er lieber geschrieben, und er beklagt sich nicht nur über den Zustand des Grases, sondern meint auch, dass die Wege in einem sehr schlechten Zustand seien.“

„Warum hat er das dann nicht gesagt?“

„Ich sage Ihnen, er hat es vorgezogen, zu schreiben.“

„Wie kann ich dafür sorgen, dass der Ort schlecht aussieht, wenn die Schafe, wie Kirchenvorsteher Candlish einsetzte, immer über die Gräber galoppierten!“

"Ja; „Die Schafe machen den Ort wirklich unordentlich“, sagte der Pfarrer mit einem Seufzer.

„Und jetzt wird es genauso schlimm sein wie immer, denn Squire Tom hat morgens einen seiner Männer mit einem neuen Los geschickt.“

„Aber die Spaziergänge, Moredock – das Unkraut auf den Spaziergängen. Du weißt, dass ich mich schon einmal beschwert habe.“

„Schau mal, wie schlecht es meinem Rücken geht. Wie könnte ich mit einem Rücken, der sich nicht beugen würde, Spaziergänge machen? Und es kommt mir vor, Pfarrer, als Mann, der einen Deal gesehen hat, wäre es besser, wenn

du deine eigenen Gewohnheiten in der Kirche ändern würdest, bevor du
einen alten Diener wie mich bemängelst."

"Wie meinst du das?" sagte der Pfarrer streng.

„Ja, das meine ich ernst", sagte der alte Mann und zeigte mit einem äußerst
schmutzigen Finger auf den Boden. „Ich muss sauber bleiben, und ich tue
es; Aber du hast mich beschimpft, weil ich eines Tages eine Pfeife geraucht
habe, als ich ein böses Grab geschaufelt habe. Sie sagten, es sei unanständig,
auf dem Kirchhof zu rauchen.

„Das habe ich, Moredock, und ich wiederhole es.“

„Und ich sage, es ist nicht anständig, in der Sakristei zu rauchen und die
Zigarrenstücke herumzuwerfen. Du rauchst jetzt immer.“

Salis wurde rot, als er der Richtung des Zeigefingers folgte, und sah mehrere
Spuren weißer Asche und den Stumpf einer Zigarre.

„Warum, Moredock, ich – ich –“

„Leugnen Sie es nicht, Pfarrer. Sie haben sich jetzt wie jeder andere mit dem
Rauchen angefreundet; und ich habe immer mein Bestes in Bezug auf die
Kirche gegeben, und es ist schwer, etwas zu bemängeln, und wenn es dazu
kommt, gilt: Je früher ich es tue, desto besser, und je früher Mr. May etwas
an Ihnen findet, desto besser.“

Der alte Mann verließ trotzig die Sakristei und ging zu seinem Cottage,
während Salis den Zigarrenstummel aufhob und in seine Tasche steckte.

„Wie provozierend!“ er sagte. „Muss ängstlich abwesend werden und es
fallen lassen. Ich bin mir sicher, dass ich hier nicht geraucht habe, als ich
gestern – nein, es war am Tag zuvor – vorbeikam, um mich über den alten
Taufeintrag zu informieren. Ich muss rauchend hereingekommen sein und
das Ende der Zigarre hingeworfen haben. Ach du meine Güte! Wenn May
mich gesehen hätte – oder irgendjemanden anderen. Es ist empörend. Ich
werde ein ziemlicher Sklave dieser Gewohnheit und vergesse alles, was ich
tue. Tut-tut-tut! Wie provozierend! Der alte Mann hat völlig recht. Wie kann
ich ihm noch einmal Vorwürfe machen!“

Er ging düster nach Hause, traf Frau Berens und war so in seine Gedanken
versunken, dass er vorbeiging, ohne sie anzusehen, was die schöne Witwe
dazu veranlasste, rot zu werden und eilig zu ihrem Haus zurückzukehren, wo
sie von einem hysterischen Anfall erfasst wurde, der so schlimm wurde, dass
North wurde gerufen, um der leidenden Frau Sal flüchtig zu verabreichen
und sie zu beruhigen, als sie sich fragte, was sie getan hatte, dass der liebe
Herr Salis sie so behandeln sollte.

Mittlerweile hatte Jonadab Moredock sein Häuschen erreicht, hob den großen hölzernen Riegel an und ging mit einem plötzlichen Sprung hinein, aber nur um zu erschrecken, als er sich Dally Watlock gegenübersah.

„Ah, Oma!" rief das Mädchen hastig und versuchte, ihre Verwirrung und etwas anderes zu verbergen; „Warum, da bist du doch!"

„Ja", sagte der alte Mann misstrauisch; „Hier bin ich und was willst du?"

"Oh! nur um zu sagen, dass du nicht vergessen darfst, was du versprochen hast."

"Oh! „Das werde ich nicht vergessen", sagte der alte Mann. „Aber das tust du nicht – du hast dich doch in nichts eingemischt, oder?" und er sah sich neugierig um.

"Einmischung; Oh nein, Oma, Liebling! Ich bin gerade erst angekommen und kann nicht aufhören. Aber hilf mir. Ich hätte gerne ein paar schöne Kleider, und du würdest mich gerne dort sehen."

„Was, Frau oben im Herrenhaus, mein Mädchen? Ja, und das sollst du auch sein. Da, gib mir einen Kuss. Sei ein guter Gelehrter, und du wirst etwas Geld und schöne Kleider und Federn haben; und ich werde eine Menge starker Kerle zusammenbringen, die am Tag Ihrer Hochzeit stundenlang die Glocken läuten werden."

„Oh, du liebe alte Oma. Er soll mich heiraten, nicht wahr?"

„Ja, das wird er, meine Hübsche. Nun, wenn Sie gehen müssen, auf Wiedersehen.

„Ja, und er wird mich heiraten, meine feine Dame", murmelte Dally, als sie sich mit gerötetem Gesicht und funkelnden Augen wieder dem Pfarrhaus zuwandte. „Nun, wenn es nicht Joe Chegg ist", rief sie verärgert, als sie den jungen Mann kommen sah, und bog durch ein Tor in die Flusswiesen ein, um dem Rustikalen auszuweichen und über den Hintereingang hineinzukommen.

„Du denkst, du kannst sehr schlau sein", fuhr Dally fort; „Aber auch andere Menschen können schlau sein. Stellen wir sicher, dass das der Richtige ist", fügte sie hinzu und zog einen großen Schlüssel aus ihrer Tasche.

"Ja; Das ist das, was er mir vorher gegeben hat. Zwei können bei diesem Spiel mitmachen, Miss", fuhr sie mit einem bösartigen Blick fort, während sie den gestohlenen Schlüssel in ihre Tasche steckte. "Hahaha! Wie dumm kann ich sie aussehen lassen. Eifersüchtig? Nein, ich bin nicht eifersüchtig; denn ich werde den Tag gewinnen, sobald ich ganz sicher bin."

Joe Chegg verfolgte ihn, aber Dally nahm den Hinterweg durch den
Obstgarten des Pfarrhauses und kam auf dem Weg hinein an Leo vorbei.
„Warst du draußen, Dally?"

„Ja, Miss. Und ich bin sehr beschäftigt. Und ja, Fräulein!" fügte sie hinzu,
sobald sie allein war; „Ich habe den Schlüssel in meiner Tasche. Du bist sehr
klug; aber vielleicht kann Dally Watlock auch schlau sein."

Band zwei – Kapitel sieben.

Joe Chegg holt seine Werkzeuge.

„Es gefällt mir nicht, und ich möchte es herausfinden", sagte Joe und kratzte sich seitlich am Kopf. „Und wenn ich herausfinde, dass zwischen ihrem neuen Knappen und ihr irgendetwas los ist, warum werde ich dann –"

Joe Chegg sagte nicht, was er tun würde, hob aber die andere Hand, um sich auf der anderen Seite kräftig am Kopf zu kratzen.

Dann hielt er in seiner Arbeit inne, um aufzustehen und es zu begutachten, während seine Gedanken zwischen den Blumen umherschweiften, die in Kränzen hingen; und diese Kränze in leuchtenden Farben assoziierten natürlich mit Dally Watlock, der jungen Dame, die einen sehr tiefen Eindruck hinterlassen hatte und nun dem jungen Mann großes Unbehagen bereitete.

Joe Chegg war das Universalgenie von Duke's Hampton und bereit, sich für alles einzusetzen. War der Topf eines Nachbarn undicht, sagte Joe, es wäre schade, ihn in die Stadt zu schicken, wo er das vielleicht beheben würde, indem er unbeholfen einen Tropfen Lötzinn über das Loch schmolz. Musste das Tor von Mrs. Berens repariert werden, holte Joe Chegg einen Hammer und Nägel hervor und überzog das Holzwerk mit der Menge Eisen, die er anbrachte, als Panzer. Er war großartig im Umgang mit Schlössern. Als er sie angegriffen hatte, schlossen sie in der Regel nicht viel ab; aber Joe gebührt im Allgemeinen die Ehre, ihnen Gutes getan zu haben.

Er arbeitete mit Eisen und Blei, aber er war mehr aus Holz als alles andere und freute sich über die Gelegenheit, eine Säge benutzen zu können.

Nichts jedoch gefiel ihm mehr, als hin und wieder geschickt zu werden, um das Pfarrhaus oder den Garten von Frau Berens in Ordnung zu bringen, wo er an einem Tag mehr Unheil an Blumen und Gemüse anrichten würde, als ein gewöhnlicher, arbeitender Gärtner an drei Tagen anrichten würde: und wenn ja Wäre die Jahreszeit, in der er Gelegenheit zum Beschneiden hatte, dann hatten die armen Bäume einen Feiertag, denn sie hatten für die nächsten zwei oder drei Jahreszeiten weder Blüten noch Früchte, die sie tragen konnten.

Bei dieser Gelegenheit hatte Frau Berens ein halbes Dutzend Rollen Tapeten eines Musters auf dem Dachboden gefunden und beschlossen, ein kleines Zimmer damit tapezieren zu lassen.

Nun, da sie eine sensible Dame mit nur wenig Menschenkenntnis war und nicht wusste, dass die angerufene Partei sofort gekommen wäre und für Frau Berens und ihn gute Arbeit geleistet hätte, hatte diese Dame nun das Gefühl, dass sie dem König gehöre Der Maler aus Hampton wollte nicht kommen und ihr Zimmer tapezieren, da sie das Papier nicht von ihm gekauft hatte, also dachte man an Joe Chegg und machte sich an die Arbeit.

Es hatte lange gedauert, bis er angefangen hatte, denn er musste seine eigene Paste herstellen. Dann, während die Paste abkühlte, musste er seine Schere holen, und während er diese holte, hatte er Dally Watlock gesehen, verfolgt und vermisst.

Er war zu seiner Arbeit zurückgekehrt und hatte die Papierrollen zurechtgeschnitten, wobei er die Stirn sehr streng runzelte.

Das brachte ihn zur Essenszeit, und die Zeitung deutete auf Schritt und Tritt auf Dally hin. Es raschelte wie Dallys Kleidung, als sie herumwirbelte; die Webkante, die er abgeschnitten hatte, lief zu Locken auf wie Dallys Haare; es roch nach Dally – ein besonders frischer, seifiger Geruch; es deutete auf ein gemütliches Häuschen hin, das er mit seinen eigenen Händen tapezieren würde; und dann auch noch das Muster – wie gern er Dally so ein Kleid kaufen würde.

Nach dem Abendessen erinnerte die Zeitung mit ihren Kränzen und Blumen, wie bereits erwähnt, immer noch so sehr an Dally, dass Joe Chegg, während er sich an die Arbeit machte, es langsam geschafft hatte, drei Stücke aufzuhängen, als Mrs. Berens, ganz aus Seide, Duft und Spitze, ins Zimmer rauschte um zu sehen, wie es ihm ging.

„Warum, Joe", rief sie; „Du hast es verkehrt herum aufgehängt!"

Kein Wunder, denn seit er Dally an diesem Morgen gesehen hatte, stand Joe Chegg kopfüber.

Er sagte nicht wie Mr. Sullivans unsterblicher britischer Arbeiter: „Es wird alles gut, wenn es trocken ist", sondern blickte verlegen und starrte angestrengt auf das Papier, um zu sehen, dass die Rosen alle ihre Köpfe und die Stängel hängen ließen zeigt gerade nach oben.

„Auf dem Kopf, Ma'am?" sagte er mit einem schwachen Lächeln.

„Ja, Joe; und du bist ein Gärtner. Haben Sie schon einmal solche Blumen wachsen sehen?"

„Wenn sie entnagelt sind, Ma'am", sagte Joe mit einem glücklichen Gedanken.

„Unsinn, Mann! Es sieht lächerlich aus."

„Soll ich es abziehen, Ma'am?"

"NEIN; absurd! Sie müssen das Ganze noch einmal mit Papier überkleben. Es ist einfach so viel Verschwendung, Papier aufzuhängen. Starren Sie nicht, Mann, sondern machen Sie weiter."

Mrs. Berens war ziemlich verärgert und brüskierte Joe Chegg auf eine Weise, die dem jungen Mann Tränen in die Augen trieb, die er verbarg, indem er sich über den Pasteneimer beugte und den Inhalt so heftig ausschüttete, dass Mrs. Berens aus Angst um ihre Kleidung schlug hastig einen Rückzug.

„Es nützt nichts", sagte Joe Chegg, „ein Mann kann Papier nicht richtig aufhängen, wenn er verliebt ist; und wenn er so verärgert, gequält und genervt ist wie ich, fühlt er sich viel eher dazu geeignet, sich zu erhängen. Ich werde hingehen und es tun!"

Dieser Ausdruck einer Entschlossenheit spielte jedoch auf etwas in Joe Cheggs Gedanken an, das überhaupt nichts mit dem zu tun hatte, was Anwälte in der Rechtssprache als *sus per col bezeichnen* . Er hatte bestimmte Pläne in seinem eigenen Kopf gemacht, und das Grübeln darüber hatte dazu geführt, dass die Vorhänge von Frau Berens auf dem Kopf standen; und um diese Pläne voranzutreiben, packte er seine Arbeit für den Tag zusammen, ging in die Küche hinunter, wo er den Mägden ankündigte, dass er seine Werkzeuge holen würde, und machte sich dann auf den Heimweg.

In dieser Nacht verhielt sich Joe Chegg verstohlen. Er wartete, bis es dämmerte, und ging dann vorsichtig wie ein Verschwörer hinaus, wie er dachte, machte aber genug Lärm, um irgendjemanden auf der Hut zu machen, während er selbst davon überzeugt war, dass seine Geheimhaltung und Fürsorge ihn überraschten.

„Sie kann mich nicht täuschen", sagte er sich mit einem zufriedenen Grinsen, und indem er an Zaun und Hecke entlangging, brachte er sich in eine Position, in der er beobachten konnte, was ein Kind nicht getäuscht hätte.

Der Ort, den er wählte, war gegenüber dem Küster, wo er wartete, bis Moredock herauskam, etwa zu der Zeit, als andere Leute zu Bett gingen.

Joe Chegg begrüßte dies als ein Zeichen dafür, dass die Luft rein sein würde und Dally Watlock bald erscheinen würde, um einen Termin einzuhalten, denn er hatte guten Grund zu der Annahme, dass sie tatsächlich jemanden getroffen hatte, und zwar um einen sicheren Beweis dafür zu haben, dass er es war Dort.

Aber die Stunden vergingen, und kein Dally erschien, und Joe Cheggs Hände wanderten sehr tief in seine Taschen, und seine Stirn runzelte sich tief.

Band Zwei – Kapitel Acht.

Warum Dally sich den Schlüssel ausgeliehen hat.

Es gab einen Grund dafür, dass Dally nicht in der Hütte des Küsters erschien, und dieser Grund war, dass sie an diesem Abend das Pfarrhaus nicht verließ, aber äußerst aufmerksam war, wenn die Glocke läutete, und sich gegen zehn Uhr im Pfarrhaus einstellte Bevor sie ins Bett ging, öffnete sie die Tür zum Arbeitszimmer, um zu wissen, ob noch etwas fehlte, denn es würde ein arbeitsreicher Morgen werden und sie wollte früh aufstehen usw. usw.

Mary wollte nichts mehr und Leo stimmte zu, also ging Dally Watlock zu Bett, ging aber nicht.

Im Gegenteil, sie lief eine Weile umher, ohne den Versuch zu machen, sich auszuziehen, sprach durch die Gipswand hindurch mit ihrer Dienerin und endete damit, dass sie laut gähnte und ihre Kerze auslöschte. Dann öffnete sie sanft ihr Fenster und setzte sich daneben, um die Sanftheit und Schönheit der dunklen, ruhigen Nacht zu genießen.

Das alte Pfarrhaus in Duke's Hampton lag fünfzig Meter von der Straße entfernt, mit dem Rücken zu den Wiesen, durch die der glitzernde Forellenbach floss. Es gab einen schönen alten Garten voller buschiger immergrüner Pflanzen und hoher, blühender Sträucher, so dass es teilweise durch die Bemühungen der Natur, teilweise durch die Führung des alten Gärtners, der den Ort genial geplant hatte, durchaus möglich war, ein halbes Dutzend zu beherbergen Menschen können sich gleichzeitig an dem Ort aufhalten, ohne sich der Anwesenheit des anderen bewusst zu sein.

Das schöne alte, mit Efeu bewachsene Gebäude wurde in L-Form mit steilen Giebeln gebaut; und die Dinge waren so arrangiert worden, dass, während Salis und die arme kranke Mary vorne schliefen, Leos hübsches Schlafzimmer so platziert war, dass sie direkt über den grün gesäumten Weg bis zu den Wiesen blicken konnte. Direkt unter ihrem Fenster stand ein altes, rustikales Sommerhaus, bedeckt mit Clematis und Jasmin; Etwas weiter rechts, im Winkel des L, befand sich ein kleines Weingut und dahinter das angebaute Werkzeughaus, das durch die dichte Efeumasse, die sich über dem Strohdach und den Wänden drängte, zu einem Objekt der Schönheit wurde.

Daher kam es, dass Leo auf das mit Kletterpflanzen bewachsene Sommerhaus und hinüber zum mit Efeu bewachsenen Werkzeughaus und das von Rosen umrankte Schlafzimmerfenster von Dally Watlock blicken konnte, während die apfelwangige junge Dame die umgekehrte Aussicht genoss , mit dem kleinen Nachteil, dass sie, als sie zu Leos Fenster hinüberblickte, keine Rosen, sondern die langen, lorbeerähnlichen Blätter einer großen Magnolie sehen konnte, die rundherum sorgfältig geformt waren – eine Angelegenheit, die nicht die geringste Bedeutung hatte, denn Dally bevorzugte die Fenster zur Umgebung.

Die Abläufe des Daily an diesem Abend waren seltsam. Sie saß eifrig und wachsam da, bis in Leos Fenster plötzlich ein Lichtschein aufleuchtete, der anzeigte, dass ihre junge Herrin zu Bett gegangen war. Dann, während sie zusah, sah sie, wie die Jalousie zur Seite gezogen wurde und eine schattenhafte Hand den Fensterflügel öffnete, ihn öffnete und den Eisenhaken einhängte.

Dally atmete tief und zufrieden ein, und dann wartete sie, bis die Jalousie herunterfiel und von Zeit zu Zeit der Schatten von Leo darauf erschien, und benahm sich für einen jungen Menschen, dessen Charakter ihr Leben als Hausangestellte bedeutet, auf eine bemerkenswert seltsame Weise Diener.

Dally sagte leise durch ihre zusammengebissenen Zähne:

„Das habe ich mir auch gedacht, Ma'am!" und dann band sie mit der ganzen Aktivität eines vierzehnjährigen Jungen ein dunkles Taschentuch fest über ihren Kopf und unter ihr Kinn, stieg von ihrem Stuhl auf das Fensterbrett und ließ sich auf die Oberseite des Werkzeughauses nieder. wo sie sich flach in das Bett aus Blättern legte, um, wenn es leicht gewesen wäre, eine so hübsch rustikal aussehende Idee für einen Künstler einer Dryade in ihrem Blätterkranz zu formen, wie er es sich nur wünschen konnte.

Aber Dally Watlock hatte nicht vor, die Nacht *im Freien* zu verbringen, denn sie war außerordentlich hellwach, und sobald sie in voller Länge parallel zu ihrem Teil des Hauses ausgestreckt war, und mit den Füßen in Richtung des Teils, in dem ihre Vorgesetzten schliefen Dann begann sie sich sehr langsam und vorsichtig um ihre eigene Achse zu drehen, den Efeuhang des Schuppens hinunter und hinunter zum strohgedeckten Schuppen, wo es viele kräftige Efeuzweige gab, die sie greifen konnte, um als Pausen zu dienen und reguliere ihre Geschwindigkeit. Jetzt lag sie auf der Seite, und als sie sich langsam umdrehte, vergrub sich ihr kleines rotes Gesicht in den dunkelgrünen Blättern. Noch ein bisschen und es kam hoch, und sie war auf der anderen Seite und bald darauf auf dem Rücken. Und so weiter und so weiter, bis sie, indem sie nur ein wenig die Blätter zerdrückte und ohne einen Zweig abzubrechen, bis zum äußersten Rand rollte, wo sie, sich am Efeu festhaltend, ihre Beine fallen ließ und die Erde berührte, um etwas zu machen kaum mehr Lärm als eine Katze.

Sie verharrte ein paar Minuten lang vollkommen bewegungslos, schlich sich dann heimlich zum grünen Hauptweg im Garten, blickte wachsam zurück zu Leos Fenster, wo Kopf und Schultern ihrer jungen Herrin durch die erleuchtete Jalousie deutlich zu sehen waren, und rannte dann los zügig den

Grasweg hinunter bis zur eisernen Hürde, die den Garten von der Wiese trennte, erklomm sie wie ein Junge und ebenso schnell und rannte dann schnell über die Wiesen in Richtung der Kirche.

Nicht umsonst hatte Dally Watlock als Kind um die Knie des alten Küsters herumgetobt. Sie war ständig bei dem alten Mann gewesen und hatte ihn seinerzeit mit seltsamen Spielsachen ausgestattet. Es gab nämlich eine Tüte mit Knöpfen, die ihr endloses Vergnügen bereitet hatten, einige davon waren schwarz, andere versilbert, während ein gewisser Teil von hervorragender Qualität und reich vergoldet war. Moredock nannte sie Knöpfe, aber ihre Formen waren eigenartig und sahen aus, als wären sie in das Material getrieben, an dem sie befestigt waren, statt genäht. Es gab auch einige Ornamente aus geprägtem Metall, die bei Dally schon immer sehr beliebt waren, da sie die rundlichen Gesichter von kleinen Jungen mit lockigem Haar und Flügeln zeigten.

Dally hatte oft auf einem Grabstein gesessen und Äpfel gegessen, während „Gran'fa" Gräber aushob, und den Anblick des alten Mannes gehabt, der beim Graben immer tiefer wurde, bis er, nachdem er begraben war, auf die Knie fiel und bis zur Hüfte sank , an seine Brust und dann ganz außer Sichtweite, war immer voller Faszination für das Kind.

Infolgedessen war die Kirche samstags ein vertrauter Spielplatz gewesen, auf dem Dally, während der alte Mann Staub wischte und Kissen und Sitzbänke ordnete, jeden Zuschauer empört hätte, denn sie spielte Besuch und behandelte die Kirchenbänke wie Häuser, die Die Gänge der Kirche dienten als Straßen, und sie riefen an, nachdem sie ordnungsgemäß an alle Türen der Kirchenbänke geklopft hatten, wobei der Klopfer in jedem Fall vorübergehend war und aus einem großen, alten, angelaufenen, vergoldeten Sarggriff bestand, den sie dabei mit ihren linken dicken Fingern hochhielt sie klopfte mit rechts.

Moredock grinste und genoss es, das Kind zu streicheln und ihm auf jede erdenkliche Art und Weise Spaß zu machen. Sie war seine Begleiterin im Glockenturm, wenn er die Glocken läutete, und durfte sogar an einem der Seile ziehen, während diese ihr oft Gelegenheit zum Schaukeln gegeben hatten.

Dally Watlock hatte sich also in früheren Leben so oft wie möglich von zu Hause weggeschlichen und war mit dem Dach, dem Turm und dem Inneren der Kirche ebenso vertraut wie ihr Großvater; Daher hatte sie in der Nacht, als sie sich aus dem Pfarrhaus stahl und über die Wiesen rannte, keine Schwierigkeiten, ihren Plan in die Tat umzusetzen, der darin bestand, das alte Pfarrtor zu erreichen, zu prüfen, ob es verschlossen war, und Wenn ja, klettern Sie darauf.

Es war verschlossen, und sie kletterte schnell und lautlos hinüber und nahm einen kurzen Weg zwischen den Gräbern hindurch zu dem alten Grab mit Gitterstäben, in der Nähe des großen Strebepfeilers am mittleren Südfenster, der einst Buntglasfenster beherbergt hatte. Hier öffnete sich der kleinere Flügel, der der Belüftung diente, leicht, wenn man die Klinge eines Taschenmessers einführte, und ließ dem aktiven Mädchen, das dorthin gelangt war, indem es hinaufgeklettert war und sich auf das Geländer des Grabes gestellt hatte, Platz, hindurchzugehen und sich hineinzulassen Dunkler Innenraum der Kirche.

Hier, auf den Kissen einer der primitiven alten quadratischen Kirchenbänke stehend, hockte sie und lauschte atemlos; Aber alles war still, und nachdem sie sich so weit wie möglich davon überzeugt hatte, dass sie allein war, schlüpfte sie hinunter, ging durch die Tür in den Gang und dann immer weiter, wobei sie sich fast zusammenbeugte, um unter der Höhe des Flurs zu bleiben auf den Kirchenbänken, wo die Dunkelheit intensiv war.

Jede Bewegung des Mädchens war so geschmeidig und verstohlen wie die eines wilden Tieres; immer auf der Hut vor Gefahren und bereit für den sofortigen Flug; aber es schien keinen Grund zur Furcht zu geben, und sie kroch immer weiter, bis sie den Lettner erreichte und in den Altarraum gelangte, wo sie sich bald an das Ziergeländer des Candlesh-Grabes zwischen diesem und der Eiche legte Paneele der Bank dieser Familie, wo es einen Spalt gab, der groß genug war, um ihren kompakten kleinen Körper zu verbergen.

Hier war es nicht so dunkel, denn durch das große Ostfenster strömte ein schwaches Zwielicht herein; aber dennoch war die Düsternis zu tief, als dass jemand, der vorbeikam, sie erkennen könnte.

Dally lauschte und hockte immer noch da, ihr Herz klopfte schnell und ihre scharfen Augen wanderten von Ort zu Ort, während ihre Ohren sich bemühten, das leiseste Geräusch zu erhaschen. Die beiden grotesken Bildnisse der Kerzen lagen direkt über ihrem Kopf, die Tafeln an den Wänden schimmerten schwach, und eine dunkle Masse – die Kanzel – ragte hinter dem Lettner auf, und alles war so still, dass ihr Atem für sie mühsam klang. und als würde man durch raschelndes Papier gehen.

Nachdem sie den Ort sorgfältig in allen Richtungen untersucht hatte, richtete sie ihren Blick auf den dunklen Fleck mit der spitzen Spitze, der den Weg in die Sakristei darstellte. Es lag ihr genau gegenüber und schien das große Ziel ihrer nächtlichen Reise zu sein.

Für ein paar Minuten war alles still. Dann ertönte ein leises zwitscherndes Geräusch, das von Dallys Lippen kam, als sie sich sanft ein wenig weiter in ihr Versteck zurückzog.

Keine Antwort!

Sie zwitscherte erneut, und als sie keine Antwort erhielt, machte sie eine schnelle Bewegung mit einer Hand, was zu einem scharfen Klopfen führte, als ob ein kleiner Stein gegen die Tür der Sakristei geschlagen hätte und ein zweites Geräusch erzeugte, als er auf den Steinboden fiel.

Keine Antwort!

"Sicher!" flüsterte Dally vor sich hin, und mit einem leisen Rascheln glitt sie aus ihrem Versteck, überquerte den Altarraum und öffnete den schweren Riegel der Sakristeitür.

Es gab ein leises *Klicken* , als sie eintrat und die Tür hinter sich schloss. Dann ein weiteres Rascheln und ein eigenartiges Klappern, denn Dally hatte den großen Schlüssel gezogen, den sie sich aus der Hütte des Küsters geliehen hatte, steckte ihn in das Schloss der Wendeltreppe, die zum Dachboden führte, öffnete ihn, und nachdem er sich zurückgezogen hatte und Sie steckte den Schlüssel an der Innenseite ein, kroch hinein, schloss die Tür ab, ging schnell auf die Öffnung zu, in der sie während der Trauerfeier gesessen hatte, und dann stützte sie ihre Arme auf das geschnitzte Steinmaßwerk und streckte ihren Kopf und ihre Schultern so weit vor vorwärts, so gut sie konnte, und lauschte und wartete auf das, was kommen würde.

Band Zwei – Kapitel Neun.

Beobachter.

Die alte Kirche in Duke's Hampton, ein schönes altes Bauwerk, erbaut in der zweiten Hälfte des dreizehnten Jahrhunderts, stand in dieser dunklen Nacht ruhig und still auf ihrer Anhöhe. Die älteren Leute im Dorf sagten, dass es in der Dunkelheit schrecklich spuke, und die jüngeren glaubten es. Es sollen seltsame Anblicke und Geräusche gesehen und gehört worden sein. Geistergestalten glitten auf lautlosen Flügeln um den Turm herum und schwebten tief zwischen den Gräbern umher, wobei sie unheimliche Schreie ausstießen. Seltsames Gemurmel und Krächzen war hoch oben zwischen den Konsolen und dämonischen Wasserspeiern, den Löchern im Turm im Efeu zu hören, und aus den Fensterläden, an denen die großen Glocken hingen, kam oft ein leises Stöhnen.

Alles wahr, denn dort unten im grünen Warwickshire gab es jede Menge Eulen, Dohlen, Stare und Tauben, die das alte, mit Efeu bewachsene Gebäude zu einem Vogelschutzgebiet machten, in dem sie nie berührt wurden. Sie schienen zu „meiner Kirche" zu gehören; nach Moredock; und er hat nie ein Nest genommen oder ihre Jungen getötet.

In der Nacht, als Dally Watlock es auf sich nahm, hoch oben auf dem Dachboden zu wachen, näherten sich Stufen von hinten der Kirche, etwa eine halbe Stunde später, und eine dunkle Gestalt betrat den Kirchhof, um vorsichtig und lautlos auf die Kirche zuzugehen Außentür der Sakristei.

Als es lautlos den Hof überquerte, erschien langsam ein Kopf über der Mauer und beobachtete die große dunkle Gestalt einige Minuten lang, während sie zwischen den Grabsteinen hin und her zu gleiten schien und dann völlig verschwand.

Der Beobachter hielt sich einige Minuten lang starr und gelähmt an der Friedhofsmauer fest. Man hörte ein leises Atemgeräusch, das jedoch eindringlich und krampfhaft war, als hätte der Beobachter Schmerzen. Aber schließlich, nachdem er mit aufgerissenen Augen in die Richtung geblickt hatte, in der die dunkle Gestalt verschwunden war, und auf dem Scheitel ein Gefühl hatte, als würde die Mütze dort sanft angehoben, versuchte der forschende Herr, ihm die Hände loszureißen wo sie sich an der Oberseite der Mauer festhielten.

Es war eine vorübergehende Handlung, die dazu führte, dass er den Randstein fester umklammerte und die Worte aussprach:

„Ha' mich verrückt gemacht!" Denn Joe Chegg spürte, wie seine Beine an den Knien nachgaben und dass er in kalten Schweiß gebadet war.

„Wenn ich nur wieder sicher nach Hause komme", stöhnte er vor sich hin, „nie mehr – nie mehr!"

Er hatte das Gefühl, zum ersten Mal einen der umherziehenden Schrecken gesehen zu haben, von dem er seit seiner Kindheit gehört hatte und an den er immer fest geglaubt hatte. Tatsächlich hätte er sich nie um Mitternacht auf den Kirchhof gewagt, wenn ihn nicht eine der stärksten Leidenschaften unserer Natur bewegt hätte. Er war mit der festen Überzeugung dorthin gegangen, dass er irgendwo in der Nähe dem Herrn begegnen würde, der Dally Watlock kennengelernt hatte; und um ihr Treffen hervorzuheben, hatte er seinen kleinsten Hammer aus seinem Werkzeugkorb mitgebracht, als praktisches Werkzeug.

Aber er hatte nicht damit gerechnet, eine große, dunkle Gestalt zu sehen, die in einen langen schwarzen Umhang gehüllt war und lautlos an ihm vorbeigleitete, immer größer wurde, während sie verschwand, und ihn zurückließ, dessen Zunge am Gaumen klebte und der nicht den Verstand hatte, darüber nachzudenken wo er auf der Wiese stand, war er im ausgetrockneten Graben, dass die Kirchhofmauer an dieser Stelle eine Art Haha bildete durch das Aufsteigen der Erde infolge jahrhundertelanger Bestattungen; und dass es außerdem einen steilen Hang hinauf zur Kirche gab, der ausreichte, um jeden, der an der Tür der Sakristei stand, zehn Fuß über seinem Kopf zu halten.

Aber Joe Chegg hätte diese einfachen physikalischen Fakten nicht geglaubt, wenn man sie ihm erklärt hätte. Er hatte einen wahren Geist gesehen, der möglicherweise sein eigenes „Abholen" bedeutete. Ob er nun nach Hause gehen wollte oder nicht, er wollte seinen eigenen Rat behalten und gelobte im Geiste – als er sich endlich losriss und so schnell er konnte über das taufrische Gras rannte –, dass er es tun würde, was auch kommen würde, wenn er es wäre verschont, nie wieder ein solches Risiko eingehen.

Er war gerade dabei, sich wegzuschleppen, dankbar, dass er sich auf der Wiesenseite der Mauer befand, als aus der Richtung, in der die monströse Gestalt verschwunden war, ein leises, murmelndes Stöhnen in die Nachtluft stieg; und dieses Stöhnen wirkte wie ein Ansporn für den verängstigten Mann.

Es war einfach genug, so einfach wie die Erklärung anderer übernatürlicher Geräusche, denn als die dunkle Gestalt einige Augenblicke in der Nähe der Tür' der Sakristei stand und schließlich ein ungeduldiges „Tut-tut-tut" ausstieß, gab es ein Murren und Murmeln Geräusch von einem horizontalen Stein, und Moredock erhob sich und sagte mit leiser Stimme:

„In Ordnung, Doktor – in Ordnung. Ich war im Halbschlaf und habe dich nicht kommen hören."

Im nächsten Moment hatten sie das Candlish-Gewölbe betreten und die Tür war geschlossen, als Moredock gerade dabei war, ein Streichholz anzuzünden.

„Wie lange dauert das noch?" er grummelte.

„Bis ich fertig bin", sagte der Arzt streng; aber die Stimme hatte einen seltsamen Tonfall – eine eigenartige Art –, die den Küster, als er das Licht anzündete und es an die Kerze in seiner Laterne hielt, dazu veranlasste, den Sprecher scharf anzusehen.

„In Ordnung, Doktor. Ich meckere nicht; Du gibst mir noch einmal meine Dosis – scheint einen Mann zu beruhigen und zu trösten, während er wartet."

„Ja, ja, natürlich", sagte North hastig.

„Sie können mich wecken, wenn ich einschlafe, Doktor. Ich konnte am Nachmittag nicht mein Nickerchen machen, und das macht einen ein bisschen schläfrig."

North zündete seine Lampe an, die bereit auf dem Steintisch stand, und das gelbe Licht erfüllte den düsteren Ort erneut mit seinem sanften Schein – einem angenehm gedämpften Licht, das die umliegenden Nischen und den leeren Sarg des verstorbenen Gutsherrn zeigte und sanft darauf schien Der vergoldete Teller, der Griff und der angelaufene Nagel lagen in einem intensiven Lichtring auf dem Tisch, auf dem er lag, und auf dem Sägemehl drumherum.

Die übliche Portion aus der Flasche wurde ausgegossen und vom alten Küster mit einem zufriedenen Schmatzen geschluckt, bevor er das Glas auf einen Sargdeckel stellte.

"Ha! Das ist in Ordnung, Doktor", sagte er mit einem lauten Lachen, während sich sein Gesicht zu einem Koboldgrinsen verzog. „Das heißt herzlich. Geht bis in die Zehen und Fingerspitzen eines Mannes und bringt sein Herz zum Schlagen. Sie sind ein Kluger, Herr Doktor – ein Kluger, das sind Sie. Weck mich auf, wenn du mich willst. Vielleicht schlafe ich wieder ein – ich schlafe vielleicht ein."

„Ja, ja, ich rufe Sie", sagte North, als der alte Mann sich erneut in seiner Ecke mit dem Kopf an die Wand setzte, während, bevor der Arzt den Schirm seiner Lampe zu seiner Zufriedenheit eingestellt hatte, ein röchelndes Schnarchen zu hören war kam aus Moredocks Ecke, gelegentlich begleitet von einem leisen, stöhnenden Keuchen.

„Wie einfach ist es, den Tod herbeizuführen!" sagte North mit leiser Stimme. „Die Wissenschaft gibt uns die Macht, dies und den Schlaf, was seinen Anschein darstellt, nach unserem Willen zu verursachen." Warum sollte es schwieriger sein, Leben zu erzeugen?"

„Wie viele Nächte sind das?" er machte weiter. „Zehn, und ich scheine nicht näher – nein, weiter weg, denn – ah!" „Da ist dieser elende Feigling, der schon wieder zurückschreckt", rief er wütend.

Er zitterte und blickte sich hastig um, während er heftig und mit einem merkwürdigen Atemzug die Luft einatmete.

"Du lieber Himmel! Wovor habe ich Angst? Der erste Amputator, der erste Entdecker der verborgenen Pfade der Natur, wo sie ihre Geheimnisse so gewissenhaft hütet – sie fühlten sich nur gleich. Bin ich so weit gegangen, nur um dann zu zögern, weiter zu gehen?"

Er stand schrumpfend da, seine Hand umklammerte das weiße Tuch, das auf dem Tisch ausgebreitet war, und sein Blick war auf die Leere gerichtet.

„Soll ich – ein erfahrener Mediziner – vor einem Schatten Angst haben? Ich sage, dass an meinen Nachforschungen nichts falsch ist", rief er leidenschaftlich, als würde er sich an jemanden in der Ecke des Tresors wenden. „Es dient der Nachwelt. Meine Experimente mit diesem abscheulichen Körper hier sind richtig.

„Und doch habe ich das Gefühl, dass ich nicht weiter gehen kann", murmelte er, während ihn erneut derselbe bittere Schauer überkam; „als ob ich es nicht wagen würde – als ob ich innehalten müsste, und ich habe so viel gelernt. Ich wage es nicht! Es ist, als ob die Hand eines Schutzengels auf meine Brust gelegt würde und eine Stimme flüsterte: ‚Voreiliger Mann, halte inne, bevor es zu spät ist!'"

Er griff nach dem nächstgelegenen Gegenstand, um sich zu stützen, denn er war schwach vor Aufregung, und sein Gesicht sah gespenstisch in der Dunkelheit aus, als er zitternd dastand, bis ihm klar wurde, was er, der Lebende, ergriffen hatte, um sich zu stützen – einen Sarggriff – und Er riss mit einem Schreckensschrei seine Finger weg, wich zurück und lehnte sich an die andere Seite des Gewölbes, aber nur, um wieder wegzugehen, denn seine Schulter lehnte an einem anderen Sarg.

Er warf einen Blick auf Moredock, aber der alte Mann schlief tief und fest, und noch einmal blickte er wild in der Gruft umher.

„Ich kann nicht weitermachen", stöhnte er; „Es ist zu schrecklich. Hinter diesem dunklen Schleier liegt ein Schrecken, der mich zurückzuhalten scheint. Ich werde ihn wecken. Diese Nacht wird alles beenden und ich werde in Frieden ruhen, zufrieden mit dem, was ich weiß. Ich wage es nicht, weiter zu gehen."

Er holte tief Luft, als sei er erleichtert, und fühlte sich von seinen Gedanken angeregt. Es war so einfach, zu versuchen, alles so weit wie möglich in seinem alten Zustand zu belassen, den alten Küster großzügig zu entschädigen und zu seinem gewohnten Weg zurückzukehren. Die Vorgänge der Vergangenheit wären das gemeinsame Geheimnis von Moredock und ihm.

„Das habe ich geschafft", sagte er. „Ich werde zufrieden sein. Es ist zu schrecklich, um weiterzumachen."

Er ging zu dem alten Mann, der jetzt ganz friedlich schlief, und hatte die Hand erhoben, um ihn zu schütteln und ihn aufzufordern, aufzustehen und zu helfen, aber seine Hand blieb nur wenige Zentimeter von der Schulter des alten Küsters entfernt stehen und er trat mit einem Ausruf zurück voller Wut.

"Feigling! Idiot!" er rief aus. „Dieser unwissende alte Kerl schläft so ruhig wie ein Kind zwischen diesen grausigen Relikten der Sterblichkeit, und Sie, erleuchtet durch die Wissenschaft, gebildet, ein Sucher nach Weisheit, scheuen und zittern und wagen es nicht, mehr zu tun.

„Nein", fügte er nach einer Pause hinzu; „Es ist zu schrecklich. Da ist etwas, das mich zurückhält.

„Und Ruhm – das Lob der Menschen? Und die Liebe? Die Küsse von Leo? Ihr strahlendes Aussehen – ihr Stolz auf den Mann, den sie Ehemann nennen wird? Horace North, wirst du verrückt? Pause? Jetzt? Wenn der Triumph auf mich wartet und ein wenig weitere Forschung mir alles bringt, was ich will – mir vielleicht den großen Erfolg bescheren wird?

"NEIN; nicht, wenn fünfzig Schutzengel mir den Weg versperrten. Ich werde jetzt trotz allem gewinnen."

Der feige Anfall des Zurückschreckens war verschwunden, und mit einem Lachen voller Selbstverachtung trat er einen Schritt zum Tisch und schnappte sich das weiße Tuch von der großen Steinplatte.

Band Zwei – Kapitel Zehn.

Ein freundlicher Besuch.

Eine Woche war vergangen, seit Horace North mit den seltsamen Anfällen von Abscheu und Schrecken zu kämpfen hatte, die ihn bei seinen Nachforschungen befallen hatten: sechs Nächte, in denen er jeweils mit den gleichen Gefühlen gekämpft und sie unter Kontrolle gebracht hatte, und ging weiter, während Moredock sich an seinen Gefühlen erfreute Durch Opiate erzeugter Schlaf in der Ecke.

Nacht für Nacht schlief der alte Mann stundenlang in diesem Gewölbe zwischen den Überresten der Kerzen, die er geraubt hatte, und genoss ein üppiges Schlafvergnügen, das ihn zum willigen Diener des Arztes machte, dessen Angst vor den Besuchen im Mausoleum war sollte ein Ende haben.

Aber diese nächtlichen Besuche blieben nicht ohne Wirkung, und diese intensiven Studien konnten nicht fortgesetzt werden, ohne ihre Spuren bei dem Mann zu hinterlassen.

Frau Berens wurde krank und der Arzt wurde gerufen.

In ihrem einsamen, verwitweten Zustand, mit nichts als ihrem Geld, ihrem Kleid, ihrem Spiegel und den Besuchen und dem Klatsch von Duke's Hampton, um sie zu unterhalten, dürstete sie eine Weile nach den Worten eines Seelenverwandten, der ihr sagen würde, dass sie noch viel zu jung sei Um Liebesgedanken aufzugeben, brauchte Frau Berens etwas Entspannung, und sie empfand dies in Form von Krankheitsanfällen des Körpers und ebenso des Geistes.

Für Ersteres rief sie Dr. North hinzu und erzählte ihr von ihren Schmerzen.

Für Letztere: Reverend Hartley Salis, dem sie von ihren Zweifeln, ihren Sorgen und ihren seelischen Leiden erzählte; und in jedem Fall fühlte sie sich besser, obwohl sie weder die Medizin des einen einnahm noch die Vorschriften des anderen befolgte.

Es war zweifellos sehr falsch, aber es war sehr natürlich; und Frau Berens, nicht in den mittleren Jahren, und rundlich und sympathisch und darauf bedacht, zu gefallen, war sehr menschlich.

Es war auch eine große Befriedigung, dass der Arzt ihre Hand hielt. So war es auch, als der männliche Pfarrer Salis durch Bluff begriffen wurde, dass er kam und wieder ging; Aber keiner von ihnen machte einen Heiratsantrag oder ging einen Schritt weiter, als der liebevollen und liebenswerten schwachen

Frau, die sich danach sehnte, die Urne ihrer Zuneigung auf einem ihrer Häupter auszuleeren, sanft höflich und freundlich zu sein.

Und jetzt steckte die arme Frau Berens in traurigen Schwierigkeiten.

„Ich weiß es", schluchzte sie vor sich hin, nach einem Besuch beim Arzt. „Mary Salis wird nicht gestehen, und Leo hält eines immer zurück; Aber er liebt Leo, und sie hält ihn in ihren bösen Ketten wie eine dieser schrecklichen Hexen, von denen wir lesen; und, armer lieber Mann, sie bricht ihm das Herz. Ich habe so sehr versucht, ihn von dieser schrecklichen Liebe zu einem bösen, niederträchtigen Mädchen zu entwöhnen, und je mehr ich es versuche, desto schlechter geht es ihm."

Frau Berens schluchzte, bis ihre Augen schmerzten, und sie badete sie mit Eau de Cologne und Wasser.

„Wie kann ich es wagen zu sagen, dass sie böse und niederträchtig ist?" sagte sie halb laut und sprach im Glas zu sich selbst, während ihre hübschen, großen, blauen, schwimmenden Augen sie ansprechend ansahen; „Weil ich es weiß. Ich bin mir sicher. Ich kann es immer spüren. Ich bin schwach und dumm, aber ich sollte ihn lieben und wertschätzen, während sie – da bin ich mir sicher – mit ihm spielt und ihm das Herz bricht.

„Oh, armer Mann, armer Mann!" Sie seufzte; „Wie erschöpft und krank er aussieht! Was soll ich tun? Was soll ich tun?"

Frau Berens hatte sich entschieden, was sie tun würde. Sie konnte den Pfarrer nicht rufen lassen. Dafür war sie nicht krank genug.

„Und es würde so aussehen."

Sie konnte ihn nicht besuchen, denn auch das würde „so aussehen". Sie wusste, dass Leo sie genauso verabscheute, wie sie Leo verabscheute, den sie für so schrecklich jung hielt. Aber sie konnte die arme Maria besuchen; und nachdem sie ihre Augen gründlich gebadet hatte, zog sie ihren kleinen Wintergarten aus, um einen schönen Blumenstrauß für den Kranken zu besorgen, und ging dann hinüber zum Pfarrhaus.

Leo war zur großen Freude von Frau Berens mit dem Auto unterwegs.

„Der Meister sitzt in seinem Arbeitszimmer und liest seine Predigt, Ma'am", sagte Dally Watlock; „Aber Miss Mary ist da, Ma'am."

„Ja, Dally, ich möchte Miss Mary sehen", seufzte Frau Berens; und dann, sowohl aus echter Freundlichkeit als auch bei der Idee, im Pfarrhaus eine Freundin zu finden: „Wie hübsch und jung und gut du aussiehst, Dally!"

„Vielen Dank, Ma'am", sagte Dally mit einer entfernten Bewegung, war aber dennoch zufrieden.

„Weißt du, Dally, ich habe ein Seidenkleid, ein blasses Rot, das so gut zu dir passen würde? Es ist nicht alt, aber ich werde es nicht mehr tragen."

Dailys Augen funkelten in blassroter Seide.

„Es würde dir nicht passen", fuhr die Witwe fort, „aber du könntest es mit deinen klugen kleinen Fingern gut hinbekommen." und sie verglich ihre eigenen überflüssigen Reize mit der schlanken, schlanken kleinen Figur des Dienstmädchens.

„Vielen Dank, Ma'am. Darf ich es holen?"

„Ja, Dally, das tue ich. Führen Sie mich jetzt zu Miss Mary."

Dally führte die Witwe herein und stand dann nachdenklich im Flur.

„Ich würde es nicht machen, das würde ich nicht tun, wenn ich mir ganz sicher wäre. Ich möchte ihre alten Kleider nicht tragen. Schön, dass eine Dame, die einen Titel trägt und oben im Saal wohnt, die alten Seidenkleider von jemand anderem tragen muss.

„Ich denke aber, dass ich gehen werde", sagte Dally. „Nein, das werde ich nicht, denn für jemanden, den ich kenne, kommt es zu einer schönen Explosion, und ich werde sie alle sehen lassen."

„Ah, mein Lieber", sagte Frau Berens, als sie das Zimmer betrat, Blumen tragend und sich mit viel überschwänglichem Gefühl, aber auch viel echter Zuneigung über den Kranken beugend.

„Es ist sehr nett von Ihnen, zu kommen, Frau Berens", rief Mary und errötete. „Und die Blumen – für mich?"

„Für dich? „Ja", sagte die Witwe, ließ sich neben Marias Lager auf die Knie nieder, legte den Blumenstrauß spielerisch auf Marias Brust und hielt ihn dort unter ihrem Kinn. „Jetzt ist es perfekt. Es wollte nur Ihr süßes, rosafarbenes Gesicht hinzufügen. Meine Liebe, was für ein Engelsgesicht du hast!"

„Frau Berens!" rief Mary und errötete noch tiefer, halb verärgert, halb amüsiert über die schmeichelhaften Worte ihres Besuchers; Aber der liebevolle Kuss auf ihren Lippen und die zarten Berührungen der beiden gut behandschuhten Hände verspürten nichts als Freude.

„Da bin ich gekommen, um ein ruhiges Gespräch mit dir zu führen", sagte die Witwe. „Ich hätte schon früher da sein sollen, aber es ging mir so schlecht, mein Lieber; verpflichtet, nach Dr. North zu schicken."

„Es tut mir sehr leid, Frau Berens", sagte Mary und legte ihre Hand in die Hände der Witwe.

„Ich wusste, dass du es sein würdest, Liebes; und, oh, mir ging es so schlecht."

„Aber dir geht es jetzt besser?" sagte Mary freundlich.

„Nein, nein, meine Liebe. Ich bin eine arme, schwache, unglückliche Frau und – oh! Ich sollte mich schämen, dass ich so weitermachen sollte, wenn du so krank und doch so geduldig bist, dass man nie ein Murmeln über deine Lippen hören kann."

„Ich glaube nicht, dass ich sehr krank bin, Frau Berens."

„Dann tue ich es, meine Liebe; und ich werde dich öfter besuchen, denn du hast mir unendlich viel Gutes getan. Es ist wie eine Lektion für mich und ich werde mich nie mehr beschweren."

„Das stimmt", sagte Mary lächelnd. „Kommen Sie öfter; Ich bin sehr allein. „Wir werden nicht über unsere Beschwerden reden", fügte sie lächelnd hinzu.

"Nein natürlich nicht; Aber es ging mir sehr schlecht, mein Lieber, und ich habe nach Dr. North geschickt. Interessieren Sie sich für Dr. North?"

Frau Berens war nicht intelligent genug, um die Veränderung in Marys Gesichtsausdruck zu bemerken. Zuerst gab es eine leichte Röte; dann eine wächserne Blässe; aber sie beherrschte ihre Gefühle, obwohl ihr Herz schwer schlug, als sie sagte:

"Natürlich. Er war während meiner gesamten Krankheit sehr gut und freundlich zu mir."

„Ja, armer Mann – armer, lieber Mann!" seufzte die Witwe. „Und natürlich mag Herr Salis ihn sehr?"

"Ja; „Sie sind sehr herzliche Freunde", sagte Mary leise.

„Dann reden Sie doch bitte mit Ihrem Bruder", rief Frau Berens mit kläglichem Eifer.

„Nein, nein, Frau Berens", sagte eine schroffe, tiefe Stimme. „Ich bin immer bei meinen Schwestern und sie reden zu viel mit mir."

„Oh, Herr Salis! „Das solltest du nicht, weißt du", rief die Witwe erschrocken. „Du solltest nicht so plötzlich reinkommen."

„Warum, ich bin nur reingekommen, um zu fragen: ‚Wie geht's?'", antwortete Salis freundlich, als er ihm die Hand schüttelte. „So, setzen Sie sich noch einmal und sagen Sie mir, worüber ich reden soll."

„Oh, wirklich, Mr. Salis, ich – ich – ich wollte nur sagen: Bitte sprechen Sie mit dem armen Dr. North oder kümmern Sie sich um ihn. Ich fürchte, es geht ihm alles andere als gut."

„Das bin ich auch", rief Salis. „Das habe ich ihm gerade gesagt."

„Er – er war also gerade hier?"

„Nicht gerade jetzt; Ich meine heute Morgen. Ist Ihnen also aufgefallen, dass er krank und überdreht wirkte?"

„Oh ja", rief Frau Berens, als Mary versuchte, sich vollkommen ruhig hinzulegen, doch ihre Augen blickten schnell von einem zum anderen und ihre zitternden Finger verrieten die Aufregung, unter der sie litt. „Mir ging es so schlecht, dass ich nach ihm schickte, und er erschreckte mich ziemlich: Sein Verhalten war so seltsam und schroff. Ich bin mir sicher, dass er sich über irgendetwas Sorgen macht."

„Lernt zu viel", sagte Salis leise. „Er wird es tun, und Ratschläge nützen nichts. Frau Milt erzählt mir, dass er nachts aufsitzt. Ich fürchte, Ärzte sind wie Geistliche, Frau Berens: Sie belehren und heilen gerne andere Menschen, aber sie vernachlässigen sich selbst."

„Ich hoffe, Sie werden ihn gut unterhalten, Herr Salis", sagte die Witwe und stand auf, um zu gehen. „Denn ich möchte ihn wirklich nicht bitten, mich wiederzusehen, bis es ihm besser geht. Er schien so wild und exzentrisch zu sein: Er hat mich ziemlich erschreckt."

„Nur um etwas zu sagen, Mary", sagte der Pfarrer, sobald sie allein waren; und als Antwort auf Marys fragende Augen: „Horace hat beschlossen, sich Leo zuliebe zu profilieren, und, heigho! Meine Liebe, die Dinge scheinen sehr unangenehm zu sein, und ich weiß nicht, wie ich sie in Ordnung bringen soll."

Band zwei – Kapitel elf.

Eine Unterbrechung.

Auch andere Leute bemerkten die seltsam aufmerksame Art des Arztes, der jeden Morgen eilig zwischen seinen Patienten umherging und dann in sein Arbeitszimmer zurückkehrte, um über diversen Manuskriptnotizen zu brüten und bestimmte Bücher nachzuschlagen.

Frau Milt musste fast darauf bestehen, dass er seine Mahlzeiten einnahm, denn zweimal war sein Abendessen ungeschmeckt geblieben, und sie hatte ihn tief in Gedanken versunken sitzend, den Kopf auf die Hände gestützt, gefunden.

Er zuckte zusammen, als man ihn ansprach, und schien wieder er selbst zu sein; aber sobald er wieder allein war, verfiel er wieder in einen Anfall von Abstraktion.

Es vergingen noch ein paar Tage, und seine Aufgabe belastete ihn schrecklich; aber er beharrte, denn jede Nacht hatte er das Gefühl, dass er dem Erfolg näher kam.

„Ich werde Erfolg haben", sagte er sich mit einer wilden Erregbarkeit, die verblüffend war; aber er war allein, als er diese Worte sagte, und niemand hörte sie.

„Ist das nicht ein sehr langes Experiment, Doktor?" sagte Moredock eines Nachts, sah den Arzt ernst an und rieb sich langsam die Wange.

"Ja. Es dauert länger, als ich dachte, aber ich werde jetzt bald fertig sein."

„Freut mich", sagte der alte Mann trocken; „Weil ein Krug, der zu oft zum Brunnen geht, am Ende pleite geht, Herr Doktor."

"Wie meinst du das?"

„Nichts, nur wir könnten herausgefunden werden."

"Unsinn!" sagte der Arzt unruhig. „Niemand wird in der Nähe sein, es sei denn, jemand ist krank, und ich weiß genau, wer nachts zum Arzt gehen wird."

„Na gut, seien wir vorsichtig, Herr Doktor, denn es wäre für beide peinlich, wenn wir entdeckt würden."

„Pisch! Wer würde uns herausfinden, Mann?"

„Nun, sagen Sie Pfarrer."

"Absurd! Er liegt im Bett und schläft tief und fest. Da, nimm dein Glas; Ich möchte anfangen."

„Nein", sagte der alte Mann und blickte auf den reichhaltigen Likör, den North ihm einschenkte, „ich glaube nicht, dass ich heute Abend keinen Tropfen haben werde."

„Unsinn, Mann!" sagte North und hielt ihm das Glas hin, auf das der alte Mann sehnsüchtig blickte. Aber er schüttelte den Kopf und stieß ihn weg.

„Nein, Doktor; Ich werde heute Nacht Wache halten.

„Pass auf, Mann?" sagte North, der über diese Entschlossenheit verblüfft schien.

„Ja, Doktor, ich werde Wache halten. Ich kann es mir nicht leisten, dass etwas schiefgeht, wenn Sie können. Machen Sie mit Ihrer Arbeit weiter, und ich werde Ausschau halten."

"Hier?"

„Nein, nein. Ich werde draußen herumhängen."

„Ja, das tue ich", sagte North, der erleichtert wirkte; und er drehte die Lampe herunter, um Moredock herauszulassen.

„Ich werde dreimal an die Tür klopfen, Doktor, wenn ich zurückkomme", flüsterte der alte Mann. „Du machst weiter, als ob ich hier wäre; aber wenn ich tippe, schalten Sie das Licht wieder aus und lassen mich herein. Glauben Sie nicht, dass ich jemanden sehen werde, aber ich muss aufpassen."

„Ja, das tue ich", sagte North hastig; und als der alte Mann das Bewusstsein verlor, schloss er die Tür hinter sich und verriegelte sie.

„Es wäre so gewesen, als würde ich mein Experiment überprüfen, jetzt, wo ich so nahe am Erfolg bin", sagte er zu sich selbst, als er, jetzt ganz allein, noch einmal die abgeschirmte Lampe andrehte, als der warme gelbe Schein voll auf die liegende Gestalt schien. sorgfältig mit dem großen weißen Laken drapiert.

Horace North stand über dem Gegenstand seines grässlichen Experiments gebeugt, die Überreste von Luke Candlish lagen scheinbar unverändert da, als ob der Verfall völlig gestoppt worden wäre.

Es herrschte ein seltsamer Geruch nach Chemikalien im Raum, und als der Arzt das Tuch entfernte, entdeckte er, genau wie in der Nacht zuvor, eine starke galvanische Batterie, Spritzen und andere chirurgische Utensilien.

Während der nächsten Stunde setzte der Arzt seine Arbeit fort und fühlte sich immer sicherer, dass er triumphieren würde; und während er sich abmühte, redete er schnell mit sich selbst über den scheinbar völligen Stillstand des Verfalls und die vollkommen ruhige Art, in der sein Untertan sozusagen ruhig dalag und auf das Erwachen wartete, das North in seiner Aufregung absolut sicher fühlte kommen würde.

„Jetzt ist es so nah, dass ich mich nur noch beleben und einen positiven Beweis dafür erhalten muss, dass ich, wenn ich es in vollem Umfang durchführe, fast ein Wunder vollbracht und bewiesen habe, dass das, was ich in der Theorie erarbeitet habe, in der Praxis möglich ist."

Er blickte auf das ruhige, kalte Gesicht mit den geschlossenen Augen hinunter und zögerte, nicht aus Entsetzen, das ihn zuvor halb gelähmt hatte, sondern aus Angst, dass er es jetzt, da er so weit gegangen war, dass er seine letzte Prüfung bestehen könnte, tun würde enttäuscht sein.

Sein Kopf brannte, sein Puls pochte heftig und sein Zögern nahm zu.

Endlich raffte er sich auf und legte seine Hand auf die eiskalte Stirn vor sich. Die Berührung jagte ihm einen Schauer durch den Körper. aber er bemerkte es nicht.

„Warum höre ich auf?" er sagte. „Es will nur das. Ich bin allein und es könnte keine bessere Gelegenheit kommen. Oh, wenn ich nur die helfende Hand dieses alten *Gelehrten hätte* , wie einfach wäre es!"

Dies brachte die Szene im Theater zurück – den Vortrag, den Applaus; und sein Herz schlug schneller in Erwartung seines großen Triumphs, als er dies vorführen konnte, die größte chirurgische Leistung, die jemals vollbracht worden war.

„Und doch zögere ich", rief er aufgeregt; „Zögern Sie, wenn ich nur den mutigen Sprung machen muss, um erfolgreich zu sein."

„Und das werde ich", sagte er nach einer Pause fest.

Die Szene, die folgte, wäre unheimlich und schrecklich gewesen, wenn es einen Zuschauer gegeben hätte; im Norden hatte es die ganze Faszination eines intensiven wissenschaftlichen Experiments. Denn er hatte das Ziel erreicht, als er seiner Theorie zufolge nur das warme, lebendige Blut aus seinen eigenen Adern fließen lassen musste, wie bei einer Transfusion, um zu beweisen, dass sein Studium die Früchte des Erfolgs trug.

Die Vorbereitungen waren alle erledigt, und mit einem Seufzer der Befriedigung nahm North eine helle, scharfe Lanzette aus ihrem Etui, doch nur um sie heftig zurückfallen zu lassen, denn er wurde sozusagen aus seinem wissenschaftlichen Traum gerissen durch ein leises Klopfen an der Tür des großen Gewölbes, und direkt darauf folgten zwei weitere.

North legte schnell das große Laken zurück und schaltete das Licht aus, bevor er leise zum Eingang ging.

"Also?" sagte er hart; "ist zurückgekommen?"

„Hist!" flüsterte der alte Küster. "Raus hier!"

Er ergriff die Hand des Arztes und zog ihn aus dem Eingang des Tresorraums, damit er sich hinter das Eisengeländer stellen konnte.

"Warum haben-"

„Hist!" flüsterte der alte Mann noch einmal. "Komm mit mir."

North zögerte erneut, gab aber seinem Begleiter nach und folgte ihm sanft um die Kirche herum zur Tür des Glockenturms, die der Berührung des alten Mannes nachgab.

"Was bedeutet das?" sagte der Arzt wütend. „Warum hast du mich hierher gebracht?"

„Kommen Sie und sehen Sie", flüsterte der alte Mann so ernst, dass North nicht länger zögerte, sondern ihm verwundert in die Kirche folgte und den mit Matten bedeckten Gang entlang zum alten Eichenschirm, wo Moredock innehielt und seinen Arm ergriff.

„Jemand schaut zu?" flüsterte North, als sie zusammen in der Dunkelheit standen; „Da drüben?"

Denn der alte Mann hatte mit ausgestreckter Hand auf die Tür der Sakristei hingewiesen.

Es kam ihm seltsam vor, denn eine Minute zuvor waren sie neben der Außentür der Sakristei gewesen, und jetzt wurde er hereingebracht, um neben der Innentür im Altarraum zu stehen.

„Dort werden Sie gesucht", flüsterte Moredock, „dort drüben!"

„Beobachter?"

„Sie werden dort gesucht, Doktor", flüsterte der alte Mann. „Gehen Sie rein und sehen Sie nach."

Die Stille war überaus schmerzhaft, als North staunend dastand, aber im nächsten Moment verspürte er das Gefühl, von unerklärlichem Verlangen angezogen zu werden, zu sehen, wer sich dort drinnen befand, und machte ein paar Schritte auf die alte Eichentür zu. als ein leises Flüstern von der anderen Seite zu kommen schien, gefolgt von einem leisen Husten, das ihm das Blut ins Gehirn schoss.

Jetzt gab es kein Zögern mehr, denn halb wahnsinnig vor Aufregung und der seltsamen Leidenschaft, die ihn für einen Moment zu ersticken schien, ergriff er den großen Riegel, der laut schnappte, als er ihn hochwarf, und schritt in den kleinen Raum mit den Steinwänden .

Band zwei – Kapitel zwölf.

Dallys Appell.

"Nein! Nein! Nein! Ich weiß was du willst. „Da, gib mir meine Pfeife", sagte Moredock und ließ sich in seinem Windsor-Stuhl mit den großen Armlehnen nieder.

„Ja, Oma, mein Lieber", rief Dally, eilte umher und holte die Tonpfeife mit einem sauberen weißen Kopf, nachdem sie gründlich im Feuer verbrannt worden war, bevor sie in der Ecke auf dem Herd aufgestellt wurde. „Da ist deine Pfeife, Liebes, und da ist deine Tabakdose. Oh, wie schwer es ist!"

„Es ist nicht so schwer mit Speck, Mädchen. Hätte gedacht, dass ein Mädchen, wie ich es erzogen habe, wie ich dich erzogen habe, seit deine Mutter und dein Vater gestorben sind, ihrem armen alten Oberbeleuchter ab und zu eine Prise Speck gegeben hätte."

„Und das werde ich auch, Oma, mein Lieber", rief Dally und nahm den Deckel vom schweren bleiernen Topf. „Wenn ich das nächste Mal in die Stadt gehe, bringe ich Ihnen eine schöne Packung der Besten mit. Lass mich deine Pfeife stopfen, Liebes, genauso wie früher."

„Ja, du warst damals ein gutes kleines Gel", sagte Moredock, während er zusah, wie die braunen, dicken Finger eifrig die Schüssel füllten, während ein grimmiges Lächeln sein Gesicht verzog und er sich zufrieden zurücklehnte.

„So bin ich jetzt, Oma, Liebes."

"Nein; Du bist gekommen, um deine arme alte Großmutter wegen des Geldes für Seidenkleider, Federn und Handschuhe zu belästigen. Ich weiß."

„Nein, das tust du nicht, Oma, Liebes", rief Dally. „So, jetzt ist es schön voll."

„Du hast es zu fest eingeklemmt."

„Nein, das habe ich nicht, Oma. Ich weiß genau, wie es dir gefällt. Dort! Halte still, während ich dir Licht hole. Dort! dort dann. Jetzt ziehen. Erinnerst du dich nicht daran, wie du mir immer den Rauch ins Gesicht gepustet und mich zum Husten gebracht hast?"

„Ja; und ich erinnere mich, wie du versucht hast, meine Pfeife zu rauchen, und wie krank dich das gemacht hat."

„Ja, ich erinnere mich", sagte Dally und klatschte in die Hände. "Ah! Wie glücklich war ich damals mit dir, Oma! Erinnerst du dich, wie du mich immer in die Kirche mitgenommen hast?"

„Ay", grunzte der alte Mann und schnaufte mit einem verträumten Gesichtsausdruck.

„Und wie hast du beim Graben immer so getan, als würdest du dich in den Gräbern vergraben, um mich zu erschrecken?"

"Ah!" grunzte Moredock.

„Dann war da noch dieser alte Schädel, Oma, mit dem ich spielen musste. Was ist aus diesem Schädel geworden?"

„Oben im Schrank in deinem alten Schlafzimmer", grunzte Moredock.

„Wie glücklich war ich damals!" seufzte Dally und strich einen dünnen Streifen von der abscheulichen alten Stirn ihres Großvaters.

„Ah, du warst damals ein braves kleines Mädchen und hast an deine arme alte Oma gedacht und bist nicht gekommen, um ihn wegen Geld zu belästigen."

„Ja, das habe ich, Oma – für Süßes", sagte Dally.

„Ja; aber ich würde dir keines geben, Gel."

„Ja, das hast du manchmal, Oma; und deshalb würdest du jetzt ein paar schöne Dinge kaufen – eine hübsche Haube –, wenn ich dich darum bitten würde."

„Nein, das würde ich nicht tun. Und ich wusste es. Du bist gekommen, um mich um etwas Geld zu bringen."

„Nein, das habe ich nicht, Oma."

„Ja, aber das hast du. Ich weiß. Schau mal, wie geht das? Wenn es mein Leddy sein soll, sollst du so viel haben, wie du willst; aber nicht ohne. Wirbt er um dich?"

„Nein, Oma."

„Was?"

„Nur manchmal, Oma; und das hat mich dazu bewogen, zu dir zu kommen."

„Du – du bist nicht wegen der Blechbläser gekommen?"

„Nein, Oma, ich möchte, dass du mir hilfst, denn ich bin so ein elendes kleines Mädchen."

„Was ist mit? – was ist damit?" rief der alte Mann, rauchte heftig und starrte das Mädchen mit einem besonders wütenden Blick an.

„Ich wollte es dir sagen, Oma", rief Dally, ließ sich zu Füßen des alten Mannes nieder und legte ihre rosige Wange auf sein mit Cord bedecktes Knie, das mit dem Lehm vieler Gräber befleckt war. „Es ist alles so ein Durcheinander."

„Was ist? – was ist?"

„Warum, alles", rief Dally mit einem gereizten Zucken; „Aber er wird nicht mit mir spielen. Er hat mir oft gesagt, dass er mich heiraten und mich zu Lady Candlish machen würde; und das soll er doch, nicht wahr, Gran'fa?"

„Ja, das wird er", rief der alte Mann und tätschelte Dallys Lockenkopf. „Das ist Sperrit, das heißt. Du hältst ihn dabei. Aber was ist das für ein Durcheinander?"

„Na ja, alles, Oma", rief Dally, brach in Tränen aus und sprach aufgeregt und leidenschaftlich. „Aber er soll mich heiraten; und du wirst mir helfen, ihn zu machen, nicht wahr, Oma?"

„Ja, das werde ich, meine Hübsche. Das ist der Weg. Lass dich nicht schlagen."

„Das werde ich nicht; und ich werde nicht zulassen, dass er Leo Salis den Hof macht."

„Nein, das wirst du nicht", sagte der alte Mann und rauchte, während er den Kopf des wilden kleinen Wesens tätschelte.

„Er sagte, das sei alles Unsinn, und ich habe ihm geglaubt, weil er mich so gern hatte; aber er wirbt auch um sie."

„Nein, nicht wahr, Dally?"

„Ja, Oma; und er wird es nicht tun. Er soll mich heiraten. Wenn er es nicht tut, werde ich ihn töten!"

„Das sollst du auch, meine Hübsche", kicherte der alte Mann; „Und ich werde ihn begraben. Und dann der Arzt –"

Er überprüfte sich und kicherte erneut. „Was nützt der Arzt, wenn er tot ist?" rief Dally kleinlich, während sie wütend an einer Falte der Hose des alten Mannes zupfte. „Und Doktor North ist ein Idiot!"

"Nein! Nein! Nein! Der Doktor ist ein sehr kluger Mann, Dally."

„Das ist er nicht; Er ist ein Idiot, Oma!"

„Tut, tut! Husch, husch!"

„Das sage ich, sonst würde er Miss Leo nicht umwerben und mit ihr schlafen."

„Tut er, Dally? – Tut er?"

„Na ja, Oma, natürlich tut er das und sie macht die ganze Zeit mit Tom weiter. Oh, wie ich sie hasse! Ich wünschte, er würde sie sterben lassen!"

„Ja, das wäre für alle ein guter Job gewesen – und für mich, Dally. Aber der Arzt weiß es nicht?"

"Wissen? Natürlich nicht. Er ist zu dumm. Er ist ein Idiot!"

„Nein, er ist kein Dummkopf", sagte der alte Mann und rauchte schnell. „Der Kopf des Doktors ist richtig aufgeschraubt. Er weiß es nicht, oder –"

„Oder was, Oma – oder was?"

"Er! Er! Er!" kicherte der alte Mann, während Dally sich umdrehte und ihm eifrig ins Gesicht blickte. „Hier, sanft, sanft! Steck deine kleinen Krallen nicht so in meine Beine, Muschi."

„Aber was, Oma, was? – was würde der Arzt tun?"

„Gib ihm eine böse Dosis, sollte ich sagen, Dally", kicherte der alte Mann. „Doktor weiß es nicht – er ist kein Dummkopf. Weiß Miss Leo, dass der junge Gutsbesitzer Ihnen den Hof macht?"

„Ich weiß es nicht", rief Dally nachdenklich.

„Sie ist eine böse Frau", grunzte der alte Mann.

„Sie ist ein Kerl, und ich hasse sie! Oh, ich wünschte, der Meister wäre der Arzt und nicht der Pfarrer!"

„Warum, Dally, mein Mädchen?" sagte der alte Mann, dessen Lippen zu einem schrecklichen Ausmaß geöffnet waren – einem wilden Grinsen –, als würde er sich über die Zurschaustellung wilder, rachsüchtiger Bosheit freuen, die das Mädchen an den Tag legte.

„Ich würde etwas aus der Operation herausholen und sie vergiften!"

„Nein, nein, Dally, das würde nicht gehen", kicherte er. „Sie würden dich herausfinden und aufhängen."

„Es wäre mir egal, wenn ich sie zuerst töten würde", sagte Dally grimmig. „Sie sollte ihn nicht haben."

„Was – der Arzt?"

"NEIN. Sei nicht so dumm. Du weißt schon – Tom."

„Ah, na ja, warte noch ein bisschen. Versuche, alles wird gut. Warten Sie, bis der Arzt es herausfindet. Er wird Tom Candlish halb umbringen, genau wie Pfarrer Salis es getan hat, als der Knappe hinter Miss Leo her war."

"Hat er? Oh ich weiss! Es war, als dem Herrn die Fingerknöchel aufgeschnitten wurden."

„Das stimmt, Dally. Ich war im Wald und habe alles gesehen, aber ich habe bis jetzt kein Wort gesagt. Und das tust du auch nicht. Ich dachte, zwischen dem jungen Tom und der hübschen Fräulein oben im Pfarrhaus wäre alles vorbei."

„Aber es ist noch nicht alles vorbei, Oma, und ich werde es nicht zulassen. Sie werden sich nicht treffen. Ich werde ihr zuerst die Augen ausreißen. Schön, dass sie mich belehrt!"

„Warten Sie, bis der Arzt herausfindet, ob er Leo Salis den Hof macht. Er wird Tom Candlish halb töten."

„Aber ich will nicht, dass er halb getötet wird", rief Dally. "Ja, das tue ich; Es wird ihn zur Vernunft bringen, und wenn er krank ist, kann ich hingehen und ihm etwas von meinem Verstand geben."

„Ah, natürlich; damit du es kannst, meine Hübsche."

"Ich werde es ihn wissen lassen. Er soll mich heiraten, das soll er tun."

„Ja, das wird er, Dally."

„Und du wirst mir helfen, Oma?"

„Natürlich werde ich das tun, meine Hübsche."

„Dann werde ich dir sagen, was ich sagen wollte."

„War es denn nicht für Geld?"

"Geld? Nein. Ein Mädchen mit einem Gesicht wie meinem will kein Geld, und ich werde genug haben, wenn ich oben in der Halle bin."

„Seien Sie sicher, Dally. Seien Sie sicher. Ja, aber du bist ein schlaues Gel!"

„Dann, schau her, Oma, du wirst mir helfen, den Arzt dazu zu bringen, Tom Candlish eine ordentliche Tracht Prügel zu verpassen."

„Ja, wenn ich kann. Es würde mir gefallen. Er hat mir neulich mit der Peitsche gedroht, weil ich gesagt habe, die Schafe dürften nicht auf den Kirchhof kommen. Parson May fand einen Fehler, und Squire gab mir eine alte Mumie und meinte, er würde Schweine reinlegen, wenn er wollte. Ich würde gerne sehen, wie der Arzt ihn mumifiziert, genauso wie er es mit seinem Bruder macht – äh; Hilf dir, Mädchen?"

"Ja; Aber es war nicht der Arzt, es war der Meister, der Knappe Tom zur Mumie gemacht hatte. Du bringst sie durcheinander."

„Ja, das glaube ich, Dally; aber ich bin noch nicht sehr alt."

„Dann hilfst du mir, Oma?"

„Wird es Ihnen helfen, meine Dame im Saal zu werden?" sagte der alte Mann zweifelnd. „Natürlich, Oma, sonst würde ich es nicht tun", sagte das Mädchen, das sich herumgerissen hatte, zu Füßen des alten Mannes kniete und ihre Ellbogen auf seine Knie stützte, ihr kleines Grübchenkinn auf ihre Hände gestützt.

„Was soll ich dann tun?"

„Ich möchte, dass du mir hilfst, sie zu bedienen."

„Ja, und wie?"

„Ich möchte, dass der Arzt herausfindet, dass es Leo Salis schlecht geht."

„Ja, das ist sie, mein Mädchen; und nicht gut genug für ihn."

„Und ich möchte, dass der Arzt Tom Candlish schlägt und ihn davon abhält, Leo Salis zu verfolgen, und dann würde er ganz zu mir kommen."

„Ja, das stimmt, Dally; Stimmt. Ich möchte dich, mein Leddy, oben in der Halle sehen."

„Dann schauen Sie mal: Sie gehen eines Abends zum Arzt und zeigen es ihm, wenn Leo – pfui! wie ich das Luder hasse! – ist zusammen mit meinem Tom."

„Ja, aber wie, Mädchen, wie?"

„Ich werde es dir sagen, Oma", flüsterte Dally rachsüchtig. „Der Meister befahl Knappe Tom, nie wieder ins Pfarrhaus zu kommen."

„Ja."

„Also gab er mir Notizen, die ich zu Miss Leo bringen sollte."

„Und du warst dumm genug, sie zu nehmen?"

„Ja, Oma; aber so fing es bei mir an, und bald sagte er mir, dass er sich nichts aus ihr mache und dass er Leo nur geschrieben habe, damit sie mich mit Notizen an ihn schicke, damit wir umwerben könnten.

"Oh! „Er ist ein netter Kerl", knurrte Moredock. „Das war er jedenfalls. Also?"

„Und jetzt täuscht Tom mich und trifft Leo, und sie machen mir den Hof, und ich wage zu behaupten, dass sie mich auslachen", rief Dally rachsüchtig.

„Ich denke; aber du wirst ihn dazu bringen, dich zu heiraten, Dally."

„Das werde ich, Oma. Jetzt hör zu: Weil Tom nicht ins Pfarrhaus kommen kann und Leo nicht zu ihm gehen kann, weil der Meister auf sie aufpasst, treffen sie sich eines Nachts."

"Nein. Tschah!"

„Das tun sie, Oma.“

"Was? Kommt er nachts ins Pfarrhaus?“

"NEIN. Sie wartet, bis alle schlafen, und dann geht sie zu ihm.“

„Nein, nicht wahr, Mädchen?“ rief der alte Mann. „Ja, Oma. Sie steigt aus ihrem Schlafzimmerfenster, geht hinunter zum Gartenhaus und geht dann.“

"Woher weißt du das?"

„Weil ich sie Nacht für Nacht aus meinem Fenster gesehen habe, Oma: Und dann rennt sie den grünen Weg hinunter zu den Wiesen und –“

„Trifft ihn dort?“

„Nein“, sagte Dally und schüttelte den Kopf.

„Wohin geht sie dann?“

„Kannst du es nicht erraten, Oma?“

"Nein. Ja. Bis zur Halle.“

„Wo würden die Diener es herausfinden? NEIN; Dafür sind sie zu schlau.“

"Wo dann?" rief der alte Mann, kicherte und genoss offensichtlich alles.

„Na ja, an einen Ort, an den nachts niemand gehen würde – wo alles ruhig und still wäre und die Menschen Angst hätten, zu Fuß zu gehen, aus Angst, Geister zu sehen. Wo wäre das, Oma?“

Dem alten Moredock fiel die Kinnlade herunter und er blickte erschrocken auf sein Enkelkind herab.

„Nicht zum alten Bissen?“ flüsterte er in einem ehrfürchtigen Ton.

„Puh! NEIN; aber nebenan.“

„Nicht in meine Kirche, Gel?“

„Nicht ganz, Oma; sondern in die Sakristei.“

"Was?"

„Ja, Oma“, flüsterte Dally aufgeregt. „Leo Salis steigt aus dem Fenster, geht direkt in die Sakristei und trifft dort Abend für Abend Tom Candlish.“

„Und sie holt die Schlüssel des Pfarrers und geht durch die Südtür hinein und durch die Veranda und durchquert den Südgang und dann hinüber zum Altarraum?“

„Ja, Oma, mit einem großen Schleier über dem ganzen Kopf; aber woher wusstest du das?"

„Warum, das sagst du mir, nicht wahr?" sagte der alte Mann gereizt, als er sich an den drapierten Kopf erinnerte, den er hastig über die Kirchenbänke gleiten sah. „Und Knappe Tom?"

„Er geht über die Wiesen und über die Friedhofsmauer und durch die Tür der Sakristei bei dem großen Gewölbe hinein."

„Aber tut er das?" sagte Moredock, wobei ihm die Kinnlade noch tiefer herunterfiel; „Und wie bekommt er die Schlüssel? – Natürlich ist er Kirchenvorsteher! Hah! schönes Spiel in meiner Kirche! Tschah!" er weinte nach einer Pause. "Sachen! Du hast es geträumt."

„Oh nein, das habe ich nicht", sagte Dally. „Ich habe sie beobachtet und gesehen, wie sie ging. Und in einer anderen Nacht beobachtete und folgte ich, und ich sah, wie ein Mann zum Candlesh-Gewölbe hinaufging."

„Äh! Du hast das gesehen?" rief der alte Mann und packte das Mädchen am Arm.

Sie nickte.

„Wer war es, was? Nicht ich?"

"Du? Nein, Oma!"

„Noch der Arzt?"

"Der Doktor? NEIN! Es war mein Tom Candlel!"

„Bist du sicher, Gel?"

„Das bin ich jetzt, Oma; Das war ich damals nicht. Halb dachte ich, es wäre der Arzt, und ich hoffte, dass er es war. Es war so dunkel, dass ich nicht ganz sicher sein konnte; Und er blieb am Tor mit dem eisernen Geländer stehen und sah sich um, so dass ich es nicht wagte, hinzugehen und nachzusehen."

"Puh!" pfiff der alte Mann, ließ seine Pfeife fallen und wischte sich über die Stirn, als der zerbrechliche Stiel in Atome zerbrach. „Und du bist da, Dally, und siehst zu?"

„Ja, Oma; denn ich war so eifersüchtig!"

„Und du bist dir jetzt nicht sicher?"

„Ja, das bin ich, Oma; denn ich habe dafür gesorgt."

„Du bist wieder hingegangen – mitten in der Nacht?"

„Ja, Oma. Das nächste Mal stieg ich aus meinem Schlafzimmerfenster und ging zuerst."

„Und du hast sie gehen sehen. Hast Du gesehen-?"

Der alte Mann blieb stehen.

„Nein, ich habe nicht viel gesehen, Oma; aber ich habe es gehört. Ich ging in die Kirche."

„Wie bist du reingekommen?"

„Durch eines der Bleifenster, durch das ich als kleines Mädchen oft geklettert bin; und ging dann in die Sakristei und die Wendeltreppe hinauf und in den kleinen Raum auf dem Dachboden."

„Wie hast du den Schlüssel bekommen?"

„Wie bin ich an den Schlüssel gekommen? Nun, ich bin gekommen und habe es von hier genommen."

„Du Jade."

„Und du bist gekommen und hast mich gefangen."

„Hast du noch etwas anderes genommen?"

„Nein, Oma, natürlich nicht", rief das Mädchen. „Ich war dazu verpflichtet. Dann wartete ich, bis ich gerade Leo Salis durch die Kirche kommen sah, und sie ging unter mir hindurch und ging in die Sakristei."

"Sicher?"

"Sicher? Natürlich bin ich; und dann schlich ich die Wendeltreppe hinunter und wartete an der Tür, bis ich ihn vom Kirchhof hereinkommen hörte."

„Und ich die ganze Zeit dort im Morslem!" murmelte Moredock. „Nun", fügte er laut hinzu, „war es der junge Squire Tom?"

„Ja, Oma; er war es, sicher genug, und es war Leo Salis, und sie schalt ihn, weil er so spät kam, und sie blieben für immer so lange zusammen; er raucht."

"Rauchen?"

"Ja; Ich hörte, wie er ein Streichholz anzündete, und ich konnte es riechen – ein Unglücklicher!"

„Und ich dachte, es wäre der Pfarrer", sagte Moredock lachend.

„Sie blieben zwei Stunden dort, Oma; und sie gehen regelmäßig, und ich musste warten, bis sie weg waren, bevor ich zurückgehen konnte."

„Und hattest du keine Angst, Dally?" sagte der alte Mann grinsend.

„'Angst! Wovon?“ sagte das Mädchen. „Ich hatte keine Angst, aber ich hatte das Gefühl, ich hätte sie beide töten können.“

„Ja, das musst du, meine Hübsche. Und was soll ich jetzt tun?“

"Tun? Bringen Sie den Arzt dorthin und lassen Sie ihn Leo herausfinden und Tom schlagen. Es wird alles stoppen und ihm recht tun. Das wirst du doch, nicht wahr, Oma?“

„Ja, Mädchen, das werde ich.“

„Du gute alte, liebe alte Oma; und – schau – schau!“

Im selben Moment erblickten die Augen des alten Mannes ein Gesicht am Sprossenfenster; und fast bevor sie gesprochen hatte, hatte Moredock das schwere bleierne Tabakglas eingeholt und es so gezielt geschleudert, dass es mit lautem Krachen durch die Diamantscheiben hinausschlug.

Daily stand halb gelähmt im vom Feuer erleuchteten Raum; aber der alte Mann war zur Tür gehumpelt und blickte einige Augenblicke in die Dunkelheit hinaus und lauschte dem Geräusch sich zurückziehender Füße.

„Wer war es, Oma?“ flüsterte Dally.

„Nun, ich bin mir nicht ganz sicher“, sagte der alte Mann rau; „Aber ich sollte sagen, es war dieser Joe Chegg.“

„Und er hat alles gehört, was ich gesagt habe?“

„Nein, ich glaube nicht, dass er es getan hat; Aber ich warne ihn nur, wenn er vorbeikommt und meine Wohnung ausspioniert und belauscht, dann wird er es mit dem Verrückten oder dem Spaten erwischen.“

„Ich glaube nicht, dass er gekommen ist, um zu spionieren, Oma.“

„Dann war es hinter dir her und ich werde es nicht haben.“

„Kümmere dich nicht um ihn, Oma“, sagte Dally mit ruhiger Zuversicht; „Selbst wenn er es hörte, kann ich ihn zum Schweigen bringen.“

„Kein Werben, denn ich werde es nicht zulassen.“

„Mit ihm umwerben!“ rief Dally verächtlich. „Hab keine Angst, dass ich das tun werde, Oma! Aber Sie werden es dem Arzt sagen?“

„Hab keine Angst, mein Gel.“

"Und wann?"

„Die erste Chance, die ich habe“, sagte der alte Mann grimmig; und dann zu sich selbst: „Er soll mich nicht umsonst eine Mumie nennen.“

„Gute Nacht, Oma.“

„Gute Nacht, mein Leddy", rief der alte Mann lachend. „Lass dich nicht verarschen. Ich werde es tun, und vielleicht noch heute Abend.

Band Zwei – Kapitel Dreizehn.

Moredock hält sein Wort.

Der alte Moredock hielt sein Wort, denn nachdem er North allein gelassen hatte, um sein Experiment durchzuführen, ging er um die alte Kirche herum und ging vorsichtig von Grabstein zu Grabstein, wobei seine roten, wässrigen Augen vor Aufregung funkelten, bis er die Tür des Glockenturms erreichte.

Dieser gab dem Schlüssel nach, den er immer tief in seiner alten Manteltasche bei sich trug, ging in den unteren Teil des Turms und setzte seinen Weg durch die niedrige, gewölbte Tür zum Taufbecken fort.

Hier hielt er inne und lauschte, aber alles war vollkommen still, und während er mit der Hand über die Bänke fuhr, ging er langsam weiter, bis er den Bildschirm erreichte, wo er ein paar Augenblicke zögerte und dann ein leises Lachen ausstieß klang wie ein Kuckuck über einem Raupenfest, drehte er sich zur Seite, stieg die Treppe hinauf und setzte sich auf die Kanzel, wo er es sich mit dem großen lila Samtkissen bequem machte und geduldig auf das wartete, was kommen würde.

Er musste nicht lange warten, denn als er da saß, die Arme auf der Vorderseite des Eichengestells ruhend, mit zuckenden Ohren, warnte ihn ein vertrautes Geräusch auf der Kirchenvorhalle, dass jemand in der Nähe war.

Er holte tief Luft, strengte seine Augen an und schon bald hatte er die Genugtuung, die sachliche Aufklärung des Geheimnisses zu sehen, das seine hartgesottenen Nerven erschüttert hatte, wenn auch viel weniger deutlich und aus einem anderen Blickwinkel Als ich ihn sah, war da der drapierte Kopf, der ihn erschreckt hatte, als er vor der Kanzel vorbeiging, in den Altarraum und in die Sakristei, dessen Riegel ein leichtes Klicken von sich gab.

„Ja", murmelte er; „Der Doktor wird Sie finden, und zwar noch heute Abend, Mylady. Sie stehen nicht zwischen ihr und ihren Rechten."

Er kicherte in Erwartung der bevorstehenden Szene, stieg langsam von der Kanzel herab und folgte der Gestalt, bis er sich ziemlich nahe an der Altarraumtür befand, aber in der Pfarrhausbank, über deren Seite er lauschen konnte, während er auf der Kanzel kniete auf dem Kissen eines der Sitze, ist aber durchaus bereit, in die schützende Dunkelheit hinabzutauchen, falls die Gefahr besteht, gesehen zu werden.

Wieder musste er nicht lange warten, denn während er lauschte, hörte er das Geräusch eines Schlüssels in der Außentür, das Eintreten von jemandem, das

Herausziehen des Schlüssels, sein Einstecken in die Sakristei und das Verriegeln der Tür. gefolgt von leisem Stimmengemurmel.

„Hübsche Tauben!" murmelte der alte Küster. „Gurr weg, süße, weiche Tiere! Mama, bin ich, Knappe Tom? Eine abscheuliche alte Gestalt, nicht wahr, Miss Leo? Oh, das brauchen Sie nicht zu leugnen. Du hast es meiner Dally unzählige Male gesagt. In Ordnung. Er! Er! Er! Kühler Ort zum Liebemachen. Behaupte, du bekommst eine Erkältung, also bringe ich den Arzt!"

Er hielt sein Wort, und North hatte seine Hand auf dem Riegel, während Moredock sich vergnügt die Hände rieb, in Erwartung einer Szene, die ihm etwas von der Langeweile seines Daseins nehmen und die Ziele seines Enkels voranbringen würde, aber er schlich sich ruhig nach Hause zurück.

„Ich würde es gerne sehen", sagte er; „Aber es könnte Ärger geben, und ich bin am besten weg."

Als ob das Schicksal beschlossen hätte, dass Horace North völlig aufgeklärt werden sollte über den Charakter der Frau, die er verehrte, geschah es, dass Tom Candlish, als die Tür aufgerissen wurde, eine brennende Zündschnur anzündete.

Das scharfe Knacken – Knacken – Knacken des explosiven Endes übertönte das Geräusch, das der Riegel verursachte, und das Streichholz explodierte in einer rötlich-blauen Flamme, die den ganzen Ort erhellte, denn der junge Gutsbesitzer war im Moment zu verblüfft, um es wegzuwerfen .

North stieß ein heiseres Stöhnen aus, als er die Gruppe vor sich betrachtete: Tom Candlish, der im Stuhl des Pfarrers neben dem Eichentisch saß, und Leo auf seinem Knie, den Arm um seinen Hals gelegt und den Kopf auf seiner Schulter ruhend, während er von den anderen gesehen wurde In grellem Licht schien es, als stünden hinter ihnen im Hintergrund ein paar Geistliche, einer in Schwarz, der andere in Weiß, als wollten sie ihr Vorgehen durch die Durchführung eines heiligen Ritus sanktionieren.

"Der Teufel!" schrie Candlish, als Leo von seinem Schoß sprang und sich in einer Ecke der Sakristei niederkauerte. Ihre Scham wurde von der plötzlichen Dunkelheit verdeckt, die hereinbrach, als Tom Candlish das Streichholz niederwarf.

„Du Schurke!" schrie North, als er wütend vor Wut auf den Mann stürzte, von dem er glaubte, dass er die Ursache für seine qualvollen Schmerzen war.

Für einen Moment hatte er sich der Stelle zugewandt, an der er gesehen hatte, wie Leo zurückschreckte, und seine Augen blitzten, als hätte er das elende Geschöpf, von dem er geglaubt hatte, es sei alles Gute und Wahre, das er aber trotz seiner Leidenschaft für sie hatte, vernichten können , schien jetzt zu niedrig zu sein, um überhaupt eines Wortes würdig zu sein.

Er konnte sie nicht zerquetschen. Er konnte sie nicht mit der Bitterkeit der Worte überfordern, die ihm über die Lippen kamen. Der Schleier war von seinen Augen gefallen, und in diesem schrecklichen Moment, als er sie am Hals des brutalen, groben jungen Gutsbesitzers hängen sah, verwandelte sich seine schwärmerische Liebe in wilden Hass.

Aber er konnte sie nicht zerquetschen; er konnte sie nicht einmal mit seiner Verachtung schlagen; aber ein heftiges Lachen entfuhr seiner Kehle, als er spürte, wie gut und gütig das Schicksal mit ihm gewesen war, indem es ihm die Gelegenheit gegeben hatte, reichlich Rache zu nehmen.

Und wie süß kam es ihm vor, als er in der Dämmerung auf Tom Candlish zusprang.

Das Schicksal war für einen Moment wieder gnädig mit ihm, denn wie instinktiv packten Norths Hände den kräftigen jungen Riesen in seinem grimmigen Griff, und für ein paar Momente schwankten sie hin und her und schlugen gegen die Wand und die einfachen Möbel des Ortes , prallte gegen den Schrank, in dem die Register aufbewahrt wurden, und riss Chorrock und Talar herunter, um sie auf dem Boden zu zertrampeln.

„Sind Sie verrückt, Doktor?" keuchte Tom Candlesh.

„Ja", zischte es durch die Zähne des Arztes.

„Sei kein verfluchter Narr. Denken Sie daran, wo Sie sind."

„Denken Sie daran, wo ich bin!" rief North mit einem bitteren Lachen. „Das sagst du mir, du frevelhafter Hund!"

Sie schwankten immer wieder hin und her, North bemühte sich, eine Hand frei zu bekommen, um einen Schlag auszuführen, aber vergebens; und der Kampf war ein wilder Kampf, bei dem der Schwächere durch die Leidenschaft in seiner Brust dem Stärkeren ebenbürtig zu sein schien.

Währenddessen kauerte Leo Salis, am ganzen Körper zitternd, in der dunklen hinteren Ecke der Sakristei und lag halb zusammengekauert da, lauschte dem heftigen Kampf und war zu entnervt, um sich zu bewegen.

Doch schließlich überwältigte der Wunsch zu fliehen – nach Hause zu kommen – alles andere, und sie machte sich auf den Weg zum nächstgelegenen Ausgang – der Tür zum Kirchhof; aber obwohl sie immer wieder mit der Hand darüber fuhr, war der Schlüssel nicht da. Tom Candlelish hatte es in der Tasche und konnte sie nicht befreien.

Sie versuchte, an dem konkurrierenden Paar vorbei zur Altarraumtür zu schleichen, aber als sie danach strebte, wurde Tom Candlish gegen sie getrieben, wäre fast gestürzt und stieß einen heftigen Fluch aus, der ihren Schmerzensschrei übertönte, denn er hatte ihre zarte Hand zerquetscht unter seiner Ferse.

Sie wich wieder in die Ecke zurück und schluchzte vor Angst. Aber als der Kampf weiterging, fasste sie sich noch einmal zusammen, und dieses Mal stand sie auf und versuchte es in die andere Richtung, gerade als Tom Candlish die Oberhand gewann, und drehte sich nach Norden um so heftig, dass er das elende Mädchen schlug und sie schwer gegen die Wand trieb.

Leo stieß ein heiseres Keuchen aus und streckte ihre Hände aus, um sich zu retten, als ihre Linke die Eichentür berührte, die in den Altarraum führte.

Dies belebte sie wieder, gerade als ihre Gefühle sie überwältigten und sie ohnmächtig wurde.

Mit einer schnellen Bewegung packte sie den Riegel, zog ihn hoch, ging durch die Öffnung, schloss die schwere Eichentür, eilte durch den Chor und das Südschiff zur großen Tür, entriegelte sie und ging, ohne zu wissen, was sie tat, weiter Er ging in die Veranda und schloss die Tür wieder ab, bevor er hinunter zum Kirchentor rannte, herum zu den Wiesen und dann atemlos zurück in den Garten des Pfarrhauses.

"Sicher!" sie keuchte; "sicher!" Als sie das rustikale Sommerhaus erreichte, kletterte sie schnell hinauf, um ihr Zimmer zu erreichen, und nachdem sie sanft das Fenster geschlossen hatte, sank sie schluchzend auf den Boden, in Schweiß gebadet und mit schluchzendem Atem. „Dieser Idiot wird es nicht wagen zu sprechen. Ich hoffe, dass Tom ihn halb töten wird. Was für eine Flucht! Aber niemand wird es erfahren.“

Bei diesem Gedanken atmete sie freier, in glücklicher Unwissenheit darüber, dass Dally gerade ihr Fenster schloss, und voller Freude hoffte, dass es eine Szene gegeben hatte.

Diese Szene war nun vorbei, denn als sich die große Südtür hinter Leo schloss, war der Kampf am heftigsten und Tom Candlish hatte das Schlimmste aus der Begegnung gezogen.

„Mach mir die Kehle locker, North!“ er weinte. „So verflucht unfein.“

"Ja; Ich habe es mit einem Schurken zu tun, den Hartley Salis verprügelt hat, und ich werde dich auch verprügeln, du Hund!“

Während er sprach, versetzte er Tom Candlish mit seiner nun befreiten Hand einen heftigen Schlag direkt zwischen die Augen, sodass dieser zurücktaumelte.

Aber der Triumph war nur von kurzer Dauer, denn der junge Knappe warf sich, vom Schmerz erbarmt, auf seinen Gegner und trug ihn zurück, als das Klirren eines fallenden Schlüssels zu hören war. Der Kampf wurde wilder und heftiger, und dann hatte Horace North das Gefühl, als wären seine Beine plötzlich ineinander verwickelt. Er bemühte sich, sie zu befreien, aber vergebens; Und bevor er den Boden wiedergewinnen konnte, den er verloren hatte, wurde er schwer geschleudert, sein Kopf landete krachend auf dem Steinboden, genau dort, wo die Matte ihn nicht bedeckte, und er lag regungslos da und gab keinen Laut von sich.

„Verfluche ihn für einen Narren! „Lass ihn da liegen, bis er zu sich kommt", keuchte Tom Candlish. „Wo ist der Schlüssel? Was für ein Idiot! Ich hörte es fallen, während wir kämpften. Streichhölzer? Sie gingen auch, und wenn sie es nicht taten, wagte ich es nicht, eins anzuzünden."

Er tastete sich zur Altarraumtür vor, konnte sie aber in seiner Verwirrung nicht öffnen, da Leo sie festgemacht hatte.

„Sie ist inzwischen von zu Hause weggekommen", murmelte Candlish. „Wo ist mein Hut? In Ordnung; Ich habe es auf die Fensterbank gestellt. Hah! – ja, das reicht."

Er stieg auf die Eichentruhe unter dem langen, schmalen Fenster, öffnete den eisengerahmten Fensterflügel, zwängte sich hindurch, blieb in gebeugter Haltung stehen, hielt sich einige Augenblicke fest und sprang dann in die schwarze Dunkelheit hinab.

Ein dumpfer Schlag, als er auf dem Kies landete, ein vernichtender Schlag, gefolgt von einem weiteren, schnell ausgeführten; ein schweres Stöhnen und dann Stille.

Eine Minute später ein Rascheln, als würde sich jemand davonstehlen.

Band zwei – Kapitel vierzehn.

„Was haben! Erledigt?"

"Wo bin ich?"

Keine Antwort. Alles war stockdunkel, aber eine angenehme, kühle Luft fächelte der brennenden Stirn des Redners Luft zu.

„Moredock! Schläfst du? Das Licht ist aus. Was ist los? Was ist das für ein Stoff an meinen Beinen?"

Es gab ein raschelndes Geräusch, als Horace North aufstand, ein heruntergefallenes Chorhemd von seinen Füßen zog und begann, verwirrt um sich herumzutasten.

Aber das war eine Mauer, nicht die Enden von Särgen; das war ein umgestürzter Tisch, nicht die Steinplatte mit ihrer abscheulichen Last; und das-

"Oh!"

Horace North taumelte gegen die Wand und blieb dort liegen, während er dieses klägliche Stöhnen ausstieß; denn wie ein Blitz war der Strahl der Erinnerung in sein verdunkeltes Gehirn geschossen, und er sah noch einmal, wie das elende Idol, das er angebetet hatte, ihn mit aufschreckenden Augen wild anstarrte – sie, die Frau, die er auf einen Gipfel gesetzt hatte, kriechend vor ihm in ihrer Schande! Im Moment zuvor die Dame seiner offenen, ehrlichen Liebe; Im nächsten Moment zeigte sich, dass er so niedergeschlagen und erniedrigt war wie ein elendes Bauernmädchen, bereit, die Küsse des ersten Mannes anzunehmen, der sie „Liebes" nannte!

„Werde ich verrückt?" er stöhnte. „Arme Salis! Arme Mary Salis! Sie dürfen es nie erfahren. Und ich arm! Narr! blinder Idiot! Aber ich habe sie geliebt", stöhnte er, „und ich fand sie so süß und rein und wahr – eine Frau, für die ich das beste Blut meines Herzens vergossen hätte – eine Frau, für die ich – Pah! Ich darf hier nicht herumreden! Blut? Ja, Blut! Der Rohling! Er ist stark wie ein Pferd."

Er holte ein Taschentuch heraus, faltete es doppelt und verband sich grob den Kopf; denn es blutete aus einer Schnittwunde am Rücken.

„Mach mein Gehirn frei", murmelte er. „Ich darf hier nicht stehen. Dieser Ort blieb offen! Ist Moredock da?"

Er tastete sich zur Tür vor; und als er vorsichtig weiterging, stieß sein Fuß gegen etwas, das auf dem Fliesenboden klirrte.

Er tastete umher, berührte den Chorrock, der heruntergezogen worden war und seine Beine verhedderte; und als er ihn wegnahm, klingelte der Schlüssel noch einmal, und er fing ihn auf.

Nachdem er bewusstlos geworden war, öffnete er die Tür und verschloss sie wieder. Während er in der kühlen, dunklen Nacht stand, atmete er freier.

„Moredock!" er flüsterte. "Bist du da?"

Es kam keine Antwort, aber er rührte sich nicht; denn erneut überfiel ihn ein merkwürdiges Gefühl der Verwirrung, und er legte die Hand an den Kopf, um zu versuchen, seine Gedanken zu beherrschen.

„Ja", murmelte er; „Natürlich muss ich gehen und diesen Ort schließen. Selbst wenn ich verrückt werde, darf das nicht bekannt sein."

Er machte instinktiv ein paar Schritte auf das Gewölbe zu und stürzte über etwas auf dem Weg. Es gelang ihm jedoch, sich zu retten, so dass er nur auf Hände und Knie fiel.

Der Schock wirkte wie ein Zauber und brachte seine abschweifenden Gedanken zurück.

"Wer ist das?" er murmelte. „Moredock?"

Er ließ seine Hände schnell über den Körper vor ihm gleiten, der flach auf dem Rücken lag.

„Tom Candlish!" stieß er aus, als seine Hände sich berührten, die eine mit einer seltsam geformten Brustnadel, die der junge Gutsherr trug, die andere mit dem Bündel von Amuletten und dem Medaillon, das er an seiner Kette trug.

"Du lieber Himmel! Was habe ich gemacht? Der Mann ist tot!"

North erhob sich und bemühte sich angestrengt, seine wandernden Gedanken zu sammeln, denn er war wieder einmal auf See. Er konnte nicht begreifen, wie Tom Candlish es geschafft hatte, dorthin zu gelangen, bis er sich an das Fenster erinnerte und sich gleichzeitig daran erinnerte, dass er immer wieder mit aller Kraft nach ihm geschlagen hatte.

„Habe ich ihn getötet?" er murmelte; und da er immer noch unter dem Schlag auf seinen Kopf litt, schienen seine geistigen Fähigkeiten völlig aus dem Gleichgewicht geraten zu sein. Der ruhige Mediziner mit seinem treffsicheren Urteilsvermögen war nicht mehr da; aber einer voller wilder Aufregung – einen Moment brodelte er vor wahnsinniger Freude darüber, über seinen Feind gesiegt zu haben, auf den er wahnsinnig eifersüchtig gewesen war; im nächsten war er bereit, vor der Tat, die er getan hatte, zu schrumpfen und zu zittern.

Er hielt nicht inne – er konnte nicht –, um zu berechnen, wie es geschehen war, außer dem Gefühl, dass er seinen Feind schrecklich geschlagen haben musste, bis er ihn bei seinen letzten Versuchen niedergeschlagen hatte, und dann aus dem Fenster kroch, um zu fallen und zu sterben. Es gelang ihm nicht, dies alles in geordneter Weise zu regeln, da ihn nun ein rasender Schrecken vor der Entdeckung erfasste; und die Frage beschäftigte ihn: Was sollte er – ein Mörder – tun?

Ihm kam nur eine Idee in den Sinn, und das war die natürliche, die den Unwissenden unter diesen Umständen in den Sinn kommt: Er hatte diesen Mann getötet, und die Strafe war Tod für Tod. Er wusste nicht, dass er leben wollte, der Schock war in dieser Nacht zu schrecklich gewesen; aber er muss handeln – er muss etwas tun; und indem er ganz seinen Impulsen nachgab, bückte er sich, richtete mit einer wunderbaren Anstrengung nervöser Kraft den gefallenen Mann auf und stand einige Augenblicke nachdenklich da.

Der Impuls bewegte ihn damals; und ohne weiteres Zögern trug er die Leiche die Stufen hinunter zur Tür des Mausoleums.

Die Tür gab seinem Druck nach, und er trat mit seiner Last ein, wobei die Dunkelheit für ihn kein Hindernis darstellte, denn er kannte den Ort so gut, dass er kommen und gehen konnte, ohne die Seiten zu berühren, um Orientierung zu suchen.

Er stand einige Augenblicke mitten im Ort und dachte nach; Ein Bruder hing über seiner linken Schulter, der andere lag regungslos auf der kalten Steinplatte, wie er die ganze Zeit über die ganze Reihe versuchter Experimente gelegen hatte.

„Es ist Schicksal“, murmelte er, während er seine Last sanft auf den mit Sägemehl bedeckten Boden senkte, die Brüder Seite an Seite, nur dass der Jüngere niedriger war – näher an seiner Mutter Erde.

Dann trat North schnell und sachlich zur Tür, ging hindurch, schloss sie ab und bediente dann das Eisentor im Geländer.

„Eines Tages muss ich meine Instrumente wegholen“, murmelte er, „wenn ich bleibe. Niemand wird ihn dort suchen. Er soll vor mir geflohen sein. Aber Moredock?

„Man kann Moredock vertrauen; Ich kann ihn zum Schweigen bringen“, sagte er grimmig. „Er wusste, wer da war.“

North stand ein paar Minuten lang nachdenklich auf dem Kirchhof, halb erschrocken, verspürte aber gleichzeitig eine gewisse Erleichterung und Freude darüber, dass sein Rivale von seinem Weg abgekommen war.

Dann schien ihm das Wort „Rivale" einen geistigen Schlag zu versetzen, denn es verdeutlichte seinem verwirrten Verstand, warum er und Tom Candlish Rivalen gewesen waren; und bei diesem Gedanken sah er wieder Leo, die Frau, die er geliebt hatte, wie sie ihm wild ins Gesicht blickte; und mit einem leisen Stöhnen taumelte er mehr als zu Fuß vom Kirchhof und machte sich instinktiv auf den Weg nach Hause; Doch als er das Haus des Küsters erreichte, wurde er von dem schwachen Licht darin angezogen, und da ihm schwindelig wurde, legte er seine Hand an seinen Kopf und stellte fest, dass dieser stark blutete.

Während er zögerte, ob er hineingehen oder sich beeilen sollte, öffnete sich die Tür, die angelehnt gewesen war, weiter, und eine große, klauenartige Hand wurde ausgestreckt und er wurde zu dem großen Windsor-Stuhl geführt.

„Verletzt, Doktor? Überall Blut? Sagen Sie nicht, dass Sie ihn nicht herabgestuft haben."

North gab keine Antwort, denn der Raum mit der niedrigen Decke schien sich zu drehen, als er sein gespenstisches Gesicht drehte und in die Augen des Sprechers blickte.

Band Zwei – Kapitel Fünfzehn.

Ein schrecklicher Unfall.

„Jetzt bin ich dran", sagte Moredock mit einem leisen Lachen. „Zeiten, als er mir Dosen gegeben hat. Er, er, er! Ich kann ihm jetzt eins geben."

Der alte Küster nahm einen Schlüssel aus seiner Weste und öffnete einen merkwürdigen alten Eckschrank aus Eichenholz, auf dessen Regalen eine Vielzahl von Gegenständen lagen, die aus ihrem Gefängnis hervorschimmerten und darauf hinzuweisen schienen, dass sie nicht ehrlich an sie herangekommen waren. Das auffälligste Objekt war jedoch eine quadratische schwarze Schnapsflasche, daneben stand ein umgedrehtes fußloses Glas.

„Da, Doktor", kicherte der alte Mann, als er den Korken zum Quietschen und die Flüssigkeit zum Gurgeln brachte, als er etwas ausschüttete; „Das ist nicht die gleiche ärztliche Untersuchung, die Sie mir geben, aber es ist echt und wurde mir von einem Londoner Herrn geschickt, mit der ich schon oft zu tun hatte."

North zögerte nicht, sondern trank den starken Brandy in einem Zug aus.

„Das erweckt Sie zum Leben, nicht wahr, Doktor, nicht wahr? Besser jetzt?"

„Hah!" seufzte North, gab das Glas zurück und lehnte sich im Stuhl zurück. „Nein, nein; das wird genügen."

Der Reiz verschwand nicht nur das Ohnmachtsgefühl, er gab ihm auch die Fähigkeit zurück, konsequent zu denken; und North setzte sich auf, als würde er darüber nachdenken, was er als nächstes tun sollte.

„Er hat Sie ein wenig umgehauen, Doktor", unterbrach Moredock seine Überlegungen.

„Äh? Ja; wir hatten einen heftigen Kampf", sagte North zu Beginn.

„Haben ihn wie einen Hund mit eingezogenem Schwanz nach Hause geschickt, nicht wahr, Doktor?"

North schauderte und ergriff Moredocks Arm.

„Woher wussten Sie, dass er dort war?"

„Oh, ich habe es herausgefunden!" sagte der alte Mann ausweichend. „Ich habe dort Zigarrenenden und Asche auf dem Boden gesehen; und ich dachte zuerst, dass der Pfarrer rauchte, und erzählte ihm davon."

„Und – und was hat er gesagt?"

„Sah schuldbewusst aus“, kicherte der alte Mann.

North schwieg einige Augenblicke, saß mit einer Hand vor den Augen da und versuchte zu überlegen, was er tun sollte.

„Moredock“, sagte er und drehte sich scharf zu dem alten Mann um; „Warum hast du mir das heute Abend gezeigt?“

Der Küster blickte ihn starr an.

"Sag mir die Wahrheit."

„Nun, Herr Doktor, es hat nicht geklappt, dass der junge Squire Tom meine Kirche austrocknen ließ.“

„Du hattest einen anderen Grund.“

„Nun, es ist nicht sicher für uns. Er könnte uns erwischt haben.

"Ja genau; aber du hättest mich gewarnt, anstatt mich dorthin zu bringen. Warum hast du das getan?"

„Nun, Herr Doktor, natürlich bin ich nicht blind.“

"Wie meinst du das?"

„Nun, sehen Sie“, sagte der alte Mann grinsend, „der Lohn des Saxun ist nicht viel; und ein Mann achtet auf das, was kommt, um ihm weiterzuhelfen.“

„Ich verstehe dich nicht, Mann.“

„Nun, Berrins, Taufen und Heiraten bringen alles ein bisschen mehr ein. Ich habe es lange genug gesündigt.“

„Was gesehen?“

„Dass du oben im Pfarrhaus ein bisschen Werbung gemacht hast; und es kam Ihrer jungen Dame nicht nett vor, abends auszugehen, um Squire Tom zu treffen, und zwar in meiner Kirche.“

North stöhnte.

„Das macht Ihnen nichts, Doktor; Ich mag dich“, sagte Moredock beruhigend.

„War das – war das über das Dorf bekannt?“

„Um Sie oder um das junge Fräulein?“

„Beides, Mann, beides!“

„Nein, das ist es nicht. Ich sehe einen Deal, weil ich ein Mann bin, wie man denkt, Doktor. NEIN; Ich glaube nicht, dass es irgendjemand weiß. Aber macht Ihnen nichts, Herr Doktor; Gele werden immer Gele sein und hören

Sie sich Kerle wie Squire Tom an. Aber ich sage", flüsterte der alte Mann lachend, nachdem er zum Fenster gegangen war und sah, dass der bedruckte Vorhang gut über die zerbrochene Stelle gezogen war, durch die das bleierne Tabakglas geschleudert worden war, „hast du es ihm gut gegeben? "

North stöhnte.

„Warum, Doktor! Mehr Schlimmes genommen?"

Der alte Mann warf einen Blick auf die Hand, die er auf die Schulter des Arztes gelegt hatte, und wischte sie ab, denn sie war nass von Blut; und der Anblick des abscheulichen Schmierflecks schien einen schrecklichen Gedanken in seinem Gehirn auszulösen.

„Warum, Doktor", sagte er leise flüsternd; „Du hast nicht – du hast ihm nicht viel wehgetan?"

North ergriff den Arm des alten Mannes und saß ein paar Augenblicke lang da und starrte ihn wild an, ohne zu sprechen. Er kämpfte mit der geistigen Verwirrung, die ihn beunruhigte und ihn in einem Zustand des Zögerns hielt, in dem seine Gedanken wie ein Wrack auf See trieben.

Endlich meisterte er es und begann klar zu erkennen, dass er ihn nach allem, was der alte Küster wusste, weiterhin zu seinem Vertrauten machen musste. Es durfte keine halben Sachen geben. Zu seiner eigenen Sicherheit muss er ihm alles erzählen; obwohl da auch jetzt noch Leo war, der von der Begegnung wusste.

NEIN; Sie wagt es nicht zu sprechen, sie wagt es nicht, zu ahnen, was sie könnte. Um ihres Rufs willen muss sie den Mund halten.

In der Zwischenzeit warf der alte Mann erneut einen Blick auf seine Hand und begann mit einem angewiderten Gesichtsausdruck, sie abzuwischen.

„Warum, Doktor – Doktor!" er flüsterte; „Sagen Sie nicht, dass Sie –!"

„Ich konnte nicht anders, Moredock", sagte North aufgeregt. „Es war im Kampf: Es war ein Kampf ums Leben. Wir waren beide wahnsinnig vor Wut, und ich – ich habe ihn geschlagen."

„Ja, ja, Doktor; aber du hättest ihn nicht so hart schlagen müssen. Schau dir das Blut an! Liebes, mein Liebes; und all dieser Ärger mit einem Gel."

„Ich weiß nicht, wie es passiert ist", keuchte North und klammerte sich fest an den Arm des alten Mannes. „Ich muss ihm einen schrecklichen Schlag versetzt haben."

„Aber es ist eine Hängesache, Doktor – eine Hängesache!" flüsterte der Küster. „Halte mich nicht fest, Mann; Ich habe es nicht getan! Da lasse ich mich nicht hineinziehen! Ich wusste nicht, dass du das tun würdest!"

„Das hatte ich nicht vor, Moredock. Es war meine Wut."

„Aber es ist Mord, Doktor; Es ist Mord, und sie werden dich um dein Leben bitten!"

„Es darf nicht bekannt sein. Wir müssen-"

„Nein, nein, wir sind es nicht", protestierte der alte Mann. „Du hast es getan. Ich war sauer darüber, dass ihr beide so wild werdet, und dachte, ich wäre da raus, und bin nach Hause gekommen."

„Aber du musst mir helfen, Moredock! Du sollst mir helfen, Mann!"

„Ich kann Ihnen nicht helfen, Doktor: Es ist Mord!" protestierte der Küster und versuchte, dem heftigen Griff zu entkommen, der ihn festhielt.

„Es war kein Mord! Es war ein fairer Kampf!" schrie North heftig. „Und schau mal, Mann, du kannst nicht anders. Du musst mir helfen, die Arbeit dieser schrecklichen Nacht zu verbergen."

Der alte Mann hörte auf zu kämpfen, denn die Worte des Arztes beeindruckten ihn und er spürte, wie eng die beiden miteinander verbunden waren.

„Aber es ist, als würde man die Tage eines Mannes verkürzen", wimmerte er halb.

"Schweigen! Tu, was ich sage, und niemand muss erfahren, was passiert ist."
"Aber-"

„Stille, sage ich!" rief North nun fest. „Nimm deinen Hut; wir müssen sofort zur Kirche gehen."

Moredock stand halb gebeugt da und hatte den Kopf seinem Begleiter zugewandt.

„Wo – wo ist er, Doktor?"

„Im Candlesh-Tresor. Ich habe ihn dorthin getragen!"

„Hah!"

Der Küster holte tief Luft. „Sie müssen kommen und alle Spuren des Kampfes in der Sakristei beseitigen, und dann –"

„Im Morslem, nicht wahr, Doktor?" sagte der alte Mann nachdenklich und ergab sich zunehmend mit den Schwierigkeiten seiner Position. „Nun, wir können ihn dort unterbringen, wo ihn wahrscheinlich niemand finden wird. Hey, Doktor, aber es war schlimm für mich, Sie kennengelernt zu haben!"

„Deine Laterne und Streichhölzer – schnell!" sagte North. „Es gibt keine Zeit zu verlieren!"

„Aber wenn – wenn – Doktor?"

"Wenn was?"

„Wenn es herausgefunden wird, wirst du ein Wort für mich sagen. Du hast mich dazu gebracht, das alles zu tun. Ich möchte meine fünfzehn oder zwanzig Jahre noch in Frieden verbringen."

„Vertrauen Sie mir, wie Sie mir schon früher vertraut haben", sagte North, der nun ruhig genug sprach und die Situation erfasst hatte. „Ich sage Ihnen, es war ein Unfall – ein schrecklicher Unfall. Es war ein fairer Kampf; und ich bin nicht allzu gut davongekommen."

„Ich werde Ihnen zur Seite stehen, Doktor", sagte der alte Mann; „Und wir werden es sicher verstecken. Aber da ist Dally", murmelte er vor sich hin, „Dally. Sie wird wissen, dass etwas nicht stimmt, denn sie wird es nicht glauben. Nicht, dass er aus Angst vor dem Arzt weggegangen wäre? Ja, das wird sie denken müssen. Mein armes kleines Mädchen – mein armes kleines Mädchen!"

Band Zwei – Kapitel Sechzehn.

Der Arzt ist erleichtert.

Die alte Uhr pfiff und rasselte und drehte sich, und ihre Gewichte liefen nach unten, als der Arzt und der alte Moredock die Tür des Glockenturms betraten. Dann, als das Portal geschlossen wurde, schien der dunkle Raum mit Geräuschen erfüllt zu sein, als die Glocken die vier Viertel erklangen, und dann verkündeten die tiefen Schläge des Hammers auf die Glocke, dass der Tag nahte.

„Erst drei Uhr", dachte North, „und es kommen einem so viele Tage wie Stunden vor."

Sie gingen in die Kirche, sobald der alte Mann seine Laterne angezündet und sie mit dem Saum seines Mantels bedeckt hatte, den er so hielt, dass das Licht nur auf die Matte und hier und da auf ein Messing- oder etwas halbabgetragenes Stück fiel In die Steine gemeißelte Buchstaben.

Die Tür zum Altarraum blieb stecken und ließ sich nicht öffnen, bis der alte Mann seine Laterne gedrückt hielt, um zu sehen, was sie festhielt.

"Was gibt es hier?" flüsterte er, als etwas glitzerte. „Das Armband des jungen Fräuleins", fügte er hinzu, während er das glänzende Schmuckstück herauszog, das Leo auf ihrem Flug verloren hatte und das dicht an den Boden der Tür gefallen war und als Keil fungierte. „Fassen Sie zu, Doktor."

„Pah!" stieß North aus und zog sich zurück. "Wirf es weg."

„Ja, ich werde es wegwerfen", murmelte der alte Mann und steckte den schweren Goldring in seine Tasche: „Ich werde es wegwerfen." Hey, aber schauen Sie mal her."

Er hielt die Laterne hoch und offenbarte den Zustand der Sakristei – der Stuhl war umgeworfen, der Tisch in eine Ecke gedrängt und das Gewand und der Chorrock von den Haken gerissen, an denen sie gehangen hatten, zertrampelt und verdreht, während an einer Stelle die Fliesen lagen in der Nähe der Täfelung waren mit Blut befleckt, von dem einige Tropfen auf die getäfelte Eiche gespritzt waren.

„Mach das Fenster zu, Mann – schnell! Verstecke dein Licht."

Moredock gehorchte, schirmte seine Laterne ab, kletterte dann auf die Eichentruhe, zog die Schließe ein und befestigte sie.

„Soll ich –", begann er, als er herunterkam.

„Häng auf, Mann, nein!"

„Hist! Sag dieses Wort nicht", flüsterte Moredock aufgeregt.

„Du kannst morgen hierher kommen und aufräumen und den Platz herrichten. Lasst uns sofort zum Tresor gehen."

Die Hände des alten Küsters zitterten, als er die Tür zur Sakristei öffnete, aber als er spürte, wie ruhig und entschlossen sein Begleiter zu sein schien, fasste er Mut und folgte nach Norden durch das Eisentor und die Stufen hinunter zur Tür des Mausoleums.

„Halten Sie die Laterne gut bedeckt", flüsterte North, als er die Tür aufschloss; „Und du hast die Tore nicht verschlossen."

Der alte Mann trat zurück und spürte, wie klug sein Begleiter war, wenn es um Vorsicht ging. und als er zurückgetreten war, befand sich North bereits im großen Gewölbe und hielt ihm die Tür auf, damit er eintreten konnte.

„So, lass uns jetzt das Licht haben", sagte der Arzt bitter. "Sicher sein. Du hast keine Angst davor, einem toten Mann gegenüberzutreten?"

„Nein, ich bin jetzt nicht geschoren, Doktor", flüsterte Moredock; „Aber du wirst – du wirst – du wirst –"

"Dich bezahlen?"

„Ja, Doktor. Sehen Sie, es ist – es ist –"

„Halten Sie nicht inne und stottern Sie, Mann", sagte der Arzt streng. „Das ist eine schreckliche Angelegenheit, aber ich kann Ihnen vertrauen, und Sie können mir vertrauen. Stehen Sie mir dabei fest zur Seite, und ich werde Ihnen jedes Jahr genug geben, damit Sie es sich bis zum Ende Ihrer Tage bequem machen können."

„Hallo, Doktor, das spricht wie ein Mann", sagte Moredock und lächelte abscheulich, als er die Hornlaterne öffnete, um die Kerze mit den Fingern auszulöschen, als das Licht ihm direkt ins Gesicht schien. „Und er war doch nicht gut, oder?"

„Ich wage zu behaupten, dass er sein Leben genauso hoch schätzte wie ich meines – gestern", fügte der Arzt leise hinzu.

„Und er hat versucht, dich zu töten, nicht wahr?" flüsterte Moredock und schloss die Laterne wieder.

„So sehr ich auch versucht habe, ihn zu töten, nehme ich an", sagte North. „Wir kämpften wie zwei brutale Bestien."

„Ja, und zwar ein Leben lang", sagte Moredock zufrieden. „Es war doch kein Mord, Doktor, oder?"

„Vom Gesetz her wohl nicht", sagte North ruhig, während er in seiner früheren Haltung dastand und die Hand vor den Augen hielt. „Da dürfen wir keine Zeit verschwenden. Mein Experiment ist jetzt vorbei und wir müssen diesen Ort in seinen alten Zustand zurückversetzen."

„Kein Mord", sagte Moredock lachend; "natürlich nicht. Ich fühle mich jetzt einfach."

Er hielt die Laterne über die ausgestreckte Gestalt von Tom Candlish, die im schwachen gelben Licht seltsam gespenstisch aussah; und als er sich bückte, konnte er sehen, dass der junge Gutsbesitzer zwei schreckliche Schläge erhalten hatte – einen auf die Stirn und den anderen auf die rechte Schläfe – , die beide geblutet hatten und einen abscheulichen Fleck auf dem Sägemehl hinterlassen hatten.

„Dally muss es noch einmal versuchen", sagte sich der alte Mann. „Genug ein Jahr, um es mir bequem zu machen, und der Arzt, der mich am Leben hält. Das hättest du wegen des Geldes nicht getan, Tom Candlish; Und du hättest mich nicht am Leben halten können, als es mir schlecht ging. Du wärst auch brutal mit dem Gel umgegangen, bevor du sie schon lange hattest. Da ist alles ein Segen, wie Parson Salis sagt."

Er grinste auf seine ghulartige Art und drehte sich um, um North am Ellbogen zu berühren.

"Arzt!" er flüsterte.

Norths Hände fielen vor seinen Augen weg und er drehte sich um, um den alten Mann wild anzustarren, wie man ihn anstarrt, wenn man plötzlich aus einem zu tiefen Schlaf erwacht.

"Ja! Was ist es? Ich hatte es vergessen. Mein Kopf, Mann."

„Schau her", flüsterte der alte Küster und führte ihn in die äußerste rechte Ecke des Gewölbes, wo ein besonders blühender alter, angelaufener Sarggriff schwach das Licht in seiner alten Nische reflektierte.

Der alte Mann klopfte mit den Fingerknöcheln auf das Ende des Sarges.

„Leer", flüsterte er grinsend; und er klopfte erneut darauf, so dass ein hohler Ton von sich gab.

"Leer?"

„Ja; Jetzt ist es leer, Doktor. Vor fast zweihundert Jahren lag dort ein alter Squire Candlel; Jetzt kann ein neuer Squire Candlish darin liegen, nicht wahr?"

„Den Körper dort verstecken?" sagte North, der benommen aussah.

„Tchah! Legen Sie ihn nur zum Schlafen hinein. Das ist alles, Herr Doktor. und niemand außer uns wird es erfahren."

„Dann schnell", sagte North; „Ich bin ziemlich verletzt, Mann, und mein Kopf ist verwirrt."

„Ja, natürlich, Herr Doktor, ich werde mich beeilen, und dann können Sie nach Hause gehen, sich in Ordnung bringen und hier wieder so weitermachen wie zuvor. Ergreifen Sie es."

North gehorchte verträumt, offenbar ohne zu wissen, was er tat; und als Moredock den alten Sarg mit seinem zerfetzten Samt und den angelaufenen Verzierungen herauszog, ergriff er den Griff am anderen Ende und hob ihn in das Sägemehl.

Der alte Mann nahm den Schraubenzieher von der Stelle, wo er auf dem neuen Sarg lag, wo Sir Luke hätte ruhen sollen, und drehte schnell die Schrauben, sodass jede in ihrem Loch stehen blieb, und hob dann den Deckel ab, um etwas gelbes Futter zum Vorschein zu bringen und verblasste Blumen, die sich schnell in so viel Staub verwandeln – mehr nicht.

„Es wird ihm passen", flüsterte Moredock. „Alle Kerzen für Männer sind ungefähr gleich groß.

„So, Doktor", fuhr er fort, während er den Deckel absetzte. „Nun, um alles in Sicherheit zu bringen."

Die Worte des alten Mannes schienen North aus seinem verträumten Zustand aufzuwecken, und er blickte erschrocken auf den alten Kerl vor sich, dann auf den leeren Sarg, und sein schnelles medizinisches Verständnis der Situation schien zum ersten Mal vollständig zurückgekehrt zu sein.

"Hier; Halte das Licht", sagte er.

„Legen Sie es besser da unten ab", flüsterte Moredock. „Dann können wir besser sehen."

„Halten Sie das Licht, sage ich", rief der Arzt streng; und er kniete neben dem jungen Knappen nieder.

Moredock sah verwundert zu, denn es war ihm nicht in den Sinn gekommen, sich nach dem Zustand des jungen Mannes zu erkundigen. North hatte ihm so gut wie gesagt, dass er getötet wurde, und es wäre unnatürlich gewesen, das Urteil des Arztes in Frage zu stellen. Dann stand er in gebeugter Haltung da und hielt die Laterne in der Hand, während North den jungen Baronet rasch untersuchte, dann erhob er sich ruhig und praktisch und stieß einen Seufzer der Erleichterung aus.

„Bereit, Doktor?" flüsterte Moredock, dem das alles im höchsten Maße unnötig erschien.

„Bereit, Mann? Nein. Steck das grässliche Ding weg. Tom Candlish wird noch Jahre lang Böses tun, nachdem Sie unter der Erde waren."

Moredock richtete sich auf und hielt die Laterne über seinen Kopf, so dass ihr Licht auf das Gesicht des Arztes fallen konnte. Dann, offenbar unzufrieden, senkte er es, bewegte den Drahtschieber und öffnete die kleine Tür, bevor er das Licht wieder auf das Gesicht des Arztes richtete.

"Also?" sagte North.

„Wovon reden Sie, Doktor? Du meinst nicht – meinst als – als –"

„Ich meine, der Mann ist nur fassungslos", sagte North stirnrunzelnd, während er dastand und auf seinen Rivalen herabblickte; „Und wir müssen alle unsere Pläne ändern, Moredock. Weder Sie noch ich werden für den Mord an Tom Candlish gehängt", fügte er mit einem halb wilden Lachen hinzu, als der Groll gegen den Mann an die Stelle des Grauens trat, das seine Seele durchdrungen hatte.

„Aber, Doktor", flüsterte Moredock, „Sie sind ein bisschen verrückt. Komm, Mann, schnell; und lass es uns schaffen. Niemand wird es wissen."

"Pah! Ich bin genauso gesund wie du, wenn dieses verwirrte Gefühl nicht da ist."

„Aber Tom Candlish – der Knappe?"

„Ich sage dir, er lebt, Mann! Verstehst du nicht?"

Und die betreffende Partei bestätigte die Aussage seines Rivalen mit einem leisen Stöhnen.

In diesem Moment waren zwei Menschen, die wach und aufgeregt in ihren getrennten Betten gelegen hatten, durch natürlichen Magnetismus oder Einfluss oder okkulte Einwirkung von Geist auf Geist oder was auch immer, bald fiebrig, bald stark schwitzend vor Entsetzen und bitterer Angst , drehten ihre müden Köpfe auf ihre Kissen und schliefen tief und fest ein.

Der Name eines der Schläfer war Leo Salis, der andere Joe Chegg.

„Aber er ist fast tot, Doktor", flüsterte Moredock und blickte sich zum Sarg um.

„Glauben Sie nicht, dass –"

Er machte ein bedeutungsvolles Zeichen in Richtung Sarg und auf seinem gruseligen Gesicht lag ein seltsamer Blick.

Dr. North drehte sich schnell um und packte seinen Versucher an der Kehle!

Band zwei – Kapitel siebzehn.

Die Nachrichten des Küsters.

„Klingeln Sie, Sir?"

„Ja, Dally; Gehen Sie in Miss Leos Zimmer und sagen Sie, dass wir auf das Frühstück warten.

„Ja, Sir", sagte Dally und ihre schwarzen Johannisbeeraugen funkelten boshaft.

„Oh, wie gerne würde ich das wissen", murmelte sie vor sich hin, als sie das Zimmer verließ.

„Es ist so ermüdend", rief Salis gereizt aus; „Ich bin heute Morgen so beschäftigt, Briefe zu schreiben. Ich muss diesen letzten Brief von May beantworten. Mehr Beschwerden – mehr Beschwerden! Oh, was für ein elender Pfarrer er doch ist!"

Mary schaute mit ihrem sanften Lächeln von ihrem Platz auf, denn sie wusste, wie die harten Kristalle des Ärgers mit der ersten Tasse Tee dahinschmelzen würden und ihr Bruder wieder lächeln würde.

„Möchtest du nicht anfangen, Liebes?"

"Beginnen? Ohne Löwe! Weißt du, Mary, wie wählerisch sie ist und wie sie es als Kränkung empfinden würde. Tut-tut-tut! Wie spät ist sie! Auch Frau Berens hat geschrieben. Weißt du, Mary, ich wünschte, diese Frau würde den Ort verlassen!"

„Das wird sie wahrscheinlich nicht, Hartley", sagte Mary, die mit Kissen am Kopfende des Tisches gestützt saß, nachdem sie kürzlich wieder ihren alten Platz eingenommen hatte; „Und sie ist sehr nett und gut."

„Ja, das ist das Schlimmste", sagte Salis grimmig. „Wenn sie eine unangenehme alte Hure wäre, wäre das nicht so wichtig. Oh! hier kommt sie."

Leo kam schnell mit angespanntem Blick in den Frühstücksraum, ging zu Mary hinüber, legte ihre rechte Wange hin, um sich küssen zu lassen, und ging dann zu ihrem Bruder, streckte ihm die Hand entgegen und senkte für eine Sekunde ihre linke Wange Gruß.

„Das stimmt, Liebes", sagte Salis fröhlich; „Aber du bist furchtbar spät dran. Ich bin heute Morgen so beschäftigt."

„Warum hast du nicht angefangen?" sagte Leo, als sie träge ihren Platz einnahm.

"Ohne dich? Unwahrscheinlich. Gieß aus, Mary, Liebes. Warum, Leo – geht es dir nicht gut?"

"Nicht gut?" sagte sie und wiederholte seine Worte ruhig genug. „Mir geht es ganz gut, Liebes."

„Aber du siehst aus –"

„Als hätte ich mich verschlafen", sagte Leo leise. „Irgendwelche Briefe?"

"Ja. Eines von Frau Berens über die Armen der Gemeinde. Das muss ich heute Morgen ansprechen. Einer von Mai. Dieser böse alte Mann! Ich weiß, dass er diese Verfolgung – anders kann ich es nicht nennen – mit der Absicht fortsetzt, mich zum Rücktritt zu bewegen."

„Und du wirst nicht zurücktreten, Hartley", sagte Leo; „Du wirst ihn herausfordern."

"Ich weiß nicht. Ich liebe ein ruhiges Leben, und ich kann es nicht bekommen. Nun, hier ist heute Morgen. Briefe zum Schreiben – mehr Tee, Mary. Zehn-Uhr-Treffen in der Sakristei."

"Ah!"

„Warum, Leo, Liebes!" rief der Pfarrer und sprang halb von seinem Stuhl auf, während Maria ihre Schwester verwundert ansah.

„Es ist nichts los, gute Leute", sagte Leo verächtlich. „Ein Hauch von Zahnschmerzen! Das Wetter, nehme ich an."

„Du hast mich ziemlich erschreckt", sagte Salis fröhlich. „Der Besuch beim Zahnarzt steht unmittelbar bevor, meine Liebe. Mal sehen, wo war ich? Oh ja! Sakristei-Treffen um zehn", fuhr er fort und wandte sich einem Notizbuch zu; „Auf besonderen Wunsch übernimmt Sir Thomas Candlish den Vorsitz."

Leos Gesicht war gespenstisch, aber sie meisterte ihre Gefühle mit enormer Willensanstrengung; Sie erhob sich von ihrem Platz, holte ein Buch von der Anrichte, schlug es auf, als sie zu ihrem Platz zurückkehrte, und las weiter, während sie frühstückte.

"Ah! „Du wirst froh sein, das zu hören, Mary", sagte Salis. „North wird die Frage nach diesen vier heruntergekommenen Cottages zur Sprache bringen. Er sagt, dass sie regelmäßig Fieber erzeugen und dass Sir Thomas sie abreißen lassen soll, denn sie seien eine Schande für den Ort."

„Sie sind auf jeden Fall nicht für die Besiedlung durch Menschen geeignet, Hartley", sagte Mary, die ihre verwunderten Augen nicht von ihrer Schwester abwenden konnte und so tat, als würde sie essen und lesen, aber weder das eine noch das andere tat. Sie konnte nichts anderes tun, als sich die Schilderung der Gefahr nach der anderen anzuhören, die sich um sie herum häufte, und das alles im Anschluss an eine kecke, unverschämte Antwort, die ihr Dally Watlock gab, als sie herunterkam.

„Ich gehe davon aus, dass wir einen Sturm haben werden", fuhr Salis wie zu sich selbst fort. „Es ist, als würde man den willkürlichen Vermieter bitten, einem Arbeiter einen Zahn herauszuziehen und das Häuschen abzureißen."

Leo Salis hatte den Geist und die Grausamkeit einer alten Römerin. Sie hätte mit einem Gefühl höchster Freude einer Gladiatorenvorstellung zusehen und bei der schlimmsten davon ihren Daumen nach unten drücken können, um das Todesurteil für jeden armen Kerl zu erhalten, der nicht genügend Mut bewiesen hatte. Für sie war die neugeborene Leidenschaft von Horace North eine Sache höchster Befriedigung gewesen, und sie hatte mit bösartiger Freude das Gefühl genossen, ihn zu ihrem Sklaven gemacht zu haben – zu einem, der niemals die geringste Belohnung erhalten würde. Aber obwohl sie sich nicht um den Schmerz kümmerte, den sie anderen zufügte, konnte sie manchmal sehr leiden, und dies war einer dieser Anlässe. Sie liebte, wie eine Tigerin lieben könnte, und ihre Zuneigung hatte sich auf den brutalen, grobherzigen, athletischen Schurken konzentriert, der als Gentleman galt, dessen Geschmack und Verhalten aber denen eines Stallhelfers aus der unteren Klasse entsprachen; Und jetzt, nach einer Nacht voller kläglicher Angst, ihr Geliebter könnte von North verletzt worden sein, während sie nicht wagte, nachzufragen, was geschehen war, sah sie sich gezwungen, sowohl aus Verlangen als auch aus Notwendigkeit gefesselt da zu sitzen, um diesen Tom zu hören Candlish und der Arzt sollten ihrem Bruder am Schauplatz der Begegnung in der vergangenen Nacht gegenüberstehen.

Nach einem kurzen Schlaf war sie im Morgengrauen aufgewacht und hatte sich gefragt, was sie tun sollte – ob sie das Pfarrhaus verlassen und Tom Candlish bitten sollte, sie wegzunehmen, damit sie nicht den verächtlichen Blicken und der Verachtung ausgesetzt sein sollte Norden.

Aber nach einiger Zeit hatte sie aufgrund ihrer Sturheit und Entschlossenheit gelernt, dass sie bei Tom Candlish im Nachteil sein würde, wenn sie zu ihm ginge. Er würde nicht mehr der Kläger, sondern der Angeklagte sein, und sie war entschlossen, dass er sie zu seiner Frau machen sollte.

„North wagt es nicht, mit mir zu sprechen; und wenn ja, was dann? Er ist mein Sklave und ich werde ihn treffen. Lass ihn kommen und sagen, was er will. Ich bin kein kränkliches, sentimentales Mädchen, das sich verpflichtet fühlt, jedem zu gehorchen. Ich werde nicht gehen. Ich werde mich allem stellen."

Sie konnte ihr Aussehen nicht verbergen, aber ihr Herz war stark, als sie an diesem Morgen herunterkam, bis sich die Sorgen zu häufen schienen und eine schwarze Wolke der Sorge, die sie nicht durchdringen konnte, aufzusteigen schien.

Salis fuhr eilig mit seinem Frühstück fort und erzählte von den Angelegenheiten in der Sakristei; und Leo fragte sich die ganze Zeit, wie North von ihren Treffen erfahren konnte – wie die Sakristei an diesem Morgen aussah –, was der alte Küster sagen würde und wie sich dieser Ärger lösen würde.

Sie warf einen verstohlenen Blick zur Seite und sah, dass Mary sie beobachtete.

Dies brachte sie dazu, sich zu fragen, ob ihre Schwester etwas wusste und ob ihre nächtlichen Eskapaden ihrem Bruder zu Ohren kommen würden.

Das sei unwahrscheinlich, sagte sie sich; und sie wurde allmählich gefasster, als Dally zügig an der Tür erschien, ihre Augen glitzerten und ein ruhiger, zufriedener Ausdruck um sie herum, der zu zeigen schien, dass sie mit der vor ihr liegenden Aufgabe zufrieden war.

„Notiz von Dr. North, Sir! Keine Antwort."

„Ha! über die Cottages", sagte Salis lächelnd, als er den Zettel öffnete. Dally schloss die Tür, nachdem er Leo einen triumphierenden Blick zugeworfen hatte, den man jedoch nicht sah. „Munition, die man gegen den Feind einsetzen kann. Wie provozierend!"

„Ist etwas nicht in Ordnung, Hartley?" sagte Mary, während Leo sich tiefer über ihr Buch beugte.

"Falsch? Ja! Es stimmt immer etwas nicht. Dem armen Horace geht es heute Morgen nicht gut und er kann nicht in die Sakristei gehen."

Leos Herz machte einen Satz. Ihr tapferer, starker Liebhaber hatte den elenden Eindringling geschlagen, und er hatte sich in seinem Loch zusammengerollt, aus Angst, herauszukommen. Von Horace North gab es nichts zu befürchten außer seiner Verachtung, und dem konnte sie mit ihrer Verachtung begegnen.

„Die Hütten meiner armen Leute!" seufzte Salis. „Sie müssen warten. Nun, ich bin nicht bösartig, aber wenn dort Fieber entsteht, hoffe ich, dass der Vermieter der Erste ist, der es bekommt."

„Hartley!" rief Maria in protestantischem Ton.

„Ich habe nicht gesagt, dass ich abgeschnitten werde", rief Salis lachend und warf einen Blick zum Fenster. „Ich wollte ihm eine ernste Lektion erteilen.

Hallo! Job redivivus! Ich bin Job. Hier kommt ein weiterer Bote. Warum, was will der alte Moredock?"

Leos Herz sank. Sie hatte das Gefühl, es zu wissen, und schreckte vor der Tortur zurück, als Dally sanftmütig die Tür zum Frühstücksraum öffnete.

„Bitte, Sir, Oma sagt, kann er kurz mit Ihnen sprechen?"

„Sicherlich, Dally; Bring ihn herein. Portwein, Mary!" fügte er hinzu, sobald das Mädchen das Zimmer verlassen hatte; und er erinnerte sich an bestimmte Worte, die er über die fehlenden Zeltflaschen fallen gelassen hatte, und an sein Versprechen, dem alten Kameraden Wein zu geben, wenn es ihm schlecht ging.

„Sicherlich, Hartley, du wirst diesen schrecklichen alten Mann nicht hier haben!" keuchte Leo, der von ihren Emotionen halb erstickt fühlte, als sie sich an die Szene der letzten Nacht in der Sakristei erinnerte. "Warum nicht, Liebling?"

„Es ist zu schrecklich – der Küster!"

„Unsinn, Kind! Armer alter Kerl! Sein Aufenthalt auf der Erde kann nicht lange dauern; Machen wir es so frei wie möglich von sozialen Dornen. Morgen, Moredock!" „, rief er, als Dally den alten Mann hereinführte, der sich vor Mary und ihrer Schwester verbeugen sollte, bevor er vor dem Pfarrer ein oder zwei Schrammen machte.

„Morgen, junge Damen! Guten Morgen, Sir! Kluger Morgen, Sir! Es tut mir leid, Sie bei Braxfus zu belästigen, aber ich musste kommen."

Leo nahm die Verbeugung entgegen, ohne aufzustehen, beugte sich tiefer über ihr Buch und schob mit zusammengebissenen Zähnen eine Hand unter das Tuch, um die Tischkante zu ergreifen und sie mit aller Kraft festzuhalten.

„Was ist mit der Sakristei-Sitzung – um mir zu sagen, dass Dr. North krank ist?"

„Doktor krank! Ist er das aber, Sir?" krächzte Moredock, während seine roten Augen von Gesicht zu Gesicht wanderten.

„Ja, es geht ihm nicht gut, Moredock, und er kann nicht kommen."

„Schlechte Arbeit – schlechte Arbeit, Sir! Ärzte haben nichts damit zu tun, krank zu sein. Wenn es mir schlecht geht, möchte ich Dr. Benson nicht vertrauen. Ich hatte nie überhaupt kein Vertrauen in die Leute von King's Hampton. Aber davor warnt es nicht."

"Was dann? Nichts Ernstes, hoffe ich?"

„Ja; Aber es ist so, Sir", krächzte der alte Mann, starrte einen Moment lang Maria an und richtete dann seinen Blick auf Leo. „Es ist sehr ernst. Ein paar Leute waren in der Nacht da und haben einen Einbruch in die Kirche gemacht."

"Was!" rief Salis und fuhr auf. „Großartiger Himmel, Moredock! Ist das wahr?"

„Ja, es ist wahr, Pfarrer."

„Aber sie haben den Teller nicht genommen?"

„Nein, der Teller ist aber sicher."

„Die Armenkästen also? Gott sei Dank, Mary, ich habe sie vorgestern geleert. Wie vorsehung!"

„Sie haben nie Armenkästen berührt", krächzte Moredock, „und wenn ich es so dreist machen dürfte, Pfarrer, ich bin noch ein bisschen schwach in den Beinen und würde mich gerne setzen."

„Ja, ja, setz dich, Moredock; aber beten Sie, sprechen Sie es aus."

„Nun, sehen Sie, mein Herr, sie kamen nicht in meine Kirche, sondern nur in die Sakristei."

Leo hatte das Gefühl, dass sie aufstehen und den Raum verlassen musste, aber ihr fehlte die Kraft.

„Die Sakristei!" rief Salis. „Was haben sie genommen?"

„Nun, soweit ich das beurteilen kann, Sir, sind sie am Fenster eingebrochen, und dann müssen sie überfallen worden sein, denn sie haben nur eines gestohlen."

„Was! – der Wein?"

„Nein, nein, nein. „Der Wein ist in Ordnung – im Schrank eingesperrt", krächzte Moredock. „Sie haben Ihren Überschuss gestohlen, Sir."

"Unmöglich!" rief Salis, schlug mit der geschlossenen Faust laut auf den Tisch und brach in schallendes Gelächter aus.

„Unmöglich, Mary. Ich habe keinen Überschuss, den sie stehlen könnten."

„Ja, nun ja", grummelte der alte Küster und sah verwundert den Pfarrer und dann abwechselnd Leo und Mary an; „Das mögen Sie vielleicht sagen, Pfarrer, aber ich weiß es. Es handelte sich um einen Haken, der neben den Roben aufgehängt wurde, und sie hatten sie beide heruntergezogen, um sie mitzunehmen, obwohl sie wohl versenkt worden waren, und sie legten die Roben in die Ecke neben der Eichenkiste und den Überschuss ist weg."

„Na ja, es hätte schlimmer kommen können“, sagte Salis seufzend. „Aber es war mein neues, und das alte ist furchtbar verdammt. Leo, mein Lieber, du musst das Alte wieder rausholen. Mary hat die Schlüssel.“

„Das ist ein schlechter Job, Pfarrer.“

„Es ist eine sehr schlechte Arbeit, Moredock; Aber ich bin froh, dass die Kerle Angst hatten. Ich glaube nicht, dass es jemand aus Duke's Hampton war.“

„Nein, es waren einige von King's Hampton, sicher, Pfarrer. Pfui! Sie sind schlecht aufgestellt. Ich dachte, es wäre mein Ding, vorbeizukommen und es Ihnen zu sagen, Sir, und jetzt gehe ich zurück.“

„Lass mich dir eine Tasse Tee geben, Moredock“, sagte Mary; "du siehst müde aus."

„Segnen Sie Ihre süßen Augen und Ihr Herz, Miss, und danken Sie freundlich“, sagte Moredock. „Für einen einsamen alten Mann ist eine Tasse Tee ein großer Trost. Und vielen Dank, dass Sie sich verpflichtet haben, auf meinen Dally aufzupassen, wie er es möchte, wie die meisten jungen Gelsen. Nun, Miss Mary, ich kannte Sie, seit Sie ein ganz kleiner, dünner Slip waren.

„Das hast du, Moredock“, sagte Mary lächelnd, als sie ihrem Bruder den Tee für den alten Mann reichte, der Leo keine weitere Beachtung schenkte. „Ich war erst fünfzehn, als ich dich zum ersten Mal sah.“

„Ja, und du warst genauso klug und flink wie jetzt – Nun, das ist egal, meine Liebe. Lieber ein Engel sein, der nicht herumlaufen kann, als ein paar schöne Gele, die können.“

„Warum, Moredock“, sagte Salis lachend, „war das als Kompliment gedacht?“

„Ich weiß nicht, Pfarrer“, sagte der alte Mann und starrte Mary eindringlich an. „Das ist nur das, was ich gefühlt habe. Der Himmel segne sie! Ich sehe ihr Gesicht nie, ohne an Buntglasfenster zu denken, mit Draht draußen, um die Steine fernzuhalten; und ich sage: Es sollen niemals Steine auf sie geworfen werden.“

Der alte Mann trank seinen Tee aus und stand auf, um zu gehen.

„Sind Sie in der Sakristei zu hören, Sir?“

„Ja, Moredock; und wieder einmal bin ich froh, dass es nicht schlimmer ist.“

„Möchten Sie, dass ich mit Badleys Eselskarren rüberfahre, um es der Polizei zu sagen?“

„Nun ja, Moredock. Wir müssen die Schurken benachrichtigen, nehme ich an, sonst kommen sie vielleicht wieder."

„Guten Morgen, Sir, und mein Dienst für Sie, Miss Mary, und vielen Dank, meine Liebe", sagte der alte Mann und humpelte ohne ein Wort oder einen Blick auf Leo davon; und seltsamerweise wischte er sich, als er die Straße erreichte, eine Träne aus jedem seiner wässrigen Augen.

„Und sie ist", murmelte er, „ein echter Engel. Mein Dally hat nie gesagt: „Trink eine Tasse Tee, Oma; Du bist heiß und müde.' Ah! Gele werden unterschiedlich hergestellt, aber mein Dally ist zwei Mal so viel wert wie das andere."

„Polizei, was?" murmelte er, während er fortfuhr. „Ich musste es in einen Lappen gewickelt mitnehmen, und wenn es gewaschen worden wäre, hätte es jemand gewusst. Na ja, ich weiß, was ich damit machen soll."

Also ging der alte Mann direkt nach Hause und verschloss die Tür, bevor er das schmutzige und zerknitterte Chorhemd aus seiner Eichentruhe nahm; und dann vorsichtig in Stücke pflücken und aufrollen.

„Meine Dally soll das waschen, wenn sie das erste Mal kommt, und niemand wird wissen, dass es jetzt ein Überschuss ist. Vielleicht hat sie ihre alte Großmutter um eine Tasse Tee gebeten."

Band Zwei – Kapitel Achtzehn.

In der Candlesh Hall.

„Mein Dally" war anderweitig beschäftigt worden, denn ein Bote war aus der Halle herübergekommen, um den Pfarrer zu sehen; Und als ihr Großvater ging, verhörte Dally den gutmütigen, rüpelhaften Jugendlichen, der seinen Herrn respektierte, und holte alles aus ihm heraus, was sie herausfinden konnte.

„Hiob hat es heute Morgen", sagte Salis, denn sobald der Küster gegangen war, hörte er einen vertrauten Schritt im Flur. „Was jetzt, Dally? Keine schlechten Nachrichten mehr?"

„Schlechte Nachrichten, Sir?" sagte das Mädchen, sprach mit ihrem Herrn und blickte Leo an, der nicht aufsah. „Das glaube ich nicht, Sir. Es ist der junge Mann aus Candlish Hall, Sir, der Sie erwartet.

„Ich wusste es", rief Salis Mary zu, als Leo sich tiefer beugte. „Candlish hat mitgeteilt, dass er nicht kommen kann. Nun, wie zum …"

„Hartley!"

„Nun, es reicht aus, um einen Heiligen schwören zu lassen. Wie kann ein Mann seine Gemeindearbeit so weiterführen? Ich wünschte, May hätte es selbst erledigen können. Bring ihn herein, Dally."

Das Mädchen ging und kehrte direkt mit dem Diener aus der Halle zurück, der Salis verstohlen ansah, und dann von Leo zu Mary und zurück.

„Kann ich allein mit Ihnen sprechen, Sir?" er sagte.

„Ja, ja, mein Mann, auf jeden Fall. Ist es etwas Ernstes?"

„Ja, Sir – sehr, Sir. Ich bin gekommen-"

„Hier entlang, zu meinem Arbeitszimmer, mein Mann", sagte Salis und stand auf.

"Stoppen!"

Salis hatte die Tür erreicht – seine Hand lag am Türknauf und er wollte gerade daran drehen; Aber die scharfe, befehlende Stimme ließ ihn sich erstaunt umdrehen und Leo aufrecht dastehen sehen, mit zurückgeworfenem Kopf, blitzenden Augen und einer Hand, die auf dem Buch ruhte – das jetzt geschlossen war – und einen Finger hineingezogen hatte, um die Stelle zu markieren.

"Löwe!"

"Ja; Ich sagte Stopp.' Wir sind keine Kinder", rief sie mit gebieterischem Ton. „Lass den Mann hier sprechen."

„Es ging um Sir Thomas, Ma'am – meinen Herrn", stockte der Mann, bevor Salis sich von seinem Erstaunen erholt hatte. "Ein Unfall."

"Ein Unfall?" rief Leo, als Salis an ihre Seite trat und seine Hand auf ihren Arm legte; aber sie schreckte zurück. „Nun, Sir, warum sprechen Sie nicht?"

„Soll ich sprechen, Sir?" stockte der Mann.

"Ja; Sprechen Sie es aus", sagte Salis leise.

„Mein Herr ist letzte Nacht nicht nach Hause gekommen, Sir – ich meine heute Morgen. Er geht nachts oft sehr spät aus dem Haus; aber er kommt immer bei Tagesanbruch. Ich habe ihn Dutzende Male gesehen."

"Ja; „Mach weiter", sagte Leo barsch.

„Er ist nicht zurückgekommen, Fräulein – Ma'am; und ich dachte darüber nach, als ich in den Stall ging und seine Stute und das Padpferd zum Auslauf mitnahm."

„Sprich schneller, Mann", sagte Leo gebieterisch.

„Ja, Ma'am. Wir hatten fast die Furt erreicht, als die Stute – die Stute des Meisters, Ma'am – vor etwas zurückschreckte und mich beinahe geworfen hätte."

„Die Stute hat gescheut?" sagte Leo und ihre Augen weiteten sich.

„Ja, gnädige Frau; und ich sah, dass es bei Master lag, dort am Straßenrand."

"Tot?"

„Nein, Ma'am, aber sehr schlimm. Sein Kopf war –"

"Stille!" sagte Salis und unterbrach sie streng. „Keine Einzelheiten, mein Mann; Antworte mir nur: War es ein Sturz?"

„Oh nein, Herr! Jemand hatte ihn mit einem Stock auf den Kopf geschlagen, würde ich sagen."

„Wurde er ausgeraubt?"

„Oh nein, Herr! Seine Uhr, seine Kette und seine Anstecknadel waren in Ordnung."

„War er gefühllos?" fuhr Salis fort.

"Jawohl; ganz, mein Herr; und schien auf der Straße herumzutaumeln und zu versuchen, nach Hause zu kommen, denn da war Bl –"

„Still, Mann! Beantworten Sie nur meine Fragen", rief Salis hastig. „Hast du ihn nach Hause gebracht?"

„Ja, Sir", sagte der Mann, der den Blick nicht von Leo abwenden konnte, der ihn wild anstarrte – auf eine Weise, die ihrem Bruder klar machte, dass die alte Liebe zu Tom Candlish noch lange nicht tot war.

"Und dann-"

„Und dann, Sir, sobald wir ihn auf sein Bett gelegt hatten, galoppierte ich zu Dr. North, Sir."

"Ja."

„Aber er ist krank, Sir, und die Haushälterin sagte, er könne nicht in die Halle kommen."

"Also?"

„Da wusste ich kaum, was ich tun sollte, Sir; Aber als ich überlegte, was das Beste sei, kam Joe Chegg herauf, Sir – er war früher Stallknecht, wissen Sie – und ich sprang von der Stute und ließ ihn aufstehen und nach King's Hampton gehen, um Dr. Benson zu holen Ich bin auf dich losgegangen."

„Ganz richtig", sagte Salis. „Ich komme direkt zu Ihnen. Mary, meine Liebe, schicke eine Nachricht an Moredock, um ihm mitzuteilen, dass es kein Sakristeitreffen geben wird. Ja? Du wolltest sprechen, Leo."

Sie schüttelte den Kopf und schloss halb die Augen, als sie sich abwandte und zitterte vor dem Gefühl rachsüchtiger Wut, das sie durchströmte, als ob sie in ihrer Fantasie das Ergebnis der Begegnung, die stattgefunden hatte, zu sehen schien und dass es Tom war Candlelish, dem es bei weitem schlechter ergangen war.

Salis' Gesichtsausdruck wurde ernster, als er sich zu Mary beugte und sich vorbeugte, um ihr ein paar Worte ins Ohr zu sagen.

„Versuchen Sie, sie an Ihrer Seite zu behalten. Wir dürfen jetzt keine dumme Aufregung haben."

„Ich werde es versuchen", sagte Mary sanft; und als sie aufsah, sah sie, dass Leo sie beide fragend beobachtete, ihr Gesicht zusammengezogen und ein seltsamer Ausdruck in ihren Augen.

Denn sie fragte sich, was das Treffen ihres Bruders mit dem jungen Gutsbesitzer zur Folge haben würde; Und als sie dann schmerzhaft den Atem holte, wichen die Gedanken an sich selbst und die Angst, entdeckt zu werden, Gefühlen des Entsetzens vor dem Mann, den sie liebte, und des bittersten und intensivsten Hasses gegen North, dem sie nun unbedingt begegnen wollte sie könnte ihn beschimpfen – ihm ihre Bitterkeit und Verachtung auf den Kopf schütten.

„Es hat uns schreckliche Angst gemacht, Sir", sagte der Mann, als er mit Salis zurückging.

„Haben Sie eine Ahnung, wer Ihren Herrn angegriffen hat?" sagte Salis.

„Nicht ein bisschen, Sir. Das ist das Rätsel. Wenn es um sein Geld gegangen wäre, hätten sie ihm alles und seine Uhr genommen. Wir können es überhaupt nicht verstehen."

„Das kann ich", sagte sich Salis. „Der Schurke hat jemandes Kind, seine Geliebte oder seine Frau beleidigt und ist für seine Mühen halb getötet worden. Ich frage mich, wer der Schuldige war? „Nun, das weiß ich", murmelte er mit einem halben Lachen, „Tom Candlish."

"Jawohl; Bitte um Verzeihung, Sir."

„Wozu, mein Mann?" sagte Salis und fühlte sich ein wenig beunruhigt.

„Ich dachte, Sie hätten gelacht, Sir, und etwas gesagt."

„Nein, nein, mein Mann; nur ein Weg von mir."

Danach gingen sie schweigend weiter, und Salis fühlte sich im Herzen sehr traurig, als er an seine Schwester dachte und wie schmerzlich es war, dass sie sich immer noch um einen so wertlosen Schurken kümmerte, was sie offensichtlich tat.

„Selbst das Wissen um diese neue Eskapade würde sie nicht bewegen, fürchte ich", murmelte er. „Nun, solche Dinge müssen sich von selbst regeln."

Sie erreichten nun die Halle und fanden die Diener versammelt und in einem Zustand höchster Aufregung vor.

„Der Meister war nicht schlechter", sagte der alte Butler. „Er hatte nach Brandy gefragt."

"Was? Du hast es ihm nicht gegeben?" rief Salis aufgeregt.

„Ich war dazu verpflichtet, Sir. Sie können Sir Thomas nicht kennen, sonst würden Sie nicht so reden. Aber ich bin sehr froh, dass Sie gekommen sind, Sir. – Es ist eine große Verantwortung, ihn so schlimm zu haben. Er ist furchtbar aufgewühlt, Sir. Bitte kommen Sie herein und sehen Sie, ob Sie mehr tun können als ich, bis der Arzt kommt."

Salis folgte dem alten Butler ins Schlafzimmer, wo Tom Candlish auf dem Bett lag und sich, wie der Butler sagte, eine schreckliche Schnittwunde am Kopf zufügte; denn zusätzlich zu den blauen Flecken an Kopf und Schläfe hatte er eine aufgeschnittene Lippe und zwei vollkommene schwarze Augen.

„Ich glaube nicht, dass Sie beunruhigt sein müssen“, flüsterte Salis dem alten Mann zu, als die Tür geöffnet wurde und der junge Knappe den Butler mit einer Salve guter Stalleide begrüßte.

Was zum Unaussprechlichen meinte er, als er den Pfarrer mitbrachte? er schwärmte.

„Glauben Sie, dass ich sterben werde, und möchten Sie, dass für mich gebetet wird? Schicken Sie einen Arzt.“

„Das habe ich, Sir Thomas“, sagte der Butler abfällig; „aber Dr. North –“

„Verflucht sei Dr. North!“ brüllte der junge Mann. „Schicken Sie nach Dr. Benson.“

„Das habe ich, Sir Thomas, und –“

„Hau ab, du alter Idiot! Und du, Salis, geh besser auch, sonst sage ich dir vielleicht etwas, das dir nicht gefallen wird.“

„Du kannst sagen, was du willst, mein Guter“, sagte Salis und zog in Gegenwart des jungen Mannes kühl zum zweiten Mal seinen Mantel aus.

„Du Feigling“, stöhnte der Verletzte; „Und wenn ich so bin. Deine verfluchte Schwester –“

„Ruhe, du Schurke!“ brüllte Salis. „Hier, hol Wasser in einer Schüssel, Schwämme, Handtücher und Wäsche, die ich zerschneiden kann“, fuhr er zum Butler fort, der freudig aus dem Zimmer eilte. „Und du, Candlish, sei still, es sei denn, du willst dich in Fieber versetzen; Aber ich warne Sie, dass ich nicht für die Konsequenzen verantwortlich bin, wenn Sie meine Schwester noch einmal erwähnen, sei sie krank oder gesund.

"Was werden Sie tun?" knurrte der junge Mann misstrauisch.

„Tun Sie es, Sir? Was ich für jeden anderen Hund tun würde, den ich verwundet auf der Straße liegen sehe. Ich werde Sie behandeln, bis die richtige qualifizierte Hilfe kommt.“

„Er weiß es nicht“, dachte Tom Candlesh. Dann laut: „Ich dachte, du würdest mich jetzt, wo ich am Boden bin, gemein ausnutzen.“

„Du dachtest, ich sei genauso ein feiger, gemeiner Kerl wie du und genauso hinterlistig, nicht wahr?“ sagte Salis bitter, als er schnell den plumpen Verband um den Kopf des jungen Mannes entfernte. „Warum, hallo! Was bedeutet das?"

„Was bedeutet was?“

"Dein Kopf. Es wurde verbunden.“

"Ja; Dieser alte Idiot von einem Butler hat es getan."

"NEIN; Ich meine dieses andere. Es wurde ordnungsgemäß festgeschnallt."

"Hat es?"

„Ja", sagte Salis. „Der alte Mann weiß mehr darüber, als Sie denken. Da, liegen Sie still."

„Wer soll mit brennendem Kopf still liegen bleiben?" knurrte der verletzte Mann. „Hier, klingeln Sie für etwas Brandy."

„Du meinst für den Bestatter", sagte Salis kühl.

"NEIN; der Brandy", knurrte Tom Candlish. „Mir ist schlecht und ich bin ohnmächtig."

„Und du wirst noch kranker und ohnmächtiger, wenn du jetzt Spirituosen nimmst. Liegen Sie ruhig da und ich werde versuchen, Ihren Kopf mit diesem Schwamm und Wasser zu kühlen."

Denn der Butler war wieder eingetreten, und für die nächste halbe Stunde war das seltsame Schauspiel zu sehen, wie Hartley Salis mit all dem Wissen der Erfahrung den barmherzigen Samariter vor dem Mann spielte, der sein Bestes tat, um Verderben und Elend über seinen Frieden zu bringen heim.

Die zarte, fast weibliche Berührung linderte den Schmerz, den Tom Candlish erlitt; und er lag ruhig auf dem Kissen, blickte zum Pfarrer auf und fragte sich, ob er das tun würde, wenn er alles wüsste, und was er sagen würde, wenn er wüsste, dass er Leo dazu verleitet hatte, Nacht für Nacht ihr Zimmer zu verlassen, um ihm Treffen zu gewähren trotz allem, was gesagt worden war, immer wieder in der alten Sakristei.

Der Butler war gegangen, und Tom Candlish lag mit halb geschlossenen Augen da und dachte an sein letztes Treffen mit Leo, an die Ankunft des Arztes, an ihre Begegnung und an die Art und Weise, wie er kurz darauf niedergeschlagen worden war Salis hatte vorsichtig ein kühles, feuchtes Handtuch auf seinen schmerzenden Kopf gelegt, die Tür öffnete sich leise und der Baronet sprang im Bett auf, sein gespenstisches Gesicht war verzerrt, als er einen lauten Schrei ausstieß.

„Ah, Horace, alter Kerl!" rief der Pfarrer aufgeregt. „Ich habe mir selbst Vorwürfe gemacht, dass ich nicht zu dir heruntergekommen bin. Hier ist meine Entschuldigung. Ich bin so froh, dass du gekommen bist."

„Halten Sie ihn fern! Schicken Sie ihn weg!" schrie Tom Candlish und versuchte vergeblich, auf die andere Seite des Bettes zu gelangen, während North blass, würgend und leidend in der Tür stand.

„Nehmen Sie keine Notiz davon", fuhr Salis fort; „Ein bisschen wahnsinnig, fürchte ich;" und dann blickte er seinen Freund verwundert an, als North mit einem wilden, unerbittlichen Blick auf das Bett zuging.

Band Zwei – Kapitel Neunzehn.

Arzt und Patient.

„Halten Sie ihn fern! Er will mich ermorden!"

„Mein Guter", sagte Salis streng, „Sie versuchen, sich selbst zu ermorden. Bleib still, sonst halte ich dich fest. Wenn Sie nicht wissen, was für Sie gut ist, sollte es jemand anderes tun."

„Aber ich sage dir –"

„Und ich sage es dir", rief Salis wütend, denn Tom Candlishs wilder Eigensinn lehrte ihn, dass das geistliche Gewand und die jahrelange geistige Unterdrückung den natürlichen Menschen nicht ganz vernichten werden.

„Es ist sehr nett von dir, North", sagte er und ging zu seinem Freund. „Auch für die Sache dieses Unmenschen aus dem Krankenbett aufgestanden. Manchmal wünsche ich mir, dass die Bildung uns nicht dazu zwingt, gegenüber *Mauve-Themen so äußerst wohlwollend und philanthropisch zu sein* ; aber es tut. Bist du besser?"

„Ja", sagte North hastig; Da sein Gesicht frei von Flecken war, konnte er seinem Freund mutig entgegentreten. „Ich wusste, dass kein Arzt in Reichweite war, und ich hatte Angst, dass der Fall ernst werden könnte. Mal sehen."

Er ging zum Bett, Tom Candlish zitterte vor ihm und beobachtete seine Augen wie ein schüchternes Tier, das auf eine Gefangennahme oder einen Schlag wartet.

„Ich protestiere – ich –"

„Halten Sie den Mund, Sir", rief Salis streng. „Dr. North ist zu Ihrem Wohl hier. Still liegen."

„Ich weiß nicht, ob mein Weg richtig ist", fügte er zu sich selbst hinzu, „aber Festigkeit scheint beim Rohling am besten zu sein."

North schien ein paar Minuten zu zögern – er kämpfte zwischen Routine, dem Wunsch, das Richtige für den Mann zu tun, von dem er glaubte, er hätte ihn fast getötet, und seiner tiefen Abneigung, ja sogar Hass, gegenüber dem Schurken, von dem er sagte, er sei im Stich gelassen worden ein elendes, schamloses Mädchen.

Salis sah neugierig zu.

„Wirkung der Kraft des Auges", sagte er zu sich selbst, als er sah, wie North seine Hände auf die Schultern des Verletzten legte und ihm, indem er sich beugte, für einige Momente in die Augen blickte. „Bei George! Horace North ist ein großer Kerl in seinem Beruf, und ich werde anfangen, an Psychologie, Mesmerismus, Tiermagnetismus und alles andere zu glauben, bevor ich es getan habe."

Er beugte sich vor, um aufmerksam zu beobachten, was vor sich ging.

„Bezwingt ihn sofort", sagte er sich. „Hmpf! Er muss nicht ganz so grob sein.

Dies war die Folge einer schnellen, schroffen Untersuchung des Patienten, die Tom Candlish offensichtlich große Schmerzen bereitete.

„Hier, Pfarrer!" er schrie; „Dieser Mann –"

Er kam nicht zu Ende, denn Norths Zähne knirschten, und er drückte seinen Griff so fest, dass Tom Candlishs Kopf nach hinten sank, sein geschundenes Gesicht sich in die Länge zog und er völlig regungslos dalag und sich seinem Feind völlig ausgeliefert fühlte.

North beendete seine Untersuchung, indem er Tom Candlish buchstäblich auf eine Weise auf sein Kissen zurückstieß, die Salis zum Starren brachte.

„Er wird nicht schaden, außer noch viel Unheil anzurichten, Salis. Schau hier; Haben Sie nach Dr. Benson geschickt?"

„Ja, Sir", sagte der Butler verwundert.

„Deinem Herrn wird es gut gehen, bis er kommt. Sagen Sie Dr. Benson, dass ich nur im Notfall reingekommen bin. Ich habe mit dem Fall nichts zu tun."

"Sicherlich."

„Und", sagte North wütend und offensichtlich für Tom Candlish, „wenn Ihr Herr Selbstmord begehen möchte, stellen Sie die Brandykaraffe an seine Seite." Er riecht jetzt wie Gift danach. Komm mit, Salis."

„Denken Sie, dass er verlassen werden kann?"

„Geeignet, verlassen zu werden!" rief North, dessen unruhiges Gewissen nun beruhigt war. „Hier: komm weg."

„Warum, Horace, alter Mann, das sieht dir nicht ähnlich", rief Salis, als sie zum Tor der Hütte hinuntergingen.

"Wie ich!" rief North, drehte sich mit prüfendem Blick zu ihm um und las in seinen Augen, dass er völlige Unwissenheit über die Sachlage hatte. „Nein, das ist es nicht, alter Junge. Ich bin krank. Mein Kopf schmerzt, als würde es platzen, und der Anblick dieses Mannes, jetzt liegen meine Nerven am Boden, macht mich wütend."

„Na ja, egal. Es war sehr nett von dir, aufzustehen und zu kommen; Aber trotzdem bin ich froh, dass Sie es getan haben, denn es hat mich hinsichtlich der Gefahr beruhigt. Es besteht keine Gefahr – sind Sie sicher?“

"Sicher? Ja. Er hat den Körperbau eines Bullen. Verfluche ihn!“

„Ha-ha-ha-ha-ha!“ brüllte Salis, lachte auf die unwürdigste Art und Weise und hob dann den Blick, um dem wilden Blick seines Freundes zu begegnen.

"Worüber lachst du?" rief North wütend.

„Bei Tom Candlish – dem edlen Sir Thomas! Es ist komisch, jetzt, wo ich weiß, dass keine Gefahr besteht. Warum, Horace, alter Kerl, weißt du nicht, wie es passiert ist?“

North hielt inne und starrte Leos Bruder wild an.

„Weiß ich nicht, wie es passiert ist?“ er geriet ins Stocken.

„Es geht um eine Liebesaffäre, und der Schurke wurde gefasst.“

"Was?"

"Ja; das ist es“, rief Salis freudig. „Ich weiß es nicht genau, und das ist verdammt unklerikal, aber es ist herrlich. Der Rohling! Irgendein Vater, Bruder oder Liebhaber hat ihn erwischt und ihn im Bruchteil seines Lebens verprügelt. Mein lieber Horace, ich weiß nicht, wann ich jemals so zufrieden war.“

Das Gesicht des Arztes war eine Studie der Ratlosigkeit in ihrer komprimiertesten Form. Die Verletzung an seinem Kopf hatte dazu geführt, dass er verwirrt war, so dass er nicht mehr klar denken konnte, wie er es gewohnt war, und er verspürte das Verlangen, seinem alten Freund alles zu erklären und sich ihm anzuvertrauen; aber er konnte nicht sprechen, denn wie konnte er ihm sagen, dass seine Schwester so niederträchtig gewesen war? Es muss von einem anderen kommen, oder Salis muss es selbst herausfinden; er konnte nicht sprechen.

„Ich habe schon einmal mit dem Kerl gesprochen“, fuhr der Pfarrer fort. „Ich habe ihm gepredigt; Ich habe ihm gepredigt; Und die ganze Zeit habe ich mich wie eine Biene auf dem Rücken eines Nashorns gefühlt, die hart daran arbeitet, meinen Stachel abzuschwächen. Stock, Sir, Stock ist das einzige Heilmittel gegen eine Krankheit wie die von Squire Tom, und, bei George! Horace, er hat eine gewaltige Dosis bekommen.“

„Ja“, sagte North, dessen Gewissen sich nun beruhigter fühlte, da er sich über den Zustand des jungen Mannes vergewissert hatte.

„Hast du seine Augen gesehen?“ rief Salis und lachte wieder; „angeschwollen, bis sie wie Schlitze aussehen; Und werden sie nicht auch eine herrliche Farbe haben – eh, Horace, alter Kerl! Schikanieren Sie mich nicht, weil ich es gesagt habe, aber Sie wissen, was mich früher beunruhigt hat. Wie sehr würde ich mir wünschen, dass Leo ihre Ernüchterung vollendet. Ich hätte mir gewünscht, dass sie das elende Tier so sieht, wie er ist – ramponiert und mit Brandy gerötet."

North begann heftig.

„Na ja, ich hätte es nicht sagen sollen, aber ich spreche von meiner eigenen Schwester und von etwas aus der Vergangenheit, über das Sie alles wissen. Wie können Mädchen solche Idioten sein?"

North sagte nichts, sondern ging schnell neben seinem Freund her, der bereute, was er gesagt hatte, und das Gefühl hatte, es sei geschmacklos gewesen, und sich beeilte, das Thema zu wechseln, um den Arzt zu beruhigen.

„Haben Sie die Nachrichten von heute Morgen gehört?" er sagte.

"Nachricht?" sagte North und drehte sich scharf um.

"NEIN; Natürlich kannst du das nicht, weil du krank im Bett liegst, wohin du besser wieder gehen solltest. Einbruch, mein Junge. Wir kommen voran."

"Einbruch?"

„Ja: frevelhafter Einbruch, Sir. Einer dieser Halunken aus King's Hampton – eines von Mays Lämmern – ist letzte Nacht in die Sakristei eingebrochen."

Es lag auf Norths Lippen, wütend zu sagen: „Sag es, Mann! Wenn Sie alles darüber wissen, sagen Sie es sofort;" Aber die Worte schienen dort aufzuhören, und er sah nur verwundert zu, während Salis auf seine lockere, gutmütige Art weitersprach.

„Moredock kam heute Morgen herauf, um es mir zu sagen."

„Moredock?"

"Ja; wir hätten die Sakristeisitzung abhalten sollen, wissen Sie?"

„Natürlich: Ich sagte, ich wäre zu krank, um zu kommen", sagte North heiser.

"Also du bist. Nun, der alte Kerl machte sich auf den Weg zu Staub und richtete das Haus auf, und er stellte fest, dass jemand am Fenster eingebrochen und offensichtlich unterbrochen worden war, denn mein Kleid war zerrissen und auf den Boden geworfen worden, und sie hatten es getragen von meinem neuen Chorhemd."

„Habe dir dein Chorhemd abgenommen!" stammelte North.

„Ja", sagte der Pfarrer, blickte seinen Freund verwundert an und dachte darüber nach, wie krank er schien. „Fast neues Chorhemd, Sir; und ich werde *in forma pauperis* vorbeikommen müssen, um Abonnements zu erhalten, um ein weiteres zu bekommen. Sie müssen unter anderem Geld aufbringen, wenn Sie Ihren armen Pfarrer nicht in Lumpen sehen wollen oder Schwester Mary, die ihre armen kleinen Finger bis auf die Knochen arbeitet, um den Alten zu verflixen. Ah! hier sind wir."

Der Pfarrer stieß einen erleichterten Seufzer aus, denn er hatte vor sich hin geplappert, um die Aufmerksamkeit seines Freundes von seinem Zustand abzulenken, denn während er seinen Arm hielt, spürte er, wie er von Zeit zu Zeit schwankte.

„Gott sei Dank!" murmelte North, als er durch die Tore des Herrenhauses stolperte. „Auf Wiedersehen, Salis, auf Wiedersehen."

„Ja, ich verabschiede mich gleich, alter Junge. Es nützt nichts, die Tatsache zu verschleiern. Du bist krank und hättest nicht rauskommen sollen. Ich bringe dich ins Bett, und du musst mir sagen, was ich tun soll."

„Nein, nein; Ich schaffe das", protestierte North.

Aber Salis wollte nicht gehen.

„Mein lieber Junge, es nützt nichts. Du weißt, wie hartnäckig ich bin. Ich würde mit dir aufhören, wenn es Pocken wären, also halte einfach den Mund. Hah! Jetzt ist Frau Milt, der Arzt, an der Reihe, nachdem er uns arme Sterbliche so lange ausgelacht hat. Bringen wir ihn ins Bett, und du musst mir helfen, ihn dort zu halten."

„Ich bin kein bisschen überrascht", begann Mrs. Milt auf essigartige, bissige Art; Und dann traten ihr die Tränen in die Augen, und sie nahm Norths Hand in ihre und küsste sie. „Oh mein armer, lieber Herr!" sie schluchzte.

Es war alles vorübergehend. Der Krampf ließ nach, und auf eine geschäftige, zärtliche und sachliche Art half sie dem halb im Delirium befindlichen Mann ins Bett, woraufhin die alte Haushälterin und Salis auf ein oder zwei Winke hin ihre Köpfe zusammenlegten verschreiben.

Band Zwei – Kapitel Zwanzig.

Ein Paket per Spediteur.

Dr. Benson fuhr täglich von King's Hampton herüber, um Sir Thomas Candlish zu behandeln, und um Dr. Benson gerecht zu werden, hat er die Verletzung des jungen Baronets sowohl aus eigener als auch aus normaler Sicht sehr professionell behandelt.

Tom Candlish protestierte, aber der Arzt war unerbittlich.

„Nein, Sir", sagte er, „Verletzungen wie Ihre brauchen Zeit. Die Natur muss in der Lage sein, den angerichteten Schaden gründlich zu reparieren. Ich hätte ihr helfen können, dich zusammenzuflicken – dich sozusagen zusammenzuschustern; aber die empfindliche Stelle würde wieder ausbrechen. Ich muss meine Arbeit gründlich machen."

„Aber Ihre Fahrten hierher – Ihre Rechnung wird monströs sein."

„Groß, aber nicht monströs, mein lieber Herr", sagte Dr. Benson lächelnd; „Und was sind ein paar Pfund im Vergleich zu deinem wertvollen Leben?"

Tom Candlish lag da und dachte, dass da etwas dran sei und dass es weitaus besser sei, auch nur hundert Pfund zu bezahlen, als sich zum Candlish-Mausoleum tragen zu lassen, ohne North für die Verletzungen auszuzahlen, die er erlitten hatte.

„Wie ist es im Norden?" er sagte.

„Oh, sehr gut, glaube ich. Dr. North und ich treffen uns nicht sehr oft. Aber ein kluger junger Mann – ein sehr kluger junger Mann."

„Hmpf! Glauben Sie nicht an ihn", sagte Tom Candlesh. „Aber er war sehr krank."

„Ein kleiner Hauch von Sonnenstich oder so etwas in der Art, Sir. Ich habe seine Patienten nur zwei Tage lang gesehen; dann war er wieder da."

„Hmpf!" rief Tom Candlish. „Doktor, mir geht es heute schlecht; Ich muss etwas Champagner haben.

"Mein lieber Herr! Außer Frage."

„Also Brandy!"

"Schlechter und schlechter."

„Aber ich versinke. Dieses verfluchte Gefühl der Niedergeschlagenheit ist schrecklich."

"Gut gut!" sagte der Arzt ruhig, als er nach kurzem Überlegen das Gefühl hatte, dass der Wein seinen Patienten nur um ein paar Tage zurückwerfen und ihm eine längere Behandlungsfrist verschaffen würde; „Vielleicht würde dir ein Tropfen – sagen wir, ein halbes Glas – nicht schaden, aber ich würde nicht mehr als ein halbes Glas trinken; Champagnerglas, Verstand. Guten Morgen."

Dr. Benson verabschiedete sich, wohlwissend, dass der junge Baronet am nächsten Morgen äußerst krank sein würde; und so war es auch, denn Tom Candlish hatte eine ärztliche Sanktion, weil er ein wenig Champagner getrunken hatte; und der Butler holte die Flasche hervor – eine von vielen Dutzenden, die Squire Luke hineingelegt hatte, der sie über einen Freund als Sondermarke erworben hatte.

Es handelte sich um ein spezielles Markenparaffin, gut zubereitet mit Hambro-Spiritus; Und als Tom Candlish nach dem ersten Glas argumentierte, dass der Rest verschwendet oder von den Dienern getrunken werden würde, da eine geöffnete Flasche Brausewein nutzlos sei, wenn sie nicht sofort verwendet würde, trank er trotz der Proteste des Butlers aus die Flasche und warf sich für eine weitere Woche zurück.

Im Pfarrhaus hatte sich die Lage etwas beruhigt, die Stunden vergingen, ohne dass eine Entdeckung gemacht wurde; und nach der ersten Aufregung und Angst begann Leo zu spüren, dass sie ihre Treffen mit ihrem Geliebten bald wieder aufnehmen könnte.

North hatte aufgehört, das Pfarrhaus anzurufen, und sie waren sich noch nicht persönlich gegenübergestanden. Aber das beunruhigte Leo immer weniger. Als die Tage vergingen und die *Eclaircissement* aufhörte, wuchsen ihre Geisteskraft und ihr Trotzgefühl.

„Er wagt es nicht, mir gegenüberzutreten, nachdem er den armen Tom brutal behandelt hat", hatte sie gesagt; „Und er weiß, wie sehr ich ihn verachte. Er kann nicht so mitleidig sein, es Hartley zu sagen, so vertraut er und mein Bruder auch sind. Ich habe nichts zu befürchten."

Dennoch fürchtete sie sich, obwohl sie nicht wusste, woher der erwartete Schlaganfall kommen würde. Dally war äußerst keck, aber das war sie schon immer gewesen. Sie konnte nichts wissen; und trotzig ließ sich Leo in einem Narrenparadies nieder und wartete sehnsüchtig auf die Genesung des Knappen.

Der einzige Polizist aus King's Hampton war vorbeigekommen und hatte mit dem einzigen Polizisten aus Duke's Hampton *über* das Sakrileg in der Kirche gesprochen, und sie hatten den einzigen Polizisten, der in Chidley Beauwells, einem fünf Meilen entfernten Dorf, stationiert war, zu Rate gezogen, aber sie hatten es geschafft nichts davon. Es folgte jedoch der Angriff auf den

Knappen, der sehr vielversprechend schien, und das Trio wartete auf ihn, sobald man ihn für gut genug erklärt hatte, um gesehen zu werden.

Die Verletzung muss eine verschlimmernde Wirkung auf Tom Candlish gehabt haben, denn sie kamen, um die Worte der Polizisten zu verwenden, mit Flöhen in den Ohren aus dem Schlafzimmer; und nachdem jeder ein Horn Bier getrunken hatte, ging er zurück ins Dorf.

Ihr Weg führte über den Kirchhof, wo Moredock sich sonnte, indem er sich über die Mauer lehnte, damit die Hitze gut auf seinen Rücken wirken konnte, und er begann fragend mit den drei Myrmidonen des Gesetzes ins Gespräch zu kommen.

„Er würde Ihnen keine Auskunft geben, oder?"

„Nein", sagte er über King's Hampton. „Hab gesagt, wir sollen zu – wissen Sie."

„Nein, das tue ich nicht", sagte Moredock grimmig, als wäre die Anspielung auf dieses Wissen zu seiner Zeit unappetitlich. „Aber warum sollte er es dir nicht sagen? Will er nicht, wer erwischt wurde?"

„Er sagte, es sei nichts dergleichen", sagte er über Chidley Beauwells.

„Ja", sagte der Hampton-Mann des Herzogs; „Er sagte, es sei ein Unfall gewesen, alter Junge – ein Sturz."

"Hallo! Ja. Ich nehme an, das wäre der Fall", sagte Moredock trocken. „Squire hatte schon einmal einen schlimmen Unfall – einen Sturz. Manche Menschen erleiden solche Unfälle."

„Nun", sagte der Polizist von Duke's Hampton, „wir haben unsere Pflicht getan, und das reicht uns."

„Ja", sagte Moredock. „Du hast dein Ding gemacht, und das ist genug für dich."

Sie trennten sich und Moredock kicherte.

„Fledermäuse sind nichts und Maulwürfe sind für sie Teleskope. Uniformen scheinen Polizisten blind zu machen. Na ja, umso besser für mich. Hallo! Wohin geht die Fluggesellschaft heute? Vielleicht beim Arzt, mit ein paar neuen Sachen."

Der Träger ging jedoch nicht zum Arzt, sondern ging weiter.

„Ich weiß nicht so recht, was ich von ihm halten soll", murmelte Moredock. „Dieser Riss am Kopf scheint nicht verheilt zu sein, denn er sieht manchmal komisch aus. Irgendwie gefällt mir das Aussehen der Dinge nicht; aber wir werden sehen – wir werden sehen. Warum kommt Dally nicht auch runter?

Ich wollte wissen, wie es dort läuft, und sie sollte das Hemd inzwischen angefertigt haben.

"Hallo! Hi! Hi!" Der alte Mann lachte. „Machen Sie mir zwei der besten Hemden aus feinem Leinen, auf die ein Mann stolz sein kann." Schlechter Wind, da weht niemandem etwas Gutes."

Der alte Mann kicherte vor sich hin, während er über die beiden neuen Sonntagshemden nachdachte, die er aus dem Chorhemd hätte machen sollen, das er, nachdem er die Ränder abgetrennt und abgeschnitten hatte, gewaschen und getrocknet und Dally als neuen Stoff übergeben hatte Make-up, die lange Immunität vor Entdeckung hatte ihn mutig genug gemacht, die Wäsche genau an die Stelle zu bringen, die einem gewöhnlichen Beobachter am gefährlichsten erschienen wäre.

Aber die Hemden waren noch nicht fertig, denn Dally hatte erklärt, es sei alles lästig, und hatte die Wäscherolle in ihre Schublade gelegt, inspiriert von dem Gefühl, dass Oma nicht mehr lange leben konnte und dann würde die Wäsche genügen für Sie.

Seltsamerweise, als Moredock über die Weiße und Kühle der kommenden Unterwäsche nachdachte, hielt der Spediteur am Tor des Pfarrhauses an und lieferte ein Paket ab, die Fracht bezahlte die North Midland Railway zum Bahnhof King's Hampton, aber sechs Pence für die Bezahlung der zehn Meilen mit dem Karren .

"Liebe mich!" sagte Salis und drehte das Paket um, bei dem es sich offensichtlich um eine Schachtel aus sehr starkem braunem Papier handelte. „'Reverend Hartley Salis, Duke's Hampton Rectory, Warwickshire. Von NM Rail und Thompson, Spediteur. Frachtfrei nach King's Hampton.' Nun, das ist klar genug, Mary."

"Ja, Liebes; es ist offensichtlich für dich.

„Ja, offensichtlich für mich; äh, Leo?"

„Ja", sagte Leo, blickte für einen Moment von ihrem Buch auf und senkte dann den Blick wieder, ohne weiteres Interesse zu zeigen.

„Das ist sehr merkwürdig", sagte Salis ziemlich aufgeregt. „Von Irish and Lawn, Gewändermacher, Southampton Street.' Ja, gewiss – Gott segne meine Seele, ich habe nie gesandt. ICH-"

Er schnitt eifrig die Schnur durch, öffnete das Papier und die sorgfältig verschnürte Schachtel darin und stellte fest, dass der Inhalt, wie er es nach dem Lesen des Etiketts erwartet hatte, aus einem neuen Chorhemd von bester Qualität mit einer daran befestigten Notiz bestand. und darin mit zitternder, verstellter Handschrift geschrieben:

„Von einem Bewunderer.“

Das Wort „Bewunderer“ war leicht durchgestrichen und darüber „ständiger Begleiter“.

Salis blickte auf den Zettel und dann auf seine Schwester Mary, die vor Aufregung so unbefangen wie ein Mädchen errötete.

„Warum, Mary“, sagte er, „wer hätte das schicken können? Wissen Sie?"

Mary schüttelte den Kopf, aber ihre Augen leuchteten vor Freude, als sie spürte, wie zufrieden ihr Bruder sein würde.

„Haben Sie und Leo sich das nicht als Überraschung ausgedacht?“

Mary schüttelte erneut den Kopf und Leo blickte träge auf.

"Was ist es?" Sie sagte. "Ein Geschenk? Nein“, fügte sie stirnrunzelnd hinzu, als sie sah, was es war, und senkte den Blick auf ihr Buch, um es offenbar mit großem Interesse zu lesen.

„Dann muss es einer von Norths Tricks sein“, rief Salis. „Es ist sehr nett und rücksichtsvoll von ihm, aber ich kann mir nicht vorstellen, dass er mir so ein Geschenk macht. Schau, Mary, Liebling. Es ist seine getarnte Schrift, nicht wahr?“

Marys Hand zitterte ein wenig, als sie die Notiz nahm und einen Blick darauf warf, um den Schreiber sofort anhand einer Besonderheit zu erkennen, die ihr nicht verborgen geblieben war.

„Nun“, rief Salis, „ich habe recht?“

Mary schüttelte erneut den Kopf.

„Nein, Hartley, es ist sicherlich nicht die Schrift von Mr. North.“

„Dann, im Namen all dessen, was wunderbar ist, wem gehört es? Die Leute würden es nicht abonnieren. Außerdem steht dort „von einem ständigen Begleiter“. Na, mein Gott! es kann nicht von-“

Mary warf einen Blick auf Leo, der ganz in ihre Lektüre vertieft war, und blickte dann mit einem halb verschmitzten und amüsierten Lächeln zu ihrem Bruder zurück, während sie mit dem Kopf nickte.

„Das denkst du auch“, rief er flüsternd. "Oh!"

Auf seinem Gesicht lag ein Ausdruck von Sorge und Verwirrung, der überaus komisch wirkte, denn obwohl kein Name genannt worden war, hatten beide den Spender angesprochen; Und als sich der Kummer im Gesicht des Pfarrers vertiefte, streckte Maria ihm die Hand entgegen, und er ergriff sie und setzte sich neben sie.

„Das ist unmöglich", flüsterte er. „Ich konnte nicht daran denken, es zu nehmen. Wie konnte sie so dumm sein?"

„Es scheint grausam, es dumm zu nennen", sagte Mary sanft. „Die Idee entstand aus einem sehr freundlichen Gefühl."

"Natürlich, natürlich; aber, meine liebe Maria, es bringt mich in eine falsche Lage."

„Nicht, wenn man es als anonymes Geschenk behandelt."

„Wie kann ich das tun, wenn ich sicher bin, dass sie es geschickt hat?"

„Aber selbst wenn du es bist, denke ich, dass du es behalten könntest, Hartley. Sehen Sie, wie häufig es vorkommt, dass Damen einer Gemeinde dem Pfarrer Hausschuhe oder Zahnspangen überreichen."

„Ja", sagte Salis trocken; „Und das alles aus Dankbarkeit gegenüber ihrem spirituellen Lehrer. Gesegnet sind sie, sie werfen ihre Gaben hin, und der schwache Mann denkt, es seien Blasen, die es ihm ermöglichen, leichtfüßig durch den gesellschaftlichen Luftstrom zu schweben, wenn, siehe da! Und siehe da, er findet, armer, schwacher, flatternder Schmetterling, dass einer der schönen Naturforscher eine Nadel durch ihn hindurchgesteckt hat, direkt in den Korken, und er ist für das Leben „gerüstet".

„Unsinn, du eitler Dummkopf!"

„Nein, meine liebe Maria, ich bin kein eitler Mann; Aber ich kann im Allgemeinen erkennen, aus welcher Richtung der Wind weht. Ich habe gegenüber meinen beiden Schwestern eine gewisse Pflicht zu erfüllen – eine Art väterliche Rolle, und deshalb habe ich ziemliche Angst vor Frau Berens."

„Hartley, Liebes!"

„Ja, Maria. Dieses Chorhemd wird von H. Salis, dem Geistlichen, bezahlt, so sehr er es sich auch leisten kann, oder es geht an den Spender zurück."

„Aber was kann sie damit machen, wenn deine Idee richtig ist?"

„Schneiden Sie es in Stücke, um kleine Kleidungsstücke für die armen Kinder anzufertigen, wenn sie möchte. Belästige die Frau: Ich wünschte, sie würde gehen.

Band zwei – Kapitel einundzwanzig.

Dr. North ist erschrocken.

„Sie verwirren mich, Doktor", sagte Moredock; „Das tust du tatsächlich. Ich bin mein ganzes Leben lang in die Kirche gegangen und habe Hunderten von Sarmonen zugehört, und ich weiß alles über den barmherzigen Samariter und die Pflicht gegenüber dem Nächsten; Aber wie man ihn nach dem, was passiert ist, fesseln und mit einem Heftpflaster versehen und dann am nächsten Morgen nachsehen kann, wie es ihm geht, ist mir schleierhaft.

„Kümmere dich nicht darum, Moredock", sagte North schnell und blickte sich unruhig im Inneren der Hütte um. „Ich denke, wir können zufrieden sein, dass er im Mausoleum nicht wiederbelebt wurde."

„Er nicht. Ich dachte, er würde nie mehr leben. Du willst also noch einmal dorthin gehen?"

„Ja, Moredock – ja", sagte North und blickte wild umher. „Ich muss jetzt weitermachen. Ich habe ohnehin zu viel Zeit verloren."

„In Ordnung, Doktor. Wenn Sie sagen, wie wir weitermachen, reicht das."

„Sind Sie überzeugt, dass uns niemand beobachtet hat?"

„Ja, davon bin ich, wie Sie es nennen, überzeugt, Herr Doktor. Ich habe das Geheimnis zu gut gehütet. Und du willst also noch einmal hingehen?"

„Geh nochmal, Mann! Ja. Habe ich es dir nicht gesagt?" rief North mit wütender Erregung in der Stimme. "Ja, heute Nacht."

„Heute Abend, was? Sehr gut, Doktor. Ich werde da sein; Aber du wirst einen Tropfen von dieser Schnur mitnehmen. Ich brauche heute Abend nicht auf die Sakristei aufzupassen.

North machte eine ungeduldige Geste und ging zur Tür, als wollte er gehen, drehte sich dann aber abrupt um und ging zurück zu der Stelle, wo der Küster saß und rauchte.

„Was hast du gesagt?" fragte er abwesend.

„Was habe ich gefragt, Doktor?"

„Ja, ja, Mann", rief North ungeduldig, während er immer wieder zur Tür blickte.

„Ach, wegen der Schnur, Doktor. Mir ging es seit dieser Nacht nicht mehr ganz gut, und ich dachte, ein oder zwei Tropfen würden mir vielleicht gut tun, und –"

Moredock hielt mitten in seinem Satz inne und saß da und starrte, denn North hatte sich plötzlich umgedreht und war geradewegs aus dem Lokal gegangen.

„Der Doktor hat seinen Sturz in dieser Nacht nicht überwunden", murmelte der alte Mann. „Er ist erschüttert, das ist mit ihm los; und er hat seinen Denkansatz noch nicht ganz in den Griff bekommen. Es macht ihm auch Sorgen wegen dem Gel. Nun, sie wird heute Abend nicht in die Sakristei kommen, und es besteht keine Angst, dass Squire Tom kommt, denn er wird, so heißt es, tagelang nicht aus dem Bett kommen. Fräulein wird nicht alleine da sitzen wollen, ohne nachzudenken, wie es der Arzt jetzt tun würde. Ein Gepäck! – das ist sie – ein Gepäck! und sieht immer so glatt und gut aus. Ich frage mich, was Pfarrer sagen würde, wenn er von ihrem Vorgehen wüsste?"

Der alte Mann saß eine Stunde lang grübelnd und rauchend da, dann ließ er zur Vorbereitung auf seine Nachtarbeit den Kopf auf die Brust sinken und saß stundenlang schlafend vor seinem Feuer.

Als der Abend voranschritt, schlenderte Joe Chegg vorbei und kehrte dann zurück, um einen flüchtigen Blick durch das Fenster zu werfen. Dann trank er noch einen, und schließlich war er davon überzeugt, dass der alte Mann tief und fest schlief. Er stand da und beobachtete ihn, bis er am erloschenen Feuer sah, dass der Schläfer im Begriff war zu erwachen, als er sich zurückzog und sanft und nachdenklich davonging.

Kurz vor zwölf nahm der alte Mann seine Laterne, ging zur Tür und schaute hinaus; Er stand eine Weile da und ging dann mit einer Aktivität, die man in einem seiner Jahre nicht erwarten würde, schnell und leise in Richtung des Kirchhofs und hielt dabei scharf Ausschau nach Eindringlingen. Aber sein Spaziergang unter den glitzernden Sternen wurde nicht unterbrochen, und er ging schweigend zur Rückseite der Kirche, schaute sich um, und als er niemanden sah, schloss er das Eisentor und die Tür des Mausoleums auf und drehte sich dann um, um zu warten.

Doch als er sich umdrehte, zuckte er zusammen, denn eine Hand wurde auf seine Schulter gelegt.

„Warum, Herr Doktor, ich habe Sie nicht kommen hören."

„Ich saß da und wartete", sagte North. "Schnell!"

Er drückte die Tür und blickte direkt in den dunklen Ort, wo er nicht gewesen war, seit Tom Candlish in der Nacht der Begegnung herausgehoben und an den Straßenrand gestellt wurde; während es dem Küster jetzt so vorkam, als sei sein Begleiter von einer fieberhaften Energie und dem Wunsch befallen, seine Aufgabe fortzusetzen.

„In Ordnung, Doktor – in Ordnung! Warte, bis ich Feuer mache",
grummelte der alte Mann, nachdem er die Tür geschlossen hatte. "Das ist es.
Da bist du ja. Hast du das Kabel mitgebracht?"

"Ja."

„Du wirst mich nicht wollen, und ich bin heute Abend ein bisschen müde
und erschöpft. Ha, das ist es! Gute Sache, Doktor. Danke, Doktor. Hah-hh!"

Er kippte den starken Schluck, der ihm gereicht wurde, weg und gab den
silbernen Becher zurück, der auf das Ende des kleinen Fläschchens des
Arztes passte. Dann ging er ganz aus Gewohnheit zu dem Sims, auf dem er
so oft gesessen hatte, und fiel, nachdem er ein paar Minuten gemurmelt hatte,
in einen ruhigen Schlaf.

North hatte, nachdem er seine Schirmlampe angezündet hatte, regungslos
dagestanden, offensichtlich tief in Gedanken versunken; aber ein schwerer
Atemzug aus der Ecke des feierlichen Ortes weckte ihn, und er hob die
Laterne, ging zu dem Schläfer hinüber und hielt das Licht an sein Gesicht.

"Schlafend!" murmelte er, kehrte zu der großen Steinplatte zurück und stellte
das Licht ab. "Was ist das?" er weinte scharf; und als er zurückfuhr, schaute
er sich wild um.

„Wie absurd!" murmelte er, nachdem er sich davon überzeugt hatte, dass sie
allein waren. „Mangel an Schlaf. Meine Nerven sind erschüttert und dieser
unaufhörliche Schmerz scheint zu viel für mich zu sein. Aber es wird mir
gelingen. Sie wird meinen Erfolg sehen und lernen, dass ich kein Mann bin,
der von ihr beiseite geworfen und unterdrückt werden kann. Ja, das werde
ich schaffen. Es kann nicht zu spät sein."

Er ergriff das weiße Laken, das den Gegenstand seines Studiums bedeckte,
aber anstatt es sanft zur Seite zu ziehen, wie er es gewohnt war, riss er es
scharf, hob die Lampe an, blickte nach unten und überlegte, welche Schritte
er als nächstes unternehmen sollte.

„Seit so vielen Tagen", murmelte er; „So viele Tage. Es kann nicht zu spät
sein. Jetzt muss ich die verlorene Zeit aufholen."

Er schlug seine Manschetten hoch, nahm eine kleine Flasche von der Stelle,
die auf der Steinplatte stand, und war gerade dabei, den Stopfen zu entfernen,
als er einen Schreckensschrei ausstieß, zur Tür stürmte und die Flasche auf
das Sägemehl fallen ließ, das sie bedeckte den Steinboden, während er die
Hände vors Gesicht schlug und dann gegen die Wand taumelte, um sich an
das Mauerwerk einer der Nischen zu klammern.

Dort auf der Steinplatte war ein Licht, aber es war nichts im Vergleich zu
dem Licht, das sozusagen in sein Gehirn eingedrungen war; denn er war in

dieser Nacht dorthin gekommen, um seine Aufgabe zu erledigen, und es war, als wäre diese Aufgabe bereits erledigt und das, worauf er gewartet hatte, lag für ihn bereit, aber auf eine Weise, die er nie erwartet hatte, und das Die Offenbarung schien mehr zu sein, als er ertragen konnte.

Band zwei – Kapitel zweiundzwanzig.

Es kommt etwas.

Horace North stand eine Weile im alten Mausoleum und war entsetzt über die Gedanken, die seine Seele durchströmten. Die Stille war schrecklich. Zu anderen Zeiten, als er mit der Verfolgung beschäftigt war, hatte ihm die Anwesenheit der Toten nichts bedeutet; Die Tatsache, dass er von den grausigen Reliquien von Generationen der Candlishes umgeben war, hatte ihn nicht im Geringsten beunruhigt. Alles, was er tat, strahlte eine professionelle Atmosphäre aus, und er beobachtete die Ergebnisse mit der Begeisterung, mit der ein Chemiker seine Experimente beobachtet.

Aber jetzt schien plötzlich eine Veränderung in ihm stattgefunden zu haben. Er hatte den Ansporn verloren, den ihm die Liebe zu Leo gegeben hatte; Aber nachdem er hart mit seinem Elend gekämpft hatte, hatte er gesiegt und sich gezwungen, seine Aufgabe ausschließlich der Wissenschaft zuliebe fortzusetzen, und ein seltsames Erwachen war die Folge gewesen.

Er hatte alles Wissen, das er sammeln konnte, in seine Aufgabe eingebracht und war an einem bestimmten Punkt angelangt. Dann war er überprüft worden, und seine ganze Arbeit war außer Gefecht gesetzt worden; So dass er sich nun, als er es wieder aufnahm und fieberhaft entschlossen war, es bis zum Ende fortzusetzen, einem Schrecken gegenübersah, den sein Verstand zunächst kaum zu begreifen vermochte.

Er stand da und lauschte, und eine Zeit lang schien es, als wäre er allein – als sei Moredock von dem Schluss, den er verabreicht hatte, überwältigt worden; doch nach und nach erkannten seine benommenen Sinne die Tatsache, dass der alte Mann ruhig und friedlich atmete und dass er mit dem entsetzlichen Gedanken, der ihn beunruhigte, nicht allein war.

„Ich hätte jetzt nicht weitermachen sollen", sagte er schließlich. „Ich bin geistig und körperlich erschüttert und nicht in der Lage, eine solche Aufgabe zu übernehmen. Ich bin bereit, mir alle möglichen Torheiten vorzustellen – schwach wie ein verängstigtes Kind. Wie idiotisch, sich das vorzustellen!"

Vorerst war seine mentale Kraft noch *im statu quo* , und als er vorwärts schritt, entschloss er sich, den Apparat von Instrumenten und Chemikalien zu befreien, Moredock zu rufen, um dabei zu helfen, alles wieder in seinen normalen Zustand zu versetzen, und sein Experiment fortzusetzen, wenn a Es ergab sich eine neue Gelegenheit.

Er warf einen Blick auf den unbedeckten Körper und wandte sich dann seinen verschiedenen Vorbereitungen zu, legte die Instrumente in Kästen und die Flaschen in die schwarze Tasche zurück, und jetzt blieb ihm nichts anderes übrig, als Luke Candlish hinzulegen, wo er seinen langen Schlaf bei seinen Vätern fortsetzen konnte .

„Armer Kerl!" murmelte North; „Wenn diese jämmerliche Unterbrechung nicht stattgefunden hätte, hätten Sie vielleicht der Nachwelt mehr Gutes getan, als alle Ihre Vorgänger hätten erreichen können, wenn sie bis jetzt weitergelebt hätten.

„Ja", fuhr er fort, während er eine letzte Untersuchung durchführte, bevor er Moredock weckte, „bis dahin war es mir gelungen. Der Verfall wurde gestoppt und die Natur schien auf meiner Seite zu arbeiten, um zu beweisen, dass ich Recht hatte. Jetzt muss ich von vorne beginnen, denn es ist, als hätte ich nichts getan. Nein, nein; Die Mühe wurde nicht weggeworfen. Ich habe mehr gelernt, als ich denke; Ich habe-"

Er schreckte zurück und blickte sich scharf um, als wäre er verwirrt. Er richtete seinen Blick auf die schlafende Gestalt vor ihm und sah nur allzu deutlich, dass der Verfall, dem er eine Zeit lang trotzt hatte, nun endgültig eingesetzt hatte, und dennoch konnte er nicht sagen, wieso, denn geistig schien alles neblig und dunkel zu sein. Irgendetwas schien darauf hinzudeuten, dass er den Fortschritt des Todes doch aufgehalten hatte.

„Pisch! Was für eine seltsame Fantasie habe ich jetzt?" rief er wütend.

Doch noch während er dies mit leiser Stimme sagte, wurde ihm bewusst, dass seine Arbeit in gewisser Weise nicht umsonst gewesen war. Dort vor ihm lagen sicherlich die Überreste von Luke Candlish, die in die Elemente zurückgingen, aus denen sie bestanden – Asche zu Asche, Staub zu Staub; aber der Mann schien ihm nicht tot zu sein. Es gab ein Gefühl, fast wie Unterdrückung, das ihn beunruhigte und ihm das Gefühl gab, dass er es geschafft hatte – dass er die Flucht des gesunden, starken Mannes aufgehalten hatte, aber nicht ganz; dass seine Arbeit teilweise erfolgreich gewesen sei und dass, wenn er weitergemacht hätte, ein völliger Triumph das Ergebnis gewesen wäre.

"Absurd!" murmelte er, zog das Tuch über den Gegenstand seines Experiments und ging auf Moredock zu, aber nur um sich umzudrehen, als wäre er von einer Hand aufgehalten worden, die ihm plötzlich auf die Schulter geschlagen hatte.

Er blickte sich erneut scharf im Tresorraum um und lachte dann laut.

„Wie kindisch!" er rief aus. „Naja, nein", fügte er nachdenklich hinzu; „Es ist eine Lektion, die es wert ist, gelernt zu werden, wie sich das Gehirn unter bestimmten Umständen, verbunden mit Gewalt und schrecklicher psychischer Belastung, wie bei einem *Delirium tremens verhält* . " Ich war nicht in der Lage, heute Abend hierher zu kommen. Besser fertig, nach Hause gehen und schlafen – und vergessen", fügte er leise hinzu, „wenn ich kann.

„Ich muss verrückt werden", rief er im nächsten Moment; und während er sich anstrengte, setzte er sich auf den Rand der Steinplatte und versuchte, konsequent über die geistigen Probleme nachzudenken, die ihn immer wieder heimsuchten.

„Das kann nicht sein", sagte er schließlich. „Ich bin vollkommen cool und konsequent; Ich weiß alles über mich. Ich kann meine Experimente bis zum Anfang durchgehen, jeden Gedanken und jedes Gefühl analysieren, und doch kann ich dieser Idee nicht Herr werden."

Er saß nachdenklich da und betrachtete den Körper an seiner Seite, dessen Form durch das Laken grotesk gezeichnet war.

„Es überwältigt mich", sagte er laut, „und ich darf nicht nachgeben. Wahnsinn ist oft die Entwicklung einer Idee, während der Patient in anderer Hinsicht *komponiert ist*. Nein, nein; Ein Verrückter könnte nicht so fühlen wie ich. Ich bin zu ruhig und in sich geschlossen, und doch ist es hier. Großer Himmel! Ist es möglich, dass ich den ätherischen, spirituellen Teil dieses Mannes hätte anhalten können – seine Essenz hier behalten konnte, während der Körper wieder dem Verfall preisgegeben ist?"

Er stand da und starrte auf die Platte, von der er angefangen hatte, mit weit aufgerissenen Augen und einem wilden Ausdruck des Entsetzens auf seinem Gesicht, bis sich die Lehren seiner wissenschaftlichen Ausbildung wieder einmal mit dem starken gesunden Menschenverstand des Mannes verbanden, um eine ruhige Sache herbeizuführen -Faktenbegründung zu ertragen.

„Ja", sagte er, „es ist Zeit, dass ich nach Hause gehe und ins Bett gehe; und morgen werde ich den alten Benson bitten, vorbeizukommen und sich um meine Patienten zu kümmern, während ich ans Meer gehe und auf mich selbst aufpasse. Ich möchte körperliche und geistige Ruhe. Hier, alter Junge, wach auf!"

Moredock sprang auf und starrte den Arzt an, der durch einen heftigen Schlag auf den Rücken plötzlich geweckt worden war, während North wiederum zurückschreckte und den Küster anstarrte, als wäre er erstaunt über das, was geschehen war – eine so fremdartige Tat auf seine gewöhnliche Art.

„Das sollten Sie nicht tun, Doktor", grummelte der alte Mann und rieb sich gereizt die Schulter. „Works ist ein bisschen wackelig und du bringst sie durcheinander."

„Ich – ich bitte um Verzeihung, Moredock", stammelte North verwirrt.

„Oh, das macht nicht viel, Doktor, nur ich schlief wunderbar und träumte, ich wäre zu meinem Dally gegangen, der in einem tollen Haus lebte – ganz die Dame und der Mann, der mir eine geben würde Glas von etwas, als du mir auf den Rücken geschlagen und mich geweckt hast. Erledigt?"

"Ja. Helfen Sie mir", sagte North hastig. „Das Experiment ist zu Ende."

„Nun, es tut mir nicht leid, Doktor. Manche Dinge tun mir nicht leid. Hey! aber du warst mit dem Aufräumen beschäftigt. Also schon fertig?"

„Ja, ganz fertig. Wir lassen heute Abend alles so, wie es sein soll."

„Morgen, meinen Sie, Doktor. Nun gut."

Die grässliche Aufgabe war schnell erledigt, und der alte Mann zeigte eine überraschende Aktivität, als er den verzierten Sargdeckel und die Schrauben wieder anbrachte, woraufhin der Ort wieder in seinen früheren Zustand zurückgekehrt zu sein schien.

„Niemand wird kommen, um zu sehen, ob der Bleisarg durchnässt ist, nicht wahr, Doktor?" kicherte der alte Mann, nachdem er dem schweren Sarg einen letzten Stoß mit der Schulter gegeben hatte, um ihn genau an seinen Platz zu bringen. „Das tun sie nicht nur, wenn der Gerichtsmediziner sich an die Arbeit macht und die Leute denken, dass es eine Vergiftung gegeben hat."

„Nein, alter Junge", rief North und klopfte dem Küster scherzhaft auf die Schulter. „Hier, nimm einen Tropfen Brandy. Nach mir; Ich würde lieber zuerst trinken."

Moredock starrte noch einmal hin, als der Arzt eine zweite Flasche aus seiner Tasche holte, gurgelnd etwas Spiritus in den flachen Silberbecher goss und ihn wegwarf.

„Das ist guter Brandy, alter Mann. Atemberaubend. Hier sind Sie ja."

„Doktor ist froh, dass er seine Arbeit erledigt hat", lachte der Küster. "Kein Wunder. Ohne Geld wäre ich kein Patikär geworden. Danke, Sir. Hah! Das ist gutes Zeug. Das geht in deine Fingerspitzen; Aber das Beste daran ist, dass es bis zu den Haarwurzeln und bis in die Zehen reicht. Seltenes Zeug; guter Brandy."

„Ja, du alter Spinner", rief North; und dann schien er seine Hand nach unten zu ziehen, gerade als er sie hob, um dem alten Mann noch einmal auf die Schulter zu schlagen.

„Toper, was, Doktor? NEIN; Ich mag ab und zu einen Tropfen, einfach um einem Mann etwas Gutes zu tun. Er war ein Volltreffer – Squire Luke dort."

„Ja", sagte North langsam, schenkte noch etwas Brandy ein und kippte es weg. „Der arme Kerl hat immer getrunken."

"Hi hi hi!" kicherte Moredock. "Ja; Man sagt, er habe früher getrunken, Doktor. Die Arbeit ist erledigt, was?"

Er starrte die Flasche angestrengt an, und zwar auf eine so seltsame Art und Weise, dass North noch mehr davon einschenkte.

„Hier, nimm noch einen Tropfen, alter Junge", rief er; „Es wird dich aufwärmen."

„Danke, Doktor, danke. Hah! Ja; Es ist gutes Zeug. Tut dir auch gut. Macht dich fröhlich und frei. Herr Doktor, ich wusste nicht, dass Sie so herzlich sein können; Du hältst einen Mann wie mich im Allgemeinen weit von dir fern. Was ist los – nicht gut?"

„Äh?" sagte North und sprach seltsam. „Mir geht es nicht gut, Moredock. Ich werde aus diesem drückenden Ort herauskommen."

„Erdrückend? Nein, es ist nicht erdrückend; Das sagst du nur, weil du fertig bist. Hier, lassen Sie mich die Werkzeugtasche tragen, wie Sie vielleicht sagen."

Die Tasche war schwer, denn darin befanden sich sowohl die Lampe als auch die Flaschen des Arztes und Instrumente, die er nicht in die Tasche gesteckt hatte.

„Sieht sehr seltsam aus", murmelte der alte Mann, ging zur Tür und öffnete sie.

„Bereit, Sir?"

North antwortete nicht, sondern folgte dem Küster, nachdem er sich hastig umgesehen hatte.

„Es ist alles in Ordnung, Sir; nichts ist mehr übrig", murmelte Moredock und löschte die Kerze in seiner Laterne. „Na ja, jeder würde denken, er würde verdorben. Brandy verärgert einige und tut anderen gut."

Der alte Mann schloss die massive Tür des Mausoleums und verriegelte die Tore des Eisengeländers, und während er dies tat, stieß North einen tiefen Seufzer voller Erleichterung aus, als ob mit dem Verschließen des düsteren Gefäßes gewisse beunruhigende Gefühle verbunden gewesen wären abgewiesen, und ein seltsames, eindringliches Gefühl war verschwunden.

„Angenommen, Sie möchten, dass ich die Tasche zu mir nach Hause bringe, Doktor, und sie heute Abend ins Herrenhaus bringe?"

„Ja, das sollte ich", sagte North hastig; „Dann werde ich mit dir reden, Moredock. Krank-"

Er schauderte, und anstatt sich sofort von dem alten Mann zu trennen, blieb er dicht an seiner Seite und folgte ihm in seine Hütte, wo er sich setzte, während der alte Küster den dünnen Vorhang über das Fensterfenster zog und Licht anzündete.

„Warum, Doktor", sagte er und blickte verwundert auf das weiße, verängstigte Gesicht vor ihm; „Du solltest besser nach Hause gehen und dir eine Dosis mixen. Da ist etwas im Gange."

„Ja", sagte North mit einem gespenstischen Lächeln; „Ich fürchte, mir kommt etwas in den Sinn. Nein – nein! Unsinn! Ich bin müde. Ich habe meinen Sturz noch nicht ganz überwunden. Es wird mir bald besser gehen.

Der alte Küster schüttelte den Kopf und ging zu seiner verschlossenen Truhe, in die er unter lautem Schlüsselrasseln die Arzttasche legte. Er war gerade dabei, den schweren Deckel zu schließen, als ihn etwas veranlasste, sich zu der Stelle umzudrehen, auf der er seinen Begleiter zurückgelassen hatte, und er starrte verwundert, denn der Stuhl war leer!

Er hatte nicht gehört, wie North von seinem Platz aufsprang und buchstäblich aus der Hütte stürmte, als würde er von einer unsichtbaren Macht verfolgt.

Band zwei – Kapitel dreiundzwanzig.

„Mein lieber Norden!"

„Nein, Sir, er ist nicht zu Hause", sagte Frau Milt und versuchte, den Pfarrer anzulächeln, doch es gelang ihr nur, zwei eisige Falten zu erzeugen – eine auf jeder Seite ihrer Lippen. „Jemand krank, Frau Milt?"

„Na ja, wirklich, Sir, das kann ich nicht sagen. Der Meister schloss sich als letztes in seinem Arbeitszimmer ein – da er weiterhin seine Gesundheit und seine Taschen für Lampen und Kerzen ruinieren wird – und ich ging wie immer zu Bett, obwohl ich schreckliche Angst vor dem Feuer hatte, denn der Meister geht so nachlässig mit dem Licht um. Dann vermute ich, dass in der Nacht jemand gekommen ist und ihn abgeholt hat. Sein Frühstück hat stundenlang gewartet, und – oh, hier kommt er!"

Denn in diesem Moment kam North um das Ende des Hauses herum und hatte seinen Garten ganz unten an der Wiese betreten. Seine taunassen Stiefel und der Staub auf seinen Hosen zeigten, dass er weit gelaufen sein musste.

„Das Frühstück ist fertig, Sir", sagte Mrs. Milt streng, sobald North in Hörweite kam.

„Ja – ja", sagte er ungeduldig und winkte sie ab. „Ah, Salis! Komm herein."

„Warum, wie erschöpft siehst du aus! Wer ist krank?"

"Krank? Wer ist krank?" sagte North verwundert. „Oh, ich verstehe! Naja, ich bin."

„Ja, das ist klar", sagte Salis besorgt. „Mein lieber Freund, Sie sind ganz und gar nicht auf der Höhe der Zeit."

„Nicht auf dem neuesten Stand, alter Junge? Genau wie die Post! Hier, kommen Sie herein und frühstücken Sie."

Dies wurde mit so viel ausgelassener, grober Fröhlichkeit gesagt, dass der Pfarrer einen erstaunten Blick nicht unterdrücken konnte. North sah es und sein Gesicht nahm einen Ausdruck intensiven Schmerzes an.

„Wolltest du mich?" sagte er, schloss die Tür zum Frühstücksraum und sprach in einem völlig anderen Ton.

„Nun, alter Kerl, ich dachte, ich laufe rüber, nur um dich zu konsultieren."

„Nicht krank?" sagte North mit ängstlicher Stimme, aber nur um dies durch einen scharfen Schlag mit der Rückhand auf die Brust zu ergänzen und ganz ausgelassen auszurufen: „Sehen Sie! Du! Ich sage, du bist in bester Verfassung!" Und dann brach er in ein herzhaftes Gebrüll aus.

„Ich weiß nicht, ob ich in Topform bin", sagte Salis scharf, „denn mir geht es überhaupt nicht gut." Ich bin sehr beunruhigt, alter Freund, über einige Dinge; und es wird Ihnen nichts ausmachen, wenn ich wegen Dingen zu Ihnen komme, wegen denen man nicht zu einem Arzt gehen würde, sondern zu einem Freund."

„Ich bin sehr, sehr froh, dass du als Freund zu mir gekommen bist, Salis", sagte North ernst. „Alles, was ich tun kann – ist es Geld?"

"Geld? Tut-tut! NEIN! Wann kannten Sie jemals, dass ich ein Kreditnehmer bin, Mann? Ich bitte um Verzeihung, North", fügte er hinzu und strahlte seinen Freund an. „Das ist genau wie du – so gut und nachdenklich; aber nein, nein – kein Geld! Der alte Polonius hatte recht."

In diesem Moment kam Mrs. Milt mit Kaffee, Toast und einer abgedeckten Schüssel herein, auf ihrem Tablett stand eine zweite Tasse und Untertasse.

"Nun ja; Ich trinke noch eine Tasse", sagte Salis lächelnd und nickend; und direkt danach saßen die alten Freunde einander gegenüber, doch North ließ sein Frühstück ungeschmeckt, während Salis sein zweites Frühstück zu genießen schien.

„Du isst nicht, alter Kerl! Ich sage, du weißt, dass du krank bist. Jetzt bin ich an der Reihe, das Medikament zu verschreiben."

„Nur ein wenig Fieber. Ich war und habe einen langen Spaziergang gemacht."

„Ah, das stimmt. Die Natur ist dafür großartig."

„Ja", sagte North schnell. „Was kann ich jetzt für Sie tun?"

Er zuckte zusammen, als er sprach, denn er erwartete, etwas über Leo zu hören.

„Nun, Tatsache ist, alter Freund, du weißt, dass mein Chorhemd gestohlen wurde."

North schrumpfte erneut, nickte aber scharf.

„Nun, alter Kerl, ich habe scherzhaft gesagt, dass der Verlust für einen armen Mann schwerwiegend sei."

„Ich – ich wünschte, ich hätte es gewusst", sagte North mit einem offenen Lächeln.

„Du meinst, wenn du es getan hättest, hättest du mir eins gegeben."

„Ja, das meine ich", sagte North.

„Und wenn Sie es getan hätten, hätte ich Sie getötet, Sir! Sicher, dass du es nicht warst?“

"Nicht ich?"

„Der mir ein bemerkenswert schönes neues Chorhemd geschenkt hat.“

"Sicherlich nicht."

„Dann war sie es.“

"Ich verstehe Sie nicht."

"Schau hier! Es gibt nur eine Person, die ein solches Geschenk hätte schicken können, und das muss Frau Berens sein.“

„Ah, du schlauer Hund! Oh schade! Scham! Hahaha!" brüllte Norden. „Die hübsche Witwe – was? Das ist Puls abtasten und die Zunge rausstrecken, und wie geht es uns heute Morgen! Hahaha!"

Hartley Salis hatte ein kleines Stück gebratenen Schinken auf seiner Gabel, da er ein Mann mit ausgezeichnetem Appetit war; und als sein Freund die ersten Worte hörte, die er in einem höchst eigentümlichen Ton aussprach, ließ er klappernd die Gabel fallen, schob seinen Stuhl ein wenig zurück und starrte!

„Es – es tut mir sehr leid“, stockte North in äußerst reuigem Ton.

„Mein lieber Norden! Warum, was ist mit dir los?“

„Ein bisschen – äh – Fieber, glaube ich; das ist alles!"

„Man ist es nicht gewohnt, solche Ausbrüche von dir zu hören, alter Kerl“, sagte Salis; und in seinem Ton lag ein Anflug von Verärgerung.

„Bete, bete, mach weiter. Ich – ähm – weiß kaum, was ich gesagt habe.“

Salis zog seinen Stuhl wieder hoch, nahm die Gabel, hob das Stück braunen Schinken einmal an, legte es ab, nahm dann seine Tasse und nippte an dem Kaffee, wobei sein Gesicht wieder seinen ruhigen Ausdruck annahm.

„Ich bin nicht böse, alter Kerl – nur gereizt. Es ist so unähnlich, dass du versuchst, mich – nun, um unseren alten Ausdruck zu verwenden – auf die Schippe zu nehmen. Abgesehen davon ist diese Sache für mich eine große Quelle des Ärgers. Ich habe das Gefühl, dass ich das Geschenk nicht annehmen kann – als ob es mich gegenüber Frau Berens verpflichtet hätte; und wirklich, ich würde mich über Ihren Rat freuen. Was würden Sie tun?"

"Was würde ich tun?" rief North mit rauer, rauer Stimme. „Na ja, du weißt, was ich sagen soll. Verschwinde, du lustiger alter Humbug!"

"Herr!"

„Geh mit! Was machst du mit dem Chorhemd? Tragen Sie es und leihen Sie es später der alten May, wenn er herkommt, um Sie und die hübsche Witwe zu heiraten.

„Horace North!" rief der Pfarrer empört.

„Setz dich und nichts von deinem Schinken, du durchsichtiger alter Humbug! Ich kann durch dich hindurchsehen, als ob du aus Glas wärst."

Salis hatte seinen Stuhl zurückgeschoben und stand nun auf, als North leidenschaftlich ausbrach:

„Nein, nein, Salis; Geh nicht – um Himmels willen, geh nicht. Ich habe dir so viel zu sagen."

„Wenn es mit dem übereinstimmt, was Sie bereits gesagt haben, Horace North, würde ich es vorziehen, seine Bedeutung nicht zu kennen."

Auch der Arzt war aufgestanden und packte die Rückenlehne seines Stuhls, die er mit krampfhafter Kraft umklammerte, als er, einen Schmerz ertragend, den er nicht hätte ausdrücken können, seinen Freund feierlich den Weg zum großen Tor entlangschreiten sah, das sich hinter ihm öffnete Er bewegte ihn einige Sekunden lang hin und her, bevor sich der Eisenriegel mit einem lauten Klicken schloss.

„Himmel hilf mir! – was soll ich tun?" stöhnte North, als er sich auf die Couch warf und sein Gesicht mit seinen Händen bedeckte. "Was bedeutet das? Was für ein neuer Horror ist das? Habe ich jegliche Macht über Gedanken und Zunge verloren?"

„Darf ich wegräumen, Sir?" sagte eine scharfe, klare Stimme.

North zuckte zusammen, als wäre er gestochen worden, aber er entblößte sein Gesicht nicht; und er wagte es nicht zu sprechen, damit nicht Worte hervorsprudelten, für die er sich nicht zur Rechenschaft ziehen konnte – und zwar gegenüber Mrs. Milt!

Unter diesen Umständen nickte er schnell und lehnte sich mit geschlossenen Augen zurück.

„Sie tun zu viel, Sir", sagte die Haushälterin mit Autorität. "Du arbeitest zu hart."

Norths Gereiztheit war furchtbar, aber er hielt sie unter Kontrolle.

„Ich habe den Eindruck, dass Sie krank werden", fuhr Frau Milt fort, während sie weiter den Tisch abräumte.

Seltsame Worte schienen in Horace Norths Brust zu brodeln, und er biss die Zähne zusammen, denn er hatte das Gefühl, wenn er etwas sagen würde,

würde er etwas sagen, das die alte Haushälterin erschrecken und ihn selbst erschrecken würde.

„Nun, Sie können es mir nicht verdenken", rief Frau Milt, ging hinaus und schloss die Tür zu abrupt, um höflich zu sein.

North war allein und erhob sich mit geballten Händen, um verwunderte Worte darüber auszusprechen, was sein Freund denken würde; aber stattdessen brach er in ein seltsames Gelächter aus und stieß einen spöttischen Fluch aus.

Im nächsten Moment war er mit gefalteten Händen auf sein Sofa zurückgesunken, während er mit gesenktem Kopf zwischen seinen dicken Brauen direkt in die Zukunft blickte und sich im Geiste fragte, wie diese Zukunft aussehen würde.

Ende von Band Zwei.

Band Drei – Kapitel Eins.

Ein ungeeigneter Bote.

„Hartley, du machst mir Angst", sagte Mary, nachdem sie sich den Bericht ihres Bruders über seinen Besuch angehört hatte. „Er muss krank gewesen sein oder unter einem seltsamen Einfluss gestanden haben."

"Beeinflussen?" rief Salis trocken; „Nun, das bedeutet trinken, Mary."

„Oh, nein, nein, nein!" rief das arme Mädchen herzlich. „Er hat Ihnen erzählt, dass er krank sei und möglicherweise ein sehr wirksames Medikament eingenommen habe."

„Extrem", sagte Salis.

„Hartley, aus Scham!" rief Mary mit blitzenden Augen. „Sie sind vor einer Stunde voller Glauben und Vertrauen in den langjährigen Freund von hier gegangen. Du findest ihn krank und eigenartig in seinem Verhalten, und wenn du hierher zurückkommst, bist du bereit, alles Böse von ihm zu denken. Ist das gerecht?"

„Aber er war so sehr seltsam und eigenartig, mein Kind. Sie können sich nicht vorstellen, wie seltsam.

„Hartley!" rief Maria herzlich; "wie kannst du! Horace North muss sehr krank sein und braucht die Hilfe seines Freundes. Ihr Bericht über seine Taten und Worte deutet auf ein Delirium hin. Geh sofort zu ihm zurück.

„Zu ihm zurückgehen?"

"Ja; auf einmal. Hast du seine Güte zu uns vergessen – wie er Leo dem Rachen des Todes entrissen hat?"

„Denkst du, ich sollte gehen, Mary?" sagte Salis zweifelnd.

„Ich glaube, mein Bruder steht unter einem seltsamen Einfluss – er leidet unter verletztem Stolz –, wenn er unserem alten Freund nicht offen zu Hilfe kommt."

„Ich gehe sofort zurück", rief Salis aufgeregt. „Warum, Mary, als du aktiv und stark warst, dachte ich immer, ich müsste dich unterrichten und für dich sorgen. Jetzt bist du ein Invalide, du scheinst mich zu lehren und zu führen."

„Nein, nein", sagte Mary zärtlich. „Es ist nur so, dass ich viele Stunden allein hier liege und darüber nachdenke, was für uns alle das Beste ist. Noch nicht, Hartley: Ich möchte noch etwas sagen."

„Ja", sagte er, kniete neben ihrem Sofa nieder und hielt ihre Hand; "Was ist es?"

„Ich möchte Ihnen ein paar Worte über Leo sagen", sagte Mary nach einer Pause.

„Über Leo?" sagte Salis unbehaglich.

"Ja, Liebes. Ich sage dir, ich liege viele Stunden hier und denke an euch beide. Ich möchte über Leo und – Mr. North sprechen."

„Ja", sagte Salis ernst, als ihm Leos Verhalten in den Sinn kam, als der Diener aus der Halle kam. „Was möchtest du sagen?"

„Glauben Sie, dass zwischen ihnen eine Verlobung besteht?"

„Ich weiß kaum, was ich sagen soll. North schien ihr tief verbunden zu sein."

„Ja", sagte Maria; „Aber sein Verhalten hat mich in letzter Zeit verwirrt. Das war er nicht."

„Und er hat ihr nicht wie früher Blumen geschickt."

"NEIN; Ich habe bemerkt, dass. Hat Herr North das Gefühl gehabt, dass Leo ihn in irgendeiner Weise beleidigt hat?"

„Warum, Mary", rief Salis aufgeregt, „was für ein Gehirn du hast!" Mein liebes Kind, du hast den Grund für sein seltsames Verhalten gefunden. Du hast es bemerkt – du hast Leos Verhalten bemerkt, als die Nachricht von Candlishs Krankheit kam – denn ich denke, ich muss es so nennen."

„Ja", sagte Mary mit einem Seufzer. "Ich bemerkte es."

„Und North muss etwas gesehen haben. Mary, mein Mädchen, was soll ich tun?"

„Was sollst du tun?"

"Ja; Ich bin zwischen meiner Schwester und meiner Freundin gespalten. Dort! Ich muss mich zu Wort melden. Es wäre die Rettung für Leo, wenn sie Norths Frau werden könnte; und doch, so sehr ich sie liebe und ihr Glück wünsche, habe ich das Gefühl, dass ich North gegenüber ungerecht bin, wenn ich die Dinge weitergehen lasse."

Mary lag einige Minuten lang mit halb geschlossenen Augen zurück, bevor sie das Gefühl hatte, ihrer Stimme vertrauen zu können, damit sie sie nicht verriet.

„Es wäre Leos Glück, wenn sie wirklich sagen könnte, dass sie Horace North lieben und ehren könnte", flüsterte Mary schließlich; „Aber das wird nie der Fall sein, Hartley. Leo wird niemals so heiraten, wie wir es wünschen."

„Ich fürchte nicht", sagte Salis traurig; „Und je mehr ich darüber nachdenke, desto mehr kommt es mir so vor, als wären Sie auf Norths Probleme gestoßen. Leos Sorge um diesen Schurken hat den armen Horace angeekelt. Was soll ich tun?"

„Dein Freund ist krank", sagte Mary traurig; „Verhalte dich so, wie es ein Freund tun sollte. Lassen Sie den Rest: Da können wir nichts tun."

„Mein armer Schatz!" sagte Salis, „du bist der gute Engel unseres kleinen Zuhauses. Dort werde ich sofort nach Norden gehen."

Währenddessen fand in Leos Zimmer ein Gespräch statt.

Sie hatte in den letzten Tagen sehr gelitten, was ihr wie Monate voller Anspannung und Qual vorgekommen war. Jeder Schlag an der Tür schien ein Besucher zu sein, der sie ihrem Bruder aussetzen wollte, sonst glaubte sie, es käme North, um ihr Vorwürfe zu machen; und obwohl sie sich sagte, dass sie trotzig sein würde und ihm sagen konnte, dass er verrückt war, jemals an sie gedacht zu haben, zitterte sie bei jedem Schritt auf dem Kies.

Die Szene in der Sakristei hatte ihre Nerven schrecklich erschüttert. Die Nachricht von Tom Candlishs schweren Verletzungen hatte ihren Kummer noch verschlimmert; und damit verbunden war die schreckliche Ungewissheit über den Zustand ihres Geliebten. In gewisser Weise war sie eine Gefangene, und jeder Versuch, die Nachricht von dem Leidenden in der Halle zu erfahren, würde ihr einen wütenden Tadel ihres Bruders einbringen.

Nach der Bekanntgabe seines Staates wurde Tom Candlishs Name im Pfarrhaus nicht erwähnt. Sie wagte es nicht zu fragen oder ihre Besorgnis durch Worte oder Blicke zum Ausdruck zu bringen, und doch gab es Zeiten, in denen sie Jahre ihres Lebens für ein paar Worte der Botschaft geopfert hätte.

Sie konnte die Spannung nicht länger ertragen und nachdem sie über ein Dutzend Pläne nachgedacht hatte, entschied sie sich schließlich für einen, der der unglücklichste war, den sie sich hätte ausdenken können.

Es war ihrer Hand am nächsten, und ganz in Spiellaune schnappte sie sich rücksichtslos danach.

Sie war in ihrem Zimmer und las, als Dally eintrat.

„Ist mein Bruder da?" sagte sie leise. "Ja Frau; zusammen mit Miss Mary im Gespräch."

„Bist du sehr beschäftigt, Dally?"

„Ja, Fräulein, die meisten haben sich zu Tode gearbeitet", sagte das Mädchen scharf.

„Aber ein Spaziergang würde dir gut tun, Dally. Würden Sie mir eine Notiz machen?“

„Machen Sie sich eine Notiz, Fräulein?“ sagte Dally mit funkelnden Augen; „Oh, natürlich, Fräulein! Ich werde Miss Mary bitten, mich gehen zu lassen!“

„Nein, nein – hör auf, du dummes Mädchen!“ sagte Leo mit einem halben Lachen. „So, ich werde klar zu dir sein. Ich möchte nicht, dass meine Schwester es erfährt. Würden Sie für mich einen Brief an Mrs. Berens überbringen, Dally?“

„Der Meister hat gesagt, ich solle niemals für irgendjemanden Notizen machen“, sagte Dally scharf.

„Aber du wirst eine Ausnahme machen, Dally! Machen Sie sich eine Notiz für mich und bringen Sie mir eine Antwort, und ich werde Ihnen einen Souverän geben.“

„An Frau Berens, Miss?“

Leo sah sie bedeutungsvoll an und das Mädchen erwiderte den Blick.

„Sehr gut, Fräulein; Ich nehme es“, sagte sie. „Muss ich direkt in die Halle gehen?“

„Ja, Dally, heute Abend, und niemand darf es wissen. Bestehen Sie darauf, ihn selbst zu sehen, und bringen Sie mir eine mündliche Antwort zurück, wenn er nicht schreiben kann.

"Ja Frau."

"Kann ich Ihnen vertrauen?"

„Vertrauen Sie mir, Fräulein? Warum natürlich!“ rief Dally, denn Leo gab ihr die Gelegenheit, nach der sie gesucht hatte. Seit Tagen hatte sie versucht, mit Tom Candlish ins Gespräch zu kommen; aber bisher war es unmöglich gewesen. Nun war der Weg in ihre Hände gelegt worden.

„Danke, Miss“, sagte sie und machte einen Knicks, während sie einen langen Brief und einen Sovereign in ihre Tasche steckte. „Und wenn ich Ihre Angelegenheit dort nicht regele, Madam“, sagte sie zu sich selbst, „kenne ich Tom Candlish nicht, und er weiß nicht genau, was Dally Watlock tun kann, wenn sie so bedient wird.“

„Dann kann ich dir vertrauen, Dally?“ flüsterte Leo.

„Vertrauen Sie mir, Fräulein?“ sagte das Mädchen und sah sie unschuldig an; „Natürlich kannst du das.“

„Heute Abend also, nach Einbruch der Dunkelheit!“

„Ja, Fräulein, nach Einbruch der Dunkelheit; und wenn man mich darum bittet, sagst du, du gibst mir die Erlaubnis, die arme Oma aufzusuchen, der es nicht gut geht.

„Ja, Dally, das werde ich."

„Und sie war im Internat und hält sich für schlau", sagte Dally, sobald sie allein war. „Gehen Sie nach Einbruch der Dunkelheit, Miss? Ja, werde ich. Man sagt, der Mensch sei weich, wenn er krank und schwach sei. Vielleicht. Tom könnte es jetzt sein. Nach Einbruch der Dunkelheit!" sie murmelte mit einem leichten Husten. "Ja Frau; Du kannst mir vertrauen! Ich gehe nach Einbruch der Dunkelheit!"

Band drei – Kapitel zwei.

Frau Berens ist verwundet.

„Ist etwas los, Frau Berens?"

„Materie, meine liebe Mary?" sagte die Dame mit mitleiderregender Stimme. "Oh ja; aber wie schön und sanft und geduldig du aussiehst!"

Sie bückte sich und küsste den Kranken, seufzte und verbreitete einen Duft im Raum.

„Ich mache mir große Sorgen, Liebes, wegen Geldangelegenheiten und – und anderen Dingen."

„Geld, Frau Berens? Ich dachte, du wärst reich."

„Nicht reich, mein Lieber, aber wohlhabend. Aber Geld ist ein großes Problem; denn Herr Thompson, mein Agent in London, macht mir große Sorgen, er investiert und legt es für mich woanders hin. Er sagt, ich vergeude meine Chancen – er könnte mein Einkommen verdoppeln; und wenn er herunterkommt, meine Liebe, sind seine Aufmerksamkeiten wirklich zu ausgeprägt für die eines Anwalts."

„Herr Thompson ist ein Verwandter von Dr. North, nicht wahr?" sagte Mary ernst.

"Ja; Er hat Dr. North gebeten, ihn vorzustellen, und der Arzt hat es getan", sagte Frau Berens reumütig. „Aber es ging nicht ums Geld; Ich bin gekommen, um über Dr. North selbst zu sprechen."

"In der Tat!" sagte Mary mit einem schwachen Anflug von Farbe.

"Ja, Schatz; und ich möchte nicht, dass du mich für einen Vielbeschäftigten hältst, aber ich konnte nicht anders, als zu bemerken, dass er an Leo zu hängen schien; und um Leos willen macht es mir Sorgen."

„Würden Sie Klartext sprechen, Frau Berens?"

"Ja, Liebes; aber du machst mir Angst – du bist so streng. Dort! Ich werde mich zu Wort melden! Leo ist mit Dr. North verlobt, nicht wahr?"

„Nein", sagte Mary nach einer Pause; „Es gibt keine Verlobung."

„Ah, dann ist es dann doch nicht ganz so schlimm."

„Frau Berens!"

„Oh, sei nicht so streng, Mary. Mir ging es gestern schlecht – ein wenig hysterisch – das Wetter; und ich habe nach Dr. North geschickt."

"Ja."

„Er kam, mein Lieber, und kein Arzt hätte netter sein können als am Anfang; aber plötzlich schien er sich zu verändern – als wären er zwei Menschen!"

„Frau Berens!"

"Ja, Liebes. Ich wusste nicht, was ich von ihm halten sollte. Er war wie ein Besessener, mein Lieber!"

„Frau Berens!"

"Ja, Liebes; es ist ganz wahr. In einem Moment war er mitfühlend und freundlich, im nächsten lachte er mich aus und machte sich in einem seltsamen Ton über mich lustig."

"Sie müssen sich irren."

"Nein mein Schatz. Er sagte mir, das sei alles Unsinn und ich sei herzhaft wie ein Ziegelstein. Was für ein Ausdruck für eine Dame! Und dann entschuldigte er sich, sprach ruhig und gab mir ausgezeichnete Ratschläge."

Mary wischte sich den Tau von ihrer weißen Stirn.

„Und dann, meine Liebe", fuhr Frau Berens fort, „unmittelbar nachdem er mich seine hübsche, vollbusige Witwe genannt hatte." Mir war, als würde ich vor empörter Scham zu Boden sinken."

„Täuschen Sie sich nicht, Frau Berens?" sagte Mary, deren Stimme zitternd und fast unhörbar wurde.

„Ist das ein Irrtum, meine Liebe? Ach nein; das hat er gesagt; und dann schien er sich dafür zu schämen, und ich sah, wie er rot wurde."

„Es scheint unmöglich", murmelte Mary; Und dann erinnerte sie sich an die Worte ihres Bruders und eine Hand schien ihr Herz zu umklammern.

„Natürlich", fuhr Frau Berens fort, „konnte ich ihm nicht befehlen, das Haus zu verlassen; Ich konnte ihn nur empört ansehen."

„Und er hat sich entschuldigt?" sagte Mary eifrig.

„Entschuldigt? Nein mein Schatz; er machte die Sache noch schlimmer durch sein leises Geplänkel – Spreu, wie junge Männer es nennen –, bis mein Gesicht brannte und ich so schockiert war, dass ich am liebsten in Tränen ausgebrochen wäre. Denn ich mochte Dr. North schon immer. So ein unkomplizierter, Gentleman-Mann. Du hast immer großes Vertrauen zu ihm gespürt."

Mary sah sie wild an.

„Oh nein, meine Liebe", fuhr ihre Besucherin fort und fasste ihren Blick als Frage auf; "nichts Derartiges. Ich hätte ihn direkt riechen sollen. Er küsste mich. Er hatte nicht getrunken. Und es ist so schrecklich, denn ich könnte ihn nie wieder anrufen."

"Stille!" flüsterte Mary. „Bitte sprich nicht vor meinem Bruder darüber."

„Vor deinem Bruder! Oh nein, mein Lieber. Ich sollte vor Scham untergehen. Aber warum hast du das gesagt?"

„Weil er vielleicht reinkommt und ich über alles nachdenken muss, bevor ich es ihm gegenüber erwähne."

„Aber – aber Herr Salis –"

„Mein Bruder ist nicht draußen."

„Nicht raus? Ich habe verstanden, dass Ihr Dienstmädchen gesagt hat, er sei in die Kirche gegangen", rief Frau Berens und fuhr erschrocken auf.

Sie kam zu spät, denn gleich nachdem Salis eingetreten war, mit dem Übergabe-Surshirt über dem Arm.

Jemand wurde rot im Gesicht. Es könnte Frau Berens gewesen sein, oder es könnte Salis gewesen sein; und in jedem Fall wurde die Farbe reflektiert. Auf jeden Fall sahen beide warm aus.

Salis war der Erste, der seinen Gleichmut wiedererlangte und den Besucher begrüßte.

„Ich wusste nicht, dass du Gesellschaft hast, Mary", sagte er. „Ich wollte Sie bitten, die Knöpfe am Hals zu ändern. Es ist zu eng."

„Dann wirst du es tragen?" sagte Mary mit dem ersten Ausdruck böswilligen Spaßes, der seit ihrem Unfall in ihren Augen leuchtete.

"Trage es? Nun ja; Ich schätze, ich muss", sagte Salis schroff. „Ich kann es mir nicht leisten, mir ein neues zu kaufen. Sie sehen, Mrs. Berens ist nur eine bettelarme, mittellose Pfarrerin."

„Oh, Herr Salis!" stockte die Dame.

„Und ich habe mich am Sonntag wirklich für mein Chorhemd geschämt. Hier hat Maria alles geflickt und gestopft, was sie konnte; aber ich sah aus wie ein trauriger Lumpen. Hast du das nicht gedacht?"

"ICH? Oh nein, Herr Salis; Ich habe an Ihre Rede gedacht."

„Aber ich habe es während des Diskurses nicht getragen", sagte Salis langsam.

"Ah, natürlich. Ich hätte es während der Gebete nicht bemerken dürfen", sagte Frau Berens, die jetzt angespannt war.

„Das heißt, die Gebete sind hörenswerter als meine Predigten?" sagte Salis schnell.

„Das habe ich nicht gesagt", erwiderte Frau Berens, die für einen Moment würdevoller und distanzierter wurde, während Mary von einem zum anderen blickte und sich über die neuartige Szene überrascht freute.

„Ah, na ja, egal", sagte Salis halb verbittert. „Kümmern Sie sich nicht um die Predigt, Frau Berens."

„Ist das nicht ein ziemlich schlechter Rat, den der Pfarrer einem Mitglied seiner Herde geben sollte, Herr Salis?"

„Ich fürchte, das ist es", sagte Salis lachend. „Ich bin geschlagen. Jetzt bin ich an der Reihe, Madam", fügte er hinzu. „Was halten Sie davon, Frau Berens?" und er streckte das Chorhemd aus und zeigte es, wie eine *Modistin* ein Kleid.

„Es sieht sehr weiß aus, Herr Salis", sagte die Dame und fächelte sich Luft mit einem stark duftenden Taschentuch zu.

„Sind Sie ein Beurteiler der Qualität von Leinen, Frau Berens?"

„Nun, kein Richter; aber ich denke, ich kann sagen, dass das sehr gut ist."

„Genau", sagte Salis; „Sehr gut, Ma'am. Weißt du was das ist?"

„Was es ist – ähm! Ich nehme an, es ist ein Chorhemd.

„Ja, Ma'am, aber es ist etwas mehr", sagte Salis scharf; „Es ist eine Beleidigung!"

„Eine Beleidigung, Herr Salis?"

„Ja, Ma'am, eine Beleidigung; eine anonyme Beleidigung! Jemand hatte sich gesagt: „Dieser arme Pfarrer hat sein Chorhemd verloren und kann sich kein neues leisten, ohne Schulden zu machen; Ich kaufe ihm eins und schicke es ihm frachtfrei zu.""

„Herr Salis!"

„Ja, Ma'am. Das ist der Sachstand. Alles klar, Mary, meine Liebe; Ich weiß, was ich sage. Vielleicht weiß Frau Berens, wer es geschickt hat."

„Herr Salis! ICH-"

„Halten Sie an, halten Sie an, Ma'am; Bitte, erzähl es mir nicht. Ich würde es lieber nicht wissen; es wäre mir zu schmerzhaft. Ich möchte nur, dass Sie, falls Sie es wissen, dem anonymen Spender sagen, was ich von der

Angelegenheit halte. Ich wollte das Gewand an den Hersteller zurückschicken, aber als ich es mir noch einmal überlegte, sagte ich mir: „Ich kann mir kein neues leisten, also werde ich meinen Stolz schlucken und es regelmäßig tragen, als Bußgewand, als Ehrenzeichen." Vorwurf – dem Geber."

Es roch ziemlich stark nach Patschuli im Raum, denn Frau Berens wedelte wild mit ihrem Taschentuch herum.

„Das ist alles, was ich sagen wollte, Ma'am. Mary, du wirst diese Knöpfe ändern. Ich habe es anprobiert und meine Brust schwoll vor lauter Empörung so sehr an, dass die Verschlüsse fast abflogen. Auf Wiedersehen, Frau Berens. Oh! Bitte geben Sie mir die Hand, gnädige Frau. Wir werden keine schlechten Freunde sein, weil ich ehrlich und deutlich gesprochen habe."

"Ach nein! „Herr Salis", stammelte die Dame, die Mühe hatte, ihre Tränen zurückzuhalten.

„Ich möchte nur, dass der Spender weiß, was ich von einer anonymen Schenkung halte, die einen armen Mann verletzt, der auch nur ein wenig stolz auf ihn ist."

„Aber Geistliche sollten keinen Stolz haben", sagte Mary und kam Frau Berens zu Hilfe.

„Ganz richtig, meine Liebe, aber das haben sie, und manchmal sogar sehr viel."

Er nickte beiden der Reihe nach kurz zu und stolzierte aus dem Raum.

Frau Berens war aufgestanden. Das Gleiche gilt für die Tränen, trotz eines sehr tapferen Kampfes. Sie unternahm noch einmal einen Versuch, sie zurückzuhalten, aber ihre Emotionen waren zu stark; und wie eine Frau, auf der Suche nach Mitleid mit der Frau, sank sie neben Maria auf die Knie und schluchzte, als würde ihr das Herz brechen.

„Leb wohl, Mary, meine Liebe", sagte sie schließlich. „Ich bin eine schwache, einfache Frau; aber ich kann fühlen, und zwar sehr tief."

Dies geschah nach einer langen weinenden Kommunion, bei der Mary Salis die sanftherzige Witwe besser verstand, als sie jemals zuvor ihren Charakter erfasst hatte.

Es gab eine sehr zärtliche Umarmung, und dann ging Frau Berens mit fest zurückgezogenem Schleier.

"Warum nicht?" sagte Mary zu sich selbst, während sie sich zurücklehnte und nachdachte. „Sie ist sehr gut und liebenswürdig und sie liebt ihn sehr. Und wenn ich sterbe – der arme Hartley scheint allein zu sein. – Warum nicht?"

Dann kehrten ihre Gedanken zu den Worten ihres Besuchers zurück, und eine Wolke der Sorge breitete sich auf ihrer Stirn aus.

„Was kann es bedeuten?" sie überlegte. „Und ich bin hier so hilflos!" sie seufzte schließlich; „Gezwungen, alles von anderen zu hören, unfähig, etwas anderes zu tun, als hier zu liegen und nachzudenken."

Band drei – Kapitel drei.

Moredock schreibt eine Notiz.

„Er hat es angetan – er hat es angetan!" murmelte Moredock, während er sich mit dem wachsartigen Ende seiner Pfeife eine Seite seiner Nase kratzte.

„Ah, es ist wunderbar, wie viele Ärzte sich darauf einlassen und damit davongaloppieren. Ich nehme an, dass es manchmal mit einem Tropfen anfängt, um sie auf Trab zu halten, und dann dauert es immer ein bisschen mehr."

Der alte Mann saß rauchend da und dachte über einen Besuch nach, den er gerade aus North bekommen hatte.

„Es gefällt mir nicht", sagte er sich. „Vielleicht hat er eines Tages nicht ganz Recht, wenn ich ihn anrufe, und dann könnte es ernst für mich werden; Mir gefällt es überhaupt nicht.

„Es ist kein Wunder, wenn ein Mann alle möglichen Dinge hat, da er sich in Cordes vermischen kann, wenn er sich etwas deprimiert fühlt. Das war das Beste, was er mir im Morslem gegeben hat. Hah! das war Zeug. Dann drang dieser andere in deine Finger und Zehen ein, bis hin zu den Nägeln. Ich hätte mich nicht wundern müssen, wenn er Squire Luke damit wieder zum Leben erweckt hätte.

"Hi hi hi!" er gluckste; „Mach dir keine Sorgen um Squire Luke; aber ich möchte, dass er nach und nach – natürlich nach und nach – eine Flasche davon gemischt hat, die er mir geben und zurückbringen kann. Puh! Das ist ein unangenehmes Thema, über das man nachdenken muss."

Er rauchte einige Zeit ziemlich hastig, und auf seinem Gesicht lag ein seltsamer, hagerer Ausdruck; aber es verstummte unter dem Einfluss seines Tabaks, und nach einer Weile kicherte er leise und zitterte am ganzen Körper.

„'Alter Bock!' Das ist was er gesagt hat. „Old Buck", und gib mir einen Schlag auf die Brust, der mir fast den Atem raubte. Nicht im Geringsten wie er. Nicht professionell. Ich hatte schon erwartet, dass Pfarrer Salis mich Old Cock nennen würde. Ah, gut! Der Arzt ist schließlich nur ein Mann, und kein Bücherlernen wird ihn zu etwas anderem machen; Aber ich mag keinen Arzt, der sich auf seine Tropfen einlässt.

„Es war kein Brandy, kein Gin, kein Rum oder Whisky, sonst hätte ich ihn gerochen, und er sprach direkt danach. Er nimmt ein paar Sachen, während er mischt, und das macht ihn manchmal bereit, auszugelassen auszubrechen; aber er besinnt sich schnell wieder und scheint es zu bereuen.

„Ja, aber er sieht schlecht aus, das stimmt. Sieht aus wie ein Mann, der nicht schlafen kann – weiß und matt. Solange er sich gut um mich kümmert, ist das egal. Er hat für alles, was ich für ihn getan habe, gut bezahlt. Hallo! Hi! Hi! Es war ein Rumspiel. Ich frage mich, wie es dem jungen Knappen jetzt geht und wie es dort weitergeht? Ha! Das ist Curus. So sicher, als ich anfange, an meine Dally zu denken, kommt sie. Hallo, meine kleine Prinzessin, wie geht es?“

„Oh, mir geht es ganz gut, Oma“, sagte Dally, als er die Hütte betrat und ziemlich erhitzt und erhitzt aussah. „Ich habe es sehr eilig, aber ich dachte, ich laufe einfach runter und schaue, wie es dir geht.“

„Er ist mit dir gekommen?“ sagte der alte Mann und zeigte über die Schulter der kleinen Magd.

Sie blickte sich scharf um, erblickte Joe Chegg, rannte zurück und schlug die Tür zu.

"Ein Idiot!" sie weinte scharf. „Er folgt mir immer.“

„Wirst du ihn dich heiraten lassen, Dally?“

„Das glaube ich tatsächlich nicht! Was für ein Unsinn, Oma.“

„Nun, warum bist du gekommen, was? Wie geht es dem Knappen?“

„Fast wieder gesund.“

"Ist er? Woher weißt du das? Warst du vorgestern Abend auf dem Weg nach Hall?“

"N-"

„Ja, das warst du, Dally“, sagte der alte Mann lachend. „Du brauchst nicht zu lügen. Ich weiß. Ich sehe dich oft, wenn du es nicht weißt. Du warst auf dem Weg nach Hall.“

„Na ja, das war ich“, sagte Dally trotzig, „und es ist mir egal, wer weiß.“

„Außer Miss Leo, was?“

Der alte Mann lachte laut und rieb sich die Hände.

„Es macht mir nichts aus, dass Miss Leo es weiß. Sie weiß es“, rief Dally. „Vielleicht hat sie mich geschickt.“

„Hat sie doch – hat sie doch? Ja, aber sie wird ihn doch gewinnen, Dally. Sie ist besser und hübscher als du, und sie ist ein Idiot, Dally. Gegen sie hast du keine Chance.“

„Habe ich das nicht, Oma? Du wirst sehen. Aber nicht, wenn ich gezwungen bin, schäbig und gemein in die Halle zu gehen. Du hast gesagt, ich solle ein Seidenkleid und eine Feder haben.“

"Habe ich? Habe ich? Oh, das war nur *mein* Scherz, Dally. Du bist so ein Hübscher, du willst keine Seidenkleider und Federn.“

„Nein, ich will sie nicht“, sagte Dally scharf; „Aber Männer tun es. Sie sehen uns gerne verkleidet. Knappe Tom findet, dass ich viel schöner aussehe, wenn ich mein bestes Kleid anhabe.“

„Hat er das gesagt, Dally – hat er das gesagt?“

„Macht dir nichts, Oma. Wo ist das Geld, das du mir versprochen hast?“

„Nein, ich habe es mir anders überlegt. Eines Tages wirst du es haben – wenn ich tot bin.“

„Nein, nein, Oma, Liebes; Ich will nicht, dass du stirbst“, flüsterte Dally und streichelte ihn. „Ich möchte, dass du noch lange lebst und mich in der Halle besuchen kommst.“

„Tchah! Du wirst nie dort sein. Es wird Miss Leo sein.“

"Wird es?" sagte Dally und warf den Kopf zurück. „Das werden wir sehen. Du gibst mir doch etwas Geld, nicht wahr, Oma?“

"Nein. Du hast ihnen noch nie neue Hemden gemacht.“

„Ich war so beschäftigt, meine liebe Oma“, rief das Mädchen. „Seit ich dich das letzte Mal gesehen habe, war ich schon sechs Mal in der Halle.“

„Bis nach Hall? Nicht alleine?"

„Ja, und allein. Warum nicht?" sagte Dally frech. „Außerdem hat mich Miss Leo geschickt.“

„Mehr als einmal?“

„Ja, Oma; oft."

„Ja, das ist es. Ich habe es dir gesagt. Sie ist ein Idiot, und sie wird dieses Spiel gewinnen.“

"Wird sie?" sagte Dally trocken; „Wenn sie nicht zu jemandem gehen kann und mich schickt?“

Der alte Mann zog die Mundwinkel zu einem grässlichen Grinsen weit auseinander und brach dann in eine Reihe von Kichern aus.

„Warum, Dally, mein Gel; Du bist ein Bösewicht, und das ist kein Irrtum.“

„Oh nein, das bin ich nicht, Oma. Ich kämpfe nur für mich selbst; und du hast gesagt, du würdest mir helfen."

„Und das werde ich auch tun, mein Haustier; aber ich kann kein Geld entbehren."

„Nun, ich weiß noch nicht, ob ich es will, Oma; aber ich möchte, dass du etwas anderes tust."

"Ay Ay. Was ist es?" sagte der alte Mann eifrig. „Nichts kaufen?"

„Nein, kaufe nichts", sagte Dally und tauchte ihren weichen, runden kleinen Arm in ihre Tasche, um dorthin zu gelangen, musste sie eine Seite ihres Kleides anheben. „Ich möchte, dass du etwas schreibst, Oma."

„Nein, ich schreibe jetzt nie mehr. Schreiben Sie es selbst. Wofür soll ich nach all der Schulbildung, die Sie hatten, schreiben?"

„Nun, ich habe etwas geschrieben, Oma, aber ich möchte, dass du es auch tust."

Dally hatte ein großes, gewöhnlich aussehendes Gebetbuch herausgefischt, das sich an zwei Stellen leicht öffnen ließ, aus dem sie jeweils einen Umschlag nahm und auf den Tisch legte. Einer wurde zugewiesen, und als er geöffnet wurde, nahm sie einen Zettel heraus. Der andere war leer und enthielt ein gefaltetes Blatt Papier.

Dally fühlte sich in der Hütte des Küsters ganz wohl, und als sie zum Kaminsims ging, holte sie ein verkorktes Penny-Tintenfläschchen und eine Feder aus einer kleinen gewöhnlichen Vase, während sie von ihrem besonderen Platz die Brille des alten Mannes nahm.

„Nun, Oma", sagte sie scharf, „ich möchte, dass du schön schreibst, genau das, was ich dort geschrieben habe."

"Wozu? wozu?" ,, schrie er und nahm den Zettel in die Hand, nachdem er seine Brille zurechtgerückt hatte.

„Um mir zu helfen, Oma. Du hast gesagt, dass du es tun würdest."

„Ja, das habe ich gesagt", grummelte er. „Ich sagte, ich würde es tun."

„Und es wird nichts kosten, Oma; nicht einmal eine Briefmarke", sagte das Mädchen frech.

"Hi hi hi! Du bist ein böser Kerl, Dally, das bist du", kicherte er, während er den Stift nahm und sich nach vielen Vorbereitungen ans Schreiben machte.

„Mach zuerst den Umschlag, Oma", flüsterte das Mädchen aufgeregt.

„Zuerst den Umschlag, mein Haustier. Ja, ja, ja."

Er beugte sich über den Tisch und schrieb dann sehr langsam und mühsam die Adresse in einer für einen so alten Mann außergewöhnlich guten Handschrift ab.

„Das stimmt", rief Dally, der vor Ungeduld fieberte, es aber nicht zu zeigen wagte. „Jetzt der Brief, Oma."

„Ja, ja, ich mache es", sagte er und kicherte, als er den Inhalt beherrschte. „Beeil dich nicht, mein Haustier. Ich benutze jetzt nicht mehr oft einen Stift. Aber früher habe ich das getan, und es gab nicht viele, die so …"

„Oh, schreib weiter, Oma! Schnell schnell! Ich möchte zurück."

„Ja, ja, ich werde es tun", sagte der alte Mann; und er widmete sich bis zum Schluss eifrig seiner Aufgabe.

"Dort!" er sagte; „Wird dir das helfen, Dally?"

„Ja, Oma, Liebes", rief sie. „Aber du wirst es nicht verraten."

"Erzählen?" er weinte kichernd. „Nein, ich verrate es nie. Ich bin so nah wie die Löcher, die ich grabe, Dally. Niemand wird es von mir erfahren."

Während er lachte und redete, riss das Mädchen hastig den ersten Zettel auf, faltete den zweiten wieder zusammen und legte ihn bei. Sie befeuchtete die Umschlagklappe mit ihrer kleinen roten Zunge, die ganz hübsch und blumenähnlich aussah, während sie von ihren blütenförmigen Lippen zum giftigen Kaugummi schoss, mit einem scharfen „Auf Wiedersehen!" Sie steckte den Umschlag in ihr Buch und das Buch in ihre Tasche, um zum Pfarrhaus zurückzukehren, im Bewusstsein, dass ihr Joe Chegg folgte, und drehte kein einziges Mal den Kopf.

In dieser Nacht saß Salis an der Schattenlampe und las offenbar, war aber sehr beunruhigt über North, über den er mehrere beunruhigende Gerüchte gehört hatte. Mary arbeitete fleißig und Leo beendete einen Brief an einen Verwandten in der Stadt.

„Fügen Sie für Mary alles hinzu, was Sie möchten", sagte sie und stand auf. „Ich bin sehr müde und werde zu Bett gehen."

Salis runzelte leicht die Stirn, denn es störte ihn, dass seine Schwester hin und wieder in ihr Zimmer ging, kurz bevor er die Diener zum Beten rief.

Er sagte jedoch nichts; Die üblichen guten Nächte wurden gesagt, und der Pfarrer und Maria wurden allein gelassen.

Eine halbe Stunde später wurden Dally und der heimelige Koch gerufen, der Unterrichts- und Gebetsweg, und nachdem sich ein oder zwei Türen geschlossen hatten, wurde es im Pfarrhaus sehr still.

„Ich werde mich einfach umschauen, mein Lieber, und dich dann hochtragen; Oder soll ich dich zuerst nehmen?“

„Nein, Hartley, mein Lieber“, sagte Mary; "Geh vor. Vielleicht habe ich etwas zu sagen.“

„Kein neuer Ärger, hoffe ich“, dachte Salis, der nicht wusste, dass seine Schwester ein paar vorwurfsvolle Worte gegen Mrs. Berens äußern wollte, denn als er in die Halle trat und sich bückte, um den Riegel zu öffnen, schien etwas Weißes passiert zu sein unter der Tür hindurchgeschoben worden war, fiel ihm ins Auge.

„Rundschreiben hier in Duke's Hampton!“ sagte er, nahm einen Umschlag und sah, dass er an ihn adressiert war.

„Hier, Maria“, sagte er, als er zurückkam; „Jemand möchte, dass wir einen Kohlenvorrat anlegen, und —“

Er blieb abrupt stehen und stieß ein lautes Keuchen aus.

„Hartley! Ist etwas falsch?"

Er zögerte einen Moment und reichte dann den Brief seiner Schwester.

Es war sehr kurz — nur ein paar Zeilen:

„An Rev. H. Salis,

„Ich denke, du solltest etwas über deine Schwester und ihr Leben wissen, Schatz, frag sie, ob sie nachts um 12 Uhr in die Stadt fährt, wenn du zu Bett gehst.

„Ein Nonnymus.“

Marys Gesicht sah abgespannt und alt aus, als sie den Zettel in ihren Schoß fallen ließ.

„Um Himmels Willen, sieh nicht so aus, Mary“, rief Salis wütend. „Ich bitte um Verzeihung, Liebes. Wie absurd! Ein anonymer Brief von irgendeinem geschäftigen Dorfbewohner. Es ist keinen zweiten Gedanken wert. Dort!"

Er hielt den Zettel an die Kerze und behielt ihn so lange er konnte, bevor er das brennende Fragment in den Rost warf.

„So sollte dem Schriftsteller gedient werden“, rief er. „Jetzt geh ins Bett.“

Er trug Maria in ihr Gemach und brachte sie zum Schweigen, als sie etwas sagen wollte; und dann, nach einem liebevollen „Gute Nacht“, suchte er sein eigenes Zimmer auf.

„Es wäre feige — grausam“, sagte er, „einen solchen Brief zur Kenntnis zu nehmen.“ Ich kann es nicht tun.“

Er warf sich auf einen Stuhl und saß da, bis seine Kerze erlosch, während er tief über seine Schwester und ihre unglückliche Verbindung mit Candlish nachdachte.

„Nein", sagte er und erhob sich langsam; „Ich kann diesem Hinweis nicht folgen. Es wäre zu dürftig."

Er hielt abrupt inne, denn in diesem Moment läutete die Kirchenuhr deutlich den ersten Mitternachtsschlag.

Es war die im Brief genannte Stunde, und der Gedanke kam ihm blitzschnell.

„Nein", schrie er heftig; "Ich kann das nicht tun;" aber trotz seiner Worte warnte ihn der Geist in seinem Inneren, dass er die Rolle des Elternteils seiner Schwester einnahm, und er öffnete schnell seine Tür, ging hinüber zu Leos Zimmer, klopfte scharf und wartete auf eine Antwort.

Band drei – Kapitel vier.

Das offene Fenster.

In der Regel löst wiederholtes Klopfen an einer Schlafzimmertür, ohne dass darauf reagiert wird, Alarm aus; Gedanken an Unfall, Krankheit, Mord schwirren dem Rufenden durch den Kopf, und schon bald breitet sich der Alarm im ganzen Haus aus.

Aber in diesem Fall unternahm Hartley Salis Schritte, um zu verhindern, dass sich der Alarm ausbreitete, wie er dachte, in glücklicher Unwissenheit darüber, dass Dally schwer atmend auf den Knien lag und das Ohr am Schlüsselloch hielt.

Er klopfte leise und sagte immer wieder Leos Namen, bevor er die Tür öffnete und sich davon überzeugte, dass sie von innen verschlossen war.

Er stieß einen leisen, zischenden Laut aus, während er mit zusammengezogener Stirn und einem wütenden Blick in den Augen nachdenklich dastand. Er hatte keine Angst vor einem Unfall oder einer Krankheit, denn die Nachricht, die er erhalten hatte, war eine Warnung vor dem, was ihn erwarten würde. Er wollte nur einen Beweis für die Wahrheit.

Er ging voller Angst dorthin zurück, wo Mary wartete.

„Ich weiß noch nichts", sagte er plötzlich. "Warten!"

Mit immer strengerer und älterer Miene ging Salis die Treppe hinunter und in das Wohnzimmer, das der einfachste Weg war, auf den kleinen Rasen dahinter zu gelangen.

Der Fensterverschluss wurde geräuschlos entfernt, die Tür öffnete sich, und er trat hinaus auf das kurze Gras, während die Sterne über ihm so hell schimmerten, dass er die dunklen Blätterflecken am Haus und die dunklen Scheiben der anderen Fenster erkennen konnte Flügel.

Er schaute nicht in Richtung von Dally Watlocks Zimmer, sonst hätte er vielleicht eine dicke kleine Hand erkennen können, die die Jalousie so weit auf einer Seite hielt, dass zwei dunkle Augen genau beobachten konnten, was vor sich ging. Er ging sofort mit klopfendem Herzen direkt auf das Sommerhaus zu, während er im Geiste betete, dass die Worte in dieser Notiz eine grausame Lüge sein könnten.

Nur ein paar Augenblicke, und dann hatte er das Gefühl, von einem geistigen Schlag getroffen zu werden – wütend, eifersüchtig auf den Mann, der ihm die Liebe seiner Schwester gestohlen hatte; erzürnt gegen das wohlerzogene Mädchen, dessen Leben in der reinen Atmosphäre eines Landpfarrhauses verbracht worden war und dessen Wohlergehen er sich gewidmet hatte, unter Ausschluss dessen, was einem Menschen am Herzen liegen könnte. Alles kämpfte in seinem Herzen um die Vorherrschaft und schien ihn zu ersticken, da er dunkel sah, dass es wahr war und dass das vornehme Mädchen, dem er und Mary alles gegeben hatten, damit ihr Leben glatt und angenehm sein könnte, sich benahm wie ein elender Trottel, der sich mit der Ausrede ausgab, es nicht besser zu wissen und den Ruf als etwas Immaterielles zu betrachten, das für jemanden wie sie wertlos sei.

Der Fensterflügel stand weit offen und drängte die Schlingpflanzen zurück; und das Innere von Leos Zimmer erschien wie ein schwarzer, länglicher Fleck.

„Vielleicht ist sie zu Bett gegangen und hat das Fenster offen gelassen", flüsterte Hartley.

Er schüttelte den Kopf und ein schreckliches Gefühl der Verzweiflung überkam ihn.

„Armer Horaz!" er murmelte. „Er muss mehr wissen, als ich ihm zutraue. Das erklärt seine Abwesenheit und die Seltsamkeit seines Verhaltens."

Er ging zurück ins Wohnzimmer und ging, ohne das Fenster zu schließen, zu Mary, die in qualvoller Spannung saß und wartete.

„Oh, Hartley!" sagte sie, als sie den Ausdruck der Qual in seinen Augen sah.

„Es wäre grausam, dir in deinem hilflosen Zustand etwas vorzuenthalten, Mary."

"Ja, Liebes; bete – bete, sprich!"

„Das stimmt", sagte er lakonisch.

Marys Atem, als sie ihn kräftig einatmete, klang wie das Einatmen eines Menschen im Todeskampf; und sie umklammerte fest die Hände ihres Bruders.

„Das kann für viele nicht das erste Mal sein", sagte Salis müde. „Mary, Liebes, ich habe versucht, für euch beide alles zu tun, was ein Bruder konnte, und ich fürchte, ich war zu schwach und nachsichtig."

„Oh, Hartley, rede nicht so!" rief Maria schluchzend. „Mein lieber, edler, selbstverleugnender Bruder."

„Still, still! Maria!" sagte er traurig; „Es war alles falsch, und hier ist das Ergebnis!"

„Was wirst du tun, Liebes?"

„Ich weiß, was ich tun möchte", sagte er heiser; „Geh und töte diesen Schurken in der Halle halb."

„Oh, Hartley!"

„Das erklärt, warum North das nicht getan hat. Er weiß zu viel. Himmel! Wie kann es sein, dass eine Frau sich selbst gegenüber all dem verlieren kann, was ihr zusteht, und dass sie denjenigen in Ruhe gelassen wird, die sie eigentlich lieben sollte!"

In seinem Ton lag eine unaussprechliche Bitterkeit, als er sprach.

„Aber was wirst du tun?"

"Tun!" sagte er heftig, aber mit einem Anflug von Verzweiflung in seinen Worten; „Ich werde dem Himmel danken, dass der Mann, von dem ich glaube, dass er die Seele der Ehre und Männlichkeit ist, davor bewahrt wurde, sein Schicksal mit dem einer Frau wie Leo Salis zu verbinden."

„Oh, Hartley!" rief Maria, „sie ist unsere Schwester."

„Ja", sagte er bitter; „Sie ist unsere Schwester. Das werde ich nicht vergessen."

„Aber was wirst du tun, Liebes?"

"Was soll ich tun?" sagte Salis, bückte sich und küsste Mary; „Schicke dich ins Bett, damit du dich ausruhen und bereit sein kannst, die Sorgen eines weiteren Tages zu ertragen."

„Aber Leo?"

„Ich gehe hinunter und warte, bis sie kommt."

"Und dann?"

"Und dann? Ach, was dann? Was kann ich tun, Mary?" sagte er verzweifelt. „Du kennst Leo genauso gut wie ich. Mit ihr zu sprechen wäre Atemverschwendung. Es gibt nur eine Sache, die ich tun kann."

„Ja, Liebling", sagte Mary mitleiderregend.

„Bemühen Sie sich, Ihre und meine Würde und Ehre in den Augen der Welt zu bewahren."

„Aber dieser Brief, Hartley!"

„Ja", sagte er bitter; „Dafür ist es zu spät. Nun, ich muss mich bemühen. Du lieber Himmel! Sie kann nur wie ein eigensinniges Kind behandelt werden."

„Oh, Hartley!"

„Da, still! Kleiner", sagte er zärtlich; „Wir müssen es geduldig ertragen."

„Wirst du warten, bis sie zurückkommt?“

"Ja natürlich."

„Und du wirst nicht gewalttätig sein?“

"Gewalttätig! *Cui bono* ? Nein, Maria; Ich werde sehr wenig sagen; aber sie muss von hier weg.“

In seiner Stimme lag ein verzweifelter Klang – ein Ausdruck des Elends in seinen Augen, der Mary zum Seufzen brachte.

„Vielleicht sollte ich wütend in die Halle gehen und versuchen, Tom Candlish zu finden“, sagte der Pfarrer; „Aber ich möchte meine letzte Begegnung mit dem Schurken nicht wiederholen. Es könnte schlimmer sein. Da leidest du. Geh ins Bett."

„Aber ich konnte nicht schlafen!“

„Macht nichts – leg dich hin. Da werde ich Leo sehr wenig sagen. Was ich auf den Punkt bringe, geschieht in Ihrer Gegenwart, Liebes. Gute Nacht."

„Gute Nacht“, wiederholte er, während er leise die Treppe hinunter und durch das Wohnzimmer in den Garten ging, um zu sehen, dass Leos Fenster offen blieb, als er tief seufzte, zurückging und sich hinsetzte, um auf die Rückkehr seiner Schwester zu warten .

Band drei – Kapitel fünf.

Eine eigensinnige Schwester.

Hartley Salis war nicht der einzige Beobachter. Mary lag mit brennenden Augen und pochendem Gehirn vor widerstreitenden Gefühlen da. Sie litt unter Qualen, denn neben dem Schrecken über die Entdeckung, dass ihre Schwester so schamlos handeln konnte, musste sie auch mit einem Gefühl der Befriedigung kämpfen, das sich in den Vordergrund drängte.

Es war schrecklich, aber es war wahr; und sie wusste, dass sie sich eines Jubelgefühls darüber nicht erwehren konnte, dass Horace North etwas über den Charakter ihrer Schwester entdeckt hatte, bevor es zu spät war. Sie schämte sich für dieses Gefühl, aber es war völlig selbstlos und entstand aus der Liebe, die sie für North empfand. Er könnte für sie nie mehr als ein Freund sein, aber sie würde ihn gerne glücklich sehen und dass er niemals mit Leo als Ehefrau zusammen sein könnte.

Sie weinte bitterlich, als sie hilflos dalag, denn es schien, als würde sie sich freuen, dass ihre Schwester entdeckt wurde; aber die Gedanken würden kommen, und sie beherrschten sie.

Und um die Wache von Hartley Salis zu teilen, saß Dally Watlock hinter ihrem mit Vorhängen versehenen Fenster, dessen Fensterflügel gerade offen stand. Unten konnte sie nichts sehen, aber sie sorgte dafür, dass „Meister" nicht zu Bett ging, bis „Miss Leo" zurückkam.

"Segne Sie!" „, sagte sie mit einem kleinen Lachen, das wie ein Baby war, das aus dem Lachen des alten Moredock geboren wurde. „Wie sie es fangen wird! Geben Sie ihr Recht: Versuchen Sie, zwischen uns zu kommen. Aber sie könnte es danach versuchen. Sie wird ihn nicht mehr sehen, und er wird sie bald vergessen."

Draußen war es sehr still, und Dally lauschte angestrengt, um ein Geräusch wahrzunehmen, und ihre Augen erkannten eine dunkle Gestalt, die im Garten auf und ab ging.

"Ich frage mich, wo er ist?" sagte sie sich. „Er würde einen Monat lang auf sie warten, und dann wird meine feine Dame es gut fangen.

„Ich wünschte, ich wüsste, wo er ist", murmelte sie, und ihr Wunsch wurde erfüllt, denn auf einmal, als sie das Fenster noch einen Zentimeter weiter aufdrückte, ertönte ein leises Husten von links unten, als Salis veränderte seine Position auf seinem Stuhl.

„Er schaut direkt durch das Wohnzimmerfenster zu“, sagte Dally zu sich selbst, während sie ihre kleinen Hände ineinander verschränkte; „Und wenn meine Dame nach Hause kommt –“

Dally hielt inne.

"Meine Dame! Nein, sie wird nie meine Herrin sein“, zischte sie heftig. „Ich würde sie töten und Oma sollte sie zuerst begraben.“

„Wenn sie nach Hause kommt“, fuhr Dally mit einem weiteren böswilligen kleinen Lachen fort, „wird sie sich wünschen, sie wäre nie gegangen. Ich werde etwas von dem Streit hören, wenn ich gehen muss.

"Ah! Es wird mich dafür bezahlen, dass sie ein paar Küsse bekommt und dass er seinen Arm ein wenig um ihre Taille legt. Pfui! wie ich das fiese, gutaussehende Luder hasse. Ich wünschte, sie wäre tot!“

Daily biss in der Dunkelheit die Zähne zusammen, und sie gab ein leises, zischendes Geräusch von sich, während sie sich vor Eifersucht krümmte und sich die Szene vorstellte, die sich wahrscheinlich in der Halle abspielte.

„Das ist mir egal“, murmelte sie unbekümmert. „Was sind ein paar Küsse? Ich werde sie nicht vermissen, und er muss noch eine Weile weitermachen, bevor er ganz aufhört. Sagt, es würde sie umbringen, wenn er es tut. Ich hoffe es wird.

„Ich frage mich, wie lange es noch dauern wird?“ fuhr Dally fort. „Es macht mir nichts aus. Ich kann morgen nach dem Abendessen problemlos ein Nickerchen machen, aber ich glaube nicht, dass sie schlafen gehen möchte, nachdem der Herr zu Wort gekommen ist.“

Sie ließ sich an ihrem Platz nieder, um zuzusehen, ob es bis zum Weltuntergang käme, so entschlossen schien sie zu sein; und währenddessen saß Hartley direkt im Salon, eingehüllt in völlige Dunkelheit, die gut zu der Schwärze des Geistes passte, die auf ihm lastete.

Leo konnte ihr Fenster nicht erreichen, ohne an ihm vorbeizugehen, und jetzt dachte er verbittert an seine Einfalt, weil er die Bedeutung des abgerissenen Gewächses und des kaputten Gitters beim Sommerhaus nicht begriff. Jetzt war alles klar genug. Der Gedanke folgte dem Gedanken. Er konnte die Bedeutung von Norths Handlungen deutlich genug begreifen, als er Tom Candlish betreut hatte – wie verbittert er gegen ihn gewesen war, und dann kam das volle Licht.

„Nun, es muss North gewesen sein, der Tom Candlish überrascht und ihn um Haaresbreite geschlagen hat, und, oh! Schade – die Frau muss Leo gewesen sein!

„Und jeder außer dem armen, schwachen, blinden Maulwurf Hartley Salis muss das gewusst haben", stöhnte er.

"Schurke! Basishund! Wenn ich im Norden gewesen wäre! – aber ich vergesse mich selbst", sagte er, während er seine Hände auf seine pochenden Brauen drückte und spürte, dass die Adern in seinen Schläfen voll und prall waren.

„Kein Wort zu mir! Nun, wie konnte er sprechen und sich bei mir beschweren? Oh, Schande, Schande, Schande!"

Heiße Tränen der Empörung traten ihm in die Augen; der erste, der seit vielen Jahren dort war, und sie schienen ihn zu verbrühen, bis er sie wütend wegschleuderte.

„Ich stehe für sie an der Stelle des Vaters", murmelte er streng; „Und ich werde meine Pflicht ihr gegenüber tun, auch wenn ich sie unter Verschluss halten muss."

Die Zeit schien nicht lang zu sein, obwohl er stundenlang dort saß, so aktiv war sein Gehirn und so überschwemmt von Erinnerungen an Leos frühes Leben – ihren vorsätzlichen Ungehorsam, ihren entschlossenen Widerstand selbst in kindischen Dingen, und Salis hatte das Gefühl, dass die Frau die Richtige war im Geiste dasselbe wie das Kind gewesen sei, und dass Leo, wenn er zurückerobert werden solle, in Zukunft einen ganz anderen Weg einschlagen müsse.

Plötzlich zuckte er zusammen, denn da war das leise Zwitschern eines Vogels; dann das laute *Knacken! knips* ! einer Amsel, und er wurde wachsam, denn es war der Ton, der geäußert wurde, als der Vogel alarmiert wurde.

Der Tag war nahe, denn im Osten war eine schwache Lichtlinie zu sehen, und tatsächlich war direkt danach ein leises, raschelndes Geräusch zu hören, als würde ein Kleid gegen einen Busch streifen; direkt danach – *Ruff, Ruff; Halskrause, Halskrause* – das Rascheln des Kleides, als seine Trägerin schnell den grünen Weg hinaufging, als fürchtete sie, vom kommenden Tag überholt zu werden.

Dann schien es direkt vor dem Wohnzimmerfenster etwas dunkler zu sein; ein Strauch wurde von etwas Schwarzem verdeckt, das vorbeizuglitten schien – *Halskrause, Halskrause; Ruff Ruff* – und dann gab es ein schweres Atmen und das Knarren eines Gitterstücks.

Für den Moment, da die Zeit gekommen war, saß Salis völlig überwältigt da und war bereit, die Gelegenheit verstreichen zu lassen.

Aber es war nur vorübergehend. Gedrängt von dem Gefühl, dass diese Frau ihrem Bruder und ihrer Schwester grausames Unrecht zugefügt und sie in Ungnade gefallen hat, erhob er sich von seinem Platz, machte ein halbes

Dutzend schnelle Schritte und war über das Gras und neben Leo, als sie sich an die Seite des Bettes klammerte Sommerhaus und war dabei, sich höher zu erheben.

Das Geräusch seiner Annäherung wurde von dem Geräusch übertönt, das Leo machte, als er das an ihre Brust gedrückte Gewächs raschelte, und der erste Hinweis auf eine Entdeckung war eine starke, feste Hand, die mit fast schmerzhafter Gewalt ihre zarte Schulter ergriff.

Sie konnte ihren Kopf nicht drehen, um Salis gegenüberzutreten, denn sie befand sich über dem Boden und klammerte sich mit ausgestreckten Armen an das starke Gitterwerk des Sommerhauses, aber sie stieß einen leisen, heiseren Schrei aus, und ein Schauer durchfuhr sie als sie die Berührung spürte.

„Horace North!" zischte sie und drückte ihr Kinn auf ihre Brust. „Du bist ein gemeiner Feigling und Spion. Oh, wenn ich ein Mann wäre!" Salis konnte einen Moment lang nicht sprechen, als er diese Bestätigung seines Glaubens hörte, aber er festigte seinen Griff, bis Leo einen Schmerzensschrei ausstieß.

"Du Feigling!" sie zischte erneut. „Es ist nicht Horace North", sagte Salis mit tiefer Stimme. „Gott sei Dank weiß er nichts davon."

„Hartley!"

„Ja, Hartley!"

„Und North hat es dir gesagt?"

"Nichts!"

Er zog sie halb herunter und hielt sie an der Schulter fest, bis sie im Wohnzimmer war und er das Fenster geschlossen hatte.

„Sie können über die Treppe in Ihr Schlafzimmer hinaufgehen", sagte er streng, „ohne sich wie ein Dieb einzuschleichen. Hätte mir das jemand ins Gesicht gesagt, hätte ich sagen sollen, dass er gelogen hat."

„So, sagen Sie, was Sie zu sagen haben, und beenden Sie diese Szene", rief Leo jetzt trotzig.

„Ich habe jetzt nichts zu sagen", sagte Salis streng.

„Oh, sag es! Ich bin kein Kind."

„Ich habe Maria versprochen, dass ich jetzt nichts sagen werde."

Salis wusste, dass sie sich sehr scharf zu ihm umdrehte, aber er konnte ihr Gesicht nicht sehen.

„Aufgrund eines Versprechens an Maria? Wenn etwas gesagt werden soll, sagen Sie es."

Salis holte scharf die Luft ein und die Worte kamen ihm schnell über die Lippen, aber er meisterte die Leidenschaft in seinem Inneren und ging zur Tür, um sie zu öffnen.

Ein trübes Zwielicht erfüllte jetzt schwach die Halle und zeigte die Gestalt des Pfarrers eingerahmt in der Tür. Dann trat er beiseite und hielt den Weg offen.

"Gehen!" er sagte.

„Wie ein ungezogenes Kind ins Bett geschickt", rief sie mit rauer, spöttischer Stimme, die nur schwach die Wut und den Trotz verbarg, die sie nervös machten.

Salis gab keine Antwort und sprach einige Augenblicke lang auch nichts mehr.

„Geh in dein Zimmer", sagte er noch einmal, strenger.

Leo machte eine wütende Geste, als ob sie Widerstand leisten würde. Dann stampfte sie kindisch und gereizt auf den Boden, ging schnell an ihm vorbei und stieg die Treppe hinauf, dicht gefolgt von Salis.

Als sie den Treppenabsatz erreichten, stellten sie fest, dass Marys Tür offen stand und dass sich die halb hilflose Kranke dorthin geschleppt hatte, um sich an die Seite zu klammern.

„Leo – Hartley", sagte sie mit leiser, schmerzerfüllter Stimme: „komm her."

„Ich werde ins Bett geschickt", sagte Leo spöttisch; und sie ging weiter, aber Salis packte sie am Arm und hielt sie fest. Dann führte er sie zum anderen Ende des Zimmers, bevor er zurückkehrte, um die Tür zu schließen und Mary zu ihrer Couch zu helfen.

„Ich kann jetzt sprechen", sagte er mit leiser Stimme voller Leidenschaft, aber gleichzeitig gut unter Kontrolle. "Wo bist du gewesen?"

„Hartley!" sagte Mary appellierend.

„Still, mein Kind", antwortete er. „Ich weiß, was ich sage. Ich möchte den Skandal vermeiden, dass dies den Dienern bekannt wird, aber Ihre und meine Position erfordern eine Erklärung. Leo Salis, wo warst du?"

Sie wandte ihr hübsches, trotziges Gesicht der Stelle zu, an der er stand, und nun begann es; im sanften Morgengrauen sichtbar zu sein, blass, wild und unerbittlich wie der von jemandem, der rücksichtslos jedes Gesetz missachtet hat und bereit ist, alles zu wagen.

"Wo war ich?" Sie sagte. "Aus!"

„Ich bestehe auf einer angemessenen Antwort auf meine Frage. Ich sage: Wo warst du?"

"Dort!" Sie weinte; „Es besteht keine Notwendigkeit, einzuzäunen. Weißt du, wo ich war?"

„Um diesen Mann Candlish zu treffen, nachdem du mir versprochen hast, dass dein Verkehr mit ihm ein Ende haben sollte; Und um die Sache noch schlimmer zu machen, haben Sie auf diese schändliche, heimliche Art und Weise aus dem Haus gestohlen."

„Ist das nötig?" sagte Leo scharf. „Wenn Sie es wissen wollen, ich war in Candlish Hall. Sir Thomas ist dieses Haus verboten, also zwingen Sie mich, zu ihm zu gehen. Du wusstest, wo ich gewesen war."

„Ja, ich wusste, wo du gewesen bist", stimmte Salis zu, während Mary von einem zum anderen blickte und nicht wusste, was sie sagen sollte.

„Jetzt beantworte mir eine Frage", rief Leo heftig. „War es Horace North in seiner gemeinen, verächtlichen, eifersüchtigen Gehässigkeit, der dich beauftragt hat, auf mich aufzupassen?"

"Löwe!" rief Mary, die von der Anschuldigung ihrer Schwester zu Wort kam.

"Schweigen! Was geht dich an, du elender Wurm?" rief Leo wütend. „Mein Zuhause wurde in den vergangenen Monaten von Ihnen und dem lieben Hartley hier in ein Fegefeuer verwandelt. Ihr beide plant gemeinsam, mich unglücklich zu machen, mich wie ein kleines Mädchen zu behandeln und mich auf Schritt und Tritt zu kontrollieren. Was Hartley nicht versucht hat, dachten Sie und schlugen es ihm vor, bis meine Seele vor Ihnen beiden und Ihrer elenden Tyrannei zurückschreckte. Ich sage, es war North – der gemeine Kerl – der dich beauftragt hat, auf mich aufzupassen."

„Horace North ist ein zu wahrhaftiger Mann, um Ihnen einen zweiten Gedanken zu machen; zu streng und aufrichtig, um über dich zu sprechen, nach deinem grausamen Verrat an ihm."

"Es ist nicht wahr. Ich war ihm gegenüber weder grausam noch hinterlistig", rief Leo.

„Er hat mir nichts gesagt. Ihre Taten werden immer öffentlicher, sonst hätte ich nicht gewusst, was ich jetzt weiß; und das muss ein Ende haben."

„Welches Ende?" sagte Leo verschmitzt. „Soll ich auf mein Zimmer beschränkt werden? Bah! Ich habe genug von all dem. Ja, ich war bei dem Mann, den ich liebe, und werde immer wieder hingehen."

„Zu deiner Schande."

„Zu meiner Schande oder zu meinem Tod, wenn ich so will", schrie Leo heftig. „Ich werde dieses eintönige, elende Leben nicht mehr haben, in dem ich mich weder bewegen noch rühren darf, außer wie es mein Bruder und meine Schwester mir vorschreiben."

„Haben Sie darüber nachgedacht, was das bedeutet?" sagte Salis streng.

"Gedanke? Nein. Ich habe keine Zeit zum Nachdenken. Ich weiß."

Der Tag dämmerte schnell, und das blasse, sanfte Licht fiel von den Seiten des Vorhangs schräg in Marys Schlafzimmer und verlieh jedem Gesicht einen gespenstischen, wütenden Ausdruck.

Salis ging zum Fenster und riss den Vorhang beiseite, bevor er sich umdrehte, um die heiße Phiole seines Zorns über den Kopf seiner Schwester auszugießen. Doch als er sich umdrehte und sie ansah, wurde seine Wut von einer Flut von Mitleid überschwemmt, und er näherte sich ihr sanft, denn in dem hübschen Gesicht vor ihm, das von trotziger, rücksichtsloser Leidenschaft gerötet war, konnte er erkennen, dass sie einen Punkt in sich erreicht hatte Leben, in dem ein Wort sie in eine Zukunft des Guten oder einer Zukunft des Elends und der Verzweiflung führen könnte. Sie blickte ihn an, als wäre er ihr größter Feind, und dann blickte sie Maria an, um zu sehen, wie ihre Hände ausgestreckt waren und in ihren mitleidigen Augen ein Ausdruck von Zärtlichkeit und Liebe lag.

Aber die Zeit war ungünstig; Eine Stunde zuvor hatte es eine Szene mit ihrem Geliebten gegeben, die ihre zornigen Leidenschaften bis in die tiefste Tiefe geweckt hatte, und als sie dann ihrem Bruder mit seinen strengen, vorwurfsvollen Worten begegnete, schien es ihr, als sei die Zeit gekommen, in der sie es tun musste strebe nach ihrer Freiheit. Tom Candlish hatte ihr ihre Feigheit vorgeworfen und ihren Gehorsam gegenüber den Daheimgebliebenen verspottet. Er hatte ihr brutal gesagt, sie solle gehen und ihn nicht mehr mit Briefen oder Botschaften belästigen, denn sie sei ein armes Geschöpf, und sie sei mit gebrochenem Herzen und im Elend zurückgekehrt, denn allen anderen zum Trotz war sie die Sklavin dieses Mannes.

Die Begegnung hatte ihre wütenden Leidenschaften entfesselt, und sie peitschte sich immer wieder mit den Worten ihres Geliebten aus und wandte sich rücksichtslos an diejenigen, die bereit waren, ihr zu vergeben und sie an die Brust zu nehmen.

„Leo, lieber Leo, um Himmels willen!" schrie Mary wild. „Komm zu mir, Schwester. Ich kann nicht einmal zu dir kriechen."

„Und du bittest mich, schlimmer als ein Wurm, der du bist, vor dir auf die Knie zu gehen; und wofür, bitte? Für die abscheuliche Sünde, dem Mann treu zu sein, den ich liebe. Hörst du mich zu dem Mann, den ich liebe?"

"Löwe! Schwester!" sagte Salis und versuchte, ihre Hand zu ergreifen, aber sie schlug seine mit einer wütenden Geste weg, die er nicht übel nahm.

„Nun, was hast du zu sagen?" Sie weinte. „Willst du mir predigen, mich bitten, Buße zu tun und mit dir zu trauern? Wofür? Ist es ein Verbrechen zu lieben?"

„Leo, mein Kind!"

„Leo, mein Kind!" sie weinte verächtlich, als sie seine Worte wiederholte. „Ich sage Ihnen, dass ich kein Kind mehr bin und dass ich selbst denken und handeln werde. Du Narr, Idiot, der ich gewesen bin!" sie weinte, als ihre Leidenschaft wilder wurde und ihre Stimme lauter wurde. „Ich habe mich euch beiden unterworfen, bis es unerträglich geworden ist. Wenn ich von diesem Tag an hier bleibe, werde ich meine eigene Herrin sein und mich nicht mehr von dir diktieren lassen. Unterrichte und foltere Maria bis ins Grab, wenn du willst, aber ich werde frei sein."

„Sag nichts, Hartley", sagte Mary leise. „Sie wird das alles bereuen, Liebes, wenn sie ruhig ist. Leo, bleib bei mir. Hartley, mein Lieber, bitte sag nichts mehr; Sie ist keine Herrin über sich selbst, und morgen, vielleicht schon heute, werden wir alle diese schmerzhafte Szene vergeben und vergessen."

„Vergeben? Nein. Vergessen? Niemals", rief Leo; „Und ich sage euch beiden, dass es eure Aufgabe ist, wenn ich aus dem Zuhause vertrieben werde, das ich hätte teilen sollen, und meine Zukunft für mich zum Fluch wird."

Sie hatte sich in einen Höhepunkt unvernünftiger Wut gestürzt, und Beschimpfungen flossen schnell über ihre Lippen, als mitten in einem ihrer wütendsten Ausbrüche und gerade als Salis zur Verzweiflung getrieben wurde, ein scharfes Klopfen an der Tür ertönte Tür, und bevor sie beantwortet werden konnte, kam eine andere, und Dally kam ins Zimmer.

„Ist Miss Leo krank, Sir?" Sie weinte. „Ich hörte sie in meinem Zimmer schluchzen. Kann ich irgendetwas tun? Soll ich ein Feuer anzünden?"

Es war Dallys Idee, ein wenig zu helfen, indem er ein Feuer entzündete.

„Nein, nein. Geh weg", rief Salis leidenschaftlich; aber er sagte nichts mehr, denn Leo war schnell zu der kleinen Magd gegangen und klammerte sich an sie.

„Geh mit mir in mein Zimmer, Dally", sagte sie mit scharfer, angespannter Stimme; „Und lass sie mir folgen, wenn sie es wagen."

„Oh, Leo, mein Kind, um Himmels willen!" rief Salis.

"Um Gottes willen!" sie weinte wild, als sie sich an Dally klammerte. „Was hast du mit dem Himmel zu tun, der mein Leben zum Fluch gemacht hat? Nimm mich, Dally, nimm mich weg, denn ich bin fast blind."

„Meine arme, liebe Herrin!" schluchzte die kleine Verräterin, legte ihre Hand um Leos Taille und half ihr zur Tür, wobei Leo der Führung des Mädchens nachgab und ihre trotzigen Augen von Schwester zu Bruder und zurück blitzen ließ.

Die Tür schloss sich, und als Salis und Mary dem sich zurückziehenden Paar nachsahen, drang ein wildes hysterisches Schluchzen, gefolgt von einem leidenschaftlichen Schrei, an ihre Ohren, und es war, als ob von nun an Elend und Verzweiflung ihr Schicksal sein würden; Doch in diesem Moment erhob sich von der taufrischen Wiese am Ende des Gartens eine Lerche, begann ihre Kreise zu ziehen und ihre jubelnden, silbernen Gesangstöne weit und breit in die Morgenluft zu verstreuen. Und als jedem zuhörenden Ohr sozusagen verkündet wurde, dass ein neuer Tag begonnen hatte, blitzten Hoffnung und Licht in die Herzen der Anwesenden.

„Es wird eine schwere Aufgabe, Mary", sagte Salis und ging neben Mary auf ein Knie, die sich mit einem flehenden Blick an ihn klammerte, der ihm zu Herzen ging. „Ja, eine schwere Aufgabe, Liebes", sagte er noch einmal, während er sie küsste. „So, geh jetzt nicht ins Bett, sondern lehne dich zurück und schlafe ein paar Stunden. Die Dunkelheit der Nacht ist vorüber und mit dem Tag kommt Hoffnung."

„Aber Leo – Leo!" stöhnte Mary, und da sie sich nicht länger zurückhalten konnte, brach sie in einen leidenschaftlichen Weinanfall aus.

"Stille! Schatz. Komm: Ich möchte die Hilfe meiner Schwester. Also, kämpft dagegen an. Es waren die Worte einer leidenschaftlichen, hysterischen Frau. Sie wird reuig sein, wenn der Anfall vorüber ist. Was jetzt?"

„Miss Leo, Sir – Miss Leo!" rief Dally und rannte ins Zimmer.

„Na, was, Mädchen?" rief Salis, alarmiert über den hektischen, aufgeregten Blick des Dienstmädchens.

„Sie hat mich aus dem Zimmer geschickt, Sir, um ihren Umhang zu holen."

"Stille! Komm mit", sagte Salis und erhob sich hastig, um Dally aus dem Zimmer zu begleiten, aber Mary klammerte sich krampfhaft an seiner Hand fest.

„Nein, nein; lass sie sprechen. Ich kann die Spannung nicht ertragen."

Salis nickte scharf und das Mädchen fuhr fort:

„Ich ging hinunter, Sir, und als ich zurückkam, stand sie mit einem Glas auf dem Tisch mitten im Raum, und etwas ist verschüttet …"

Salis blieb stehen, um nichts mehr zu hören, stürzte aber in Leos Zimmer und fand sie am Fußende des Bettes festgeklammert, mit weit aufgerissenen Augen und einem Ausdruck des Entsetzens im Gesicht, und mit demselben Blick nahm er das wahr, was Dally beschrieben hatte – a Glas auf dem Tisch, umgekippt, und etwas Flüssigkeit befleckte die Abdeckung und sank langsam an der Seite in Richtung Boden.

Band drei – Kapitel sechs.

Der Doktor ist exzentrisch.

„Soll ich Miss Leo Salis besuchen? Ich nicht. Für alte Sachen nach King's Hampton schicken –"

„Aber bitte, Sir."

"Bitte, der Herr? Ja, das gefällt Ihnen, Sir. Na, du hübsches kleines, apfelgesichtiges, schlehenäugiges und kirschwangiges Stück Menschenfrucht! Hier, lass uns einen Blick auf dein kleines Gesicht werfen!"

„Oh, Dr. North! Zum Schämen! Das solltest du nicht."

Es ertönte das Geräusch eines leidenschaftlichen Kusses, und dann stand Horace North da und starrte Dally wild an, während sie vorgab, in ihrer Würde sehr verletzt zu sein.

„Sie sollten nicht, Sir, und Miss Leo die ganze Zeit sterben."

„Miss Leo – sehr krank?"

"Jawohl; Ich habe es dir gesagt, und dann hast du angefangen, Unsinn zu reden und mich herumzuschleppen. Ich schäme mich ziemlich."

„Aber ich kann nicht zu ihr gehen, Mädchen. Das ist unmöglich", rief North aufgeregt.

„Aber der Meister sagte, ich solle Sie holen, Sir. Oh, das hätte ich von dir nicht gedacht!"

„Ich bitte um Verzeihung, Dally, ich habe nicht nachgedacht. Ich – ich – wann wurde sie krank?"

„Plötzlich – heute früh, Sir. Du wirst kommen, nicht wahr? Wir haben ziemliche Angst."

„Ja, ich komme", sagte North schnell. „Durch welche seltsame Ironie des Schicksals werde ich erneut aufgefordert, mich um sie zu kümmern?" dachte er bei sich, als er sich an ihre letzte Krankheit erinnerte und an die Art und Weise, wie sie ihre Leidenschaft für ihn zum Ausdruck gebracht hatte.

"Idiot! Narr!" er sagte. „Was für ein bloßes Kind! Und ich war ein Mediziner und ließ mich von meiner schwachen Eitelkeit mitreißen, so dass ich nicht sehen konnte, dass alles im Delirium war."

„Haben Sie gesprochen, Sir?" sagte Dally, der neben ihm trottete, während er mit schnellen Schritten auf das Pfarrhaus zuging.

"NEIN. Ja. Wie war alles?"

„Nun, Sir, ich weiß es kaum; Nur dass ich Miss Leo heute Morgen für eine Minute verlassen habe und als ich zurückkam, hatte sie etwas aus einem Glas getrunken und sah aus, als hätte sie sich vergiftet."

"Absurd! Aber heute Morgen? Wie kam es, dass du heute Morgen bei ihr warst? Nun ist es erst fünf."

"Nein Sir. Wir waren sehr früh wach."

"Früh? Du siehst aus, als ob du nicht im Bett gewesen wärst. Also, Dally, was ist im Pfarrhaus los?"

„Geht es weiter, Sir? Oh, ich konnte es dir nicht sagen. Und hier ist Meister, Sir; Frag ihn."

Tatsächlich war Salis gerade aus Leos Zimmer gelaufen, um zu sehen, ob der Arzt kam, und als er ihn erblickte, kam sie, um ihn anzutreiben.

„Um Himmels willen, sei schnell!" er weinte. „Leo liegt im Sterben!"

North eilte mit ihm hinein und nach oben, wo Leo auf dem Bett lag, auf das ihr Bruder sie gelegt hatte, blass, regungslos und mit halb geschlossenen Augen.

„Stellen Sie keine Fragen, sondern handeln Sie", keuchte Salis.

„Ich handele", sagte North streng, als er sich über seinen Patienten beugte und schnell die Position erfasste. „Weißt du, was sie genommen hat?"

"NEIN."

„Welche Gifte haben Sie im Haus?"

"Keiner."

„Hmpf!" rief der Arzt, während er das Glas untersuchte und daran roch. „Sie hat etwas erreicht."

„Aber um Himmels Willen, handeln Sie – handeln Sie", sagte Salis entsetzt. „Du lässt sie vor deinen Augen sinken."

„Das Beste auch", sagte North lachend. „Ein elender kleiner Trottel! ICH-"

Erschrocken hielt er inne, als er die Worte hörte, die ihm über die Lippen gekommen waren, und begegnete dem verwunderten Blick seines Freundes. Dann gab er, als ob er sich selbst beherrschen würde, schnell und scharfsinnig verschiedene Befehle und machte sich offensichtlich auf den Weg, den Patienten zu genesen.

Im Moment hatte Salis Lust gehabt, ihn zum Verlassen des Hauses aufzufordern; Aber es handelte sich um einen Notfall, und er behielt North im Auge und half, wo es nötig war, mit dem Ergebnis, dass Mary eine Stunde später neben ihr sitzen blieb, Leo völlig am Boden lag, und der Arzt seinem Freund nach unten folgte zum Frühstücksraum, wo das Essen serviert wurde.

„Hah!" rief North, „das ist besser. Das Frühstück ist eine herrliche Mahlzeit. Komm, alter Junge, setz dich. Kümmere dich nicht um die Jade; Jetzt geht es ihr gut."

„Um Himmels willen, North, was bedeutet das?" rief Salis.

North brach in ein herzliches Lachen aus, dem seine wilden Augen zu widersprechen schienen.

„Bös, was?" er weinte. „Warum, ich sollte dich fragen. Welches Spiel hat die quirlige kleine Hexe bisher gemacht?"

"Norden!" rief Salis mitleiderregend.

„So, das brauchst du mir nicht zu sagen", rief North lachend. „Tom, was? Ah, er ist ein trauriger Hund!"

„North, um Himmels willen, haben Sie etwas Anstand. Ich hatte den Verdacht, dass du etwas herausgefunden hast, und ich kann verstehen, dass du sie so über den Haufen wirfst."

„Sie umwerfen?" lachte North.

„Warum sie mich wegen Tom verlassen hat. Sie ist eine seltsame Frau, alter Junge."

"Bist du ein Mann?" rief Salis heftig, „dass du mich so quälst." Erkennen Sie nicht die Schande – die Schande für Maria und mich? Horace North, mir kommt es vor, als würde ich im Sumpf kriechen, und du, mein ältester Freund, kommst und setzt deinen Fuß auf meinen Hals."

„Äh? Hacke? Dein Nacken?"

"Ja; Ich weiß, dass du schwer gelitten haben musst. Es war sowohl für Maria als auch für mich ein schreckliches Leid, denn wir fühlten mit dir; Aber um Himmels willen, Horace, stürzen Sie sich nicht in dieses rücksichtslose Extrem. Mann, Mann, ich möchte dein Mitgefühl und deine Hilfe, falls ich das jemals getan habe, und du – du bist so verändert."

„Ja, ja", sagte North mit heiserem Flüstern und einem gespenstischen Ausdruck in seinen Augen. „So verändert – so schrecklich verändert."

"Ah!" rief Salis freudig; „Das ist wieder wie du selbst. Warum, North, was ist mit dir passiert?"

"Komm zu mir? Du Hund! Komm zu mir, was? Sieht aus, als hätte ich getrunken, oder? Oh, mir geht es gut!"

Salis sah ihn noch einmal entsetzt an, als hätte er tatsächlich getrunken; Aber die Taten seines Freundes straft seine Worte Lügen, denn er stieß ein leises Stöhnen aus, legte seine Arme auf den Tisch und ließ seinen Kopf sinken.

Sein Verhalten war so verzweifelt, dass Salis zu ihm hinüberging und ihm die Hand auf die Schulter legte, als der arme Kerl zu seinem Entsetzen einen wilden Schrei ausstieß und auf die andere Seite des Zimmers rannte.

„Oh, das warst du", sagte North heiser, während er seinen Freund wild ansah und seine mitleiderregenden Augen zu fragen schienen, was er von seinen Taten halte.

„Warum, North, alter Kerl, was ist los? Du kannst mir vertrauen."

"Gegenstand?" rief North aufgeregt – „Materie? Nein, nein, nichts ist los. Etwas außer Betrieb. Beachten Sie nicht, was ich sage.

„Aber ich muss es zur Kenntnis nehmen. Glaubst du, ich kann mir vorstellen, dass mein ältester und bester Freund so verrückt weitermacht?"

„Nein, nein; „Sag das nicht", schrie North und packte ihn heftig am Handgelenk. „Nicht ‚verrückt'. Ein bisschen exzentrisch: das ist alles. Nehmen Sie sich keine Notiz davon."

"Aber-"

„Nein, nein; nimm dir keine Notiz davon. Ja, ich war sauer wegen ihr. Es war ein Schock."

„Ich wusste, dass es das war", rief Salis; „Aber North, mein lieber Freund, du musst es meistern: Wir sind alte Freunde. Ich werde dir nichts vorenthalten. Lassen Sie uns gegenseitig hilfreich sein. Liegt es uns nichts daran, solch einen Schrecken in unserer Mitte zu haben?"

„Es ist schrecklich für dich", sagte North leise. „Das dumme Mädchen!"

„Hah!" rief Salis und strahlte ihn an; „Das klingt nach dir."

„Ich ertrage ihr keine Bosheit", fuhr North verträumt fort. „Es war alles ein einziger bitterer Fehler."

„Ja, ein bitterer, bitterer Fehler!" stimmte Salis zu.

„Aber jetzt ist es vorbei. In ihrem Delirium sagte sie mir, dass sie mich liebte."

„Leo hat dir das erzählt?"

"Ja. Ich hätte es besser wissen sollen. Aber ich bin nur ein schwacher Mann, Salis. Es ist vorbei."

„Es ist das Beste, mein lieber alter Freund", rief Salis herzlich. „Da bist du wieder du selbst. Sag es mir jetzt. Was hatte sie genommen?"

„Ein starkes narkotisches Gift. Ich glaube, es war Belladonna. Hat sie es für ihre Augen verwendet?"

"NEIN. Ich denke nicht. Nein", sagte Salis nachdenklich. „Die Natur hatte es ihr nicht nötig gemacht, ihr Aussehen zu verbessern."

„Nein", sagte North nachdenklich. „Hatten Sie sich gestritten?"

Salis stand einige Augenblicke mit zusammengezogenen Brauen da und drehte sich dann scharf zu North um.

„Sag mir zuerst", sagte er, „du hast meine Schwester mit diesem Schurken überrascht, Candlish?"

North schauderte, als er den Kopf senkte.

„Und ich habe recht, wenn ich denke, dass du es warst, der ihn halb getötet hat?"

„Ja", sagte North; „Ich war es."

„Das wundert mich nicht", sagte Salis leise. „Jetzt beantworte ich Ihre Frage. Mary und ich hofften, wir hätten die ganze Affäre zwischen meiner Schwester und Candlish beendet; aber letzte Nacht habe ich eine Entdeckung gemacht und wir haben uns gestritten."

„Und das schwache, törichte Mädchen flog zu diesem narkotischen Gift, um ihren Ärger zu beenden", sagte North nachdenklich. „Ah, nun ja, du musst jetzt auf sie aufpassen. Es besteht keine Gefahr. Es ist Vergangenheit."

"Danke dir!"

"Danke an mich? Vielleicht; Aber schicken Sie nicht noch einmal nach mir, es sei denn, es handelt sich um einen Notfall. Da muss ich jetzt gehen."

Er stand mühsam auf und sah wild und abgezehrt aus; Doch im nächsten Moment veränderte sich sein ganzes Aussehen und er versetzte seinem Freund einen gewaltigen Schlag mit der Rückhand auf die Brust.

„Es wird ihr gut gehen, alter Junge, und sie ist bereit, ihre Spiele sofort wieder fortzusetzen. Sie ist eine lebhafte Frau, Pfarrer; das lebhafteste Stutfohlen, das je geboren wurde. Und du auch – du heuchlerischer alter Heiliger; Ich kann durch dich und Madame Crippleoria oben hindurchsehen! ICH-"

Er schlug sich schwer in den Mund, stieß ein leises Stöhnen aus, und mit einem verzweifelten Ausdruck in seinen Augen, der aus Entsetzen und Furcht zu mischen schien, blickte er wild zu Salis und eilte vom Ort.

Band drei – Kapitel sieben.

Verfolgt.

„Leo, wie konntest du so etwas Dummes tun?" sagte Mary Salis ein paar Tage später, als sie am Sofa ihrer Schwester saß.

"Wie meinst du das?" sagte Leo schwach.

„Du weißt, was ich meine, Liebes. Ist das Leben so wertlos, dass du es in einem überstürzten Moment weggeworfen hättest?"

„Glauben Sie also, dass ich versucht habe, mir das Leben zu nehmen?" rief Leo mit leiser, schwacher Stimme.

„Lass uns nicht darüber reden", sagte Mary schaudernd; „es sei denn, es ist in Trauer."

„Warum wurde es dort platziert?" sagte Leo und packte das Handgelenk ihrer Schwester.

„Dort platziert?"

"Ja. Hat Hartley es getan?"

„Hartley macht's?"

"Ja; Das Glas stand auf meinem Tisch, als ob es Wasser enthielte. Hat Hartley es getan, Mary?"

„Schwirren deine Gedanken, Liebes?" sagte Mary und legte ihre kühle Hand auf die weiße Stirn ihrer Schwester.

"NEIN; Ich bin genauso ruhig wie du. Hartley muss es für mich bereitgelegt haben – um seine böse Schwester loszuwerden, nehme ich an."

"Löwe! Sprich nicht so. Wie kannst du, Liebes? Hartley stellt dir ein Glas hin!"

"Ja. Ich dachte, es sei Wasser, und habe es getrunken."

„Still, Leo, Liebes!"

„Du glaubst mir nicht! Sehr gut; Ich kann es nicht ändern. Das Zeug wurde für mich auf den Tisch gestellt und ich trank es."

Mary seufzte, aber sie hielt ihre kühle, weiche Hand auf die Stirn ihrer Schwester gedrückt.

„Warum hörst du hier auf?" sagte Leo schließlich.

„Weil ich mit Ihnen reden möchte – um zu versuchen, Ihnen zu helfen.“

Es entstand eine Stille, die einige Minuten anhielt, und dann richtete Leo ihre grimmigen, dunklen Augen scharf auf ihre Schwester.

„Sie haben seine Briefe zurückgehalten“, sagte sie streng.

„Seine Briefe!“

"Ja; er hat mir geschrieben, seit ich krank bin."

Mary schüttelte den Kopf und Leo blickte ihr tief in die Augen, um sich davon zu überzeugen, dass dies die Wahrheit war.

„Hat er mich fragen lassen, wie es mir geht?“

"NEIN."

Leo schloss die Augen und lehnte sich mit leicht bewegten Lippen zurück, während Mary zusah und sich fragte, ob North ihre Schwester wiedersehen würde und ob ihr eine neue Exzentrizität aufgefallen war.

Hätte sie alles gewusst, wäre sie weniger ruhig gewesen.

An diesem Morgen war Cousin Thompson heruntergekommen, direkt zum Manor gegangen und hatte Mrs. Milt begrüßt.

„Doktor in seinem Zimmer?“

"Nein Sir; Meister ist krank."

"Nicht ernsthaft?" sagte Cousin Thompson und dachte daran, der nächste Verwandte zu sein.

„Ich weiß es nicht, Sir“, sagte die Haushälterin. „Der Meister sieht auf jeden Fall nicht so aus, wie ich ihn gerne sehen würde.“

"Liebe mich!" sagte Cousin Thompson nachdenklich. „Das ist schlimm, Frau Milt; das ist schlecht. Ich werde jedoch hinaufgehen und ihn sehen.“

Die Haushälterin schüttelte den Kopf.

„Was meinen Sie, Frau Milt?“

„Ich meine, ich glaube nicht, dass er Sie sehen wird, Sir.“

„Oh, Zeug und Unsinn! Geh und sag ihm, dass ich hier bin.“

Die Haushälterin ging weg und kam fünf Minuten später mit besorgter Miene zurück.

„Der Meister sagt, Sie müssen ihn entschuldigen, Sir. Dass Sie bitte darum bitten sollen, was Sie wollen, aber es geht ihm zu schlecht, um Sie zu sehen.“

„Meine Güte, Frau Milt; Es tut mir leid, das zu hören", sagte der Anwalt mit einem mitfühlenden Blick. „Aber er ist ja Arzt und muss seine Symptome kennen. Hatte er jemanden, der ihn sehen konnte?"

"Nein Sir."

„Dann ist er nicht sehr schlecht. Ich meine, kein Arzt?"

"Nein Sir; kein Arzt."

„Ich meinte nicht den Anwalt, Mrs. Milt", sagte Cousin Thompson und lachte unangenehm. „Natürlich würde er mich holen lassen, wenn er einen Anwalt brauchte, oder?"

„Das nehme ich an, Sir."

„Er hat natürlich keinen Anwalt geschickt – um sein Testament zu machen, nicht wahr?" scherzhaft. „Nein, nein; natürlich nicht."

„Vielleicht sollten Sie den Meister besser nach solchen Dingen fragen, Sir", sagte Frau Milt mit rauer Stimme. „Davon weiß ich nichts."

„Das tust du, du Hexe!" sagte Cousin Thompson zu sich selbst: „Das tust du, sonst wärst du nicht so erpicht darauf, jegliches Wissen über eine solche Tat – und Tat – zu verleugnen. Dafür muss gesorgt werden, denn ich kann es mir nicht leisten, dass Sie zwischen mir und meinen Rechten stehen, Madam. Dafür muss gesorgt werden."

„Was möchten Sie mitnehmen, Sir?"

„Alles, meine liebe Frau Milt, alles. Ein zu beschäftigter Mann, um sich um Essen zu kümmern. Ich gehe zu einem Kunden, und während ich weg bin, bereiten Sie vielleicht einen Snack für mich vor."

„Du wirst hier nicht schlafen, nehme ich an?"

„Aber ich werde hier schlafen, Mrs. Milt", sagte Cousin Thompson lächelnd. „Ich habe nicht das Gefühl, dass ich in die Stadt zurückkehren könnte, ohne die Gewissheit mitzunehmen, dass es meinem Cousin besser geht."

„Und nicht der Gnade von Dieben und Intriganten ausgeliefert", murmelte er, als er zu Mrs. Berens ging, wie er es ausdrückte, „ *wieder* Aktien."

Norths Schlafzimmerklingel läutete heftig, als Cousin Thompson die Straße hinunter verschwand, und Mrs. Milt ging zur Tür und klopfte.

„Ist dieser Mann weg?" kam von innen.

"Jawohl."

„Bring den Brandy hoch."

Mrs. Milt seufzte.

„Darf ich Ihnen auch etwas Brühe bringen, Sir?" flüsterte sie, ihr Gesicht nah an der Tafel. „Sie hatten heute nichts, Sir, und Sie müssen ohnmächtig werden."

„Bringt den Brandy herauf!" brüllte North heftig. "Hörst du?"

„Und dass er so mit mir redet!" seufzte die Haushälterin, als sie hinunterging, um die Spirituosenkaraffe zu holen; „Und auch für ihn, der tagelang nie etwas anderes als Tee getrunken hat, auf diese rücksichtslose Art und Weise nach Brandy zu fragen. Fünf Mal habe ich diese Woche die Spirituosenkaraffe aufgefüllt."

Sie kam mit dem Brandy zurück und klopfte.

Keine Antwort.

„Ich habe den Brandy mitgebracht, Sir."

"Setzte es ab."

„Kann ich Sie sprechen, Sir?"

Es gab ein heftiges Stampfen mit dem Fuß, das den Krug im Waschbecken auf dem Waschtisch zum Klappern brachte, und Mrs. Milt stellte die Karaffe dicht neben der Tür ab, ging wieder hinunter und hob ihre Schürze an die Augen.

„Ich möchte nicht, dass irgendjemand erfährt, wie schlecht er für die Welt ist", seufzte sie. und die alte Dame widerstand der Versuchung, stehen zu bleiben und zuzusehen, wie sich die Tür öffnete, ging in ihr eigenes Zimmer und schloss sich ein.

Als das Geräusch der sich schließenden Tür zu den oberen Räumen zu hören war, wurde die von Norths Kammer vorsichtig geöffnet und eine Hand ausgestreckt, um weiterzutasten, bis sie mit der Karaffe in Kontakt kam, die sie ergriff und hineinführte, wodurch die Tür geöffnet wurde wieder geschlossen, als Hand und Arm verschwanden.

Der Raum darin war dunkel, und die Gestalt von Horace North wirkte schattenhaft und seltsam, als er hastig hin und her ging, mal hier, mal dort, während ein wildes Tier ruhelos an den Seiten seines Käfigs entlangläuft.

Er hielt die Karaffe in der Hand und schien es nicht eilig zu haben, den Schnaps zu verwenden; aber schließlich stellte er es auf den Toilettentisch, zog den Vorhang ein wenig auf einer Seite zu und ging zum Waschtisch, von dem er die Wasserflasche und den Becher holte.

Als er etwas von dem Schnaps in ein Glas goss, schien das Licht voll auf sein Gesicht und er blinzelte, als wären seine Augen vom grellen Glanz geblendet.

Die Karaffe machte ein klapperndes Geräusch gegen das Glas, bis er seine zitternde Hand auf den Rand legte, aufhörte einzuschenken und die Augen für ein paar Augenblicke schloss, um auszuruhen.

Als er sie wieder öffnete, fiel sein Blick auf sein Spiegelbild im Frisiertisch auf dem Tisch, und er blieb wie angewurzelt stehen und starrte auf den wild aussehenden Gegenstand vor ihm mit seinen eingefallenen Augen, der gerunzelten Stirn und dem entsetzten, gehetzten Anblick , und verängstigter Blick.

Er hatte ein solches Gesicht hunderte Male bei Patienten gesehen, die an irgendeiner Form von Manie litten, meist im Zusammenhang mit Alkohol, und es versteinerte ihn eine Zeit lang, denn sein Gehirn weigerte sich, die Tatsache zu akzeptieren, dass er es anstarrte sein eigenes Spiegelbild.

Es war eine seltsame Szene in diesem abgedunkelten Raum, als der eine breite Lichtstreifen durch den halb zugezogenen Vorhang hereinscheinte und auf das ausgezehrte und gespenstische Gesicht fiel, das sein Gegenüber anstarrte, und jedes zeigte einen gequälten Ausdruck des Entsetzens – eine so schreckliche Furcht dass es Norths nächste Aktion erklärte, die darin bestand, Karaffe und Glas krachend auf den Boden fallen zu lassen, bevor er sich langsam in den hintersten Teil des Raumes zurückzog, wo er schwer keuchend an der Wand stand.

Der Vorhang fiel zurück, als ob eine unsichtbare Hand ihn eine Zeit lang festgehalten hätte, und wieder lag der Raum im Halbdunkel, während der schwache, krankhafte Geruch des Brandys sich allmählich im Raum verbreitete, bis er die Nasenlöcher des zitternden Mannes erreichte und ließ ihn erschaudern.

„Wie der Geruch dieses Ortes – wie der Geruch dieses Ortes! Soll das ewig so weitergehen?"

Erneut stellte er die Frage entschieden und hatte das Gefühl, dass er, da es ihm nicht gelungen war, den Verfall von Luke Candlish aufzuhalten, die Essenz des Mannes in sich aufgenommen hatte, der ihn besessen hatte, da er einen fleischigen Körper zum Leben brauchte, so dass sein Schicksal so zu sein schien dass er immer ein Doppelleben führen müsse, in dem eine Seele unter der Kontrolle seines gut geschulten Gehirns stünde; der andere wild, unabhängig und auf dessen Worte und Taten er reagieren muss.

„Ich kann es nicht ertragen", murmelte er und stellte sich mit dem Rücken zur Wand, so weit weg von dem schwachen Licht, wie es der Raum erlaubte. „In den Augen anderer muss es wie Wahnsinn sein, und doch bin ich bei

Verstand. Ich fühle mich wie ein Mann, der von einem Schatten heimgesucht wird, und doch ist es eine Einbildung – ein schrecklicher Wachtraum. Aber ich werde – der Himmel helfe mir! – ich werde es aus wissenschaftlicher Sicht betrachten; Sagen Sie, es ist so – dass ich den Geist und nicht den Körper gefangen habe. Na, was dann? Gibt es etwas zu befürchten?

"NEIN; und ich werde es nicht mehr fürchten", murmelte er, „so wenig wie ich es vor den Toten tun würde; aber", fügte er nach einer Pause hinzu, „es sind die Lebenden, die ich fürchte." Ich kann diesen Horror nicht erklären – ich kann ihn nicht kontrollieren – bah! diese Essenz – wenn sie spricht, und die Lebenden geben mir die Schuld. Nein, ich kann es nicht erklären, ich wage es nicht. Wer würde glauben? Niemand. Sie würden sagen, ich sei verrückt."

Ein sanftes Klopfen an der Tür, aber keine Reaktion. Ein lauteres Klopfen und keine Antwort.

„Herr Thompson, Sir, sagt, er muss Sie in einer ganz besonderen Angelegenheit sprechen."

North hörte die Worte. Sein schlauer, scharfäugiger Cousin war da. Wie konnte er ihn jetzt sehen? Es war unmöglich. Er hatte bereits zuvor abgelehnt und beharrte erneut darauf.

„Wollen Sie herkommen und ihn sehen, Sir?"

„Nein: Tu das nicht, Horace, wenn du krank bist. Öffne die Tür und ich komme vorbei und unterhalte mich mit dir."

Kein Ton als Antwort; aber gleich danach ertönte lautes, spöttisches Gelächter aus dem Raum, ein lautes Geschrei und eine teilweise mitgehörte Rede.

„Oh, mein lieber Meister!" rief Frau Milt. "Ah!" rief Cousin Thompson, dessen Fantasie von der schönen Aussicht auf das schöne Manor House-Anwesen durchdrungen war, und seine Augen glänzten, als er leise sagte: „Ich fürchte, er ist sehr krank."

Band Drei – Kapitel Acht.

Cousin Thompsons Pflicht.

"Ach nein; „Es ist überhaupt nichts, Sir – überhaupt nichts", sagte Frau Milt hastig; „Und ich wusste nicht, dass Sie hinter mir nach oben kommen würden, Sir."

„Es sollte Ihnen eine Reise ersparen, meine liebe Frau Milt", sagte Cousin Thompson sanft. „Ja, ich fürchte, er ist sehr krank. Ein bisschen wahnsinnig, glaube ich."

„Im Delirium, Sir? Oh, Unsinn! Der Meister ist oft so."

"In der Tat!" sagte Cousine Thompson in einem Tonfall, der in der Haushälterin wünschte, sie hätte sich die Zunge abgebissen, bevor sie sich auf eine solche Rede einließ. „Hast du gehört, wie er lachte?"

„Na ja, Gott sei Dank, das hat nichts zu bedeuten. Ein Lachen! Ich wünschte, ich könnte lachen."

„Aber er sagte ‚Hallo!' und sagte etwas von einem Fuchs."

„Na ja, wirklich, Sir, was wäre, wenn er es täte? Nach einer harten Arbeitswoche und viel Angst gibt es für einen Meister nichts Schöneres, als hinter den Hunden her zu galoppieren. Es tut ihm gut. Ein Arzt möchte manchmal etwas aus sich herausholen, vor allem einer, der so hart arbeitet wie der Meister. Manchmal reicht die Angst eines Mediziners aus, um ihn in den Wahnsinn zu treiben."

„Ja, das denke ich", sagte Cousin Thompson sanft. „Wäre es nicht besser, noch einmal anzuklopfen?"

„Nein, Sir, das habe ich nicht", sagte Mrs. Milt scharf. „Ich bin mir ziemlich sicher, dass der Meister nicht gestört werden möchte."

„Aber wirklich, meine gute Frau, es scheint mir, dass er ärztlichen Rat einholen sollte."

„Und es scheint mir, Sir, wie er es nicht tun sollte. Wenn es dem Meister nicht gut geht und er sich selbst nichts Gutes tun kann, kann das sicher auch kein anderer tun; Und bitte, Herr, kommen Sie bitte nach unten? Er wäre sehr wütend, wenn wir hier anhalten würden."

„Oh, sicherlich, Frau Milt. Bitte vergib mir. Ich konnte nicht anders, als ein wenig Angst um meine Cousine zu haben."

„Ich habe nichts zu verzeihen, Sir“, sagte die alte Dame; „Ich möchte nur, dass du weißt, dass ich um meinen lieben Meister genauso besorgt bin wie jeder andere.“

„Natürlich, Frau Milt. Ganz natürlich. Dr. North ist ein bemerkenswerter Mann und wird eines Tages sehr berühmt werden.“

„Ich denke, Sir“, sagte Mrs. Milt trocken. „Ich glaube, du hast gesagt, du sollst die ganze Nacht anhalten?“

„Ja, Frau Milt; und ich fürchte, mein Geschäft hier wird mich noch einen Tag beschäftigen, wenn es Ihnen nicht zu viele Sorgen bereitet.

„Oh, das spielt überhaupt keine Rolle, Sir. Ich bin mir sicher, dass der Meister wünscht, dass Sie sich sehr wohl fühlen, und soweit es in mir liegt, werde ich seinen Wünschen nachkommen, Sir.“

„Danke, Frau Milt. Ich bin sicher, dass Sie das tun werden“, sagte Cousin Thompson; und Mrs. Milt rauschte mit sehr strenger und entschlossener Miene aus dem Zimmer, aber sobald sie außer Sichtweite war, zeichneten sich tiefe Falten um ihre Augen ab, und sie rang die Hände.

„Ja“, sagte Cousin Thompson, ging sofort zu Norths Tisch und setzte sich, um einen Brief zu schreiben; „Ich werde heute Nacht hier schlafen, Frau Milt, und ich werde morgen Nacht hier schlafen, und vielleicht noch viele andere Nächte. Es nützt nichts, Rechtsberater zu sein, wenn ich mich nicht rechtlich um die Angelegenheiten meines kranken Cousins kümmere.“

Cousin Thompsons Sorge um seinen Cousin verlieh seinem Gesicht einen sehr glücklichen und zufriedenen Ausdruck.

„Es sieht gut aus“, sagte er, als er seinen Brief fertigstellte und zuschnürte. „Alles kommt zu dem Mann, der wartet. Sogar die gutaussehende, rundliche Frau Berens könnte – wer weiß?“

Er riss vorsichtig eine Briefmarke von einem Blatt in der Schreibtischschublade ab, befeuchtete sie an einer sehr großen, unangenehm aussehenden Zunge und klebte sie auf den Umschlag.

„Vielleicht hat sie recht, und ohne ärztlichen Rat wird es ihm besser gehen“, sagte er mit einem angenehmen Lächeln auf dem Gesicht. „Warum sollte ich mich einmischen? Das ist der Fehler, den manche Menschen machen: Sie graben eine Pflanze aus, um sich ihre Wurzeln anzusehen. Ich bevorzuge es, eine gut wachsende Pflanze in Ruhe zu lassen. Ja, es geht bergauf. Nun zu meinem freundlichen Baronet.“

Er ging auf den Ball und nahm seinen Hut, gerade als es an der Torglocke klingelte.

"Wer ist das?" er sagte; und er ging ins Esszimmer und hätte fast die Tür geschlossen, aber nicht ganz.

Im nächsten Moment waren Schritte im Flur zu hören, die Tür wurde geöffnet, und die schroffe Stimme des Pfarrers erklang durch den Raum, als er nach dem Arzt fragte.

„Es geht ihm sehr schlecht, Sir", sagte Frau Milt mit leiser und vorsichtiger Stimme. „Ich weiß nicht wirklich, was ich von ihm halten soll."

„Das tue ich", sagte Salis. „Er möchte Ruhe und Veränderung, Frau Milt."

"Jawohl; Ich denke, das ist es, Sir."

„Ich wünschte, ich könnte ihn wegbringen. Ich werde."

"Wirst du?" sagte Cousin Thompson leise.

„Hier, ich gehe hoch und besuche ihn. In seinem Zimmer, nehme ich an?"

"Entschuldigen Sie bitte; Ich denke, das solltest du besser nicht tun. Es irritiert ihn. Der alte Moredock kam gestern Abend wegen einer unbedeutenden Krankheit zu uns, und der arme Herr war ziemlich wütend darüber. Dann ging Mr. Thompson zu seiner Tür, und es schien ihn zu irritieren. Sie wissen, wie gereizt und gereizt es ist, wenn jemand krank ist."

„Ich möchte ihn sehen, Frau Milt. Ich will mit ihm sprechen."

Cousin Thompsons Augen zuckten.

„Aber ich werde deinem Rat folgen."

Mrs. Milt erwiderte etwas, was der Zuhörer überhörte, und übertrieb daher seinen Wert stark, und gleich darauf verschwand Salis in einer neuen Rolle – nämlich der des Todfeindes von Cousin Thompson; obwohl Salis selbst sich dieser Tatsache überhaupt nicht bewusst war.

„Na, und wie geht es uns heute?" sagte der Anwalt, als er die alte Bibliothek im Rathaus betrat.

Sir Thomas Candlish lag zurückgelehnt in seinem Stuhl, mit einer Zigarre im Mund, einer Sportzeitung auf dem Schoß und einer Limonade und einem Brandy – oder besser gesagt, zwei Brandys und einer Limonade – neben seinem Ellenbogen.

„Wie geht es uns heute?" er knurrte. „Kommen Sie nicht hierher und reden Sie wie ein verfluchter, glatter Humbug von einem Arzt, der gerade dabei ist, seinen Puls zu fühlen."

„Aber ich bin Arzt und habe gelernt, Ihren Puls zu spüren, mein lieber Herr", sagte Cousin Thompson lachend.

„Äh? – was? Wieder! Es ist noch nichts fällig.“

„Da, da, da! Machen Sie sich keine Sorgen, mein lieber Sir Thomas. Es gibt ein wenig zu erfüllen; Aber Sie machen sich nicht mehr wie früher Sorgen um Geldangelegenheiten. Du kannst zahlen."

„Ja“, knurrte Tom Candlish; „Und du scheinst es auch zu wissen.“

„Komm, das ist unfreundlich. Das ist nicht großzügig, mein lieber Herr. Wenn jemand Geld leiht, hat er sicherlich ein Recht auf Rückzahlung.“

„Oh ja, darüber weiß ich alles – den alten, alten Fachjargon. Ich möchte jetzt keinen Kredit aufnehmen. Wenn ich das täte, würde ich wohl alles über Ihren Freund in der Stadt erfahren, nicht wahr? – Ihren Klienten, der das Geld vorschießt, nicht wahr?“

"Ha! Ha! Ha!" lachte Thompson. „Man muss nicht fragen, wie es dir geht. Der alte Spaß kehrt voller Gesundheit und Kraft zurück.“

„Langsam verflucht. Was willst du denn?“

„Oh, es ist nur eine Kleinigkeit.“

„Eine Kleinigkeit.“

„Früher wäre es dir ernst gewesen; aber jetzt ist es eine Kleinigkeit.“

„Nun, lass es uns haben.“

„Nein, nein, noch nicht. Dort nehme ich eine Zigarre und ein B. und S.“

„Ah, das tue ich“, sagte Candlish sarkastisch. „Fühlen Sie sich wie zu Hause, beten Sie.“

„Das werde ich auf jeden Fall tun. Ich bin gekommen, um dich zu behandeln und dir Gutes zu tun.“

„Verdammt alle Ärzte!“ höhnte Candlelish.

„Amen“, sagte Cousin Thompson fröhlich, nahm eine Zigarre, zündete sie an und nahm sich den Brandy. „Sehen Sie hier, Herr; Du sitzt allein und träumst zu viel. Du willst Bewegung.“

„Wie zum Teufel soll ich mich bewegen, wenn mir, sobald ich auf ein Pferd steige, der Kopf zu schwimmen beginnt?“

„Und ein oder zwei hübsche Mädchen, die dich sehen.“

Tom Candlish stieß ein leises, schamloses, selbstzufriedenes Lachen aus.

„Äh? Ich sage. Hallo!" rief Cousin Thompson. „Oh, ich verstehe. Nun, Mama ist das richtige Wort. Aber komm; Sie wollen Veränderung; Du bist zu sehr allein. Jetzt bin ich gekommen –“

„Oh ja, Sie sind gekommen, und zwar zu einem freundschaftlichen Besuch."

„Geschäft und Freundlichkeit vereint, mein lieber Herr. Du hast mich früher nicht so brüskiert. Ich wollte mit Ihnen über eine kleine Geldangelegenheit plaudern. Machen wir es angenehm. Kommen Sie an diesen großen Tisch und lassen Sie uns das bei einer freundschaftlichen Partie Billard tun."

Tom Candlish sprang von seinem Platz auf und warf sein Glas um, das zu Boden fiel und in Atome zersprang.

„Mein lieber Sir Thomas! was ist los?"

„Nichts – nichts", antwortete er heiser. „Noch nicht gut. Ein verdammter Krampf."

"Wie unglücklich! Lass mich dein Glas nachfüllen, oder soll ich das oben im Billardzimmer machen?"

„Verfluche das Billard! Ich sage dir, ich spiele jetzt nicht."

"Nicht spielen?"

„Der Anblick der rollenden Kugeln macht mich schwindlig", rief der elende Mann und starrte seinen Besucher böse an.

„Aber, mein lieber Herr, es tut mir sehr leid, dass ich das Spiel erwähnt habe. Da, lass mich dir ein Licht geben. Du bist draußen. Das ist es. Sie sollten wirklich den Rat eines Arztes einholen."

„Verdammt alle Ärzte!" knurrte der Baronet erneut.

„Ich kann es mir nicht leisten, dass Sie krank werden, mein lieber Sir Thomas", sagte Thompson mit einem unangenehmen Lachen.

„Nein, du kannst es dir nicht leisten, dass ich krank werde. Eine zu gute Kuh zum Melken."

Cousin Thompson lachte und hatte das Gefühl, einen Fehler gemacht zu haben.

„Ich kann Ihnen nicht raten, meinen Cousin aufzupäppeln, weil er auch krank ist."

Tom Candlishs Lippen öffneten sich, um einen heftigen Fluch auszustoßen, aber er unterdrückte es und drehte sich auf seinem Stuhl um.

„Ist er sehr krank?" sagte er eifrig.

"Ja; er scheint mir sehr krank zu sein."

„Ich bin froh darüber – ich bin sehr froh darüber", rief Candlish. „Komm, du brauchst mich nicht anzustarren. Ich wünschte, das Biest wäre tot."

„Ich habe dich nicht angestarrt“, sagte Cousin Thompson; „Nur zuhören. Ich glaube, Sie und er verstehen sich nicht gut; aber er ist ein sehr kluger Mann – mein Cousin Horace; und wenn ich in Ihrem Fall einen kleinen Rat von ihm bekommen könnte, wäre ich sicher.“

„Ich will keinen Rat. Nur ein wenig Zeit. Ich komme zu mir, das sage ich dir – schnell. Aber über Norden. Ist er sehr schlecht?“

„Nun, ja; Ich würde sagen, er war sehr schlecht.“

"Was ist los? Hat er Fieber bekommen?“

"NEIN. Oh je, nein! Es ist mental. Er scheint ziemlich entspannt zu sein. Ein bisschen verrückt vielleicht.“

„Na, verfluche alles, Thompson“, rief Candlish aufgeregt; „Du meinst nicht, dass der Schurke verrückt wird?“

„Mein lieber Sir Thomas – mein lieber Sir Thomas“, sagte der Anwalt mit einer Stimme voller Protest; „Ich kann wirklich nicht hier sitzen und zuhören, wie du meinen Cousin einen Schurken nennst.“

„Dann steh auf, Mann, und hör es dir an. Er ist ein Schurke, und ich hasse ihn, und ich würde es ihm ins Gesicht sagen, wenn er hier wäre. Jetzt sag mir, ist er wirklich böse?“

„Nur ein vorübergehender Angriff. Ich fürchte, er leidet unter übermäßigem Lernen. Aber jetzt zum Geschäft.“

„Halten Sie einen Moment inne, Mann, lassen Sie mich nachdenken. Hängen Sie das Geschäft auf! Wie viel kostet das? Ich werde dir einen Scheck ausstellen. Jetzt kann ich es, Thompson, alter Junge. Die Zeiten haben sich geändert, nicht wahr?“

„Ah, und zum Besseren, Sir Thomas.“

„Hier, halten Sie den Mund. Reden Sie nicht. Mal sehen: nicht verheiratet; weder Küken noch Kind; kein Bruder. Nun, Thompson, wenn North – verfluche ihn! – sterben würde, hättest du das Manor House!“

"Sollte ich!" sagte Cousin Thompson und hob nachdenklich die Augenbrauen. „Nun ja, ich schätze, ich bin der nächste Verwandte. Aber Horace North wird mich überleben.“

„Ist er ganz verrückt?“

"Stille! Reden Sie nicht darüber, mein lieber Herr. Armer Kerl, er ist krank; aber nicht ganz so schlimm. Es würde mir nicht gefallen, wenn ich unter seinen Patienten herumkomme. Die Leute reden und übertreiben so sehr.“

Tom Candlish rauchte ein paar Augenblicke heftig, dann warf er das Ende seiner Zigarre weg, zündete sich eine neue an, biss in das Ende und blickte seinen Besucher stirnrunzelnd an.

„Jetzt zum Geschäftlichen", sagte Thompson schließlich.

„Verfluchtes Geschäft!" rief der Gutsbesitzer, während er den Anwalt weiterhin aufmerksam beobachtete. „Sehen Sie, Thompson, wie kam es, dass Sie beide Cousins sind, er so viel Geld hat und Sie so arm sind wie Job?"

„Weg der Welt, mein lieber Herr – Weg der Welt."

Tom Candlish lehnte sich zurück, kaute auf dem Ende seiner Zigarre und rauchte kräftig.

„Schau her, du Thompson! Jetzt raus damit; Magst du Dr. North nicht?"

"Wie er? Ich hasse alle Ärzte; genau wie du."

„Das schlurft da raus", sagte Candlish verächtlich; „Aber du brauchst keine Angst vor mir zu haben. Ich bin offen genug. Ich scheue mich nicht davor, mich zu äußern und dir zu sagen, dass ich ihn hasse. Ich wünschte, du würdest einen Angriff auf seine Tasche machen und ihn ausbluten lassen, da du es so sehr liebst, mich ausbluten zu lassen."

„Oh, Unsinn, Unsinn!" sagte Cousin Thompson lachend; und dann saßen die beiden Männer rauchend da und starrten einander schweigend an, bis ihre Zigarren ausgetrunken waren.

„Nehmen Sie noch einen", sagte der Gutsbesitzer und reichte ihm den Koffer, der auf dem Tisch lag.

Thompson nahm einen weiteren, und Tom Candlish zündete seinen dritten an, lehnte sich in seinem Stuhl zurück, rauchte ganz ruhig und starrte von Zeit zu Zeit Thompson an, der ihn seinerseits sehr sachlich und amüsiert beobachtete.

Sie sprachen selten, und wenn, dann nur über gleichgültige Themen; Aber nach und nach schien sich zwischen ihnen ein gegenseitiges Verständnis zu entwickeln, das sich auf okkulte Weise mit Horace Norths Gesundheitszustand und seiner Position in Duke's Hampton befasste. Auch das Manor House-Anwesen schien etwas mit ihrer stillen Kommunikation zu tun zu haben.

Dies dauerte so lange, bis die zweite Zigarre des Anwalts und die dritte Zigarre des Gutsherrn ausgetrunken waren und auch eine gewisse Menge flüssiger Erfrischung getrunken worden war. Dann warf Cousin Thompson plötzlich den Tabakblattstumpf weg, den er zurückgelassen hatte.

„Nehmen wir mal an, wir erledigen unser Geschäft?"

„In Ordnung", sagte Candlish schmollend; und nachdem er auf bestimmte ihm vorgelegte Memoranden Bezug genommen hatte, öffnete er einen Sekretär, stellte einen Scheck aus und überreichte ihn dem Anwalt.

"Danke; das ist richtig", sagte dieser, indem er den Zettel verdoppelte und ihn in seine Handtasche steckte.

„Gehst du heute Abend zurück in die Stadt?" sagte Candlelisch. "NEIN."

"Morgen?"

"NEIN."

"Wann dann?"

„Hängt davon ab, wie die Dinge ausgehen", sagte Thompson bedeutungsvoll. „Ich nehme an, wenn ich einen Freund wollte, könnte ich mich auf dich verlassen?"

„Natürlich, natürlich", rief der Gutsbesitzer eifrig.

„Danke", sagte Cousin Thompson. „Ich werde es nicht vergessen, aber ich glaube nicht, dass ich Hilfe brauchen werde. Auf Wiedersehen."

„Auf Wiedersehen", sagte Tom Candlish herzlich.

Ein Wunsch gegenseitigen Charakters, ausgedrückt in einer Kontraktion — dass Gott mit zwei so völligen Schurken zusammen sein möge wie nie zuvor, die wegen einer halb ausgeheckten Verschwörung miteinander streiten.

„Frau Milt", sagte Cousin Thompson, als er an diesem Abend das Herrenhaus betrat, „ich habe über die Dinge nachgedacht, und Sie brauchen Ihrem Herrn nicht viel zu sagen, aber ich halte es für meine Pflicht, vorerst hier zu bleiben. und kümmere dich um seine Angelegenheiten."

„Aber wirklich, Sir —"

„Haben Sie die Güte, sich daran zu erinnern, wer Sie sind, Frau Milt. Verlasse den Raum!"

„Und er läuft in den dunklen Nachtwachen wie ein Verrückter umher", seufzte Frau Milt, sobald sie allein war. „Wenn dieser Kerl ihn sieht, was wird er denken?"

„Dieser Mistkerl", nämlich Cousin Thompson, kaute in Norths Bibliothek an seinen Nägeln und lauschte oben einem gewöhnlichen Landstreicher.

„Seltsam", sagte er, „aber sobald der Kopf eines Mannes berührt wird, wird er immer mehr wie ein vierfüßiges Tier."

Er lächelte und hörte zu. Alles war jetzt sehr still, und er machte sich an die Arbeit, die Schubladen und die Kommode nach Material zu durchsuchen, das ihm bei der Regelung von Horace Norths Angelegenheiten nützlich sein könnte, und während er suchte, redete er mit sich selbst.

„Lass mich sehen: Es war Nebukadnezar — nicht wahr? — der auf Händen und Knien umherging und Gras aß."

Er untersuchte ein oder zwei Dokumente, schien aber mit dem Ergebnis nicht zufrieden zu sein.

„Ha! armer Horaz!" er sagte. „Es tut mir sehr leid für ihn, aber ich muss meiner Pflicht gegenüber der Gesellschaft und auch ihm gegenüber nachkommen."

Er zuckte zusammen, denn die Türklinke war berührt worden, und blitzschnell ließ er die Papiere, die er in der Hand hielt, fallen und blies den Kamin der Lampe nieder.

Die Tür öffnete sich einen Spaltbreit, und als sie sich leicht öffnete, konnte er hören, wie die Kirchenuhr läutete, und dann dröhnte *ein tiefer Ton* .

Da war etwas Außergewöhnliches zu hören, denn durch das schwache Licht, das über die Fensterläden hereinströmte, konnte er sehen, wie sich ein dunkler Fleck leicht bewegte, und als ihm bis ins Mark kalt wurde, verwandelte sich der dunkle Fleck langsam in einen undeutlichen — Sein Gesicht war so gespenstisch, dass er mit wildem Blick dastand und hilflos auf die Stelle starrte.

Band drei – Kapitel neun.

Cousin Thompsons Zahnschmerzen.

Regelmäßig Tag für Tag.

Oben ging das ruhelose, wilde Tempo mit Unterbrechungen von Stunde zu Stunde weiter, als Horace North zum ersten Mal seit vielen Jahren die schreckliche Seite seines einsamen Lebens spürte und das Bedürfnis nach jemandem, dem er sich wirklich anvertrauen konnte ... Mutter, Frau, Schwester – die voll und ganz an ihn glauben würden; aber es gab keine.

Sein Studienleben hatte es ihm bis jetzt ermöglicht, sich selbst zu versorgen. Ihm war kein großer Ruf zuteil geworden. Aber jetzt war das Bedürfnis da, und er saß stundenlang da und dachte über seinen Zustand nach, nur um dann wieder aufzuspringen und sein Zimmer zu durchstreifen.

Zu wem konnte er fliegen, um Rat einzuholen – Salis? Die alte Haushälterin? Der alte Arzt in London? Thompson, sein Cousin, dann im Ort?

"Nein nein Nein! Wie könnte ich mich erklären? Wenn ich all meine Gefühle erzählen würde, alles, was ich getan habe, würden sie sagen, ich sei verrückt.

„Es ist unmöglich zu sprechen", keuchte er.

„Ich bin angekettet – gründlich angekettet."

Er hielt in seinem ermüdenden Schritt inne, denn wie ein Licht schien das sanfte, süße Gesicht Mariens mit ihrem sanften Blick und ihren leuchtenden Augen auf ihn einzudringen. Sie könnte ihm helfen, die arme, leidende Frau. Aber nein, nein, nein! Es war unmöglich: Er konnte nicht sprechen.

Die Zeit war wieder gekommen, als er, um die schreckliche Langeweile seines Lebens zu lindern, sein Zimmer verließ – immer wartend, bis das Haus still war und alles schlief.

Er öffnete seine Tür und ging vorsichtig hinaus, um in den Flur hinabzusteigen, und nachdem er ein paar Minuten gezögert hatte, legte er seine Hand auf den Verschluss der Vordertür, als wolle er hinausgehen, schüttelte aber den Kopf und wandte sich ab.

Schweigend ging er in das freudlose Wohnzimmer, ging dort auf und ab und dann im Esszimmer, bis er, müde davon, zum Arbeitszimmer ging, um die Tür zu öffnen, und einen oder zwei Moment innehielt, erschrocken durch das laute Knacken es gab nach, denn das Studium schien in seinem Kopf mit dem Schrecken der Lage verbunden zu sein, die er sich selbst auferlegt hatte.

Als er dann langsam seinen Kopf einschob, kam es ihm so vor, als wäre er endlich frei, denn vor ihm erhob sich Luke Candlish, für die damalige Zeit verkörpert, von einem Stuhl, ganz so, wie wir ihn zuletzt in seinem Haus gesehen hatten; Und als er wild auf das Gesicht blickte, das nur schwach in der Dunkelheit zu erkennen war, kam es ihm so vor, als wäre tatsächlich die Zeit gekommen, in der er seinen Feind, der ihn verfolgte, mit der Ferse zermalmen konnte, und als er vorwärts stürmte, versuchte er, ihn an der Kehle zu packen.

„Jetzt", schrie North heftig, „habe ich dir dein Leben zurückgegeben; nimm es und gib es mir in Ruhe und Frieden zurück, oder ich werde es zerstören, wie ich es wiederhergestellt habe."

Seine Hände sanken auf seine Seite, er stieß ein leises Stöhnen aus und schreckte zurück.

Nicht, dass es nur Einbildung gewesen wäre, denn er wusste, dass er eine lebende, atmende Gestalt fest umklammert hatte, die einen Schreckensschrei ausgestoßen und dann ausgerufen hatte:

„Horace – Horace, alter Kerl, bist du verrückt?"

Es gab ein lautes Rascheln und ein leises Rasseln, als North zur Seite des Zimmers stolperte und auf die Couch sank. Dann erklang ein kratzendes Geräusch, das Aufblitzen eines Streichholzes, und das winzige Wachslicht, das eine bläuliche Flamme ausstrahlte, warf das blasse, glatte Gesicht von Cousin Thompson hervor, dessen Augen vor Angst geweitet waren.

Er eilte zum Kamin und zündete eine der Kerzen in einem Bronzeständer an.

„Warum, Horace, alter Kerl, worum geht es dir?" schrie er zitternd. „Gott sei Dank, du bist es."

North murmelte unhörbar einige Worte, weil er Angst hatte, sich selbst zu trauen, etwas zu sagen, und bedeckte sein Gesicht mit seinen Händen.

„Warum, was ist los, alter Kerl?" sagte Thompson lachend. „Oh, ich verstehe; Du warst so lange eingesperrt, dass du das Licht nicht ertragen kannst. Wie lächerlich, nicht wahr?"

North schwieg.

„Ich habe ein Geräusch gehört und da ich wusste, dass du krank bist, hielt ich es für meine Pflicht herunterzukommen. Ich konnte erkennen, dass jemand umherstreifte und sich mit geballter Faust zum Schlag zurückzog, aber du warst zu schnell für mich. Ich bin froh, dass ich gesprochen habe."

Immer noch keine Antwort.

"Von Jove! was für ein Witz! Du hast mich für einen Einbrecher gehalten; Ich habe dich für einen gehalten. Was für ein Segen, dass wir nicht bewaffnet waren!"

"Bewaffnet?" sagte North langsam.

"Ja. Vielleicht hast du mir eine Kugel durch den Kopf geschossen. Nun, ich bin froh, dass mich der kaputte Zahn wach gehalten hat. Es hat mir die Chance gegeben, dich zu sehen. Nun, ich hatte mich gerade erst in meine Kleider gelegt, nachdem ich durch das Zimmer gestapft war, bis ich fürchtete, ich könnte das Haus stören. Gib mir etwas dafür, das ist ein guter Kerl."

North zögerte einen Moment und zitterte, er könnte Worte sagen, die die Aufmerksamkeit seines Cousins erregen könnten; aber schließlich erhob er sich und hielt sich mit einer Hand die Augen zu.

„Was, sind deine Augen so schlecht?" sagte Cousin Thompson.

„Ja", war die lakonische Antwort; und North ging in die Praxis, holte eine kleine Flasche aus einer Schublade, das Klirren eines oder zweier Stopfen war zu hören, und ein eigenartiger Geruch stieg auf, als Thompson mit eifrigen Augen bemerkte, wie sein Cousin ihm den Rücken zuwandte, während er eine Flasche fallen ließ eine kleine Menge aus jeder der Flaschen, die er abnahm.

"Kannst du sehen?" sagte Cousin Thompson und hielt die Kerze.

„Ja, ich verstehe, danke", sagte North, stellte die Flaschen wieder auf das Regal und steckte einen Korken in die Flaschen, die er in der Hand hielt, bevor er sie als „Gift" bezeichnete.

„Reiben Sie ein wenig davon auf die Außenseite Ihres Gesichts. es wird den Schmerz lindern."

„Es ist furchtbar nett von dir", sagte Thompson sanft, „besonders jetzt, wo du so krank bist. Danke. Draußen ein wenig reiben, nicht wahr? Ich nehme an, dieses „Gift" ist nur eine Vogelscheuche. Es würde mir nicht schaden, wenn ich das Los übernehmen würde."

„Nein", sagte North leise. „Es würde dir nicht schaden. Das Gefühl wäre ziemlich angenehm."

„Das habe ich mir gedacht", sagte Cousin Thompson, der North aufmerksam beobachtete, während er mit der Flasche spielte.

„Aber", fügte der Arzt eindrucksvoll hinzu, „an Ihrer Stelle würde ich zuerst mein Testament machen."

"Warum?"

„Weil du morgen früh nicht mehr dazu in der Lage sein würdest."

„Oh, ich sage, alter Kerl, ist das so schlimm? Machen Sie mein Testament, nicht wahr? Arzt, heilen Sie sich selbst! Du hast deins noch nicht gemacht."

„Nein", sagte North leise; „Ich habe meins nicht gemacht. Gute Nacht, ich gehe in mein Zimmer."

„Einen Moment – soll ich dich morgen sehen?"

"NEIN."

„Na, dann am nächsten Tag?"

„Zweifelhaft", sagte North hastig und ging schroff an seinem Cousin vorbei, um zur Treppe und hinauf in sein eigenes Zimmer zu eilen.

„Das dachte ich mir nicht", murmelte Cousin Thompson. „Das war ein toller, mutiger Schuss, der genau ins Schwarze getroffen hat. Nun, Meister Horace, das alte Sprichwort wird bewiesen. Jeder Hund hat seinen Tag und dieser Hund wird seinen haben. Wie oft haben Sie ihm in einem verfluchten, widerwilligen, griesgrämigen Geist Geld geliehen? Wie oft bin ich hierher gekommen, erschöpft von Sorgen und Intrigen, um einen ehrlichen Lebensunterhalt zu verdienen, und Sie haben mich – Sie, die im Reichtum wühlen – mit einer unhöflichen Gastfreundschaft empfangen, wie ich sie Ihnen entgegengebracht hätte, wenn ich nicht so arm gewesen wäre ? Macht nichts, mein lieber Junge; Die Welt dreht sich um, und diejenigen, die heute unten sind, sind morgen wieder auf. Ich kann Squire Tom dazu bringen, zu einer hübschen Melodie zu quieken, wann immer ich will, und die Witwe – nun ja, sie ist keine schlechte Frau, wenn sie sich in das Nest setzt, bei dessen Auskleidung sie mitgeholfen hat. „Herrenhaus, Duke's Hampton: Herrenhaus, Duke's Hampton!" Keine schlechte Adresse. Es gibt Schlimmeres, als ein Landedelmann zu sein – Bezirksrichter ist die richtige Bezeichnung. Ja, mein lieber Cousin, die Dinge sehen besser aus als seit Jahren. Was für eine gesegnete Sache ist das britische Gesetz, besonders wenn es um eine medizinische Frage geht. Die Frucht ist so gut wie reif, und wenn ich nicht meine Hand ausstrecke, um sie zu pflücken, dann muss ich ein Narr sein."

"Narr!" sagte er, während er mit der brennenden Kerze in der Hand lächelnd dastand und seltsame Schatten auf die unteren Teile seines Gesichts warf. „Dummkopf – Narr – Narr! Nein", sagte er leise und schüttelte den Kopf. „Ich habe ein paar Schwächen: Ich bin ein bisschen schwach. Ich bewundere eine weiche, rundliche, angenehm aussehende Witwe – mit Geld – wie Frau Berens. Ich mag Geld – viel Geld, und ich mag Duke's Hampton; aber das sind nur liebenswürdige Schwächen, und ich glaube nicht, dass ich ein Narr bin."

Er hielt die Kerze hoch und sah sich um, als genieße er das Gefühl der Besessenheit, und sein Blick ruhte auf den guten, altmodischen Möbeln, der erlesenen Auswahl an Büchern, ein oder zwei Bronzen und ein paar Gemälden von Meisterhand: alles Seine funkelnden Augen schienen sie auf einen Blick einzuschätzen und zu katalogisieren.

„Ja", sagte er und lächelte sanft, „die Dinge sehen jetzt viel besser aus, und Duke's Hampton gefällt mir ganz gut genug, um dort zu leben – mit einer Frau."

Er machte einen oder zwei Schritte auf die Tür zu und blieb noch einmal stehen, offensichtlich genoss er seine Gespräche.

" *NEIN* ! Es gab eine Entscheidung darüber, *was* mir gefiel, mein lieber Cousin. Nein: Er hat sein Testament nicht gemacht. Aber das spielt keine Rolle, mein lieber Junge – nicht im Geringsten, denn soweit ich weiß, wirst du nicht sterben."

Sein Gesicht verlor hier das Lächeln, und er nahm das Fläschchen, das er erhalten hatte, sanft aus der Tasche und hielt es gegen das Licht.

" *Gift. Nur zur äußerlichen Anwendung* ."

Er las die Worte langsam.

„Ja", sagte er, „das wäre eine gefährliche Sache in den Händen einiger Männer, die ein Leben zwischen sich und einem ansehnlichen Besitz sahen." Aber nein, meine hübschen Tropfen! Sie können wiederkommen. Nicht für mich. Ich bin Anwalt und kenne mich mit dem Gesetz aus. Was für Idioten manche Männer waren und was für einen Preis sie dafür zahlen mussten! Aber sie waren keine Anwälte und kannten das Gesetz nicht. Nun denn, für eine gute Nachtruhe. Und morgen. Hah!"

Band Drei – Kapitel Zehn.

Ein Besuch im Dunkeln.

„Das gefällt mir nicht, Mary. North hat sich völlig verschlossen. Er wird Mrs. Milt nicht einmal sehen, sagt sie mir, und sie wird wegen seines Zustands sehr unruhig.“

Mary sah zu ihrem Bruder auf. Sie traute sich nicht zu sprechen.

„Ich habe Mitleid mit ihm, und dennoch fühle ich mich verärgert und verletzt, weil ich ihm größere Geistesstärke zugetraut habe.“

Mary hatte das Gefühl, dass sie wusste, was kommen würde, aber sie wagte nicht, ihre Lippen zu öffnen.

„Natürlich war es sehr schmerzlich herauszufinden, dass die Frau, die er zu seinem Idol gemacht hatte, wenig mit ihm zu tun hatte, aber ich hätte gedacht, dass Horace North sich als Mann von Welt erwiesen, seine Last geduldig getragen und genug gehabt hätte eines Philosophen, der seinen Weg weitergeht, ohne zusammenzubrechen.“

„Aber er ist sehr krank.“

"Krank!" sagte Salis. „Ich habe das Gefühl, zu ihm zu gehen und ihn zu schütteln und aufzuwecken. Ihm zu sagen, dass das von seiner Seite her nicht männlich ist.“

„Und doch gibst du zu, dass er leidet, Hartley.“

"Leiden? Ja; Aber er hat nichts damit zu tun, über eine Frau zu leiden wie – da, da vergesse ich mich selbst. Armer Kerl! er muss sehr krank sein. Sehen Sie, die Aufregung kam, als er mit dem Studium und den Feinheiten seiner Lieblingstheorie erschöpft war, und deshalb ist er jetzt so niedrig.“

Mary lag einige Zeit mit halb geschlossenen Augen zurück, und es herrschte Stille im Raum.

„Wo ist Leo?“ sagte Salis schließlich.

„In ihrem Zimmer – beim Lesen.“

„Gott sei Dank scheint sie sich jetzt ruhig zu beruhigen. Sicherlich ist dieser Lebenssturm vorbei, Mary.“

„Ich bete, dass es so sein möge, Hartley“, sagte sie leise; aber in ihren Worten lag ein Anflug von Zweifel.

„Nun“, sagte Salis und stand auf, „ich muss gehen und mich umschauen.“

„Gehst du raus, Liebes?“

"Ja. Ich scheine den Menschen gegenüber in letzter Zeit sehr nachlässig gewesen zu sein.“

„Halten Sie einen Moment inne, Hartley“, sagte Mary mit leuchtender Farbe in ihren Wangen.

„Willst du etwas sagen?“

"Ja, Liebes; Ich möchte – ich möchte mit Ihnen über Dr. North sprechen.“

„Nun, was ist mit ihm, mein Kind?“

„Hartley, als wir krank waren, war er immer hier. Kein Schmerz schien zu groß für ihn zu sein.“

„Ja, kein Mann hätte aufmerksamer sein können.“

„Und jetzt, Hartley, ist auch er krank – schwer krank.“

„Ja, ich fürchte schon.“

„Dann halten Sie es nicht für eine Pflicht, alles zu versuchen, um ihm wiederum zu helfen?“

„Natürlich, und ich habe es versucht; aber was kann ich tun? Er wird mich nicht sehen, und sein Cousin, der übrigens viel mit Frau Berens zu tun zu haben scheint, will mich offensichtlich nicht dort haben.“

„Aber solltest du das studieren, Hartley, wenn dein Freund krank ist?“

„Ich habe das alles durchdacht, Mary, und manchmal habe ich das Gefühl, ich könnte nichts tun. Sehen Sie, es ist so: Ich bin mir sicher, dass North mich nicht sehen will.“

"Warum Liebling?" sagte Mary ernst.

„Weil es ihn zu sehr an seinen Ärger mit Leo erinnert. Er empfindet das sehr bitter, und ich weiß, dass meine Anwesenheit es zur Sprache bringen würde. Wäre es nicht besser, sich fernzuhalten und seine Nerven beruhigen zu lassen?“

„Nein“, sagte Mary ruhig und bestimmt. „Es war nicht deine Schuld. Es war Dr. Norths eigene Suche, und er braucht Hilfe. Geh zu ihm, Hartley.

"Geh zu ihm?"

"Ja. Er muss in jeder Hinsicht in großen Schwierigkeiten stecken. Du sagst, sein Cousin ist da?“

„Ja, und wenn ich viel gehen würde, würde ich mich mit diesem Mann streiten.“

„Nein, nein; du darfst nicht streiten. Aber erinnern Sie sich, wie Horace North immer sagte, er fühle sich verpflichtet, höflich zu ihm zu sein, wünschte aber, er würde nicht kommen.“

"Ja, ich erinnere mich."

„Dann geh zu ihm und sei an seiner Seite, mein Lieber, falls er Hilfe und Rat braucht. Denken Sie daran, dass Sie sein Freund sind. Auch wenn er mürrisch und gereizt wirkte, sollte ich bleiben.“

„Du hast recht, Maria; Ich werde gehen. In Mrs. Milt werde ich jemanden haben, der mir helfen kann. Ich werde bei ihm stehen."

Marys Augen leuchteten und sie streckte ihre Hand aus.

„Er wird dir eines Tages danken, mein Lieber; auch wenn er jetzt seltsam wirkt.“

„Er kann sagen, was er will, und tun, was er will“, sagte Salis herzlich. „Ich hätte das nicht erzählen müssen; Aber ich werde jetzt die Versäumnisse der Vergangenheit wiedergutmachen und die Rolle des Hundes spielen.“

Salis kam etwas zu spät mit seinem Versprechen, für seinen Freund die Rolle des Wachhundes zu spielen, denn als er zum Herrenhaus ging, traf er gerade auf eine Kutsche, die gerade ausfuhr.

„Die Fliege vom ‚Bull‘ in King's Hampton und ein paar Pferde“, sagte Salis, als er weiterging und offenbar keine Rücksicht auf die Insassen der Kutsche schenkte. „Nun, wer sollen das sein? Weiße Krawatte, eine davon; der andere dünn, spärlich und dunkel. Ärzte, für einen Herrscher würde ich sagen, wenn ich kein Pfarrer wäre.“

Frau Milt öffnete ihm die Tür und führte ihn in das Wohnzimmer, dessen Fenster auf den Hintergarten mit seiner großen Gruppe immergrüner Pflanzen und schattigen Spazierwegen blickte, hinter denen sich die Wiesen befanden, durch die der Fluss floss.

„Ich bin sehr froh“, sagte Salis eifrig; „Ihr Herr hat ein paar Ärzte zu sich genommen, nicht wahr?“

"Nein Sir; Oh, mein Gott, nein!“ sagte die Haushälterin traurig. „Wenn Sie ihn nur sehen und ihn dazu überreden würden und ihn dazu bringen würden, einen klugen Mann zu sehen, Sir, wäre das die beste Tagesarbeit, die Sie jemals geleistet haben.“

„Ich werde es versuchen, Frau Milt“, sagte Salis; „Aber ich bin enttäuscht.“

„Das bin ich auch, Sir. Er möchte anderen Menschen Gutes tun, anstatt zu versuchen, ihnen Gutes zu tun. Das sind einige Freunde von Mr. Thompson, Sir. Einer von ihnen hat eine sehr merkwürdige Beschwerde, dass Herr

Thompson sagte, der Meister sei fast der einzige Mann gewesen, der wusste, wie man heilt."

„Und hat er sie gesehen?"

„Ja, Sir, nach viel Überzeugungsarbeit und fast einem Streit, Sir. Ich konnte den Meister und Mr. Thompson, Sir, durch die Tür reden hören, und er sagte, der Meister sollte sich schämen, wenn er einen leidenden Herrn aus der Stadt kommen und in der Hoffnung, den ganzen Weg von King's Hampton zu fahren, zulassen würde geheilt zu werden, und ihn dann zurückgehen zu lassen, ohne ihn gesehen zu haben."

„Ja, Frau Milt; mach weiter", sagte der Pfarrer eifrig.

„Nun, Sir, nach einem langen Kampf ging Herr Thompson weg, aber er ging und versuchte es noch einmal, und der Meister gab sofort nach und ging in seinem Schlafrock hinunter, ganz weiß und verängstigt aussehend, und sah die beiden Herren, die gerade gegangen waren weg."

„Nun, darüber bin ich froh – von ganzem Herzen", sagte Salis. „Das ist die dünne Seite des Keils, Frau Milt, und wir haben guten Grund, Herrn Thompson für das, was er getan hat, dankbar zu sein. Patienten wiedersehen! Das sind in der Tat gute Nachrichten. Er wird mich jetzt sehen."

Frau Milt schüttelte den Kopf.

„Ich fürchte nicht, Sir."

„Ich muss ein Patient sein."

"Sie, mein Herr? Na ja, Sie sehen aus wie ein Muster an Gesundheit."

„Aber ich war sehr geduldig, Frau Milt", sagte Salis lachend.

„Ah, Sir, und ich auch", sagte die Haushälterin traurig, „und ich habe eine Menge gelitten, mit der Krankheit des Herrn und meinem Gewissen."

Die alte Dame hielt ihre Schürze vor die Augen und schluchzte leise.

„Ihr Gewissen, Frau Milt", sagte Salis lächelnd. „Warum, ich hätte denken sollen, dass das klar genug ist."

„Klar, Sir? Ach nein! Ich habe viele bittere Nächte damit verbracht, an mein Temperament zu denken und daran, wie ich den armen Herrn beunruhigt habe, wenn er all seine Arbeit auf seinen Schultern hatte. Ich habe dazu beigetragen, ihn zu dem zu machen, was er ist. Oh, da ist dieser Mann, Sir!"

Sie zog den Pfarrer herein und schloss die Tür, denn man hörte Schritte, und Cousin Thompson ging aus dem Hintergarten umher und ging zum Tor hinunter.

„Er ist ausgegangen, Sir; und ich werde es jetzt versuchen, wenn der Meister dich sehen wird. Es macht ihm schreckliche Sorgen, dass sein Cousin hier ist, und das hat es schon immer getan."

Die Haushälterin schloss und verriegelte die Tür und führte sie zum Treppenabsatz im ersten Stock. Während sie Salis winkte, still zu sein, klopfte sie sanft an die Tür des Arztes.

Im Moment zuvor hatten sie schwach das Geräusch von jemandem gehört, der auf und ab ging, aber beim ersten Klopfen an der Tür verstummte dies. Es gab keine Antwort.

Die Haushälterin klopfte erneut und rief in einfacher, altenglischer Landmode sanft:

„Meister, Meister!"

Es kam immer noch keine Antwort; aber sie beharrte und klopfte erneut.

„Meister, Meister!"

"Ja, was ist es?" kam von innen; und Frau Milt drehte sich um und nickte dem Pfarrer zufrieden zu, als sie sagte:

„Herr Salis, Sir. Er würde dich gerne sehen."

Es entstand eine Pause und dann heiser: „Sagen Sie Herrn Salis, dass ich krank bin und niemanden sehen kann."

Der Pfarrer wollte gerade etwas sagen, aber Frau Milt hob hastig die Hand.

„Aber ich bin mir sicher, dass er Sie sehr gerne sehen würde, Sir. Mr. Thompson ist ausgegangen.

„Sagen Sie Herrn Salis –"

Es entstand eine Pause, und der Pfarrer ging nahe an die Tür.

„Norden, alter Kerl", sagte er sanft; „Dreh deinen Freunden nicht den Rücken zu. Was habe ich getan, um so behandelt zu werden?"

Es entstand eine weitere Pause, während der die Leute auf dem Treppenabsatz ängstlich und voller Besorgnis lauschten.

Aber alles blieb vollkommen still und Salis wagte es erneut, Berufung einzulegen.

„Ich werde nicht länger aufhören, als du willst, alter Kerl", sagte er; „Aber ich bin unruhig und –"

Er wurde durch das scharfe Knacken des Türschlosses unterbrochen. Dann wurde der Griff gedreht und ein langer Schlitz aus Dunkelheit kam zum Vorschein.

„Kommen Sie herein", sagte eine raue Stimme; und Salis drehte sich um und nickte Frau Milt zufrieden und lächelte, als er Norths Zimmer betrat und die Tür schloss.

Das Gefühl war seltsam, der Übergang vom hellen Tageslicht in tiefe Dunkelheit, und Salis versuchte, sich an die Anordnung des Zimmers und die Position von Fenster und Bett zu erinnern, als er spürte, wie North an ihm vorbeiging und die Tür abschloss.

Denn es war offensichtlich, dass man versucht hatte, jeden Lichtstrahl auszuschließen, und das nicht ohne Erfolg.

„Nun, ich freue mich – ich wollte dich sehen, alter Junge", rief Salis. „Wäre es nicht besser, die Vorhänge und das Fenster zu öffnen? Dieses Zimmer riecht sehr schwach."

„Brandy ist verschüttet", sagte North und spielte damit auf seinen Unfall vor vielen Tagen an.

"Brandy? Der Ort riecht nach Laudanum und Chloroform, und Gott weiß, was noch dazu kommt."

„Sie wollten mit mir sprechen", sagte North.

„Ja, ich habe viel zu sagen; aber ich würde mich gern setzen."

„Zu Ihrer Linken steht ein Stuhl."

"Ah ja. Danke", sagte Salis, tastete herum, bis er es berührte, und setzte sich. "Wo bist du?"

„Auf dem Bett sitzen."

„Nun, ich nehme an, Sie haben einen Grund für diese blinde Männerarbeit. Schlechte Augen?"

"Sehr."

„Darf ich Ihnen ein paar Worte zum Thema „Beratung" sagen?"

„Hast du keine Angst, dich hier im Dunkeln mit mir einzuschließen? In dieser Schublade sind Rasierer. Auf dem Frisiertisch steht eine Flasche Blausäure. Warum, Pfarrer, Sie sind ein Narr!"

Die Stimme schien sich verändert zu haben, und dieser Rede folgte ein seltsames spöttisches Lachen, das Salis durchfuhr und ihn zusammenschrecken ließ; aber er erholte sich sofort.

„Nein", sagte er entschieden; "Ich habe keine Angst."

„Nein, du hast keine Angst", kam leise aus der Dunkelheit.

„Komm, North, alter Kerl", fuhr Salis fort; „Wir sind alte Freunde. Du hast mir geholfen, als ich in großer Not war; Vergib mir, jetzt, wo ich weiß, dass du in Schwierigkeiten bist, dass ich mich dir aufgedrängt habe."

„Ich habe nichts zu vergeben."

„Dann lass mich dir helfen. Glauben Sie mir, dass Mary und ich uns große Sorgen um Ihre Gesundheit machen. Sag mir, was ich tun kann."

Es entstand eine Pause; dann ein leiser, mitleiderregender Seufzer; Und aus der Dunkelheit kam das Wort:

"Nichts-!"

„Ich kann deine Beschwerde natürlich nicht verstehen, alter Freund; aber sag mir eins. Sind Sie *gelassen genug*, um zu wissen, was Sie am besten für sich tun können?"

„Ganz recht, Salis, ganz", sagte North langsam.

„Und Sie sind krank und führen eine bestimmte Handlung durch?"

„Ich tue das, was wirklich ist – das Beste."

„Und Sie brauchen keine Hilfe – keinen zusätzlichen Rat?"

„Wenn ich das täte, würde ein Brief oder ein Telegramm ein paar der bedeutendsten Männer Londons stürzen; aber sie konnten nichts tun."

Salis seufzte.

„Aber kann ich nichts tun?"

„Hilf mir nur, vollkommene Ruhe und Frieden zu finden."

„Aber über Ihre Patienten? Moredock beschwert sich bitterlich."

„Meine Patienten müssen woanders hingehen", sagte North langsam. „Ich kann niemanden sehen."

„Glauben Sie nicht, dass mich Neugier treibt; Aber sind Sie sicher, dass Sie das Beste für sich tun?"

"Ziemlich sicher. Lass mich mich auf meine eigene Weise heilen, und – und –"

„Na, was, alter Kerl?" sagte Salis, denn der Arzt hatte aufgehört zu sprechen.

„Achten Sie manchmal gar nicht darauf, was ich sage. Ich habe – ich habe etwas zu hart gearbeitet und – manchmal –"

„Ja, manchmal?“

„Ich fühle mich ein wenig im Delirium und sage Dinge, die ich zu anderen Zeiten nicht sagen sollte – zu anderen Zeiten, wenn ich sie sage.“

In seiner Äußerung und in seinen Wiederholungen lag eine Einzigartigkeit, die Salis beeindruckte; und diese gebrochenen Sätze waren seltsam, fast schon schrecklich, da sie aus der Dunkelheit vor ihm kamen.

"Oh ja; Ich verstehe“, beeilte er sich, fröhlich zu sagen. „Ich weiß, alter Kerl. Willst du ein nasses Handtuch um deinen Kopf und ruhst dich aus.“

„Ja – und ruh dich aus“, sagte North leise.

„Ruhe und viel Schlaf. Ich führe Ihre Störung darauf zurück“, sagte Salis, während ein Gefühl des Unbehagens zuzunehmen schien, das er nicht bewältigen konnte. In einem Moment hatte er das Gefühl, dass sein Freund nicht in der Lage sei, zu beurteilen, was das Beste für ihn sei; bei einem anderen kam er zu dem Schluss, dass er es war; und dass es schließlich seltsam war, dass ein Mann in seinem eigenen Haus nicht tun und lassen konnte, was er wollte, selbst wenn er sich in einem dunklen Raum einschloss, um seine Augen auszuruhen.

Eine seltsame Stille hatte sich über den Ort gelegt, und trotz seiner Bemühungen konnte Salis sie nicht ertragen. Ein Dutzend Themen kamen ihm auf die Lippen, und er wollte sie gerade aussprechen, aber er hatte das Gefühl, dass sie unangemessen wären; und während North völlig still blieb und das unbehagliche Gefühl, das sich daraus ergab, wenn man dort in der Dunkelheit saß und sich sozusagen mit dem Unsichtbaren unterhielt, zunahm, erhob sich Salis.

„Nun“, sagte er, „ich bin froh, dass ich gekommen bin, alter Kerl. Ich habe dich nicht sonderlich gestört?“

"NEIN."

„Und ich komme vielleicht wieder?“ Eine Pause. Dann ja."

„Und du wirst mich sehen?“

"Ich kann Sie nicht sehen. Ich freue mich, wenn Du kommst. Ich fühle mich sicherer und besser, wenn du hier bist.“

Salis zuckte ein wenig zusammen. Dann kam ihm ein Gedanke.

„Schau her, alter Kerl. Kommen Sie und bleiben Sie einmal bei uns.“

North schien heftig anzufahren, und Salis spürte, wie schwerwiegend der Fehler war, den er gemacht hatte. Für einen Moment hatte er alles über Leo vergessen und biss sich über seine Torheit auf die Lippe.

"NEIN. Geh jetzt."

„Wirst du mir die Hand geben?“

„Nein, nein“, sagte North leidenschaftlich. "Geh; geh jetzt. Kommen Sie für ein paar Tage nicht wieder.“

„Wie du willst, North; Denken Sie nur daran: Eine Nachricht wird mich jederzeit erreichen. Du wirst mich herbeirufen, wenn ich von Nutzen sein kann?“

North schien ein paar zustimmende Worte zu äußern, und dann hörte Salis ein leises Rascheln in der Dunkelheit, das den Pfarrer trotz seiner Männlichkeit und Festigkeit zusammenzucken ließ, als er spürte, wie sehr er Norths Gnade bei dieser Beschwerde ausgeliefert war nahm eine unangenehme mentale Wendung.

Doch das Rascheln wurde direkt danach durch das Klicken des Türschlosses erklärt. Dann schien ein blasser Lichtstrahl in den Raum, als sich die Öffnung vergrößerte, und als sie offensichtlich bereitgehalten wurde, wurde Salis ohnmächtig, die Tür schloss sich plötzlich hinter ihm, das Schloss schnappte ein, und er schauderte, als er ein leises, spöttisches Geräusch hörte Lachen, gefolgt von der Vibration des Bodens, als der Kranke begann, schnell auf und ab zu gehen.

„Was soll ich tun?“ murmelte Salis, während er unentschlossen auf der Matte stand, bis er eine Berührung an seinem Arm spürte und als er sich umdrehte, feststellte, dass Mrs. Milt offensichtlich darauf gewartet hatte, dass er herauskam.

„Nun, Sir?“ flüsterte sie, als sie hinuntergingen.

„Nun, Frau Milt?“

„Glauben Sie nicht, dass er – ein bisschen – Sie glauben nicht, dass das passiert?“

„Was, Wahnsinn?“ Die Haushälterin nickte. „Absurd, Frau Milt!“ rief Salis, „absurd!“

„Gott sei Dank, Sir!“

„Ein bisschen außer Betrieb und exzentrisch. Aber warum haben Sie diese Frage gestellt?“

„Nun, Sir, das hat Mr. Thompson gesagt.“

Band drei – Kapitel elf.

Salis macht eine Entdeckung.

„Ich kann mich wirklich nicht einmischen, meine liebe Mary – ich kann mich nicht einmischen. Frau Berens ist eine Freundin von Ihnen und eine meiner Gemeindemitglieder, aber was kann ich tun?“

„Sie ist allein auf der Welt und in großen Schwierigkeiten.“

„Aber hier ist eine dumme Frau; geht und hört einem plausiblen Anwalt zu und tätigt auf seinen Vorschlag hin eine Reihe von Investitionen, und dann bereut er es und kommt zum Pfarrer.“

„Nun, für wen ist es besser?“ sagte Mary lächelnd.

„Für einen Rat über ihre Sünden wäre es völlig ausreichend“, sagte Salis.

„Ich glaube nicht, dass Frau Berens welche hat. Wenn ja, mein Lieber, müssen es nur kleine sein.“

„Aber den Pfarrer in Geldangelegenheiten um Hilfe zu bitten, ist absurd. Dies ist das dritte Mal, dass sie dort ist.“

"Ja, Liebes."

„Es ist nicht so, dass die Investitionen schiefgegangen wären.“

„Nein, Liebes; sie misstraut Mr. Thompson.“

„Vielleicht ohne Grund. Lassen Sie sie dann das Geld mit möglichst geringem Verlust zurückbekommen und es in Konsolen investieren.“

„Da sehen Sie, Sie können gute Ratschläge geben, Hartley.“

„Oh, jede Nudel könnte so einen Rat geben. Es ist nicht perfekt.“

„Nein, Liebes“, sagte Mary traurig; „Denn Mrs. Berens sagt, dass dieser Mr. Thompson ihr sagt, es sei jetzt unmöglich, sich zurückzuziehen, und es scheint, dass er sehr wütend auf sie war – fast bedrohlich.“

„Verdammt, seine Unverschämtheit!“

„Er sagte ihr, sie hätte nicht investieren sollen, wenn sie ihre Meinung ändern wollte, und dass sie ihn zum Narren hält.“

"Unmöglich!" sagte Salis scharf. „Sie könnte ihn zu einem Schurken machen.“

„Du wirst ihr helfen, nicht wahr, Hartley?“

„Nun, ich werde sehen, was ich tun kann; aber ich werde ein unfairer Anwalt sein, denn ich hasse diesen Mann."

„Und Sie werden heute Herrn North besuchen."

„Vielleicht", sagte Salis. „Er hat treu versprochen, nach mir zu schicken, wenn ich von Nutzen sein könnte, und es kann sein, dass ich mehr Schaden als Nutzen anrichte, wenn ich mich dazu zwinge."

Seit dem letzten Besuch waren drei Tage vergangen, und der Verdacht, der dem Pfarrer durch den Kopf geschossen war, war verschwunden, sobald er sich von Maria befragt sah und spürte, wie sehr sie beunruhigt sein würde, wenn er auf einige Kleinigkeiten in diesem Zusammenhang anspielte mit seinem Interview.

„Tatsache ist", hatte er sich gesagt, „meine Fantasie ist zu aktiv und ich bin bereit, Schrecken und Probleme zu erfinden, die es wahrscheinlich nie geben wird."

Es war ein arbeitsreicher Morgen gewesen, denn einer der üblichen Vorträge des Pfarrers über die Verwaltung der Pfarrei war eingetroffen; und nur auf Marys besondere Bitte hin war keine scharfe Erwiderung auf eine Bemerkung im Brief des Rektors zurückgesandt worden, in der es hieß, er sei froh, dass Herr Salis seinen Rat bezüglich des Erscheinens seiner Schwester auf dem Jagdrevier befolgt und gesetzt habe das unnötige Pferd runter.

„Ich fühle mich geneigt, Horace North auszuleihen und sofort eine Kutsche und ein Gespann mit Dienern in senffarbener und waschblauer Livree aufzustellen."

Dies war ein Versuch einer komischen Anspielung auf die auffällige Livree des Rektors, die in King's Hampton allgemein für Aufsehen sorgte, wenn er in den Nachbarort kam und dort eine Spritztour machte.

Mary lächelte und fuhr mit ihrer Arbeit fort.

„Wie geht es Leo heute Morgen?"

„Viel besser, denke ich. Sie saß gestern Abend lange bei mir. Hartley, ich bin sicher, dass sie eine große Veränderung durchmacht."

„Ich freue mich sehr, Liebes", sagte Salis traurig.

„Sie kam mir so ruhig und liebevoll vor."

„Natürlich. Wer wäre das nicht?" sagte der Pfarrer liebevoll.

„Sie schien mich nicht verlassen zu wollen und küsste mich sehr zärtlich, als sie zu Bett ging."

„Das freut mich sehr, Liebes", sagte Salis; „Aber ich wünschte, sie würde aufhören, sich so auf ihr Zimmer zu beschränken. Es wird zur Gewohnheit werden."

„Lass uns warten", sagte Mary. „Ja, Liebling", sagte Salis und schaute traurig aus dem Fenster, während er über das Leben seiner beiden Schwestern nachdachte. „Die Zeit heilt viele Krankheiten."

„Ja", sagte Mary ernst. „Was wollte Moredock heute Morgen?"

„Wein", sagte Salis knapp. „Und ich bin davon überzeugt, dass der alte Schlingel es sich weitaus besser leisten kann als ich."

„Und du hast ihm welche gegeben?"

„Nein", sagte Salis mit einem drolligen Blick; „Die letzte Flasche im Behälter Nummer eins, von den vier, die wir vor sechs Wochen aufgestellt haben, ging an die arme Sally Drugate."

„Natürlich ja", sagte Mary. „Sie hatte doch zwei der anderen, nicht wahr?"

„Ja, mein Lieber", sagte Salis, der sich alle Mühe gab, ein Haar aus seinem Stift zu bekommen. „Die alte Mrs. Soames hatte die andere. Übrigens, Maria, hätten wir den Wein nicht hinstellen sollen?"

„Ich glaube, dass Weintrinker im Allgemeinen Wein trinken lassen", sagte Mary lächelnd. „Aber welchen Unterschied macht es?"

„Man sagt, es hält sich besser", sagte der Pfarrer trocken. „Unsere hält sich sehr schlecht. Übrigens hat mir Moredock noch ein paar Neuigkeiten mitgeteilt."

„Was, Liebling?"

„Tom Candlish hat die Halle zu einem Rundgang verlassen, angeblich um seine Gesundheit wiederherzustellen."

„Die Halle verlassen?"

„Ja, und ich hoffe, dass es noch viele Monate dauern wird, bis er zurückkommt."

„Ja", sagte Mary leise; "es wird besser sein. So, jetzt gehen Sie weiter und sehen sich Herrn North an."

"Oh je! Wer wäre ein Sklave?" seufzte der Pfarrer. „Ja, Madam, ich werde gehen, und wenn ich zurückkomme, sollte ich Mrs. Berens aufsuchen, und dann werden mir Taten auferlegt, die Mr. Thompson veranlassen werden, eine Klage gegen mich einzuleiten. Ergebnis: Ruin und unser Verlassen von Duke's Hampton."

„Hast du mir nicht gesagt, dass deine Fantasie zu aktiv ist?" sagte Mary lächelnd.

"Ja, habe ich. Was dann?"

„Du hattest völlig recht", sagte Mary; "es ist."

Salis lachte und machte sich auf den Weg zu seiner Mission, aber eine halbe Stunde später war er zurück und Mary blickte verwundert zu ihm auf.

„So bald zurück?" Sie sagte; Und dann streckte sie mit fürchterlich klopfendem Herzen und einem schmerzerfüllten Gesichtsausdruck, der für Salis eine Offenbarung war, die Hände nach ihrem Bruder aus, ihre Finger zuckten krampfhaft, während sie einen wilden Schrei ausstieß, der ihn zu ihr brachte Füße.

"Maria! Mein liebes Kind! Ruhig sein!" er keuchte, denn er war offensichtlich außer Atem.

"Sprechen!" Sie weinte. „Haben Sie Mitleid mit meiner Hilflosigkeit. Ich bin hier durch mein Leid gefesselt und verlasse mich allein auf dich. Foltern Sie mich nicht – halten Sie mich nicht in Atem. Horace North?"

"Ja; Sei nur ruhig, Liebes."

„Du zögerst", schrie das arme Mädchen wild, während sie sich an seine Hände klammerte und begann, sie leidenschaftlich zu küssen. „Hartley – Hartley, um Himmels willen, sprechen Sie!"

„Wenn du nur ruhig bleibst", rief er wütend. „Das ist hysterischer Wahnsinn. Sie behindern mich, wenn ich Sie um Hilfe und Rat bitte."

Mary stieß ein klägliches Stöhnen aus und biss die Zähne zusammen, während sie sich immer noch an die Hände ihres Bruders klammerte.

„Erzähl mir das Schlimmste", flehte sie. „Das kann ich leichter ertragen als diese Spannung."

Salis blickte seine Schwester noch wilder an, als er zum ersten Mal in ihren gequälten Blicken und gebrochenen Worten das Geheimnis erkannte, das sie so gut gehütet hatte.

Im Moment war er wie einer in einem Albtraum. Er versuchte zu sprechen, aber irgendetwas schien ihn stumm zu halten, während sie die ganze Zeit über stöhnte und ihn immer wieder anflehte, ihr alles zu erzählen.

„Ich habe damals wenig darüber nachgedacht", sagte er; „Aber jetzt scheint die Idee stärker und schrecklicher geworden zu sein. Worte, die er benutzte und die ich damals nicht beachtete, scheinen heute eine schreckliche

Bedeutung zu haben, und ich kann nicht anders, als zu denken, dass etwas getan werden sollte."

„Du hast ihn gerade gesehen?" sagte Mary hastig.

„Nein, aber ich habe mit Frau Milt gesprochen und sie ist furchtbar unruhig. Maria, meine Liebe, erspare mir das um deinetwillen."

„Nein", sagte die leidende Frau streng; „Sie können mir nichts so Schlimmes sagen, wie ich es mir vorstellen kann, wenn Sie schweigen. Erzähl mir das Schlimmste. Er ist tot?"

"Nein nein Nein!" rief Salis; „Aber ich habe Angst um ihn. Er ist nicht in der Lage, verlassen zu werden, und doch kann ich ihn, so sehr ich mich auch bemühe, nicht dazu bringen, auf die Vernunft zu hören."

„Aber du hast ihn nicht wieder gesehen?"

"NEIN; er ist jetzt in der Bibliothek eingesperrt, und Frau Milt erzählt einen schrecklichen Bericht über seine Exzentrizität; sie hat Angst, dass er —"

"Nein nein Nein! „Sag das nicht", rief Maria; „Es ist zu schrecklich. Aber schnell! Was werden Sie tun?"

„Fahren Sie rüber nach King's Hampton, nehmen Sie den Zug nach Lowcaster und kehren Sie mit zwei der Chefärzte zurück."

„Nein", sagte Mary scharf. „Telegrafieren Sie sofort an Mr. Delton. Sagen Sie ihm, dass sein Freund North dringend seine Hilfe braucht. Er glaubt an North und betrachtet ihn fast wie einen Sohn. Sein Rat wird den eines Dutzend Lowcaster-Ärzte wert sein."

„Mary, du bist eine Perle unter den Frauen", rief Salis.

„Hör nicht auf zu reden", rief sie mit einer Energie, die ihn erschreckte. „Das Leben Ihres Freundes — sein Verstand — ist in Gefahr. Gehen!"

"Mein Freund; „Der Mann, den dieses arme, gebrochene Wesen liebt", murmelte Salis, als er davoneilte und kurz darauf sein gemietetes Pony zum Galopp anspornte.

„Oh, was sind wir Männer für Maulwürfe!" sagte er, als die Hecken und Bäume an ihm vorbeiflogen. „Aber wer hätte vermuten können, dass sie sich um ihn kümmert? Sie liegt zerschmettert und gebrochen da, und niemand ahnt, welche Qualen sie erlitten haben muss."

Langsam erkannte Salis die tiefe Liebe seiner Schwester zu North und das Leben, das sie geführt haben musste, und drängte das Pony weiter, endlich King's Hampton zu erreichen und zum Postamt zu eilen, um sein Telegramm abzuschicken, in dem er den alten Arzt darum bittet eine Antwort senden;

und dafür beschloss er, sich hinzusetzen und zu warten, aber nur, um im
Kaffeeraum des nächstgelegenen Hotels auf und ab zu gehen, während sein
Geist ein Chaos verwirrender Ideen war, während er sich fragte, was das
Ende dieses neuen Ärgers sein würde, der aufgetaucht war sein Haus.

Band drei – Kapitel zwölf.

Ein stürmisches Interview.

Die alte Haushälterin hatte tatsächlich eine lange Reihe von Exzentrizitäten gegenüber Salis zu berichten und redete freimütig mit ihm, als ob sie der treueste Freund ihres Herrn sei, obwohl das, was sie wusste und mehr an Intensität verloren als vergrößert hatte, nur ein Zehntel dessen war, was geschehen war.

Denn es war eine schreckliche Zeit für den jungen Arzt gewesen. Halb ruiniert durch die geistigen und körperlichen Verletzungen, die er erlitten hatte, hatte der Kurs, den er eingeschlagen hatte, indem er sich einsam einschloss und fürchtete, überrascht zu werden, wenn er plötzlich eine wilde Rede von sich gab oder eine Launenhaftigkeit beging, den abnormalen Zustand seines Gehirns verstärkt, bis seine Leiden offensichtlich wurden unerträglich werden.

In einer Stunde fühlte er sich in Frieden, in der nächsten hatte er keinen Frieden mehr, und er fragte sich, was er tun sollte, um der schrecklichen unsichtbaren Präsenz zu entkommen, die immer bei ihm war, ihn nie ansprach, sondern sozusagen seinen Körper zum Medium machte er kommunizierte mit der Welt.

„Ich kann es nicht länger ertragen", sagte North schließlich zu sich selbst. „Es muss Ruhe für mich geben, wenn ich sie nicht abschütteln kann."

Er schauderte leicht, als er in seinem dunklen Zimmer auf und ab ging, da er instinktiv wusste, wie viele Schritte er in jede Richtung machen und was er vermeiden sollte. Denn der Tod, so vertraut er ihm auch war, war nicht ohne Schrecken.

Er war so jung, und wie es jetzt schien, tauchten die Hoffnungen der Vergangenheit erneut vor ihm auf, der Glaube an die Ruhmespreise, die er gewinnen würde, seine Liebe zu Leo und die Versprechen, die ihn weitergeführt hatten.

Aber so sicher, wie diese Gedanken Gestalt annahmen, stieg noch ein anderer auf, der wie eine dichte Wolke des Schreckens aufstieg und alles bedeckte, denn er spürte, dass er, komme was wolle, für immer von dieser unsichtbaren Präsenz heimgesucht werden würde – dem Geist, den er von seinem Geist befreit hatte Hülle aus Ton – und das konnte nur ein Ende haben.

Er hatte das Gefühl, alles versucht zu haben. Er hatte sich zur Ruhe gezwungen und einen Behandlungsverlauf nach dem anderen festgelegt, wie er ihn einem armen Unglücklichen, der ihn in einem solchen Fall konsultiert hatte, verschrieben hätte; und als nachts alles still war, hatte er sich in seine Praxis geschlichen und für seinen eigenen Gebrauch Beruhigungsmittel und Stärkungsmittel gemischt, aber alles ohne Wirkung. Wenn überhaupt, nahm sein Leiden zu.

Zwei Tage bevor Salis nach King's Hampton gegangen war, kam Cousin Thompson noch einmal an die Tür seines Schlafzimmers und bat ihn, mitzukommen und seinen Freund zu sehen.

„Das ist unmöglich", hatte er heiser geantwortet.

„Aber er ist wieder gesund geworden und hat sich durch Ihre Behandlung enorm verbessert; und ohne dich fühlt er, dass er ein sterbender Mann wäre. Komm, du kannst nicht ablehnen."

North hielt eine Zeit lang durch und gab schließlich nach, mehr aus dem Wunsch heraus, seinen Cousin und den Patienten loszuwerden, als aus dem Wunsch heraus, seinen Rat zu wiederholen.

„Ich werde dieses Mal kommen", sagte er; „Aber dieser Besuch muss endgültig sein. Es gibt Hunderte von Ärzten, die den Mann besser beraten können als ich."

„Zweifellos", sagte Cousin Thompson; „Aber das ist nicht der Punkt. Unter diesen Hunderten gibt es keinen einzigen, bei dem mein armer Freund so viel Vertrauen haben würde wie bei Ihnen."

Das Argument war unbeantwortbar.

„Ich werde in ein paar Minuten unten sein", sagte North; Er bemühte sich angestrengt, die Nervosität zu unterdrücken, die ihn überkam, und fragte sich, ob er das Interview ohne eine absurde Äußerung überstehen könnte. Er schob die Jalousie beiseite, um seine Augen wieder an das Licht zu gewöhnen.

Es dauerte einige Augenblicke, bis er sich der Sache stellen konnte, und dann blickte er verzweifelt auf das blasse, hagere Gesicht vor ihm im Spiegel.

Er schreckte zunächst davor zurück, schaute aber immer wieder hin, ohne das Gefühl des Entsetzens, das ihn zuvor überkommen hatte. Sein Gesichtsausdruck war verändert und furchtbar blass und eingefallen; Augen und Wangen waren eingesunken, so dass die ersteren in tiefen, höhlenartigen Löchern zu stecken schienen; Aber während er hinsah, schien er den Klang spöttischen Gelächters oder irgendeiner seltsamen Äußerung, die er nicht unterdrücken konnte, nicht zu fürchten, und machte sich daran, sich für die untenstehenden etwas präsentabler zu machen.

„Und sie bitten mich um Hilfe", murmelte er, „die es mehr wollen als jeder andere Mensch auf Erden."

Als er die Tür öffnete, runzelte er die Stirn, denn er sah die alte Haushälterin, die sich hastig zurückzog, und ein Schauer durchlief ihn, als er spürte, wie er beobachtet wurde.

Aber er ging weiter in den Flur, wo ihm ein leises Stimmengemurmel verriet, dass seine Besucher im Salon waren.

Was folgte, war eine Sache von ein oder zwei Minuten.

Er betrat schnell den Raum, sein Kommen war ungehört; und Cousin Thompson, der ernst mit den beiden Herren aus der Stadt sprach, machte sich schnell auf den Weg und sagte dann hastig:

„Ah, Norden! Du scheinst besser zu sein. Lass mich dir einen Stuhl besorgen. Du möchtest nicht, dass wir euch vorgestellt werden, und ich lasse euch zusammen.“

Er näherte sich North mit einem Stuhl, und dieser nahm ihn und blickte die Besucher dabei aufmerksam an; Doch als Thompson vorbeiging, packte er ihn am Kragen und hielt ihn fest, während er den Stuhl krachend von sich warf.

Thompson wurde weiß wie Quark und versuchte einen Moment, sich zu befreien, aber der Griff seines Cousins war wie Eisen, und er wandte den beiden Besuchern ein mitleiderregendes Gesicht zu, von denen der größere von ihnen schnell näher kam.

„Mein lieber Dr. North“, sagte er, „bitte bleiben Sie ruhig. Noch ein Platz, mein lieber Herr; Bitte setz dich.“

North schien ihn nicht gehört zu haben. Er hatte forschend von einem zum anderen geblickt, und dann schienen seine Augen zu leuchten, als seine linke Hand seine rechte an Thompsons Kehle legte.

„Du verfluchter, heimtückischer, feiger Hund!“ Er schrie buchstäblich und schleuderte ihn nach hinten, so dass er krachend gegen einen Tisch fiel, der umgeworfen wurde. North verließ ohne ein weiteres Wort den Raum und ließ das Haus mit dem Knall widerhallen, den er der Tür gab.

Thompson versuchte nicht aufzustehen, bis die Besucher ihre Hände ausstreckten, um ihm zu einer Couch zu helfen.

„Mein lieber Herr, sind Sie verletzt?“ fragte der erste Mann.

"Verletzt!" rief Thompson wütend. „Könnte man dich halb erwürgen und dann niederwerfen, ohne dass du verletzt wirst? Aber Sie sehen jetzt. Du hast vorher gezweifelt: Jetzt siehst du es.“

„Ja, perfekt“, sagte der zweite Besucher ruhig. „Oh ja, ich denke, dass wir jetzt ganz zufrieden sind. Was sagen Sie?"

„Perfekt", sagte der Erste langsam; und sobald der Anwalt sich davon überzeugt hatte, dass er nicht ernsthaft verletzt war, begaben sie sich in die Bibliothek, wo Mrs. Milt gerufen wurde, um Sherry und Kekse bereitzustellen; und kurz darauf stiegen die beiden Besucher wieder in ihren Waggon und wurden rechtzeitig zurück nach King's Hampton gefahren, um den ersten Zug zurück in die Stadt zu erreichen.

Band drei – Kapitel dreizehn.

Frau Milt nimmt das Mittagessen ein.

„Die letzte Hoffnung ist weg!" rief North, als er nach oben eilte und sein Zimmer betrat, um die Tür zu schließen und zu verriegeln, sozusagen von verzweifelter Angst überwältigt.

„Ich hätte es wissen können", keuchte er aufgeregt. „Der grausame, heimtückische Hund! Ich hätte wissen können, dass hinter dem, was er tat, eine verborgene Bedeutung steckte. Freund aus der Stadt – kein Vertrauen in irgendjemanden außer mir, wahrlich! Und ich war ein so elendes, leicht zu täuschendes Kind, dass ich bereit war, alles zu glauben."

Ohne darüber nachzudenken, was er tat, setzte er sich an den Toilettentisch, stützte die Ellbogen darauf und blickte direkt vor sich in den Spiegel, ohne jedoch sein verzerrtes, hageres Gesicht zu sehen.

„Und es ist soweit gekommen!" er stöhnte.

Er ergreift in seiner List alle notwendigen Schritte, die ein Rechtsanwalt als notwendig erachtet, und ich soll auf den Papieren dieser Männer in den Tod in meinem Leben entführt werden, während mein liebevoller Cousin Thompson hier Besitz ergreift.

„Und er konnte", überlegte er; „Alles wurde für ihn arrangiert. Ich bin nicht sauer; Ich bin vollkommen gesund, aber der Himmel weiß, ich benehme mich wie ein Verrückter – wie ein Besessener. Ich gehe immer mit diesem schrecklichen Schatten umher, der mich umhüllt, und ich kann ihn nicht abschütteln, so sehr ich auch versuche.

"Was soll ich tun?

„Salis! Nein, ich kann es ihm nicht sagen. Herr Delton? Nein nein Nein! Ich konnte mich nicht äußern. Was würden sie sagen? Sie müssen es für eine Manie erklären, wenn ich ihnen die einfache Wahrheit sage, und wie kann ich es wagen, zuzugeben, dass ich diese Experimente an Luke Candlish durchgeführt habe?

„War jemals ein Mensch für seine Bemühungen so verflucht? Ich habe mich als jemand gebrandmarkt, der verrückt ist, und ich muss das Stigma ertragen."

Er ballte die Faust und starrte vor sich hin, erinnerte sich an die Szene in seinem Wohnzimmer und brach in ein verächtliches Lachen aus – ein Lachen, das so voller wilder Wut war, dass er zusammenzuckte und sich voller Angst wild umsah.

Er beruhigte sich jedoch nach ein paar Minuten und wiederholte die Worte, die er gesprochen hatte.

„Ich muss blind gewesen sein, es nicht schon vorher gesehen zu haben", rief er laut; „Und was soll nun folgen?"

Er schaute zu dem Licht hinauf, das durch den zugezogenen Vorhang schien, und schloss ihn hastig ab, um sich wieder hinzusetzen und nachzudenken.

Flug! Ja, er könnte seinem Cousin und seinen Machenschaften – dem Kontinent – Amerika – leicht entkommen, oder er könnte sich ihm mutig stellen und beweisen, dass der Vorwurf des Wahnsinns jeder Grundlage entbehrte.

Aber wie, wenn er es nirgendwo wagte, sein Gesicht zu zeigen, um sich nicht vor seinen Mitmenschen zu verraten?

„Es nützt nichts", seufzte er bitter; „Ich bin besiegt und muss unterliegen.

„Aber Cousin Thompson?

„Verfluche ihn!" „, schrie er leidenschaftlich, als er aufstand und seinen alten wilden Raubzug von neuem begann. „Welches Schicksal ist für einen solchen Mann zu schlimm? Warum habe ich mich nicht festgehalten, als ich ihn an der Kehle hatte?"

Er hielt abrupt inne und warf sich in einem Anfall geistiger Qual auf einen Stuhl, kraftlos, hilflos, bereit aufzugeben und zu denken, dass sein Cousin recht hatte und dass es besser sei, je früher er in Fesseln gelegt würde, oder dass er den anderen suchen würde Möglichkeit, seinen Problemen zu entkommen.

Während er sich dort in seiner Qual krümmte, kam Mrs. Milt mit einem Tablett herauf, das mit einer hellen weißen Serviette bedeckt war und auf dem eine abgedeckte Schüssel stand, aus der ein Geruch ausströmte, den die alte Dame in ihrem Kopf mit Sicherheit verlocken würde ihr Meister.

"Armer Kerl!" sie sagte sich; „Er verhungert fast, und vielleicht habe ich falsch gehandelt, indem ich ihm seinen Willen überlassen habe. Ich hätte hinaufgehen und ihn zum Essen zwingen sollen. Er hätte mich beschimpft und beschimpft, aber ich hätte ihm Gutes tun sollen."

Mrs. Milt hatte das Zimmer fast erreicht, als sie einen entsetzten Ausruf ausstieß, das Tablett auf dem Teppich abstellte und schnell zurücklief, um eine Gazetür zu schließen.

„Wenn er es hörte", schluchzte sie halb, „würde er den armen Meister für verrückt halten, und der Himmel weiß, was dann passieren würde."

Sie eilte erneut zu der Stelle, an der sie das Tablett abgestellt hatte, und dann weiter zur Tür, als sie von drinnen ein wildes, lautes Gelächter hörte, dann einen heftigen Fluch und die Geräusche eines Kampfes, der in einem Krach endete, als wäre sie ein Tisch wird umgeworfen.

"Was soll ich tun?" stöhnte die arme Frau, als sie für einen Moment die Hände vors Gesicht schlug und die Ohren zuhielt, aber nur, um sie wild herunterzuziehen, während die seltsamen Geräusche weitergingen. „Er muss hier allein sein, und wenn ich um Hilfe rufe, sagen sie, er sei verrückt.“

Sie stand eine Zeit lang händeringend da, als sich in diesem geschlossenen Raum eine schreckliche Szene abzuspielen schien. Man hörte das Trampeln von Füßen – das Geräusch eines Kampfes. Norths Stimme in wütender Verurteilung von jemandem, der immer wieder in spöttisches Gelächter ausbrach und dann schrie, wie Männer schreien, wenn sie von der Jagd aufgeregt sind, bis der Raum widerhallte. Dann ertönte wieder Norths Stimme, als würde er wütend mit leiser Stimme sprechen, die sich unmittelbar danach in eine mitleiderregende Bitte verwandelte und in ein Stöhnen abbrach. Als die Stimme des Arztes verstummte, ertönte erneut ein spöttisches Lachen, offenbar aus der Nähe der Tür, und gleich darauf ertönte ein Krachen, als ob ein Stuhl als Waffe benutzt worden wäre, ein Schlag ausgeführt worden wäre und der Stuhl gezittert hätte. Während die alte Haushälterin mit Hilfe der Geräusche die Szene in ihrem eigenen Kopf lebhaft ausmalte, schien sie zu sehen, wie ihr Herr das Teil eines zerbrochenen Stuhls, das in seinen Händen geblieben war, in die Ecke des Zimmers warf, wo es klapperte Boden.

„Da wird Mord begangen“, keuchte die alte Frau, als sie nun die Türklinke ergriff und sich daran festklammerte, während sie mit der anderen Hand ihren wogenden Busen drückte.

Wie als Antwort auf ihre Worte ertönte ein weiteres raues Gelächter, und das Geräusch von jemandem, der zur Tür sprang, mit zwei Händen, die die Tür zu schütteln schienen, und die Stimme ihres Herrn ertönten gedämpft, aber deutlich.

„Verfluche dich! Jetzt hab ich dich! Gibt es keine Möglichkeit, dich zurück ins Grab zu zwingen?“

Ein lautes, raschelndes Geräusch wie von einem Kampf, der sich auf der anderen Seite des Zimmers fortsetzte, und die Haare der Haushälterin fühlten sich an, als würde etwas Kaltes und Seltsames sie bewegen, während tödlicher Schweiß auf ihrem Gesicht ausbrach.

„Wer ist da drin bei ihm?“ Sie dachte. "Was bedeutet das? Da muss jemand sein, und es wird Mord begangen. Helfen! helfen!" Sie schrie vor Angst, während sie an der Türklinke rüttelte und gegen die Türplatten schlug.

"Helfen! helfen!" Und dann drehte sie sich in ihrem Entsetzen um und
stolperte zur Treppe, als die Tür aufgerissen wurde, fühlte sie sich von hinten
gepackt und in den Raum gezerrt, die Tür schwang zu, und sie wurde in der
völligen Dunkelheit zurückgedrängt und lauschte dem heiseres Geräusch des
heißen Atems, der ihre Wange fächelte, als eine Hand schwer auf ihren Mund
gedrückt wurde.

Band drei – Kapitel vierzehn.

Eine günstige Ankunft.

„Ruhe, du verrückte Frau! Möchten Sie sie hierher bringen? Willst du, dass ich wie ein elender Gefangener weggeschleppt werde?"

„Oh, Meister – lieber Meister", schluchzte die verängstigte Frau mitleiderregend, als die Hand von ihren Lippen genommen wurde, sie auf Norths Knie sank und sie umarmte. „Was bedeutet das alles? – was bedeutet das alles?"

„Was bedeutet alles was?"

„Dieser ganze Lärm – dieser Lärm?" schluchzte die Haushälterin mit gebrochener Stimme. „Hast du – hast du ihn getötet?"

"Tötete ihn?" rief North barsch. „Wen getötet? Hier ist niemand."

„Das gibt es – das gibt es, Sir. Ich habe alles gehört."

"Stille!" rief North. "Hören. Kommt jemand? Haben sie es in der Küche gehört?"

"Nein Sir. Ich konnte es nicht ertragen, dass irgendjemand außer mir das alles hörte", schluchzte die zitternde Frau. „Ich ging zurück und schloss die Tür."

„Dann hat es niemand gehört – niemand weiß es – außer dir?"

"Nein Sir."

"Mein Cousin?"

„Er ist ausgegangen, Sir."

„Ha! Dann ist es immer noch ein Geheimnis", murmelte North.

Die alte Haushälterin rappelte sich auf, denn seine Worte und sein Verhalten erschreckten sie. Sie allein hatte gehört, was geschehen war, und es kam ihr so vor, als ob das Opfer ihres Herrn nur wenige Schritte entfernt auf dem Bauch liegen musste und dass nicht einmal ihr Leben jetzt sicher war.

Ihr erster Instinkt war, zur Tür zu gehen, aber er hielt sie am Handgelenk fest und sie sank mit einem leisen schluchzenden Schrei erneut zu seinen Füßen.

„Ich bin jetzt eine alte Frau", rief sie, „und ein oder zwei Jahre mehr oder weniger spielen keine große Rolle."

Das gleiche raue, spöttische Lachen brach erneut aus und ließ sie bis ins Mark erschauern, und dann stieß North einen heiseren, harten Atemzug aus und stampfte wütend mit dem Fuß auf.

Dann entstand eine Pause, die nur durch das schmerzerfüllte Schluchzen der alten Frau unterbrochen wurde.

„Mein armer alter Milt", sagte North sanft, als er sie vom Boden aufhob. „Warum, was hast du gedacht – dass ich dir Schaden zufügen würde?"

„Ich – ich konnte nicht anders, Sir; aber – aber das glaube ich jetzt nicht. Oh, Meister – lieber Meister, ich dachte, du hättest jemanden getötet. Was bedeutet es? – was bedeutet es?"

Er antwortete einige Augenblicke lang nicht, und als er wieder sprach, lag eine unbeschreibliche, traurige Traurigkeit in seiner Stimme. "Was denkst du?" er sagte. Sie antwortete mit einem Schluchzen. „Ich werde es dir sagen", sagte er; „Du denkst, dass ich verrückt bin."

"Nein nein Nein! „Meister – mein großer, kluger, edler Meister", rief die alte Frau leidenschaftlich. „Nur krank – nur sehr krank; und du kannst dich selbst heilen. Ja ja; Bitte sagen Sie, dass Sie es können!"

„Nein", sagte er bitter. "NEIN. Es ist zum Schlimmsten gekommen. Na los, ich bin erschöpft und möchte mich ausruhen."

„Aber du lässt dich von mir helfen, mein Lieber", sagte sie und sprach mit der Zärtlichkeit einer Mutter gegenüber dem Jungen, den sie mit überschwänglicher Liebe verehrte. „Lass mich etwas tun – lass mich dir helfen, Liebes. Es ist Überarbeitung. Dein armes Gehirn ist beunruhigt. Lass mich das Fenster öffnen und Licht und Luft hereinlassen, und dann gehst du zu Bett; und ich werde deinen armen Kopf baden, und du sollst mir sagen, was ich mischen soll. Du weißt, wie ich dich pflegen und pflegen kann, jetzt, wo du krank bist."

North nahm den Kopf der alten Frau zwischen seine Hände, als sie dort in der Dunkelheit standen, und küsste sie auf die Stirn.

„Ja, die beste und sanfteste Krankenschwester", sagte er leise.

„Und Sie lassen sich von mir helfen, Sir?"

"Ja; aber jetzt nicht. Es war eine Art Anfall, den Sie gehört haben – mehr nicht. Jetzt geh. Sorgen Sie dafür, dass ich nicht gestört werde. Vielleicht kann ich schlafen. Da: Du weißt, dass hier niemand ist."

„Ja, meine Liebe, natürlich – natürlich. Ich hätte es besser wissen sollen; Ich weiss jetzt. Und du wirst versuchen zu schlafen?"

„Ja – ich verspreche es dir, ja.

„Lass mich runtergehen und etwas für dich holen; Sag mir was und die Mengen."

„Ja", sagte North eifrig, denn sie schien vor ihm die Tore der Erlösung aus seinem Leben voller Schrecken zu öffnen; Aber er schüttelte den Kopf, als er sich daran erinnerte, wie vertraut sie mit seiner Operation war und dass sie misstrauisch werden und sich weigern würde, wenn er ihr befahl, das zu mischen, was er wollte.

„Was soll ich tun, mein Lieber?" sagte die alte Frau zärtlich.

„Jetzt nichts", sagte er; „Der Schlaf wird am besten sein. Lass mich schlafen gehen."

Die alte Haushälterin seufzte; aber sie widersetzte sich nicht und ließ sich von ihm sanft zur Tür führen und ausschließen, wo sie mit der Schürze vor den Augen stand und einige Augenblicke dem lauten Knacken des Schlosses und dem dumpfen, leisen Geräusch lauschte seiner schreitenden Füße.

Dann schien sich die alte Frau zu verändern.

Sie ließ ihre Schürze fallen und presste ihre Lippen zusammen. Ihre Augen wurden scharf und eifrig, und sie blickte tief in Gedanken vor sich hin.

In wenigen Augenblicken war ihre Entscheidung gefallen.

„Er muss angemessene Hilfe haben", sagte sie leise; und mit einer Aktivität, die von jemandem in ihrem Alter nicht zu erwarten war, eilte sie in ihr Schlafzimmer, um in wenigen Minuten in Ausgehkleidung herauszukommen.

„Ich muss Hilfe holen", sagte sie eifrig, und als sie zu Norths Tür ging, lauschte sie noch ein paar Augenblicke, bevor sie zur Tür eilte, als ein Schritt auf dem Kies sie einen Freudenschrei ausstoßen ließ.

Der Mann, den sie suchen wollte, kam zum Haus, und im nächsten Moment hatte sie Salis alles anvertraut, was sie fühlte und wusste, und er war zu Mary zurückgekehrt, bevor er davoneilte, um in die Stadt zu telegrafieren.

Band Drei – Kapitel Fünfzehn.

Dallys Pläne.

„Es ist kaum besser als Mord: Es ist grausam, das ist es. Was meint er damit, dass er krank ist, sich einschließt und niemanden sehen will? Welches Recht hat ein Arzt, krank zu sein? Yah!"

Der alte Moredock starrte seiner Uhr direkt ins Gesicht, während sie langsam und regelmäßig auf die unbekümmertste Weise tickte.

"Ja! Los!" rief der alte Mann, „markiere es weiter, alle deine Minuten und Stunden, aber ich habe nicht vor, noch zu sterben, also brauchst du nicht darüber nachzudenken." Ich bin noch nicht so alt, und wenn der Doktor wieder gesund wird, werde ich einige von ihnen in Erstaunen versetzen.

Er änderte seine Position, starrte auf sein Feuer und holte mühsam und unter vielem Stöhnen seine alte bleierne Tabakdose und Pfeife heraus, füllte sie langsam, zündete sich an und begann zu rauchen; aber irgendwie schien ihm seine Pfeife keinen Spaß zu machen und er nahm sie immer wieder heraus, um weiter vor sich hin zu murmeln.

„Nun, angenommen, ich hätte es getan? Ein Mann muss ein paar Pfund verdienen, um aus dem Arbeitshaus herauszukommen. Sie sollten den Sachsen besser bezahlen, wenn sie das nicht wollten. Tschah! Was sind ein paar alte Knochen?"

Es gab eine Pause mit dem Rauchen, und dann begann der alte Mann seine Klagen fortzusetzen.

„So krank zu werden. Warum ist er so krank geworden, obwohl ich ihn so sehr wollte? Es ist schade, Herr Doktor. Ich hätte ihn nicht zum alten Essen gehen lassen, wenn ich gewusst hätte, dass er hinterher schwul werden würde. Es ist mein Unglück, dass der junge Tom Candlish ihm in dieser Nacht einen hässlichen Schlag verpasst hat. Aber ich warne nicht. Hi hi hi! Ich warne nicht. Ich wollte nicht damit verwechselt werden."

Er verlagerte seinen Sitz, und dabei fiel ihm unter Schmerzen die Kinnlade herunter, und er saß starr da und starrte zum Fenster, wo in einer Ecke ein merkwürdiger, rau aussehender Gegenstand lag, der einige Zeit stillstand und sich dann langsam bewegte bis erst ein und dann ein zweites Auge erschien, in das Innere des kleinen Häuschens blickte und langsam wieder hinabstieg.

„Wer – wer – was ist das?" stockte der alte Mann. „Ist es – ist es – Tchah! Es ist Joe Chegg, der wieder mal guckt und neugierig ist, um zu sehen, ob mein Dally hier ist."

Der alte Mann erholte sich von seiner Angst, rauchte eine Zeit lang heftig und grinste dann schrecklich.

„Wenn es mir nur gut gegangen wäre", murmelte er, „und dieser Arzt mir noch etwas von seinem Zeug gegeben hätte, hätte ich meinen Spaten und meine Gerte am Rücken herumgetragen, und ich wäre dorthin gekommen Dieser Idiot und ihm so einen Flop bescheren. Ich schleiche mich hinter meiner Dally her, als ob es so wäre, als hätte sie jemanden wie ihn geheiratet."

„Warum kommt der Arzt nicht?" Er stöhnte, als ein Stich ihn dazu brachte, sich schmerzhaft auf seinem Sitz zu verdrehen. „Es geht um Mord: Darum geht es; und sie alle wollen mich jetzt loswerden – Pfarrer und alle; und dann wird die alte Kirche ruiniert. Aber wenn sie möchten, bekommen sie vielleicht einen neuen Sachsen. Lasst sie Joe Chegg haben: Das ist mir egal. Viel Gutes wird er ihnen tun. Eine Schande für die alte Kirche: Das wird er sein; und sonntags hineingehen und nach Farbe und Kitt riechen, bis er Pfarrer Salis in den Wahnsinn treibt. Eine Schande für die Kirche: Das wird er sein. Äh? eh? Wer ist er? Wer ist er? Hallo! Äh? Wer ist das an der Tür? Du, Dally? Oh, du bist endlich da!"

„Ja, Oma, ich bin endlich gekommen", sagte das Mädchen mürrisch.

„Ich hätte um jeden Preis sterben können", grummelte der alte Mann. „Aber ich würde – nein, das würde ich nicht tun."

Dally gab keine Antwort, sondern ließ sich auf den alten, zerfetzten Kaminvorleger fallen und legte ihre Hände um ein Knie, um ins Feuer zu starren.

„Nun", sagte der alte Mann nach einer Pause, „wollen Sie nicht sprechen?"

Dally drehte sich um und sah ihn scharf an, mit zusammengezogener Stirn und zusammengepresstem Mund; aber sie schüttelte nur den Kopf.

„Ich war drei Tage lang nie in meiner Nähe", grummelte Moredock; „Nach allem, was ich für dich getan habe. Aber seien Sie sich nicht zu sicher. Junge Leute haben oft Vorrang vor alten Leuten, und vielleicht begrabe ich dich und Joe Chegg auch, wenn es ihm nichts ausmacht, was er vorhat."

Dally achtete nicht darauf, sondern starrte ins Feuer.

„Doktor gesehen?" sagte Moredock.

Dally sah sich noch einmal um, als hätte sie seine Frage nicht ganz verstanden, und schüttelte dann erneut den Kopf.

"Egal; Ich will ihn nicht", grummelte der alte Mann. „Lass ihn sich selbst behandeln. Mir geht es nicht so schlecht, aber was ich ohne ihn gut hinbekomme. Ich bin noch nicht erschöpft! Ich bin noch nicht erschöpft!"

Dally achtete nicht darauf und ihre neugierige Haltung und ihr Schweigen erregten schließlich die Aufmerksamkeit des alten Mannes. Er langte mühsam herum, bis er einen dicken Eichenstock ergattern konnte, dessen Haken ihn an der Rückenlehne des bezogenen Sessels festhielt.

Damit stocherte der alte Mann sein Enkelkind an, um ihre Aufmerksamkeit auf ihn zu lenken.

„Hier, Dally, was ist los? Hier!"

"Nicht!" schrie das Mädchen wütend; aber er stocherte sie erneut an.

„Nicht, Oma! hörst du?" sie weinte und verdrehte sich bösartig; Aber der alte Mann kicherte nur, änderte bewusst den Griff seines Stocks und beugte sich mit einer Hand auf dem Sessel nach vorne, bis er Dally leicht erreichen konnte, die dort hockte, sich halb vom alten Küster abgewandt und nachdenklich anstarrend das Feuer.

Der alte Mann kicherte leise, als er den Stock ausstreckte, wie ein Hirte seinen Hirtenstab, bis er Dally am Hals fassen konnte, und zog sie langsam zu sich heran, wobei er den Stock nun mit beiden Händen ergriff.

„Tu es nicht, Oma!" schrie das Mädchen heftig, als sie aufsprang und den Stock mit beiden Händen ergriff, ihren Hals aus dem Haken befreite und mit ihrem Großvater um den Besitz kämpfte, in dem sie triumphierte, und endete damit, dass sie Moredock beinahe von seinem zerrte Als sie einen letzten Griff machte, nahm sie den Stock und warf ihn brutal durch den Raum.

„Du – du – du – du holst fast diesen Stock!"

„Ich werde es nicht ertragen, Oma!" rief Dally, ignorierte seinen Befehl und stampfte mit dem Fuß auf, während sie ihn anstarrte. „Ich werde es nicht haben! Wenn er wie Leo Salis denkt, dass er ein Baby zu bewältigen hat, irrt er sich."

„Äh? eh?" krächzte der alte Mann, starrte sie an und vergaß den Stock, als er die Aufregung des Mädchens sah.

„Er wird nicht mit mir spielen, Oma, und deshalb werde ich es ihm sagen."

„Äh? Wer, Dally? Joe Chegg?"

„Er sagte, er würde mich heiraten."

Dann scharf:

„Er wird nicht mit mir spielen, und deshalb werde ich es ihm bald sagen. Er sollte mich heiraten, wenn ich ihm für immer um die ganze Welt folgen würde. Dort!"

Sie unterstrich ihre Worte mit einem Stempel, dann packte sie den alten Mann bei den Schultern, schob ihn in seinen Stuhl zurück und ordnete seinen Kragen und seine Krawatte – das eine, ein schlaffes Stück Leinen; das andere etwas schlaffer und lockerer.

„Was ist los, Dally? Was ist los, mein Gel?"

„Nach der Art, wie er mit mir geredet hat, und dann ohne ein Wort davonzugehen!"

„Aber du willst ihn nicht, Dally, und ich will ihn nicht."

"Ja, das tue ich; und ich werde ihn auch haben!" schrie das Mädchen mit wilder Heftigkeit.

„Nein, nein. Er ist ein Idiot."

„Ja, das weiß ich", rief Dally rachsüchtig; „und ein betrunkener Idjut; aber das interessiert mich nicht."

„Heute Nacht war er hier und hat in die windige Ecke dort hineingestarrt."

„Was, Tom Candlish?" rief Dally aufgeregt.

„Nein, nein; Joe Chegg."

„Joe Chegg!" rief Dally in einem Ton des Abscheus, der dem Alleskönner des Dorfes ins Herz getroffen hätte. „Wer hat etwas über Joe Chegg gesagt? Ich habe vom jungen Knappen gesprochen.

„Äh? Über den jungen Knappen? Na, Dally, na? Wann soll es sein?"

„Es wird bald sein, Oma, sonst weiß ich den Grund dafür; Ich werde nicht zulassen, dass er Miss Leo gegen mich ausspielt."

„Nein, das würde ich nicht tun, Dally", rief der alte Mann.

„Sie muss sich Gedanken machen, sonst wird sie vielleicht wieder krank", rief das Mädchen mit einem rachsüchtigen Blick in den Augen.

„Ich werde schon wieder krank! Hat sie, Dally? Nein, nein, nein, mein Gel; Du darfst nicht so reden."

„Sollte ich das nicht, Oma? aber ich werde es tun", rief das Mädchen. „Ich werde nicht mit mir spielen, und wenn Tom Candlish sich in einen Sarg trinken will –"

„Äh? Was was?" rief Moredock, und das letzte Wort ließ ihn aufhorchen. „Nein, nein; Reden Sie nicht so, mein Gel. Er ist noch ein junger, starker Mann."

„Ich sage, wenn Tom Candlish sich in seinen Sarg trinken will, kann er das tun. Aber er muss mich zuerst zu Lady Candle machen.“

„Lady Candlish von der Halle, was, Dally? Lady Candlel von der Halle? Ay Ay! Lass ihn dich zuerst zu Lady Candle machen, Dally.“

„Ja, und dann darf er sich in seinen Sarg trinken, sobald er will.“

„Und ich werde ihn begraben, nicht wahr, Dally? Im alten Morslem, nicht wahr? Und der Arzt kann –“

Er hielt lachend inne und rieb sich die Hände.

„Ja, der Arzt kann versuchen, ihn vom Trinken abzuhalten, das kann ich nicht“, sagte Dally sauer. „Es nützt nichts, mit ihm zu reden.“

„Und du würdest dir nicht das Herz brechen, Dally, wenn er sterben würde, oder?“ sagte der alte Mann lachend.

„Das würde ich tun, wenn er jetzt sterben würde, Oma“, sagte das Mädchen; „Aber wenn er mich heiratet, kann er tun und lassen, was er will.“

„Ja, wenn er dich geheiratet hat, Dally, und du die Halle und sein ganzes Geld hast. Aber schau mal, Dally; Ich möchte, dass der Arzt zu mir kommt und mir einige seiner Sachen mitbringt. Du gehst hinauf und sagst ihm, dass er kommen muss – dass ich sage, dass er kommen muss; Ich will ihn. Sag ihm, ich sage ihm, dass er kommen soll und dass er etwas von dem Zeug mitbringen soll, das er mir an diesen Abenden gibt. Du sagst von diesen Nächten, und er wird es wissen. Seltenes Zeug, Dally, das bis in die Zehen reicht. Seltene Sachen, die dich aufmuntern und dir manchmal ein gutes Nickerchen ermöglichen.“

Dally sah den Küster prüfend an.

„Du siehst nicht gut aus, Oma“, sagte sie.

„Nein, ich sehe ganz gut aus, aber ich möchte ein bisschen zum Arzt.“

„Sie sehen, Sie sind jetzt ein sehr alter Mann.“

„Tchah! Sachen! Alt? Ich bin noch kein alter Mann. Es geht viel in mir rein. Der Mensch kümmert sich um sich selbst und sollte zweihundert Jahre alt werden.“

„Zweihundert, Oma!“ rief das Mädchen und sah ihn verwundert an.

„Ja. Warum nicht? Schauen Sie sich die Paytrarchen an, sieben und acht und neunhundert. Ich habe noch nicht vor zu sterben, Dally“, kicherte er. „Und Sie werden lange warten müssen, wenn Sie denken, dass Sie das bisschen Geld wollen, das ich gespart habe.“

„Wo bewahrst du das Zeug jetzt auf, Oma?"

"Was für Zeug?" sagte der alte Mann.

„Das Zeug, das du früher in der blauen Flasche im Eckschrank aufbewahrt hast."

„Woher wusstest du, dass ich Sachen in diesem Eckschrank aufbewahrt habe?"

„Weil ich nachgeschaut habe", sagte das Mädchen keck. „Dann werde ich dich nicht in meine Schränke schauen lassen. ICH-"

"Warum nicht?" sagte Dally ruhig. „Da, ich weiß, Gran'fa, fast alles, was du hast. Sag mir jetzt, was hast du mit der Flasche gemacht, die du früher für deine Augen benutzt hast?"

„Hab es weggeschüttet und die Flasche ins Feuer gestellt."

„Oh, Oma!"

„Meine Augen sind jetzt völlig in Ordnung, und ich wollte nicht eines Nachts im Dunkeln bleiben – Kerzen kosten Geld, Dally – und das Falsche mitnehmen. Der Arzt gibt mir ein paar Tropfen in einer kleinen Flasche, und ich hätte nicht gern einen Fehler gemacht."

„Und du hast alles weggeworfen?" sagte das Mädchen enttäuscht.

„Ja, mein Gel. Es war Gift, nur zur Verwendung im Freien, und du hättest nicht gewollt, dass deine arme alte Oma einen Fehler gemacht hätte?"

"Gegangen!" sagte Dally zu sich selbst.

„Jetzt gehst du zum Arzt und sagst, deine Großmutter will ihn. Sagen Sie ihm, ich sage, es ist alles Unsinn, wenn er krank ist, und er muss kommen."

„Ja, Oma."

„Und du wartest, Dally. Ich bin noch kein alter Mann, aber ich werde sicher eines Tages sterben, und dann ist ein bisschen Geld für dich da."

„Ich will dein Geld nicht, Oma", sagte sie säuerlich, während der alte Mann grinste und sich die Hände rieb.

"Das ist richtig. Gutes Gel. Seien Sie unabhängig", sagte er. „Jetzt gehen Sie und sagen Sie dem Arzt, dass er kommen muss."

Dally rührte sich nicht, sondern blickte nachdenklich direkt vor sich hin.

„Wie viel kostet es, nach London zu reisen, Oma?" sagte sie schließlich, als der alte Mann auf die Armlehne seines Stuhls klopfte, um ihre Aufmerksamkeit zu erregen.

„Haufenweise Geld – haufenweise Geld. Was willst du wissen?“

„Weil ich dorthin gehe.“

"Gehen? Wozu?"

„Um ihn zu finden und zurückzubringen.“

„Wovon redest du? Gehen Sie und holen Sie den Arzt.“

„Über Tom Candlish. Ich bin letzte Nacht in die Halle gegangen, und er war weg.“

„Was, junger Knappe? Nun, du darfst ihn nicht verfolgen, Gel.“

„Ja, das muss ich“, sagte Dally mit einem grellen Ausdruck in ihren dunklen Augen. „Ich werde ihn verfolgen, um ihn hierher zurückzubringen, Oma. Aber bist du sicher, dass du das Zeug weggeworfen hast?“

„Ja, ich bin mir sicher. Jetzt geh und hol den Arzt, sage ich dir; und bitten Sie ihn, Ihnen noch etwas davon zu geben, wenn Ihre Augen schlecht sind. Jetzt geh."

Als sie das Cottage verließ, nickte Dally kurz und zeigte weder Zuneigung zu ihrem Großvater, noch wurde dies von ihr erwartet. als der alte Mann seine Pfeife wieder anzündete und sich beim Rauchen nachdenklich zurücklehnte.

„Was will sie mit dem Zeug?“ sagte er nachdenklich; „Es ist Gift, und sie wusste, wo es war. Sie würde selbst keine nehmen wollen. Das würde sie nicht tun; und sie würde Tom Candlish nichts geben wollen, denn das würde ihn nicht dazu bringen, sie zu heiraten. Ich glaube, sie will es – sie will es –“

Der schläfrige Kopf des alten Mannes war nach hinten gesunken, seine Hand, die die Pfeife hielt, fiel in seinen Schoß, und er schlief tief und fest, um nach ein paar Stunden kalt und zitternd aufzuwachen, bereit, ins Bett zu kriechen, und murrte gegen den Arzt, weil er nicht gekommen war. und vergisst Dally und ihren Wunsch, die Flasche zu bekommen, die früher im Eckschrank stand.

Band Drei – Kapitel Sechzehn.

Moredocks Medizin.

„Es ist wie ein Schatten, der mir immer folgt", murmelte North, „und es ist für mich hoffnungslos, es länger zu versuchen. Ich habe damit so tapfer gekämpft und gekämpft, wie ein Mann nur kämpfen kann, und wofür? Ich habe versagt; Es gibt nichts, was mich hier halten könnte. Warum sollte ich bleiben?"

„Ja", wiederholte er, „ich habe versagt – mein gewagter Versuch ist gescheitert – meine Liebe ist gescheitert – und ich möchte Ruhe." Ich kann es nicht länger ertragen; Was ich will, ist Ruhe. Ah!"

Er holte tief Luft, seufzte dann und ging direkt zum Fenster, zog den Vorhang beiseite und verbrachte zum ersten Mal seit vielen Tagen etwa eine halbe Stunde auf seiner Toilette, um schließlich schwach und gespenstisch blass dazustehen. Aber ansonsten sieht er eher aus wie der offene, männliche junge Arzt der Vergangenheit.

Mittlerweile hatten sich seine Augen mehr an das Licht gewöhnt, und er ging hin und blickte aus dem Fenster auf die angenehme Waldlandschaft, die sich vor ihm ausbreitete. Er dachte an seine Zukunft und wusste nicht, dass der Anblick für seine Sorgen beruhigend war Gehirn.

Es schien ihm, als ob sein Schatten schliefe, und als er sich vom Fenster abwandte, nachdem er einen letzten Blick über die Wiesen geworfen hatte, wo er ab und zu die Sonne sehen konnte, die vom Bach in Richtung des Pfarrhauses glitt, ging er ziemlich weit Sie bewegte sich ruhig über den Boden, als gerade auf der unteren Wiese die Gestalt einer Frau auftauchte, die eilig ging und sich dicht an die Hecken und Baumgruppen hielt, die dem Ort das Aussehen eines Parks verliehen.

Als North die Tür öffnete und zur Treppe ging, konnte er sehen, dass die Gazetür am Fußende, die die Kommunikation mit dem Rest des Hauses unterbrach, angelehnt war, dann bewegte sie sich leicht und schloss sich.

„Beobachtet", sagte er zu sich selbst; „Armer alter Milt! Ich darf sie nicht vergessen."

Er ging langsam in den Flur hinunter, und als er sie erreichte, schloss sich die Tür zum Esszimmer, die ebenfalls angelehnt war, leise, und North runzelte die Stirn und biss sich auf die Lippe, als er ihr den Rücken zuwandte und das Arbeitszimmer betrat.

Er schloss die Tür hinter sich und verriegelte sie; und während er dies tat, erschien das Gesicht der Haushälterin an der Tür aus Gaze und das von Cousin Thompson an dem des Esszimmers.

Mrs. Milt bemerkte die Bewegung der Esszimmertür und schlich sich leise mit einem Seufzer zurück, während Cousin Thompson, nachdem er ein paar Minuten gewartet hatte, mit einem besonders leisen, listigen Gesichtsausdruck einen kleinen Messingkeil aus seiner Tasche nahm und … steckte es unter die Tür, um sie ein paar Zentimeter offen zu halten, so dass er hören konnte, wann das Arbeitszimmer wieder geöffnet wurde, und setzte sich dann wachsam ans Fenster, von wo aus er einen guten Blick auf das Haupttor hatte.

Sobald er im Arbeitszimmer war, blickte North traurig auf seine Bücher und Tische, wo alles systematisch geordnet und peinlich ordentlich und sauber war und die Hand der alten Haushälterin auf allen Seiten sichtbar war.

„Arme alte Frau!" murmelte der Arzt. „Als ob sie sicher wäre, dass ich nicht lange krank sein würde."

Er ging zum französischen Fenster, das auf den grünen Rasen mit seiner sträucherartigen Umgebung blickte, hinter dem sich die Wiesen und der plätschernde Bach befanden.

Es war ein Bild des Friedens und der Schönheit, das den anspruchsvollsten Menschen gefallen hätte, und es blieb nicht ohne Wirkung auf den Arzt, der sorgfältig das Fenster schloss und befestigte, bevor er zur Tür ging, die in seine Praxis führte, die er öffnete. und schaute hinein und sah, dass die Außentür geschlossen war.

Als er zum Studiertisch zurückkehrte, schaltete er auf die Kommunikation um, und North setzte sich, jetzt ganz ruhig und gefasst, und begann zu schreiben.

Er hielt mehrere Male inne, um nachzudenken, fuhr dann aber ernsthafter fort, bis er, als er das Geschriebene las, ein oder zwei geringfügige Änderungen vornahm, die Papiere dann sorgfältig faltete und in große Umschläge steckte, einen davon Er richtete es an „meine Testamentsvollstrecker" und legte es an einer gut sichtbaren Stelle auf den Tisch, wo es unübersehbar war. der andere an seinen Londoner Arztfreund.

Offenbar nicht zufrieden, nahm er den Umschlag, steckte ihn in einen anderen und schrieb anschließend auf ein Blatt Papier:

„Frau Milt. Legen Sie diese Beilage selbst in die Hände meiner Testamentsvollstrecker."

Dann reichte er den äußeren Umschlag der Haushälterin, lächelte zufrieden und hatte ihn gerade ordnungsgemäß verschlossen auf den Tisch gelegt, als ein leises *Knacken* ihn dazu veranlasste, den Kopf in Richtung der Praxis zu drehen.

North lauschte, und das leise Geräusch einer Flasche, die eine andere berührte, wiederholte sich.

Er stand auf und ging leise zur Tür, die nicht verriegelt war, öffnete sie und sah, wie eine ausgestreckte Hand nach unten schoss, als er Dally Watlock gegenüberstand.

In seiner Überraschung sagte North nichts, denn er hatte den Eindruck gehabt, dass er die Tür verschlossen hatte, und das gab dem Mädchen Zeit, sich zu erholen.

„Oh, ich bitte um Verzeihung, Sir", sagte sie mit einem Lächeln; „Ich habe die Flasche nur an ihren Platz zurückgeschoben. Es war fast von der Stange."

"Was willst du?" sagte North scharf.

„Oma, bitte, Sir, sagte, ich solle kommen und Ihnen sagen, dass er Sie wollte."

„Sag ihm, dass ich nicht kommen kann", sagte North kurz. „Warum bist du hierher gekommen und nicht an die Front?"

„Oh, war das nicht richtig, Sir?" sagte Dally entschuldigend. „Es tut mir so leid, Sir. Aber Oma sagte: „Gehen Sie in die Praxis von Dr. North", und ich kam hierher. Bitte, Sir, er sagt, Sie sollen ihm etwas von dem Zeug schicken, das Sie ihm zuvor gegeben haben."

North stand einen Moment mit zusammengezogenen Brauen da, dann ging er zu einem Schrank, holte eine halbvolle Flasche Brandy heraus und reichte sie dem Mädchen.

„Nehmen Sie das", sagte er, „und sagen Sie ihm, er solle es diskret verwenden. Ich kann nicht kommen."

„Oh, danke, Sir. Gran'fa wird sich sehr freuen, Sir; und der Meister wird so froh sein, wenn ich ihm sage, dass es dir so viel besser geht; und auch Miss Mary."

North zuckte zusammen und runzelte dann die Stirn, als er an dem Mädchen vorbeiging, um die Außentür zu öffnen und so zu tun, als würde sie gehen.

Sie lächelte und machte einen Knicks, als sie ohnmächtig wurde. Die Tür wurde plötzlich hinter ihr geschlossen und sie hörte, wie ein Riegel schoss.

„Ja", murmelte sie, während sich ihr Gesichtsausdruck veränderte, als sie die Flasche vorsichtig in ihre Kleidertasche steckte, was zur Folge hatte, dass es erneut ein leises *Knacken gab*; „Sie können es jetzt abschließen. Es ist mir egal. Aber war es nicht in der Nähe?"

Sie zögerte einen Moment, als wollte sie nach vorne hinausgehen, aber Cousin Thompson war nicht verwirrt, als er sie vorbeigehen sah, denn sie kehrte auf dem gleichen Weg zurück, den sie gekommen war, den Küchengarten hinunter zu den Wiesen und durch sie hindurch und wieder hinunter den Fluss entlang, bis sie den Punkt erreichte, der dem Pfarrgarten am nächsten lag, durch den sie ging, nachdem sie angehalten hatte, um eine Handvoll Petersilie zu pflücken, um sie ins Haus zu tragen.

Band drei – Kapitel siebzehn.

Belagert.

Dally hatte das Pfarrhaus noch nicht erreicht, und Horace North hatte noch nicht lange über die Worte des Mädchens nachgedacht, was ihn verwirrte, da es ein merkwürdiges Gefühl der Ruhe und Befriedigung in seinem Gehirn auslöste, als plötzlich eine Kutsche die King's Hampton Road entlangfuhr , und kamen an Moredocks Cottage und Mrs. Berens' hübschem, villenähnlichem Haus vorbei. North saß da, den Kopf auf die Hand gestützt, und dachte nach.

Miss Mary würde sich so freuen, hatte das Mädchen gesagt – erfreut, dass es ihm besser ginge.

Es kam ihm seltsam vor, aber die Worte ließen ihn an Mary Salis in den alten Tagen im Pfarrhaus denken; dann ihr Unfall und wie er sie gepflegt hatte. Dann dachte er an das süße, blasse, geduldige Gesicht, als sie diese lange Zeit körperlichen Leidens durchlebte, auf die die anhaltende Zeit schrecklicher seelischer Qualen folgte, als sie sich als hoffnungslose, hilflose Invalide befand – verwandelte sich wie durch einen traurigen Schlag von einem jungen und aktiven Mädchen in eine abhängige Krüppelin.

„Arme, sanfte, geduldige Mary!" sagte er leise; Und dann wandten sich seine Gedanken wie ein Blitz der Schwester zu – ihrer kranken Couch, ihrer wahnsinnigen Liebeserklärung und seiner schwachen, blinden Torheit, die Tatsache nicht zu begreifen, dass die Zärtlichkeit, die sie ihm entgegenbrachte, für eine andere bestimmt war.

„Nein, das kannst du nicht. Dem Meister geht es besser, er ist engagiert und kann keine Patienten empfangen."

Als North diese laut geäußerten Worte hörte, sprang North steif und mit wildem Blick auf seinem Sitz auf und sprang dann zur Tür.

„Nun, meine liebe Frau Milt", sagte eine sanfte, salbungsvolle Stimme, die er nur zu gut kannte, „beten Sie, seien Sie nicht aufgeregt. Wie kannst du so sprechen?"

„Ich spreche aus, was ich denke und fühle, Sir", erwiderte die alte Dame scharf. „Was wollen diese Leute vom Meister?"

„Ihn zu bitten, zu einem Patienten zu gehen, der im Sterben liegt. Dort: Beten Sie, kommen Sie weg. Wirklich, Frau Milt, Sie dürfen sich nicht so einmischen."

„Ich sage Ihnen, Sir, der Meister möchte keine Patienten sehen, und er kann nicht herauskommen; also musst du sie wegschicken."

„Wirklich, Mrs. Milt", sagte Cousine Thompson, „das ist unerträglich. Meine gute Frau, du vergisst dich selbst."

Jedes Wort erreichte North, als er nahe an der Tür stand und erkannte, dass dort eine Frau war, die bereit war, zu seiner Verteidigung zu kämpfen.

North stand mit geballten Händen und gerunzelter Stirn da und starrte ihn wütend an, denn er wusste genau, was das bedeutete. Man hörte, wie sich die Stimmen zurückzogen, und das plötzliche Schließen der Esszimmertür verriet ihm so deutlich, als hätte er gesehen, dass die Haushälterin Cousin Thompson in das Zimmer gefolgt war, wo offenbar eine wütende Auseinandersetzung im Gange war Fortschritt.

„Hah!" rief der elende Mann; „kantig und skrupellos bis zum Schluss. Er hält sie in Verhandlungen, während seine Leute ihre Arbeit erledigen."

Er lachte bitterlich, denn in diesem Moment wurde leise die Tür geöffnet, und dann ertönte ein leises Klopfen an der Tür.

„Möge sich mein Geld für ihn als Fluch erweisen und der ganze Ort ihn ständig an seinen Verrat erinnern", murmelte er, während das leise Klopfen wiederholt wurde und eine leise Stimme, die er nicht kannte, sagte:

„Dr. North – Dr. North! Kann ich Sie kurz sprechen?"

Er gab keine Antwort, sondern zog sich zum Tisch zurück.

„Werden sie es wagen einzubrechen?" sagte er zu sich selbst, während sein Gesicht einen Ausdruck bitterer Verachtung und Verachtung trug.

In diesem Moment war Frau Milts lautstarke Proteststimme zu hören; aber es war vergebens. Cousin Thompson hatte sie unter dem Vorwand, eine Unterredung abhalten zu wollen, im Speisezimmer eingeschlossen und sich dann jedes Mal, wenn sie versuchte, durch die Tür oder das Fenster zu verlassen, zwischen seine Person gestellt.

Das Klopfen an der Tür verstummte, und ein Flüstern war zu hören; Während eine Minute später plötzlich ein kräftig gebauter Mann mit eher hartem Gesicht und entschlossenem Blick an der Fenstertür mit Blick auf den Garten erschien und die Klinke versuchte.

Innen ging es schnell.

Er ging weiter und ging zur Tür des Sprechzimmers, was er auch versuchte; aber North hatte dies befestigt, als er Dally herausließ, und der Mann kam zurück, schaute hinein und klopfte sanft an die Scheibe, um Norths

Aufmerksamkeit zu erregen. Als der Mann sah, dass er sich nicht von seinem Platz am Tisch rührte, lächelte er und winkte ihn zu sich.

Dies wiederholte er immer wieder, aber North rührte sich nicht. Dann bewegten sich seine Lippen und er wiederholte unwillkürlich Hamlets Worte:

„Ich bin nur verrückt nach Nord-Nordwest. Wenn der Wind aus Süden weht, erkenne ich einen Habicht vom Hernshaw."

Der Mann nickte und lächelte erneut und starb.

Draußen vor der Tür ertönte erneut leises Gemurmel und erneutes Klopfen, als eine überzeugende Stimme sagte:

„Dr. North, wären Sie so freundlich, die Tür zu öffnen und ins Esszimmer zu kommen? Frau Milt, die Haushälterin, würde gerne mit Ihnen sprechen."

„Was für ein Kind – was für einen schwachen Verrückten müssen sie mich halten!" murmelte North; aber er rührte sich nicht, und wie er völlig erwartet hatte, ging der letzte Redner, wie er vermutete, zum Fenster und klopfte leise.

Der Neuankömmling hätte der Zwillingsbruder des Ersten sein können, so ähnlich war sein Gesichtsausdruck, so genau waren seine Handlungen eine Wiederholung.

Sie waren von großem Nutzen, und er kehrte in den Flur zurück, wo mit leiser Stimme ein paar Worte gewechselt wurden, gefolgt von einem scharfen Klopfen an der Tür des Esszimmers.

Dies wurde geöffnet und Frau Milts Stimme erhob sich laut:

„Haltet mich auf, wenn ihr es wagt, einer von euch! und ich werde das Gesetz von dir haben."

Darauf folgte ein scharfes, raschelndes Geräusch und der dumpfe Knall, der durch das Zuschlagen der Gazetür entstand.

Dann war das Geräusch des Kieses zu hören, als jemand eilig darüber ging, und das Klicken des Schwingtors, bevor es einrastete.

„Geben Sie das Wort, Sir, und es ist erledigt", sagte eine tiefe Stimme.

„Dann schnell!" sagte Cousin Thompson scharf. „Schnell, bevor diese verfluchte Frau mit Hilfe zurückkommt."

Band Drei – Kapitel Achtzehn.

Ein Weg zur Flucht.

North holte tief Luft, als einer der Männer sich am Fenster des Arbeitszimmers aufstellte und hineinschaute.

Er ging auf ihn zu, und der Mann lächelte und winkte ihm, herauszukommen; aber das Lächeln verwandelte sich in einen finsteren Blick, als die Schnur ergriffen und die Jalousie heruntergezogen wurde.

In diesem Moment öffnete sich die Tür, als jemand fest darauf drückte, und dann drang ein Flüstern bis zu der Stelle, an der North stand und sich umsah, bevor er zur Praxis ging, eintrat und sich einschloss.

Seine erste Handlung bestand darin, zum Fenster zu gehen, wo er erwartete, dort einen weiteren Wachposten zu finden; Aber Fenster und Außentür zeigten in eine andere Richtung und waren durch ein dichtes Stück altes Gebüsch und eine hohe Eibenhecke von dem Teil des Gartens abgeschnitten, in dem der Mann stand.

North fühlte sich jetzt völlig ruhig, aber seine Seele war voller schrecklicher Verzweiflung.

Er sagte sich, dass die Hoffnung für ihn tot sei; dass er im Umgang mit den okkulten Geheimnissen der Natur fast das gemeistert hatte, was er entdecken wollte, aber gescheitert war und die Strafe zahlen musste; während in der Zukunft ein glücklicherer Schüler von dem profitieren würde, was er getan hatte; und indem er der Falle, in die er geraten war, aus dem Weg ging, nahm er eine weitere Wendung und triumphierte.

Zu diesem Zweck hatte er in den Stunden seines Elends – als es ihm vorgekommen war, dass die seltsame Essenz, die ihn durchdrang, schlief – die gesamte Geschichte seiner Experimente zu Papier gebracht, vom ersten Beginn bis zu dem Zeitpunkt, als er zu dem Zeitpunkt erwachte die Tatsache, dass er den Zerfall der wichtigen Organe nicht länger aufhalten oder mehr tun konnte, als aus seinem Subjekt eine Art Mumie zu machen; aber das Wesen oder der Geist wurde gleichsam gefangen genommen und hielt ihn gleichzeitig in seinem Bann.

Dies hatte er bis zum Äußersten sorgfältig niedergeschrieben und zeigte darüber hinaus die Zeit, in der er das Gefühl hatte, einen Fehler gemacht zu haben, als die Zeit an, in der der mutige Wissenschaftler, der so viel wagte, einen anderen Weg einschlagen musste die große Sache.

Denn er schrieb klar und eindrucksvoll: Scheitern bedeutete ein solches Schicksal wie das seine, die ständige Präsenz des Geistes des Verstorbenen und damit den Zwang, für jede wilde Tat oder Rede, die diese Essenz tun oder machen würde, leiden zu müssen. Er erzählte, wie hilflos er war, wie er sich bemüht hatte, wissenschaftliche Erkenntnisse zur Geltung zu bringen, wie er mit seiner Position als Mann gekämpft hatte, der im vollen Besitz seiner Fähigkeiten war, aber dass er nicht mehr tun konnte.

Erfolg bedeutete eine Krone triumphierender Ehre; Versagen, eine Art vernünftiger Wahnsinn, dessen einziges Ende der Tod sein konnte – ein Tod, den er sofort suchen musste, um sich selbst zu retten – um sich davor zu bewahren, als Wahnsinniger behandelt zu werden, und um dann ein paar Wochen oder Monate der Folter zu verbringen er wusste, dass er es nicht ertragen konnte.

In seinen letzten Absätzen erläuterte er seinen Standpunkt. Man hielt ihn für verrückt, und um sich zu befreien, musste er sein Experiment und seine ungewöhnliche Lage erklären, von der, wie er zugab, niemand glauben konnte oder konnte, außer einem *Gelehrten* wie dem, den er ansprach – einem Mann, der … der das Gehirn zu seinem Studium gemacht hatte und der die Leiden des Schriftstellers mitfühlen konnte.

Dieser Brief lag dem Paket bei, das an seine Testamentsvollstrecker zur Übergabe an Herrn Delton gerichtet war, und lag im Arbeitszimmer und wartete darauf, dass diese Testamentsvollstrecker die letzten Befehle erhalten würden.

Jetzt war alles zu Ende, und mit einem Gefühl der Ruhe, das der Zufriedenheit nahekam, blickte Horace North in seinem Sprechzimmer mit seinen vielen vertrauten Gegenständen um; und ohne das geringste Gefühl der Angst nahm er ein kleines Medizinglas von dem Set, das bereit auf einem Regal stand, und hob dann eine große Flasche von einer bestimmten Stelle am Ende, wo sie immer stand, und verdeckte eine kleine Nische, in der sich ein paar befanden kleinere Flaschen, sorgfältig etikettiert und hinsichtlich ihres Stärkegrades gekennzeichnet.

„Ist es feige?“ sagte er leise. „Ist es eine Sünde? Sicherlich nicht, wenn ich meine Position kenne, und – ja, das ist mein Schicksal.“

Denn in diesem Moment gab es einen scharfen Knall: Die Tür hatte nachgegeben, und er wusste, dass die Abgesandten seines Cousins – die Leute aus einer privaten Anstalt – in das Arbeitszimmer eingedrungen waren und ihr nächster Schritt darin bestehen würde, dorthin zu gelangen er war.

Er hätte die Tür öffnen und über die Wiesen fliehen können; aber wo? An wen? Vielleicht stieß der lebende Schatten, den er sozusagen zu sich geführt hatte, in dem Moment, in dem er zum ersten Mal um Hilfe rief, einen wilden

Schrei oder einen absurden Scherz aus, und die Leute würden seinen Verfolgern glauben, trotz allem, was er konnte erklären.

Nein, es war keine Feigheit, dieses beschleunigte Ende; und indem er den Stopfen herauszog, begann er, den flüssigen Inhalt der kleinen Flasche auszugießen, während der Griff der Tür zum Sprechzimmer gedreht wurde und die Platte ein unheilvolles Knacken von sich gab.

„Du sollst mich in Frieden sterben lassen", sagte er leise, während er einen Stuhl wegzog, der eine innere Tür aus Filz stützte, ihn zuklappen ließ und beide Riegel einschob.

„Cousin Thompson", sagte er bitter, „du warst immer ein elender Kerl, aber ich ziehe meinen Fluch zurück. Nimm alles und genieße dein elendes Leben, so gut es ein solches Reptil kann."

Er hielt einen Moment inne, seine Lippen bewegten sich langsam und ein ruhiger Ausdruck der Resignation milderte die strenge Strenge seines Gesichts.

„Zur Vergebung!" sagte er leise. „In Vergessenheit geraten!" und er hob das Glas an seine Lippen.

Band Drei – Kapitel Neunzehn.

Vision oder Realität.

Das Zittern von Glas, als die Splitter einer Glasscheibe klirrend auf den Teppich fielen.

Das Zittern von Glas, als der kleine Kristall aus Horace Norths Hand fiel, und ein stechender Geruch erfüllten den Raum.

„Maria Salis! oder bin ich tatsächlich verrückt?" rief der elende Mann.

Er stand regungslos da und starrte auf das Fenster, während ein weißer Arm durch das zerbrochene Glas geschoben und der Riegel zurückgeschoben wurde, aber nicht so schnell, dass ein tiefroter Fleck zum Vorschein kam; denn das gezackte Glas hinterließ einen hässlichen Schnitt über dem weißen Handgelenk, obwohl man es nicht beachtete, und das Fensterfenster flog auf.

„Die Tür – mach die Tür auf!" North rührte sich nicht, sondern starrte wild auf das blasse Gesicht vor ihm, dann fuhr er sich mit den Händen über die Augen und taumelte zum Fenster, als ob ihn die Augen, die in seine blickten, dorthin angezogen hätten.

"Schnell! die Tür – öffne diese Tür!" keuchte hervor.

Er gehorchte mechanisch, ohne den Blick vom Fenster abzuwenden, tastete sich zur Tür vor, öffnete sie langsam und blickte Mary Salis an, während sie seine Hände in ihre nahm.

„Was wolltest du tun?" sie weinte mitleiderregend. „Ausgerechnet du! Du musst verrückt sein – du musst verrückt sein!"

„Ja", sagte er ausdruckslos; „Sie sagen es. Ich muss verrückt sein, oder ist – ist es Vergangenheit – ein Traum? Mary Salis – du!"

"Was ist das?" rief Maria aufgeregt, als man das Geräusch der aufbrechenden Tür hörte. North stieß einen Seufzer aus.

„Sie kommen", rief er, „und ich werde zu spät kommen. Lass meinen Arm los – lass meinen Arm los!"

"Nein nein Nein!" keuchte Mary, als sie sich auf seine Brust warf. „Es ist das, was ich befürchtet habe; Ich habe es geglaubt und bin gekommen. Oh, um Himmels willen, tun Sie das nicht!"

"Ja ich muss. „Du weißt es nicht", flüsterte er heiser, als er versuchte, ihre Arme von ihm zu lösen.

„Ja, ich weiß, dass du kurz davor warst, dich selbst zu töten, und das darfst du nicht tun", schrie Mary wild.

„Würden Sie zusehen, wie ich in den lebendigen Tod gezerrt werde?" er sagte. „Höre – hörst du nicht? Lass mich los, sage ich!"

Er sprach jetzt fast wild, während er darum kämpfte, die umschlingenden Hände loszuwerden; Doch als er an ihnen zerrte, klammerte sich Mary noch fester an seine Brust, als ihr Gesicht sich seinem näherte, und ihre Lippen öffneten sich, ihre Augen weiteten sich, und sie schrie genauso wild:

„Dann töte mich auch!" Er hörte auf, sich darum zu bemühen, das gerötete, von Liebe erleuchtete Gesicht zu betrachten, das sich ihm näherte, unfähig, die ganze Bedeutung dessen zu erfassen, was gesagt wurde, geistig unfähig, die Worte und Blicke zu deuten, und die ganze Szene glich dem Trugbild eines Wahnsinns.

Ein lauteres Knacken der Gazetür erregte ihn und er machte sich auf den Weg.

„Hörst du nicht?" er flüsterte. „Hörst du nicht?"

„Ja", rief Mary und klammerte sich immer noch an ihn; „Ich höre, und es hilft."

„Nein, nein!" er flüsterte; „Es sind diese Männer. Ah, ich bin zu spät!"

Denn in diesem Moment ertönte ein scharfes Rascheln der Büsche, und ein Mann rannte über den Rasen und blieb verwirrt angesichts der Szene vor ihm stehen.

„Sind Sie, Miss – hier?" er keuchte atemlos. „Sagte die alte Missus Milt, als die Maddus-Leute den Arzt wegbrachten."

"Was?" rief Maria; und ein Nebel schwebte vor ihren Augen.

„Das Maddus-Volk, Miss; und vorne haben sie eine Kutsche aufgestellt.

Mit einer Kraft, die fast übermenschlich war, erholte sich Mary, und als sie die Situation erfasste, flüsterte sie North zu:

"Ist das wahr?"

„Hör zu", sagte er.

Mary klammerte sich fest an ihn, während die Geräusche der aufgebrochenen Türen ein unwiderlegbares Zeugnis für die Worte waren; und dann, als ob sie ihn vor der drohenden Gefahr schützen wollte, stieß sie ihn von sich und folgte ihm durch die Praxis.

„Nein, nein!" sie keuchte. „Schnell, bevor es zu spät ist."

"Gehen?" sagte er als Antwort auf ihren hektischen Appell.

"Ja ja; schnell schnell! Der Garten – die Wiesen."

North schien benommen zu sein, aber Joe Chegg, der aufgeregt zum Manor gerannt war, nachdem er die alte Haushälterin getroffen hatte, mehr mit der Absicht, zu sehen, was los war, als ihm zu helfen, packte nun Norths Arm und eilte ihn aus der Praxis und in die nächstgelegene Sie gingen auf den Weg, dann zwischen den dichten Büschen hindurch und wieder hinaus, so dass sie weit außer Sichtweite waren, bevor die Tür nachgab und Cousin Thompsons Abgesandte feststellten, dass ihre Beute verschwunden war.

North leistete keinen Widerstand gegen die Bemühungen derjenigen, die ihn auf beiden Seiten festhielten; aber da er durch das lange Fasten geschwächt und nun völlig benommen war, taumelte er von Zeit zu Zeit und wäre ohne die Stützarme gestürzt.

„Rect'ry, Miss? „In Ordnung", sagte Joe Chegg. „Warten Sie, Sir, sonst sind Sie am Boden."

Denn North hatte einen Satz gemacht und klammerte sich wild an den kräftigen jungen Kerl.

„Oh, versuchen Sie es – bitte versuchen Sie es!" stöhnte Mary, als sie zurückblickte. "Jetzt; Ich werde helfen, so gut ich kann."

„Ich werde mit ihm klarkommen", sagte Joe, der den Appell auf sich nahm. „Du hast zugelassen, dass er sich auf mich stützt. Warum, dachte ich, Miss, weil Sie nicht laufen konnten?

"Stille! sprich nicht. „Vielleicht hören sie uns", flüsterte Mary und schaute ängstlich zurück, während sie durch die Wiesen voranschritten, während der Boden des Pfarrgartens noch ein paar hundert Meter entfernt war, als Mary, als Mary von der Seite nach Norden blickte, sah, wie sich seine Augen schlossen, und im selben Moment gaben seine Beine nach und er sank ins Gras.

Mary stieß ein klägliches Stöhnen aus und blickte zu Chegg, der seinen Griff um Norths Arm gelockert hatte und nun mit erhobenem Hut dastand und sich am Kopf kratzte.

„Nun, wenn noch jemand hier wäre", murmelte er; und dann rief er als Antwort auf eine unausgesprochene Frage laut: „Nun, ich weiß es, Fräulein; aber ich werde es trotzdem versuchen.

Ein Leben voller Mühen hatte die Muskeln des jungen Burschen ziemlich stark gemacht, sonst hätte er nicht so kräftig aufstehen können, nachdem er sich niedergekniet hatte und es geschafft hatte, North auf seine Schulter zu bringen, und noch einmal anzufangen, während Mary ihn drängte, jede

Anstrengung zu unternehmen , denn ein Ruf von hinten hatte sie erregt, und als sie zurückblickte, sah sie zwei Männer in schnellem Trab über die Wiese kommen, während ein dritter schnell hinterher ging.

Band Drei – Kapitel Zwanzig.

Ein Wettlauf um die Freiheit.

Es war ein knappes Rennen, und Mary Salis hatte das Gefühl, dass die seltsame Kraft, die sie so nervös gemacht hatte, dass sie die Distanz zwischen den beiden Häusern zurückgelegt und es ihr dann ermöglicht hatte, die darauf folgende Szene zu durchlaufen, noch bevor viele Minuten vergangen waren, nachlassen würde scheitern; Aber sie mühte sich immer noch weiter, während ihre Verfolger so schnell aufholten, dass das Tor, das zu den Wiesen führte, kaum passiert und zu ihnen gestürmt war, und das Gefühl, dass sie dank ihrer frischen Kräfte endlich in verhältnismäßiger Sicherheit waren, als die beiden Hüter kamen stand auf, öffnete ohne zu zögern das Tor und folgte ihm in den Obstgarten des Pfarrhauses.

Joe Chegg hatte seine Last auf den Boden gesenkt, als die Männer das Tor erreichten.

„Was soll ich tun, Fräulein?"

„Steh mir bei", keuchte Mary und bückte sich, um Horaces Hand in ihre zu fassen; und dann sank sie auf ein Knie und hielt es mit beiden Knien fest.

„Stehen Sie zu Ihrer Seite, Fräulein?" rief Joe. "Ja; Ich werde das machen; aber du rennst und rufst um Hilfe."

„Nein, nein", rief Maria; "Ich werde nicht gehen."

„Nun denn", rief Joe, „was ist denn? Wissen Sie, dass Sie hier Hausfriedensbruch begehen?"

„Geht raus", knurrte einer der Männer; und er stieß den kräftigen jungen Kerl grob beiseite.

Es war ein Fehler des Torwarts, denn Joe Cheggs Vater war ein Bilston-Mann, der zu seiner Zeit für die Kampfeslust seines Lebens berüchtigt war.

Sein Mantel, oder vielmehr seine Absicht, seinen Mantel auszuziehen, war auf seinen Sohn gefallen, und das Ergebnis des groben Stoßes war, dass Joe Chegg so heftig zurückprallte, dass der Wärter taumelnd zurückfiel, und als er sich erholte, und sein Begleiter Als er sich dem Angriff anschließen wollte, hatte sich Joe als Sohn seines Vaters erwiesen, denn sein Mantel lag auf dem Boden.

Das war umständlich. Die Wärter waren es gewohnt, mit wahnsinnigen Patienten zu streiten, und sie waren bereit, sich mit Horace North zu streiten und alles zu tun, um ihn in die Kutsche zu zwingen, die am Manor House wartete. Aber Joe Chegg war gesund, robust und hatte begonnen, sich zurechtzufinden.

Ein Kampf mit dem beleibten jungen Mann aus Warwick stand nicht in ihren Anweisungen, und sie beriefen eine Verhandlung ein.

„Sehen Sie her, Fräulein", sagte die Geschlagene mürrisch; „Rufen Sie einfach Ihre Bulldogge ab. Wir wollen keinen Ärger, und Sie machen eine sehr dumme Sache; Also lasst uns unser Ding machen und gehen."

Während er sprach, kam er näher, aber eine Finte von Joe ließ ihn zusammenzucken, obwohl er dem jungen Kerl einen sehr hässlichen Blick zuwarf.

„Das ist ein Skandal", schrie Mary, erhob sich und sprach nun mit fester Stimme. "Was bedeutet das?"

„Es bedeutet, Madam", sagte eine Stimme, als der große, dunkle Arzt, der das Manor zweimal besucht hatte, nach einem sehr eiligen Spaziergang durch die Wiesen nun auf den Tatort kam – „es bedeutet, Madam", wiederholte er, denn er war außer Atem, „dass Dr. North nicht in der Verfassung ist, auf freiem Fuß zu sein."

"Es ist nicht wahr!" rief Maria empört; obwohl die Erinnerung an das, was sie gesehen hatte, sie zum Zittern brachte.

„Es ist ganz wahr, meine Dame; und seine engsten Freunde haben Schritte unternommen, um ihn angemessen behandeln zu lassen, damit er wieder gesund werden kann."

„Wo der kleine Verstand, der ihm noch geblieben ist, zerstört wird", schien etwas in Maria zu sagen; und sie hielt Norths Hand fester.

„Da, meine Dame", sagte der Arzt; „Ich habe Ihnen dies erklärt, möchte aber auch hinzufügen, damit keine weiteren Unannehmlichkeiten entstehen, dass alle diese Schritte nach angemessener Beratung und in streng gesetzeskonformer Weise unternommen wurden. Seien Sie jetzt so freundlich, meine Männer dem Patienten beim Aufstehen helfen zu lassen, und lassen Sie uns diese traurige Angelegenheit so schnell wie möglich klären."

Mary schwankte, und der Arzt sah es.

„Jones", sagte er, „geh und hol die Kutsche hierher. Es wird der kürzeste Weg sein."

„Dr. North ist ein sehr alter und lieber Freund von uns", sagte Mary, erholte sich und sprach würdevoll; „Und ich kann in der Abwesenheit meines

Bruders nicht zusehen, wie etwas begangen wird, das mir wie ein Verbrechen vorkommt."

„Ah, Ihr Bruder ist weg", sagte der Arzt. „Es ist schade, denn in einem solchen Fall ist es besser, mit Herren als mit Damen umzugehen. Hier, meine liebe Frau, nehmen Sie bitte meine Zusicherung an, dass alles in Ordnung ist und dass Dr. North mit der größtmöglichen Fürsorge versorgt wird und Sie bald wieder völlig gesund und munter sind. Bitte seien Sie so gut, beiseite zu stehen."

„Nein", rief Maria entschieden; „Er soll nicht gehen."

„Sagen Sie einfach das Wort, Miss", flüsterte Joe Chegg.

"Jones!" schrie der Arzt; "Komm zurück!"

Der zweite Wärter, der fast den Obstgarten hinter sich hatte, kam zurück, und es stand drei zu eins; aber Joe Chegg ließ sich nicht einschüchtern.

„Sehen Sie hier", sagte er. „Miss Salis sagt, er soll nicht gehen, und Sie begehen hier Hausfriedensbruch. Hallo! du Dally Watlock!" schrie er, als er das kleine Mädchen sah, das den Obstgarten herunterkam; „Du hast diesen Hund losgelassen."

Dally zögerte, während die Wärter auf ein Wort des Arztes hin vortraten; und sie hätten ihre Aufgabe gemeistert – Joe Cheggs mutige Bemühungen waren durch die verblüffenden Bewegungen des gut gekleideten Arztes, den er zögerte, anzugreifen, zum Scheitern verurteilt –, doch Hilfe kam in der Person von Salis, der durch den Obstgarten rannte. rotgesichtig und aufgeregt.

Die Chancen waren so gering, dass es zu einer neuen Verhandlung kam und der Arzt nun noch einmal seine Erklärungen als Antwort auf die empörten Fragen von Salis abgab:

„Wie kannst du es wagen, meine Schwester zu beleidigen?" gefolgt von einem weiteren: „Wie kannst du es wagen, meinen Freund zu beleidigen?"

„Gesetz hin oder her, Sir", rief Salis schließlich, „Dr. North ist auf meinem Gelände, wo er sozusagen Zuflucht gefunden hat. Sie handeln auf Wunsch von Herrn Thompson?"

Der Arzt verneigte sich.

„Dann holen Sie Mr. Thompson hierher."

„Wirklich, Sir …", begann der Arzt.

„Das reicht, Sir", rief Salis. „Sie haben meine Entscheidung gehört. Wenn das Gesetz mich zwingt, meinen Freund aufzugeben, kann es sein, dass ich dazu gezwungen werde; aber ich werde ihn dir und diesen Männern jetzt nicht überlassen. Chegg, bringen Sie diese Personen vom Pfarrhofgelände weg.“

Es gab keine Hilfe dafür. Ein Kampf hätte zur Erhebung des Dorfes geführt, und der Arzt zuckte mit den Schultern und zog sich mit seinen Männern schändlich zurück.

"Maria!" rief Salis aus und erkannte nun zum ersten Mal das Wunder, das geschehen zu sein schien; "bist du das?"

Das arme Mädchen sagte kein Wort, sondern starrte ihn mit trüben Augen an, während sie, bevor er sie auffangen konnte, zuerst auf die Knie sank und dann mit dem Kopf auf Norths Brust nach vorne sank, während ihr weiches, blondes Haar hervorlugte Die Bänder, die es festhielten, fielen locker um ihr Marmorgesicht.

Band drei – Kapitel einundzwanzig.

Einen Raum reinigen.

Früher an diesem Tag saß Dally in ihrem Schlafzimmer und schaute vom Fenster aus zu, wie sie es schon oft getan hatte, wenn es Nacht war.

Ihr kleines, rosiges Gesicht war eine Studie, und ihre dunklen Augen glitzerten wie die einer eifrigen Ratte.

Sie hatte ihre Zeit gut kalkuliert und schon bald sah sie, wie Leo mit einem Buch in der Hand zu ihrem üblichen Spaziergang durch den Garten herauskam.

Dally verschwendete keine Zeit, sondern eilte in Marys Zimmer, um ein paar Augenblicke zuzuhören, und schlich sich dann in Leos Zimmer, wo sie einen Moment lang hineinspähte, und eilte dann hinaus, um mit einer Kehrschaufel, einem Besen und einem Staubwedel zurückzukommen. Diese legte sie auf Stuhl und Boden, um ihr Aussehen zu verdecken, falls Leo zurückkehren sollte; Während sie in ihrer Tasche kramte, holte sie einen kleinen Schlüssel hervor.

Bevor sie dies benutzte, stürzte sie zum Fenster und wartete, bis sie Leo das Haus verlassen sah, dann ging sie mit rattenähnlichen Bewegungen auf eine Kommode zu, auf der ein Schreibtisch stand, und öffnete sie im Handumdrehen Sie war an die Aufgabe gewöhnt und hob eine Seite, steckte sie in die Hand, um ein Paket mit Briefen herauszuholen, das mit einem Band zusammengebunden war.

Auf dem obersten befand sich ein Poststempel, der erst zwei Tage alt war. Das Mädchen zog den Brief hervor, überflog ihn so schnell, wie es ihr ungebildeter Gehirn zuließ, und während sie las, veränderte sich ihr Gesichtsausdruck immer wieder.

"Ah!" sie ejakulierte endlich. „Das würdest du, oder?" Sie nahm einen Bleistift vom Tablett und einen neuen Umschlag und schrieb mühsam etwas ab, das wie eine Adresse aussah.

Dann faltete sie mit einem triumphierenden Lächeln den Brief eilig wieder zusammen und steckte ihn wieder in das Paket, schob den neu adressierten Umschlag an ihre Brust, schloss den Schreibtisch wieder ab und hatte kaum alle Anzeichen ihres Handelns vernichtet, als sie eine Beleidigung hörte Husten.

Dally rannte rattenartiger als je zuvor zu der Stelle, wo die Kehrschaufel und der Besen lagen, ließ sich auf die Knie fallen und begann mit dem Rücken zur Tür zu arbeiten, wobei sie so geschäftig wie möglich in dem Staub summte, den sie zu bieten hatte erzogen.

"Trödeln!" rief Leo und öffnete die Tür.

"Ja Frau."

„Oh, was für ein schrecklicher Staub! Du weißt, dass mir dieses unnötige Fegen nicht gefällt.“

„Aber es wollte unbedingt geschehen, Fräulein, und Sie waren in den Garten gegangen.“

"Ja ja; Aber hör auf, das ist jetzt ein gutes Mädchen. Ich möchte mich hinsetzen und lesen.“

„Ja, Miss“, sagte Dally und benutzte hastig den Staubwedel.

„Weißt du, wohin mein Bruder gegangen ist?“

"Nicht verpassen; nicht wahr?“

„Nein“, sagte Leo müde.

„Oh ja, das tue ich, Fräulein; Er ging zum Manor House, und dann kam er zu Miss Mary zurück, und ich glaube, jetzt ist er nach King's Hampton gegangen.

„Oh“, sagte Leo müde. „Das reicht; und komm nicht wieder, um mein Zimmer aufzuräumen, ohne um Erlaubnis zu bitten.“

„Nein, Miss“, sagte Dally, zog sich zurück und ging zurück in ihr eigenes Zimmer, wo sie die Utensilien ihres Hausmädchens auf das Bett warf und die Adresse auf dem Umschlag herausnahm und las: „Telacot's Hotel, Craven Street, Strand.“

„Haben Sie keine Angst, Fräulein“, murmelte sie, „ich werde Ihr Zimmer nicht noch einmal aufräumen.“ Oh, was für ein Verrat gibt es auf dieser Welt! Aber warte, mein Lieber, dann wirst du sehen!“

Sie steckte den Umschlag zurück und dachte einen Moment lang nach, bevor sie eine Entscheidung traf, und dann …

„Ich war nicht umsonst Dutzende Male dort, um Oma zu besuchen“, sagte sie halb laut. „Ich weiß, und das werde ich auch.

„Aber angenommen –

„Das würde er nicht“, sagte sie nach einer Pause. „Man sagt, er kommt nur nachts aus seinem Zimmer – das werde ich tun.“

Fünf Minuten nachdem sie den Garten hinuntergegangen war, angeblich um diesen Bund Petersilie zu pflücken, und um ihn zu holen, ging sie bis zum Ende des Küchengartens und von dort auf die Wiesen, durch die sie fast lief, bis sie den Grund des Gemüsegartens erreichte Nachdem sie den Ort schon seit ihrer Kindheit kannte, gelangte sie unbemerkt auf das Gelände des Manor House, wo sie von North gefunden wurde.

Dally kehrte triumphierend zurück, aber sie brachte den Brandy nicht zu ihrem Großvater, sondern deponierte ihn in ihrer Kiste im Schlafzimmer, bevor sie so ruhig ihrer Arbeit nachging, als hätte sie nichts Wichtigeres im Kopf als Staubwedel und Besen und die Ordnung der Teile des Pfarrhauses innerhalb ihrer Provinz.

Aber nichts entging ihren durchdringenden kleinen Augen, die zu glitzern schienen, während sich die verschiedenen Dinge abspielten, und in den Pausen packte sie ein paar Notwendigkeiten in eine große Taschentasche, die sie zusammen mit ihrer Jacke und ihrem Hut über den eisernen Knopf ihres Bettgestells hängte .

Keine Dienerin hätte aufmerksamer oder scheinbar unschuldiger sein können, als sie Joe Chegg anstarrte, der, nachdem er Salis geholfen hatte, North in den Salon zu tragen, in die Küche verbannt wurde, um sich zu erfrischen.

Joe starrte sie mit empörtem Stirnrunzeln an, während er langsam große Mengen Brot und Käse zermahlte und sie mit reichlich Bier herunterspülte.

Aber Joes Stirnrunzeln hatte keine Wirkung auf Dally, und ihr Aussehen war schlicht und einfach, denn nach einer Weile schüttelte er feierlich den Kopf über sie, folgte jedem Kopfschütteln mit einem Seufzer und linderte dann offenbar seine Leiden dadurch ein wütender Biss ins Brot.

Jedes Mal, wenn Joe hinschaute und die Stirn runzelte, antwortete Dally mit dem rundäugigen, verwunderten Blick eines einfachen, unschuldigen Mädchens, der zu fragen schien, warum er nicht sprach und sagte, was er zu sagen hatte.

Aber Joe Chegg sagte nichts, aß nur, runzelte die Stirn und schüttelte den Kopf, bis er fertig war; Und nach einer Weile fuhr Dally, da sie nichts anderes zu tun hatte, mit ihrer kleinen, dicken Hand einen schwarzen Strumpf hinunter, bis ihre Knöchel den Absatz darstellten, der durch ein großes Loch geschaut hatte, und dann und da begann sie, Kammgarngitter anzufertigen Für Joe Chegg sah es sehr ähnlich aus wie das, was er oft in Holz getan hatte.

Die Glocke im Salon klingelte, aber bevor Dally antworten konnte, erschien Salis an der Tür.

„Geh nicht weg, Chegg, mein Junge", sagte er. „Ich weiß nicht, welche Besucher kommen werden, und ich möchte, dass Sie sich dort aufhalten und beobachten."

„Nun, sehen Sie, Sir", sagte Joe energisch, „es ist Zeit für einen Mann."

„Oh ja", sagte Salis lächelnd; „Du sollst doppelt bezahlt werden."

„Wie lange, Sir?"

"Warten wir es ab; und behaltet das Gelände im Auge."

Er sagte diese Worte, als er die Küchentür verließ, und traf gleich darauf Leo im Flur, der ihn mit ihren schönen Augen fragend ansah.

Auch in der Küche konnte man beobachten, dass Dallys Gesichtsausdruck etwas angespannter wirkte und sie sich etwas mehr über ihren Strumpf beugte und anfing zu summen, während sie stopfte, während Joe Chegg den Bierkrug nahm und hineinschaute meditativ begann er, den Esslöffel, den er unten übrig hatte, immer wieder rundzubewegen, als bereitete er ein Experiment vor, dessen Ziel darin bestand, einen kleinen Schaumklecks genau in der Mitte zu halten wie eine winzige Schauminsel in einem kleinen Meer aus Bier.

"Ja; Ich werde aufpassen", sagte er zu dem Becher; „Und es wird nicht das erste Mal sein. Es passiert nicht viel, weil ich es nicht sehe."

Dally summte und sah in ihrer Ruhe nicht mehr wie eine Katze aus, denn sie sah jetzt kätzchenhaft aus, und ihr Summen wurde von Zeit zu Zeit tiefer und verwandelte sich in ein Schnurren.

„In diesem Dorf passieren seltsame Dinge", fuhr Joe fort und blickte in die Tasse. „Und ich sehe viel von dem, was junge Frauen und Leute tun."

Dailys Schnurren hätte jetzt einem Perserkater alle Ehre gemacht: Es war so sanft und angenehm und rund.

„Aber von all den Dingen, die ich jemals an jungen Damen gesehen habe, habe ich noch nie etwas so Schönes gesehen, wie Miss Mary, die stark und gesund geworden ist."

Dally summte jetzt, und ihre Töne waren die einer singenden Biene, während das Gitterwerk im Strumpf immer größer wurde.

„Nun", sagte Joe, nachdem er den Schaumtropfen sehr hoch aus seinem bierigen Strudel emporsteigen ließ, „ich werde jetzt Polizist spielen."

Er warf den Rest des Bieres in seine Kehle und stellte den Krug ab.

„Es gibt nicht viele Jobs, die mir schaden."

Er stand auf und ging aus der Küche, und als Dally ihn vom Fenster aus auf seinem Weg nach vorne sah, tupfte sie mit der von Strümpfen bedeckten Faust auf den Tisch und stieß ein wütendes „ *Ugh* !" aus.

Joe Chegg spielte noch nicht lange den Polizisten, als er zur Haustür rannte und klopfte.

„Nebel – Salis, Sir! Nebel – Salis. Hier ist einer von ihnen."

Salis war bei North und hörte nichts, und als ein eifriger alter Herr mit weißem Haar aus einer Fliege stieg, musste er feststellen, dass die Tür von dem kräftigen jungen Arbeiter verriegelt war.

„Ist Dr. North hier?"

„Was wollen Sie von Dr. North?" rief Joe mürrisch.

„Ich bin ein Mediziner, mein Junge", sagte der alte Herr lächelnd. „Ich bin aus London gekommen, um ihn zu sehen."

„Ja, das dachte ich", sagte Joe; „Und du kannst ihn nicht sehen, also kannst du einfach zurückgehen, wie die anderen es zuvor getan haben. Äh? Oh, ich bitte um Verzeihung, Sir. Ich dachte, es wäre die falsche Sorte."

Denn als Salis die Auseinandersetzung hörte, war sie eilig hinausgeeilt, und eine kurze Erklärung hatte alles klargestellt.

„Armer Kerl, armer Kerl!" sagte der Arzt, nachdem er Salis in sein Zimmer gefolgt war und eine Erklärung des Falles gehört hatte. „Überreizt, nehme ich an. Nun, lass uns ihn sehen."

Sie gingen in den abgedunkelten Salon und blieben an der Tür stehen. Der Arzt gab Salis ein Zeichen, zu bleiben, während er den Patienten beobachtete, der sich seiner Anwesenheit nicht bewusst war.

North lag mit fast geschlossenen Augen auf dem Sofa, und Mary saß daneben, hielt seine Hand und beugte sich zu ihm, als lauschte sie seinem Atem.

Plötzlich zuckte er zusammen – er schrie wild auf, als sich seine Augen mit weit geöffnetem Blick öffneten; doch als er aufzustehen versuchte, legte sich Marias weiche, weiße Hand auf seine Stirn, und er sank mit einem ruhigen Seufzer zurück; Seine Augen schlossen sich wieder und er lag ruhig atmend da.

Salis sah Mr. Delton an, aber der alte Mann rührte sich nicht. Hier entwickelte sich der Fall vor ihm, und er konnte ihn nur unbeobachtet studieren.

Salis wollte gerade den Raum wieder betreten, als Dally kam und ihn zu sich rief, indem er an seinem Ärmel zog.

"Was ist es?" sagte er scharf, als er sich umdrehte.

„Frau Milt, wir sehen uns, Sir."

Salis zögerte.

„Ich werde warten, bis Sie zurückkommen", flüsterte der alte Arzt. „Ich bin gut beschäftigt."

Salis eilte dorthin, wo die alte Haushälterin wartete.

„Ich habe gerade gehört, dass der Herr hier ist, Sir", rief die alte Frau aufgeregt. „Oh, ich bin dankbar! Ich habe diese Papiere im Arbeitszimmer gefunden, Sir; Sie befanden sich in einem Umschlag, der an mich gerichtet war, Sir, und dieser war für den Doktor in London bestimmt.

Salis stieß einen Freudenschrei aus.

„Herr Delton ist bei Ihrem Herrn", sagte er.

Frau Milt seufzte.

„Lassen Sie mich bitte zu ihm gehen, Sir."

Salis bedeutete ihr, ihr zu folgen, und ging voran zu der Stelle, an der North jetzt lag, als ob er schliefe, Marys Hand an seine Stirn gedrückt.

Die alte Haushälterin stand einige Augenblicke da und schaute zu, dann zog sie sich zurück.

„Nein, Sir", sagte sie; „Ich werde ihn nicht stören. Ich habe ihn seit Wochen nicht mehr so gesehen."

„Und ich werde ihn nicht stören", sagte der alte Arzt. „So auszuruhen muss gut sein."

Er folgte Salis ins Esszimmer, wo er sich hinsetzte, um die Mitteilung zu lesen, die North geschrieben hatte, und nachdem er sie einige Zeit lang sorgfältig studiert hatte, blickte er auf und stellte fest, dass der Pfarrer ihn aufmerksam ansah.

"Also?"

„Nun, Herr Salis, ich denke, ich kann ein oder zwei tröstende Worte sagen. Übrigens dachte ich, ich würde direkt zu Ihnen kommen, anstatt zuerst im Manor House anzurufen, und das ist auch gut so."

„Aber der Brief, Sir – der Brief von meinem armen Freund?"

„Ah ja, der Brief", sagte der alte Arzt verträumt. „Ich habe es gut gelesen und studiert."

"Und du denkst?"

„Sehr viel, mein lieber Herr – sehr viel; aber ich bin noch nicht fertig. Ein klarer Fall von überfordertem Gehirn. Ich würde sagen, dass er sich in einen Zustand der Erschöpfung gebracht hatte und dann ein Schock aufgetreten sein musste, der das schwankende Gleichgewicht zerstörte. Kein Geldproblem, denn ich glaube, dass es Herrn North gut geht. Kein Liebeskummer, nach dem zu urteilen, was ich gesehen habe …“

„Da irren Sie sich, Sir“, sagte Salis. „Mein armer Freund hat vor Kurzem einen schweren Schock erlitten.“

"Ah! genau wie ich es erwartet hatte. Das reicht völlig aus, um alles zu erklären.“

„Aber die Zukunft, Sir? Um Himmels willen, sprechen Sie! Deine Zurückhaltung quält mich.“

"Wie bitte. Ich bin nachdenklich und langsam, Herr Salis. Lassen Sie mich versuchen, Sie zu beruhigen. Soweit ich das beurteilen kann, ohne den Fall weiter zu untersuchen, sollte ich sagen, dass Sie sich kaum Sorgen machen müssen.“

„Sie glauben nicht, dass sein Fall eine Unterbringung in einer privaten Anstalt erforderlich macht?“

„Ich sollte sagen, dass die Leute, die ihn dort untergebracht haben, es verdient haben, gehängt zu werden. Nun ja, nein“, fügte er lächelnd hinzu; „Nicht so schlimm, aber selbst in einer privaten Anstalt untergebracht zu werden.“

"Gott sei Dank!" sagte Salis inbrünstig und die Tränen standen ihm in den Augen, als er die Hände des alten Arztes ergriff.

Der Abend wurde langsam älter, als Mr. Delton Salis in seinem Arbeitszimmer gegenüber saß, sein Knie pflegte und dem Pfarrer ruhig dabei zusah, wie er seine Zigarre pro Tag rauchte.

„Nein“, sagte der alte Mann lächelnd; „Ich rauche jetzt kaum noch; aber North hatte recht; es ist gut für dich. Es macht mir überhaupt nichts aus. Bitte machen Sie weiter.“

Also rauchte Salis und redete mit dem Teegeschirr auf dem Tisch.

Leo hatte um Entschuldigung gebeten. Die Aufregung habe sie verärgert, sagte sie, und sie war in ihrem Zimmer, wo Dally ihr etwas Tee gebracht hatte, und blieb einige Augenblicke auf dem Treppenabsatz im Dunkeln stehen, um die Untertasse auf dem großen Fensterbrett abzustellen, und Als sie sich über das Tablett beugte, war ein leises Gurgeln und Klicken zu hören, als würde Glas gegen Glas klicken.

Der Arzt war zweimal dort gewesen, um North zu sehen, der tief schlief, neben ihm saßen Mary und die alte Haushälterin, die Lampe war abgeschirmt und so platziert, dass das Licht den Patienten nicht stören konnte; und nach einem stürmischen Tag schienen alle zur Ruhe gekommen zu sein.

„Mein lieber Herr", sagte der Arzt, „es ist nicht das erste Mal, dass die Natur ein Wunder dieser Art vollbracht hat." Die nervöse Erregung Ihrer Schwester bewirkte, was wir Ärzte nicht leisten konnten – siegte über die trägen Muskeln. Sie gehorchten; Die latente Kraft wurde in Aktion gesetzt, und sie erhob sich von ihrem Sofa, um ihrem armen Freund zu Hilfe zu kommen – rechtzeitig, um ihn vor einem sehr schrecklichen Schicksal zu bewahren, sei es die Privatheilanstalt oder das, was er offensichtlich im Sinn hatte. Armer Kerl! Ich wünschte, ich hätte ihn früher gesehen. NEIN; es ist besser, so wie es ist, und er wird es sagen, wenn wir ihn wieder selbst haben."

„Dann sind Sie wirklich hoffnungsvoll?"

„Mein lieber Herr Salis", sagte der alte Mann, „wenn ich mit meinen Vorstellungen nicht falsch liege, wird die Dame mit dem süßen Gesicht im Nebenzimmer unserer armen Freundin langsam und geduldig dafür danken, dass sie ihr unwissentlich wieder ein Leben voller Aktivität ermöglicht hat." Sie wird ihn wieder zur Ruhe bringen."

"Du denkst das?" sagte Salis heiser.

„Das tue ich tatsächlich. Seine lange und klare Aussage mir gegenüber zeigt, dass er bis auf einen Punkt in jedem Punkt genauso gesund war wie Sie oder ich. Er hatte aufgrund der Überanstrengung ein kleines Problem, und das wird, da bin ich mir sicher, mit ein wenig Hilfe bald verschwinden. Herr Salis, glauben Sie mir, Sie sind vielleicht vollkommen beruhigt."

"Du lieber Himmel!" rief Salis und sprang auf, denn in diesem Moment hallte ein wilder Schrei durch das Haus, gefolgt von einem schweren Sturz im Raum darüber.

Band drei – Kapitel zweiundzwanzig.

Ich vermisse den Postzug.

Es hatte gerade zehn Uhr geschlagen, und der alte Turm vibrierte immer noch, als Dally Watlocks Schlafzimmertür leise geöffnet wurde und die kleine Dame, gekleidet in ihre eng anliegende Jacke und den schicken Hut, leise herauskam und auf dem Treppenabsatz stand Hören.

Die Lampe brannte auf dem Tisch im Flur und sendete einen schwachen gelben Schein aus, der seltsam auf das Gesicht des Mädchens schimmerte, während sie dastand und dem Stimmengemurmel lauschte, das aus dem Arbeitszimmer des Pfarrers drang, und sie konnte gerade noch eine schwache Linie erkennen Licht kam unter der Wohnzimmertür hervor.

Dally ging langsam und sanft über den Treppenabsatz, bis sie Leos Tür erreichte, wo sie stehen blieb, um zu lauschen; aber alles war völlig still, und sie griff mit ihrer behandschuhten Hand vorsichtig an die Türklinke und versuchte, die Tür zu öffnen, aber sie gab nicht nach, und obwohl sie zweimal klopfte, kam keine Reaktion.

Dally holte sanft Luft zwischen den Zähnen und stieß ein leises, bösartiges kleines Lachen aus.

„Gute Nacht, Liebes", sagte sie leise; „Morgen ist es zehn Uhr, wenn du aufwachst, und dann – wir werden sehen!"

Eine der Treppen gab ein lautes, warnendes Knarren von sich, als sie stehen blieb, die Tasche in der Hand, sich an der Balustrade festhaltend, bereit, wie eine Ratte in ihr Zimmer zurückzukehren, falls jemand die Tür zum Arbeitszimmer öffnen sollte.

Aber das Stimmengemurmel ging immer noch weiter, und Dally schlich den Rest des Weges hinunter, um den Flur zu erreichen, schlich sich sanft zu einer Schwingtür und gelangte in die ordentlich gepflegte Küche, wo noch immer ein Feuer glühte und ein Wasserkocher sang ein ganz eigenes Lied.

Dally schloss die Küchentür hinter ihr, huschte über den breiten warmen Lichtfleck, den das Feuer warf, in die Dunkelheit einer Spülküche dahinter und schloss eine Tür hinter ihr, um nachzudenken.

„Craven Street, Strand", murmelte sie. „Zehn Meilen bis King's Hampton. Zehn Uhr bis halb eins; Ich schaffe es leicht, und morgen früh um zehn Uhr, meine Liebe, werden wir sehen!"

Sie sagte diese Worte mit einem bösartigen kleinen Zischen, und im nächsten Moment wurden zwei gut geölte Riegel vorgeschoben, der Schlüssel wurde gedreht, die Tür öffnete sich mit einem scharfen Knall, und dann gab es ein Rascheln, als Dally hindurchging und die Tür mit schloss ein leichtes Klicken des Riegels und stand im Halbdunkel einer sanften Sternennacht.

Das Mädchen holte tief Luft, als wolle es Kraftreserven gewinnen, und ging schnell den Weg entlang, der nach vorne führte, und ging, sobald sie konnte, auf den kurz geschnittenen Rasen und darüber zum Tor.

Sie hatte es fast erreicht, die Tasche in der einen Hand und den Regenschirm in der anderen, als sie sich schnell umdrehte und sah, dass sie von niemandem im Arbeitszimmer des Pfarrers beobachtet wurde; und dabei prallte sie gegen etwas Hartes und doch Weiches.

"Oh!" stieß sie unwillkürlich aus und zuckte zurück, als das, gegen das sie gestoßen war, einen Schritt nach vorne machte und sie feststellte, dass sie Joe Chegg von Angesicht zu Angesicht gegenüberstand.

"Wo gehst du hin?" sagte er säuerlich.

Dally war zu erschrocken, als dass er einen Moment hätte sprechen können. Dann erholte sie sich und sagte kurz:

„Was geht dich das an?"

„Alles", antwortete Joe mit einem leisen Knurren. „Parson sagte, ich solle mich um den Ort kümmern; und ich schaue. Wo gehst du hin?"

Dally holte zischend Luft. Es war wahnsinnig, in einer Zeit wie dieser angehalten zu werden, in der jede Minute von Bedeutung war; und der Postzug kam immer pünktlich um halb eins in King's Hampton an.

„Hast du gehört?" sagte Joe. „Nun, wenn Sie mir nicht antworten wollen, kommen Sie zum Pfarrer und sagen Sie es ihm."

„Nein, nein, Joe Chegg; Halte mich bitte nicht auf", sagte sie leise. „Oma ist krank und ich werde ihm etwas bringen."

„Um Viertel nach zehn, was? Nein, das bist du nicht. Der alte Moredock ging um halb neun zu Bett, denn ich rannte hinunter und schaute in seinen windigen Zustand, bevor er die Jalousien herunterzog. Ja, ich laufe runter und sehe nach."

"Was hat das damit zu tun?" rief Dally. „Wie kannst du es wagen, mich aufzuhalten?"

„Parson sagte, ich solle aufpassen."

„Der Meister hat dir nicht gesagt, dass du mich aufhalten sollst, du großer Dummkopf. Lass mich vorbeigehen."

„Nein, das werde ich nicht", sagte Joe. „Du bist aus Spaß unterwegs, und er ist jetzt nicht hier."

„Wer ist nicht hier?" rief Dally.

"Du weisst. Er ist nach London gegangen, wo er besser anhalten sollte."

Dailys Zorn zischte erneut, und sie wollte gerade etwas Wütendes sagen, aber sie fürchtete sich vor einer Szene und versuchte es auf die andere Art und Weise.

„Seien Sie nicht dumm, da ist ein lieber, guter Mann", sagte sie leise. „Ich möchte nur ein kleines Stück weitergehen."

„Mit einem Regenschirm und einer Tasche, was?" sagte Joe. „Parson Salis weiß nicht, dass du draußen bist, ich weiß."

„Was für ein Unsinn, Joe!"

„Verstehen Sie mich nicht, Ma'am; Mein Name ist Mr. Chegg, und Sie würden nicht flüstern und sich nicht aufführen und höflich sein, wenn Sie nicht zu einigen Spielen bereit wären."

„Oh, was für ein dummer Mann du bist, Joe Chegg!"

„Oh, das bin ich, nicht wahr?" sagte Joe. „Eines Abends geht es immer in die Halle, was? Kommt windig aus meinem Schlafzimmer und stiehlt sich davon, um Knappen in der Sakristei zu treffen, das tue ich doch, nicht wahr?"

„Joe Chegg!"

„Und macht mit dem jungen Mann meiner Frau so weiter, wie es keine anständige Frau tun würde."

„Joe Chegg! „Oh, bitte lass mich vorbei", flüsterte Dally. „Ich möchte an einen bestimmten Ort gehen."

„Dann wirst du dein Herr sein, denn du gehst nicht, ohne dass Pfarrer es dir sagt. Komm und frag ihn."

Joe packte sie am Handgelenk, aber sie entriss es ihr und wäre beinahe durch das Tor gekommen, aber er war zu schnell für sie.

„Das zeigt, dass du nichts Gutes vorhast", sagte Joe. „Du würdest dich nicht dagegen wehren, deinen Meister zu sehen, wenn du nicht um halb zehn heimlich unterwegs wärest."

"Halb elf!" rief Dally. „Ist es nicht."

In diesem Moment endete die halbe Stunde des Glockenspiels, und Dally holte tief Luft und unternahm einen verzweifelten Versuch, vorbeizukommen. aber dieses Mal packte Joe sie um die Taille und hielt sie fest, wobei er ein zerkratztes Gesicht vermied, weil die Hände des Mädchens behandschuht waren.

"Wie kannst du es wagen?" Sie keuchte und war bereit, vor Ärger hysterisch zu weinen.

„Ich traue mich, weil man es mir gesagt hat, und ich glaube nicht, dass es richtig war, Miss Leo gehen zu lassen.“

"Was?"

Dally wurde plötzlich schlaff und hörte auf zu kämpfen.

„Ich sagte, ich hätte nicht das Richtige getan, als ich Miss Leo gehen ließ, aber ich wollte sie nicht davon abhalten.“

„Fräulein Leo?“ keuchte Dally. "Wann?"

„Vor anderthalb Stunden.“

„Es ist eine Geschichte. Sie schläft tief und fest im Bett.“

„Wo du sein solltest“, sagte Joe. „Also zurück, geh.“

„Es ist eine Geschichte, sage ich“, keuchte Dally. „Miss Leo hat heute Abend ihr Zimmer nicht verlassen.“

„Miss Leo ist vor anderthalb Stunden aus diesem Tor herausgegangen, gerade als ich von Ihrem Großvater zurückkam, und sie ist nicht zurückgekommen.“

"Oh!"

Dally stieß einen leisen, heiseren Schrei aus, drehte sich scharf um und rannte schnell zu dem Ort zurück, von dem sie gekommen war, dicht gefolgt von Joe, vor dessen Gesicht die Tür geschlossen wurde und der Riegel glitt.

Eine weitere Minute später hatte Dally den Treppenabsatz erreicht und lauschte an Leos Tür, was sie erneut versuchte.

Alles war still, und mit unregelmäßigem Atem, als ob sie hysterische Schluchzer unterdrückte, rannte das Mädchen in ihr Schlafzimmer, schloss die Tür ab, warf Tasche, Regenschirm, Hut und Jacke auf das Bett, öffnete das Fenster und schlich wunderbar hinaus Bei aller Aktivität rollte er die Dachschräge hinunter, ließ sich zu Boden fallen und rannte über den Rasen zum Gartenhaus.

Leo Salis hatte dieses rustikale Gebäude schon oft mit großer Geschicklichkeit erklommen, aber ihre Fähigkeiten waren im Vergleich zu denen des Enkels des Küsters dürftig. Wenige Augenblicke später war sie auf dem Dach und griff nach Leos Fenster, dessen Fensterflügel ihrer Berührung nachgab.

Sie stieß jetzt ein leises Schluchzen der Wut und des Zweifels aus, als sie ohne zu zögern hineinkletterte, zum Bett rannte und ihre Hände darüber streichen ließ.

Mieterlos; und die Tasse Tee, stark mit einer Chlorallösung versetzt, stand unberührt auf dem Tisch, wo sie abgestellt worden war.

Selbst dann war das Mädchen nicht überzeugt. Sie glaubte nicht an den schlechten Erfolg ihrer Pläne und daran, dass die hübsche Frau, die sie verachtete, genauso geistreich war wie sie.

Sie huschte zum Kleiderschrank.

Leos Jacke war weg!

In einen anderen Teil des Raumes.

Der Hut, den sie trug, fehlte!

Dann stand das Mädchen für einen Moment wie sprachlos da, während der Gedanke sie überkam, dass sie, selbst wenn sie jetzt aufschreckte und entkommen könnte, zu spät sein würde, um die Londoner Post zu holen. Schlimmer noch: Leo musste den letzten Zug um zwölf Uhr erreicht haben, und lange bevor sie die große Stadt erreichen konnte, wäre er zu Tom Candlish an der Stelle gestoßen, die er in der Notiz genannt hatte, die Dally selbst bei sich getragen hatte; und obwohl sie so gut geplant hatte, waren ihre Chancen, Lady Candle zu werden, für immer dahin.

Sie knirschte mit den Zähnen und keuchte heiser, konnte kaum atmen wegen der Schluchzer, die kaum einen Laut hervorbringen konnten.

„Das ist nicht wahr. Es ist ein Trick!" sie weinte schließlich. „Ich werde es nicht glauben! Ich werde zuerst dort sein und dann –

"Oh! was soll ich tun – was soll ich tun?" sie weinte heiser; und dann stieß sie einen wilden und leidenschaftlichen Schrei des Elends und der Verzweiflung aus und warf sich schwer auf den Boden, um wie ein wildes Tier mit Zähnen und Nägeln am Teppich herumzureißen.

Band drei – Kapitel dreiundzwanzig.

Dallys Hysterie.

Salis rannte, gefolgt vom Arzt, in den Flur, um Mary und die Haushälterin von der anderen Seite zu treffen.

"Norden?" keuchte Salis; mehr konnte er nicht sagen.

„Ich schlafe friedlich", sagte die Haushälterin; "was ist los?" Denn Maria konnte nicht sprechen.

„Leo muss krank sein", sagte Salis und eilte die Treppe zum Zimmer seiner Schwester hinauf.

"Löwe! Löwe!" schrie er und rüttelte an der Türklinke.

Als Antwort gab es ein stöhnendes, fast unmenschliches Geräusch.

"Kannst du die Tür öffnen?" sagte der alte Arzt, der ihm gefolgt war. „Es muss passen."

„Zurücktreten", rief Salis; und als er auf die andere Seite des breiten Treppenabsatzes ging, stürmte er vorwärts und warf sich buchstäblich gegen die Tür, die krachend aufflog.

Das von Maria getragene Licht strömte in den Raum und beleuchtete die Gestalt, die auf dem Teppich kauerte.

Im nächsten Augenblick war Salis auf ein Knie gesunken und hatte sie auf seinen Arm hochgehoben.

"Trödeln!" Er weinte verwundert, als das Mädchen sich in seinen Armen krümmte, kämpfte und stöhnte. Der Arzt warf einen Blick auf das hysterische Mädchen. „Licht hier", sagte er streng; Und während Maria verwundert die Lampe vortrug, hob der alte Mann die Teetasse, die seine Augen sofort erleuchtet hatten, roch und probierte sie dann vorsichtig. Er schüttelte den Kopf. „Ist sie vergiftet?" keuchte Salis. „Nein", sagte der alte Arzt prompt. „Die Lampe bitte etwas näher."

Mary hielt es ihm hin, und der alte Mann beugte sich über Dally und untersuchte es schnell. Keine leichte Aufgabe, denn sie warf sich wild umher, und eine Hand schlug gegen den Lampenschirm und riss ihn weg.

„Das reicht", sagte der Arzt mit strenger, harter Stimme. „Hier: Hast du einen anderen Diener? Bring sie sofort ins Bett."

Während er sprach, ergriff er Dallys Handgelenk und riss es.

"Aufstehen!" sagte er hart.

"Schade!" murmelte Frau Milt empört.

„Dass dieses Mädchen solch eine Störung verursacht?" sagte der alte Arzt, der ihre Worte verstanden hatte. „Ja, eine Schande, wenn es so viel Ärger gibt. Das ist richtig; aufstehen. Nicht Ihr Zimmer, nehme ich an?"

Zur Überraschung aller war Dally aufgestanden, stand mit geballten Händen da und blickte wild von einem zum anderen.

„Kannst du zu deinem Zimmer gehen, Dally?" sagte Maria.

Das Mädchen nickte scharf, dann sah sie sich wild um, und als ihr Kummer mit voller Wucht zurückkam, brach sie in leidenschaftliche Tränen aus.

„Aber wo ist Leo?" rief Salis. "Wo ist meine Schwester?"

Er stürzte zum offenen Fenster und schaute hinaus.

„Wollen Sie mich, Sir?" sagte eine Stimme.

„Bist du da, Chegg? Wie ist das?"

„Sie haben mir gesagt, ich solle aufpassen, Sir."

„Haben Sie jemanden vorbeikommen sehen?"

„Nur Miss Leo, Sir", antwortete der Mann.

Salis wandte sich vom Fenster ab und sah fassungslos aus.

"Gegangen!" sagte er verwundert.

„Ja", rief Dally und mischte ihre Worte mit Schluchzen der Wut und des Grolls. „Sie ist mit Tom Candlelisch ausgegangen."

„Und du – du Elender – du hast ihr geholfen", rief Salis und ergriff das Mädchen am Arm.

„Das habe ich nicht. Es ist nicht wahr. Ich habe alles getan, um sie auseinanderzuhalten; aber sie haben mich betrogen und getäuscht", rief Dally. „Sie ist nach London gefahren, um ihn zu treffen – und – und sie sind dorthin gegangen."

Sie riss einen Umschlag aus ihrer Tasche, und Salis riss ihn ihr aus der Hand, um die Adresse in der Craven Street zu lesen.

„Hartley", flüsterte Mary und klammerte sich jetzt an ihn, „ist es wahr?"

„Ja", sagte er heiser, „es muss wahr sein. Stille! Ich muss dich jetzt verlassen. Mr. Delton, bleiben Sie im Haus und passen auf meine Schwester und meine Freundin auf? Ich muss sofort weg."

„Bis morgen früh um acht fährt kein Zug", schluchzte Dally leidenschaftlich; und sie stampfte mit den Füßen wie ein wütendes Kind, als ihr hysterischer Anfall wiederkehrte.

„Das reicht!" sagte der alte Arzt streng, als er noch einmal das Handgelenk des Mädchens ergriff, und sie sah erschrocken zu ihm auf, dann zitterte sie und verfiel in einen Anfall von Schluchzen.

„Alles, was ich tun kann, Mr. Salis, Sie können sich darauf verlassen, dass es erledigt wird."

Salis nickte; Er konnte einen Moment lang nicht sprechen, blickte aber tief in die Augen seiner Schwester.

„Haben Sie das vermutet?" er flüsterte.

„Oh nein, Hartley", antwortete sie.

"NEIN; das hättest du nicht ahnen können."

Er holte tief Luft und schien sich anzustrengen, seine seelische Qual zu zügeln und sich zu entschlossenem Handeln zu zwingen.

„Chegg", rief er vom Fenster aus, „geh zur Haustür. Ich werde dich dort treffen. Mrs. Milt", sagte er und schloss das Fenster, „sind Sie so freundlich, dieses Mädchen in ihr Zimmer zu begleiten? Bleib vorerst bei ihr. „Maria, der arme Norden ist allein", fügte er hinzu; "gehen."

„Und du, Hartley?"

„Ich werde direkt folgen", sagte er; und sobald das Zimmer geräumt war, wandte er sich an den alten Arzt.

„Du hast diesen Tee probiert", sagte er scharf.

"Ja; stark mit Chloral aromatisiert", sagte er.

"Chloral? Wie konnte das in den Tee gelangen? Und wie fit ist das Mädchen? Nicht Epilepsie?"

"Hysterie. Wut und Enttäuschung", sagte der alte Arzt. „So kommt es mir vor. Unter der Oberfläche steckt mehr, als es scheint. Herr Salis, was kann ich tun, um Ihnen zu helfen?"

„Gebt mir eure Gebete und bittet mich um nichts", antwortete er traurig. „Unter der Oberfläche steckt noch mehr, Sir."

„Ich werde Ihr Schweigen respektieren", sagte der alte Mann und nahm seine Hand. „Sie sind Horace Norths Freund, Sir, und das reicht mir. Du gehst in die Stadt?"

Salis nickte.

„Mein Haus steht Ihnen zur Verfügung", sagte der Arzt und reichte Salis seine Karte.

Um fünf Uhr, nachdem die nötigen Vorkehrungen getroffen worden waren, stand Joe Chegg mit einer Kutsche vor der Tür und war bereit, Salis zum Bahnhof in King's Hampton zu fahren; Aber schon lange zuvor hatte Dally Mrs. Milt gebeten, „Miss Mary zu holen", der das halb wilde, schluchzende Mädchen nach allem, was sie wusste, eine saubere Brust gegeben hatte, und dies war dem Pfarrer mitgeteilt worden.

„Ich brauche keine Angst zu haben, den Norden zu verlassen – ich meine im Namen meiner Schwester?" sagte Salis, als er neben der Chaiselongue stand.

„Vertrauen Sie mir, mein lieber Herr, und gehen Sie ohne Angst."

Salis stieg in die Kutsche und ließ sich mit gesenktem Kopf durch die kühle Morgenluft auf die Suche nach dem Flüchtigen machen, der noch neun Stunden Zeit hatte; und als er sich daran erinnerte, murmelte er: „Ich bin zu spät!"

Band drei – Kapitel vierundzwanzig.

Aus dem Schatten.

Hartley Salis stellte fest, dass seine Worte richtig waren.

Er war zu spät!

Er erfuhr, dass „ein Gentleman", wie ihn die Leute im Hotel nannten, im Hotel übernachtet hatte, dass eine Dame, offenbar Leo, mit dem Frühzug angekommen war und dass sie gegangen waren.

„Der Himmel weiß nur wo, Mary, meine Liebe", sagte Salis eine Woche später, als er völlig erschöpft von seinen Bemühungen, die Flüchtlinge aufzuspüren, auf der Couch lag. „Ich bin kaputt. Gott sei Dank, mein Lieber, ich bin wieder zu Hause. Und du?"

„Mein liebster Bruder", sagte sie zärtlich, als sie sich neben ihn kniete und ihre Hand auf seine brennende Stirn legte.

„Ah, das ist cool und angenehm", seufzte er mit geschlossenen Augen. „Erzählen Sie mir von North – mehr, als in Ihren Briefen steht."

„Es geht ihm besser – viel besser", sagte Mary mit einem Eifer, den sie nicht zu verbergen versuchte.

„Ja", sagte Salis müde; „so sagte Herr Delton."

"Ja; so sagte Herr Delton, und er sagte auch, mein lieber Herr, dass auch Sie sich ausruhen müssen; Ihre Schwester, die sich von ihrer eigenen Krankheit erholt, kann es sich nicht leisten, zwei Invaliden an ihren Händen zu haben."

Salis schaute auf und reichte dem alten Arzt die Hand, der die Worte leise ausgesprochen hatte, wie es Ärzte tun: „Sie haben kaum eine gute Nachtruhe gehabt, seit Sie gegangen sind."

„Ich war nicht im Bett", sagte Salis schlicht. „So, ich werde jetzt versuchen zu schlafen."

Der Arzt gab Mary ein Zeichen, und sie zog sich zurück, als Salis die Augen schloss, und das Frühstück, das zubereitet worden war, als er an diesem Morgen nach einer langen Reise von King's Hampton nach Hause fuhr, blieb ungeschmeckt.

Das war um sieben Uhr, und es war sieben Uhr nachts, als er aufwachte, sich scharf umsah und Mary am Kopfende der Couch sah.

„Ich – wo bin –? Habe ich geschlafen?"

„Ja", sagte Mary leise.

„Hah!" stieß er aus und sprang auf. „Ich habe alles getan, was ich konnte, Mary", sagte er fast flehend. „Ich glaube, sie sind verheiratet. „Es macht uns stolz, meine Liebe, eine Titeldame zur Schwester zu haben", fügte er bitter hinzu, als er Mary in sein Herz schloss und sie spürte, wie es vor seinen Gefühlen pochte.

„So", sagte er nach ein paar Minuten des Kampfes, „jetzt geht es um andere Aufgaben." Ich habe dich immer noch."

Der Druck von Marias Hand sagte mehr als Worte, und der arme Kerl saß schließlich da und hatte das Gefühl, dass es im Leben schließlich große Entschädigungen gab.

Der Anblick eines gut gekleideten Besuchers, der das Haus betrat, unterbrach ihre stille Gemeinschaft, gerade als sie das Gefühl hatten, dass aus Rücksicht auf Leo nichts mehr getan werden könne, nachdem Salis über die Lage im Pfarrhaus *auf dem Laufenden gehalten worden war.* Unter anderem, dass Dally mehrmals hin und her gefahren war, um ihren Großvater zu besuchen, sich aber schon immer mit ihrer Arbeit beschäftigt hatte.

Tatsächlich betrat diese junge Dame den Raum direkt nach dem Läuten der Torglocke, um zu erklären, dass Frau Berens im Wohnzimmer sei und Meister „Partickler" sehen wollte.

„Ich werde sie für dich sehen, Hartley", sagte Mary.

„Nein", antwortete Salis bestimmt; „Ich möchte, dass die Arbeit mein Gehirn ruhig hält, sonst werde ich krank. Zeig sie hier rein, Dally."

„Nein, nein, ich werde sie holen", sagte Mary und lächelte über die mangelnde Etikette ihres Bruders.

Sie verließ den Raum, um direkt zurückzukehren.

„Komm und sieh sie dir an, Hartley", sagte sie. „Arme Frau, sie steckt in traurigen Schwierigkeiten."

„Ha! Ich bin froh", rief Salis. "Etwas zum Nachdenken. Für mich die beste Medizin."

„Oh, Herr Salis, was soll ich tun? Was du so oft gesagt hast!" schluchzte Frau Berens, als er das Zimmer betrat, und sie klammerte sich an seine ausgestreckte Hand.

„Was ich so oft gesagt habe?"

"Ja; über Reichtum. Ich bin jetzt eine arme, hilflose Frau. Alles weg – alles weg!"

Es war eine lange Geschichte darüber, wie sie sich von Cousin Thompson hatte beeinflussen lassen, dem sie erlaubt hatte, eine Investition nach der anderen zu tätigen, bis es schien, als hätte er das gesamte Geld der Witwe in seine Hände bekommen.

„Und alles lief so gut, bis zu dem Tag, an dem ich ihn beleidigte, lieber Herr Salis. Seitdem habe ich nur schlechte Nachrichten über meine Immobilie erhalten, und jetzt kann ich von ihm überhaupt keine Antworten mehr bekommen."

„Ein Schurke!" rief Salis; „Aber welchen Tag meinst du?"

„An dem Tag, an dem – muss ich dir alles erzählen?"

„Wenn Sie meine Hilfe wünschen", sagte Salis scharf.

„Das tue ich, Herr Salis; aber bete, sprich nicht wütend mit mir. Ich bin jetzt so gebrochen und unglücklich."

„Meine liebe Frau, ich möchte Ihnen helfen. Bitte erzähl mir alles."

„Eines Tages kam er zu mir – ich habe das Date irgendwo – und machte mir einen Heiratsantrag. Ich lehnte ihn sofort ab, denn ich mochte den Mann überhaupt nicht, und er wurde mein Feind, da bin ich mir sicher, und als ich von seinem Verhalten gegenüber seinem Cousin hörte, hatte ich das Gefühl, dass ich einem perfekten Feind nur knapp entkommen war. Und nun, Herr Salis, was soll ich tun?"

"Der Hund!" ejakulierte Salis. „Ich sehne mich nach Beschäftigung; Überlassen Sie es mir, Frau Berens. Ich habe einen Freund – meinen Anwalt – in der Stadt wegen Norths Affäre mit seinem Cousin getroffen; Wir werden die beiden zusammenarbeiten, und wenn Mr. Thompson nichts dagegen hat, wird er sich in einer seltsamen Situation befinden."

Cousin Thompson befand sich tatsächlich in einer seltsamen Situation, und angesichts der Androhung eines Verfahrens gegen ihn wegen Verschwörung und Betrugs war er sehr froh, die Sache so zu verschärfen, dass Mrs. Berens zwei Drittel ihres komfortablen kleinen Vermögens zurückerhielt.

Zu der Zeit, als diese Verhandlungen stattfanden, ging es North unter Mr. Deltons Obhut allmählich besser, obwohl der alte Herr lachte und sagte, dass die Verbesserung nicht auf ihn zurückzuführen sei.

Sicher war es so, als North seine oft wiederkehrenden Fantasieanfälle hatte, als er völlig davon überzeugt war, dass die Essenz von Luke Candlish immer noch bei ihm war, und er vor Entsetzen wild wurde, als er Mary Salis' weiche, kühle Hand berührte Er legte es ihm über die Augen, wo er es als Talisman hielt, und vertrieb unweigerlich den eingebildeten Geist, und der Geist wurde gelegt.

Nachdem die Anfälle täglich und mit schrecklicher Heftigkeit wiederkehrten, kamen sie schließlich wöchentlich, und dann verging ein Monat, bis einer kam, und das war leicht.

Dann immer schwächer, und dann kamen sie nicht mehr.

Ein solcher Verkehr konnte nur ein Ergebnis haben. Horace North wurde sich allmählich bewusst, dass er sowohl blind als auch teilweise wahnsinnig gewesen war; Aber es verging ein Jahr, bis Salis und Frau Berens eines Tages den Salon des Pfarrhauses betraten und Mary leise schluchzend an der Brust des jungen Arztes fanden und sie sagen hörten:

„Ich habe dich von Anfang an geliebt.“

„Ah, Salis, bist du hier?“ sagte North und erhob sich ohne einen Anflug von Unruhe auf seinem Gesicht. „ *Männer sana in corpore sano* , alter Kerl. Ich habe die liebe Mary gefragt, ob sie meine Frau sein wird.“

„Mein lieber Horace“, rief Salis, sein Gesicht errötete vor Freude, „Der Himmel segne euch beide!“ Ich bin froh, aber – äh – Tatsache ist, dass ich verraten wurde, Frau Berens – äh – zu bitten –“

„Liebe, liebe Maria!“ schluchzte die schlichte, einfältige Frau; „Sei nicht böse auf mich. Ich liebe ihn wirklich.“

Ein weiteres Jahr war vergangen, aber man hatte nichts Genaues über Leo gehört.

Dann kam ein schwarz umrandeter Umschlag mit der Wegbeschreibung in ihrer Hand, in der sie ihren Bruder um Hilfe bat, da es ihr in London mit ihrem Kind schrecklich schlecht ging. Es sei viel Geld zu haben, sagte sie, aber alles sei durcheinander, und der Agent von Sir Thomas Candlish weigerte sich, sie als die Frau des verstorbenen Baronets anzuerkennen.

Aber die Energie von Hartley Salis schaffte bald Abhilfe.

Denn die Vorstellung des alten Moredock hatte sich als richtig erwiesen. Tom Candlish hatte sich buchstäblich zu Tode getrunken, und der alte Mann, der Horace North in letzter Zeit viel Ärger bereitet hatte und äußerst zornig und eifersüchtig auf den jungen Ehemann seines Enkelkindes, seinen Stellvertreter in der Kirche, war, wurde plötzlich munterer Als er hörte, dass der „junge Squire Tom“ von London zum Mausoleum der Familie gebracht werden sollte.

Es gab eine große Beerdigung, und der alte Mann erledigte mit Hilfe von Joe Chegg seinen Teil des Geschäfts mit einem Großteil seiner alten Energie.

Alles war vorbei, und Horace North, der als Schwager von Lady Candlish von der Halle einer der Trauergäste gewesen war, wollte sich gerade abwenden, da sein Geist von der Szene und den Erinnerungen, die sie hervorrief, stark beansprucht war. als er aufschlug, denn er fühlte, wie sein Ärmel gezupft wurde.

Er drehte sich abrupt um und stellte fest, dass er allein war und den alten Küster anstarrte, während er ihm sein gruseliges Grinsen zuwarf — abscheulicher als je zuvor.

„Nun, Oma", sagte eine schnelle Stimme, und eine rosige kleine Frau, die offensichtlich geweint hatte, nahm seinen Arm, „du bist müde und musst nach Hause kommen." Joe wird zu Ende bringen, was zu tun ist."

„Geh weg! geh weg!" rief der alte Mann wütend.

„Nein, nein, Liebes; Machen Sie sich jetzt keine Sorgen, Dr. North. Er wird dich ein andermal besuchen."

„Geh weg! geh weg!" schrie der alte Mann erneut; und dann legte er seine abscheuliche, knorrige Hand auf den Arm des Arztes: „Willst du doch keine weiteren Experimente ausprobieren, Doktor, oder?"

North sah ihn wild an und konnte ein Schaudern kaum zurückhalten.

„Nein, nein, Moredock", sagte er und erholte sich.

„Aber Sie werden doch morgen zu mir kommen, Doktor, nicht wahr?"

North nickte und ging zu Salis, der an der Tür der Sakristei auf ihn wartete, und sie stiegen in einen der Wagen, um in die Halle zurückzukehren, während der alte Mann, nachdem er ihnen beim Gehen zugeschaut hatte, sich auf die Stufen des Mausoleums setzte, wo Er konnte zusehen, wie sein neuer Enkel und Stellvertreter seine Pflicht erledigte und die große Tür geschlossen war.

„Zu schrecklich, um es zu versuchen", murmelte North vor sich hin. „Eine knappe Flucht vor dem lebendigen Tod, aber ich denke immer noch, dass ich Recht hatte."

„Ja, Joe; Ja, Dally; Der Doktor ist ein kluger Mann, und ich könnte Ihnen einige seltsame Geschichten über ihn erzählen; aber nein, nein; nein, nein! Schließ schnell das Tor ab und hilf mir nach Hause. Ich bin etwas steif im Rücken. Sperr ihn ein, Junge! Sperr ihn ein! Nun, Dally, lass uns zurückgehen. Noch eine Kerze da; äh! meine Dame, eh!"

„Oma!" schrie Dally wütend; und der alte Mann brach in ein kicherndes Lachen aus, das ihn fast umbrachte, und er musste sich auf ein Grab setzen und auf den Rücken geklopft werden, und sein Kragen wurde gelockert, und dann half er langsam nach Hause, obwohl er sehr schlaff und seltsam aussah Mit der Hilfe des Arztes gelang es ihm, ein weiteres Jahr zu überleben.

In der Nacht der Beerdigung, als der Arzt und seine junge Frau aus der Halle
zurückkehrten, wo die hübsche junge Witwe allein mit ihrem schwachen,
kränklichen Kind saß, kehrte bei North seine Fantasiekrankheit zurück; Aber
Marias Hand wirkte immer noch wie ein Talisman, und der Schatten
verschwand und kehrte nie wieder zurück.

Das Ende.